Tanja Kohl

Heilende HÄNDE – die Grundlagen der Energieheilung

Wie du deine Heilkraft für dich selbst und andere ganz einfach anwenden kannst

Schirner Verlag

Die Ratschläge in diesem Buch sind sorgfältig erwogen und geprüft. Sie bieten jedoch keinen Ersatz für kompetenten medizinischen Rat, sondern dienen der Begleitung und der Anregung der Selbstheilungskräfte. Alle Angaben in diesem Buch erfolgen daher ohne Gewährleistung oder Garantie seitens der Autorin oder des Verlages. Eine Haftung der Autorin bzw. des Verlages und seiner Beauftragten für Personen-, Sach- und Vermögensschäden ist ausgeschlossen.

Dieses Buch enthält Verweise zu Webseiten, auf deren Inhalte der Verlag keinen Einfluss hat. Für diese Inhalte wird seitens des Verlages keine Gewähr übernommen. Für die Inhalte der verlinkten Seiten ist stets der jeweilige Anbieter oder Betreiber der Seiten verantwortlich.

Wir verzichten auf das Einschweißen unserer Bücher – **UNSERER UMWELT ZULIEBE!**

ISBN Printausgabe 978-3-8434-1493-7
ISBN E-Book 978-3-8434-6478-9

Tanja Kohl:
Heilende Hände –
die Grundlagen der Energieheilung
Wie du deine Heilkraft für dich selbst
und für andere ganz einfach
anwenden kannst

Umschlag: Simone Fleck, Schirner,
unter Verwendung von # 1721200468
(© Apostrophe) und # 707174140
(© Kseniya Parkhimchyk), www.shutterstock.com
Layout: Simone Fleck, Schirner
Lektorat: Elke Truckses & Katja Hiller, Schirner
Printed by: Ren Medien GmbH, Germany

www.schirner.com

1. Auflage September 2021

Inhalt

VORWORTE

Von der Autorin

Ich habe dieses Buch für dich geschrieben, weil ich die ersten dreißig Jahre meines Lebens Heilung immer nur im Außen, bei Ärzten und Therapeuten, gesucht habe. Ich war damals der Überzeugung, dass meine Heilung nur von jemand anderem angestoßen werden kann, und versprach mir durch die Einnahme von Medikamenten eine Auflösung der Krankheitsursache. Dann kam der Wendepunkt, der durch eine schmerzhafte Erfahrung eingeleitet wurde. Ein doppelter Bandscheibenvorfall an der Halswirbelsäule machte mir bewusst, dass ich etwas in meinem Leben ändern musste. Damals wusste ich noch nicht, was, aber ich hatte zum ersten Mal das Gefühl, dass ich Heilung nur in mir selbst finden kann.
Daraufhin machte ich mich auf die Suche. Auf die Suche nach dem Menschen, der ich wirklich bin, und auf die Suche nach den wirklichen Ursachen meiner Krankheiten. Mir wurde auf diesem Weg immer bewusster, dass ich alles, was nötig ist, um mein Leben glücklich und gesund zu gestalten, bereits in mir trage. Dabei wurde mir auch klar, dass ich einige Überzeugungen, die ich in mir trug, daraufhin überprüfen sollte, ob sie mir dienlich waren.
Ich machte mich auf die Suche nach mir, und ich fand so viele wertvolle Möglichkeiten, mein Leben selbstbestimmt zu transformieren und meine Überzeugungen zu wandeln. Diese Erkenntnisse und die Begegnung mit meiner eigenen Heilkraft und deren magischer Wirkung erweckten in mir den Wunsch, mein Wissen mit dir zu teilen, damit du selbstständig für dein Leben und deine Gesundheit sorgen und die volle Verantwortung dafür übernehmen kannst.

Ich bin mittlerweile davon überzeugt, dass jeder Mensch, wenn er auf diese Welt kommt, eine natürliche Heilkraft besitzt und dass er das Wissen darum im Laufe seines Lebens vergisst. Dieses Buch soll dich daran erinnern, welche magischen Kräfte in dir stecken, und dir zeigen, wie du dein Leben in die eigenen Hände nehmen kannst, um glücklich und gesund zu sein.

Für mich ist diese Heilkraft gleichzusetzen mit der bedingungslosen Liebe, die wir alle in uns tragen. Der Zugang zu ihr wird im Laufe unseres Lebens durch Glaubenssätze, die wir von unseren Eltern und unserem Umfeld (unseren Lehrern, Freunden etc.) übernehmen, verschüttet, und wir vergessen, dass wir reines Bewusstsein und reine Liebe sind. Unser inneres Licht wird immer mehr überdeckt, und irgendwann erinnern wir uns nicht mehr daran, dass wir diese Kraft in uns tragen und sie für uns und für andere nutzen können. Dann hetzen wir durchs Leben, und es fühlt sich von Jahr zu Jahr schwerer an. Wir sehen uns mit Problemen und Krankheiten konfrontiert und verstehen in diesen Momenten nicht, warum unser Leben so schwer ist. Das ändert sich erst, wenn wir uns zurückerinnern und erkennen, dass nur wir selbst etwas an dieser Situation ändern können, und wenn wir verstehen, was uns unsere Probleme oder Krankheiten sagen wollen.

Damit du leichter nachvollziehen kannst, was ich damit meine, gebe ich dir hier ein Beispiel aus meiner eigenen Lebensgeschichte:
Bis zu meinem dreißigsten Lebensjahr litt ich unter einer monatlich wiederkehrenden Blasenentzündung und regelmäßigen Nierenbeckenentzündungen. Als ich dann noch einen doppelten Bandscheibenvorfall im Halsbereich hatte, reichte es mir, und ich beschloss, mich selbst auf die Suche nach den Ursachen zu machen. Ich wollte verstehen, warum ich diese Krankheiten hatte. Ich entschied mich damals gegen eine Operation und fragte mich stattdessen, was mir dieser Bandscheibenvorfall sagen wollte. Nach und nach bekam ich Antworten auf meine Fragen, und ich begann, mein Leben danach auszurichten.

Eine der ersten Fragen, die ich mir stellte, war: Warum liege ich jetzt hier mit einem Bandscheibenvorfall?
Und die Antwort, die kam, war: Weil du dein Leben so nicht weiterleben kannst. Damit du verstehst, dass du dein Leben ändern musst. Es ist sonst sinnlos für dich, denn du hasst, was du tust. Und das hat dich krank gemacht. Hör damit auf, oder du wirst es nicht überleben. Entscheide dich für deinen eigenen Weg und für das, was du liebst.

Durch die Erkenntnis, dass ich mich nicht auf dem für mich richtigen Lebensweg befand und mein Leben ändern musste, damit ich wieder gesund werden konnte, änderte sich alles. Diese Chance hast auch du, und zwar in jeder Phase deines Lebens und in jedem Lebensalter. Dieser Weg ist, gerade zu Beginn, nicht leicht, aber es lohnt sich, ihn zu beschreiten.

Ich möchte dich mit diesem Buch daran erinnern, dass es dein Geburtsrecht ist, glücklich und gesund zu sein. Ich möchte dich daran erinnern, dass du das Leben führen kannst, das dir zusteht, sobald du dich dafür entscheidest, in deine volle Selbstverantwortung zu gehen. Wenn du für alle Lebensbereiche die alleinige Verantwortung übernimmst, kannst du auch alle Bereiche verändern.

Entscheide dich jetzt dafür, und mache dir bewusst, dass du der Schöpfer deines Lebens bist. Die Heilkraft wohnt in dir, und du bestimmst, wie du sie für dich und dein Leben und zum Wohle aller nutzen möchtest.
Ich zeige dir in diesem Buch immer wieder, wie du deine Selbstheilungskräfte stärken und deine Energie erhöhen kannst, denn das ist die Voraussetzung dafür, die Heilkraft deiner Hände auch für andere anzuwenden. Nur, wenn du selbst heil bist, kannst du die heilenden Hände bei anderen einsetzen.

Um deinen Verstand auf die Reise zu deiner Heilkraft einzustimmen, kannst du dich fragen, was dich glücklich macht, was Glück für dich bedeutet, was du gut kannst und was dir leichtfällt. Was ist deine Berufung, der du auch dann nachgingest, wenn du nicht dafür bezahlt würdest? Das heißt nicht, dass du kein Geld für deine Arbeit nehmen sollst. Das bedeutet nur, dass du den Beruf finden sollst, der dir Spaß macht, der dich die Zeit vergessen lässt, der dich erfüllt. Meiner Erfahrung nach kommt der Erfolg, wenn du dem Weg der Freude folgst. Ich weiß, dass die meisten von uns das anders gelernt haben, und genau das gilt es jetzt zu verstehen und aufzulösen. Wenn dieses Buch einen kleinen Beitrag dazu leistet, wäre das mein größtes Geschenk.

Ich wünsche dir ein Leben im Bewusstsein deiner wahren Natur.

In tiefer Liebe und Verbundenheit
Tanja Kohl

Von Karl Gamper

Das Faszinosum an diesem Buch ist die Erweiterung. Die Erweiterung unserer Möglichkeiten. Die Vertiefung unseres Verständnisses. Die Dehnung unseres Bewusstseins bis hin zum Kosmos. Einerseits. Und andererseits? Hin zur Quelle in uns. Hin zur Schöpferkraft in uns und damit zur Aktivierung unserer Selbstheilungskräfte. IN uns.
Wir erweitern auch unser Verständnis der Heilkunst – hin zur kommenden Energie- und Informationsmedizin. Damit bekommt das Wort »Medikament« seine ursprüngliche Bedeutung zurück. »Medicamente« sagten die alten Römer und meinten: Heilung durch den Geist. Heilung durch Energie. Mit diesem Buch kommt eine Erweiterung durch Information hinzu.
Was mich besonders anspricht, ist die Kombination von Einfachheit und Wirksamkeit. Das scheint eine geheimnisvolle Formel zu sein, die sich hier auf so feine Art bestätigt. Die Übungen sind einfach. Und wirksam. Die Texte klar und leicht lesbar.
Tanja Kohl zeigt einfühlsam, praxisnah und vielschichtig, wie wir unsere Heilkraft aktivieren können. Sogar blitzschnell! Auch, wie wir wenig förderliche Glaubenssätze verändern und Blockaden auflösen können oder wie wir den Zweifel an uns selbst überwinden und Ängste durch

das Licht der Bewusstheit verabschieden können. Es ist so wichtig für ein gelingendes Leben, unsere inneren Gräben zu verlassen, damit sich unser Leben auf ein höheres Plateau hinbewegt, von dem aus wir im Flow wirken können.
Und sie untermauert dieses Verständnis auch durch einen klugen Beitrag von Gerald Hüther, dem wohl bekanntesten Gehirnforscher Deutschlands. Denn das Neue erfordert auch neue neuronale Schaltkreise.
An die Seite stellen möchte ich mich auch Sabrina Scheuerling, die sechs Fähigkeiten von uns Menschen markant und präzise beschrieben hat. Denn genau darum geht es in diesen Zeiten des großen Wandels: uns in unsere innere Größe hinein zu erweitern.
Kollegial möchte ich das ergänzen durch die Erweiterung unserer Sinne. Denn neben den klassischen fünf Körpersinnen gibt es noch zahlreiche andere. Erinnern wir uns nur an den Sinn für Schönheit, für Stimmigkeit, für den rechten Moment oder unseren Sinn für Harmonie.
Das wiederum bringt uns zurück zu einer Fähigkeit, die wir alle haben: der Fähigkeit der Fernbehandlung. Denn wir sind an keiner Stelle im Bewusstsein voneinander getrennt. Trennung ist die Mutter aller Illusionen. Alle anderen sind aus dieser hervorgegangen. Zeit, das zu heilen.

Was ist ein Mensch? Diese Frage ist existenziell. Und es gibt im Grunde darauf keine andere Antwort als die eigene Quelle. Die Antwort findet uns, wenn wir uns erlauben, in die eigene Tiefe zu fallen.
Und gleichzeitig gibt es neben dem Mysterium der Erfahrung auch eine Form, die beschrieben werden kann. Demnach ist der Mensch ein geistiges Wesen. Ein geistiges Wesen mit der Fähigkeit, sich in einen Körper zu inkarnieren. Auch in deinen Körper. So nah. So direkt. So unmittelbar.
Wir sind geistige Wesen. Und zum Geist gehört natürlich Energie. Energie bewegt den Geist. Und nun hat sich dieser Geist in einen Körper hineinbewegt und damit manifestiert. Materie ist geronnener Geist. Unser Körper, dieser Tempel, dieses Wunderding, hat eine Reihe von Öffnungen, um sich permanent mit diesem Geist und dieser Lebensenergie aufzuladen. Unser Körper ist mit dem Kosmos verbunden. Un-

ser Körper hat magische Räder, die diese Energie in den Körper wirbeln. Das sind die Chakras.
In diesem Buch findest du eine Landkarte, aufgeladen mit praktischen Übungen, der wichtigsten Chakras des Körpers. Das ist enorm wichtig. Denn im Grunde ist jede Krankheit eine Irritation des freien energetischen Flusses.
Aus dieser Sicht bedeutet Heilung, diesen energetischen Fluss zu harmonisieren. Blockaden zu beseitigen. Risse zu kitten. Wunden zu heilen. All das geschieht durch Energie.
Diese Energie fließt durch unseren Körper und kann sich in den Händen konzentrieren. Fokussieren. Und damit heilen.
Heilende Hände sind uns allen gegeben. Doch viele haben das vergessen. Du hältst die Erinnerung in Händen. Die Form ist dieses Buch. Das Geschenk sind deine Hände.

Dieses Buch kann die Magie der Heilung auslösen. Wie gut uns das tut. Wie tröstlich. Wie menschlich. Wie göttlich. Und all das jetzt.

Viel Freude – umfassendes Gelingen

Karl Gamper
Autor der Vision von NeuLand

DIE GRUNDLAGEN der heilenden HÄNDE

Was ist die universelle Heilkraft?

Die heilende Kraft der Hände existiert schon immer,
wir haben sie nur vergessen und
dürfen uns jetzt daran erinnern.

Wenn du dir das Knie aufgeschürft hast, bedeckst du die Wunde meist nur mit einem Pflaster, und zwei Tage später ist sie – ganz von selbst – geheilt. In diesem Moment sind deine Selbstheilungskräfte am Werk. Sie sorgen dafür, dass die Blutung gestoppt wird und die Wunde sich wieder schließt. Manchmal, wenn die Wunde zu tief oder die Verletzung zu groß ist, unterstützt dich die Medizin und hilft bei der Genesung. Die eigentliche Heilung geschieht aber durch deine Selbstheilungskräfte, die in dir wirken. Unser Körper trägt alles in sich, um mit Verletzungen umgehen zu können und wieder in einen heilen Zustand zu gelangen.

Meiner Erfahrung nach ist eine Verletzung oder Krankheit nur dafür da, dir zu zeigen, dass du nicht achtsam mit dir warst. Vielleicht warst du mit deinen Gedanken gerade woanders und hast dich deshalb verletzt, oder du hast dich und deinen Körper überfordert, weil du nicht dein wahres Sein lebst, sondern nur funktionierst.

Werde dir bewusst, dass du in jedem Moment deines Lebens die Möglichkeit hast, deinen Weg deiner Entwicklung anzupassen. Frage dich immer wieder einmal: Was will ich wirklich? Bin ich an diesem Ort hier richtig? Liebe ich das, was ich von morgens bis abends tue? Ist das Umfeld richtig? Bin ich liebevoll zu mir selbst und zu anderen? Nutze ich meine Talente und Fähigkeiten? Diese Fragen helfen dir, immer wieder selbst zu reflektieren, ob du dein eigenes Leben lebst oder den Erwartungen deines Umfelds folgst.

Die Sprache der Hände ist universell, jeder Mensch versteht sie. Selbst wenn wir nicht sprechen können, ist es uns möglich, durch unsere Hände und Berührungen Energie und Emotionen fühlbar zu machen. Wenn du als Kind hingefallen bist und dir wehgetan hast, hat deine Mutter dich getröstet, dir wahrscheinlich instinktiv ihre Hand auf die schmerzende Stelle gelegt, und du hast sofort Erleichterung gespürt. In diesem Moment hast du die heilende Energie der Hände gefühlt.
Auf dem Weg ins Erwachsensein hast du das »alte« Wissen um die heilende Kraft deiner Hände irgendwann vergessen. Um dich wieder daran zu erinnern, musst du einige Hürden nehmen, denn zwischen dir und der Erinnerung liegen meist Blockaden, die sich unbewusst aufgebaut haben und die es jetzt abzutragen gilt. Es ist notwendig, den Weg freizuräumen, damit du deine Heilkraft, die universelle Energie, wiederentdecken und für dich und andere nutzen kannst.

Die Kraft der heilenden Hände hilft dir dabei,
die Schwingung der Energie zu erhöhen und
die Selbstheilungskräfte zu stärken, wenn du dich selbst
oder andere regelmäßig mit den Händen behandelst.

Alles ist Energie und hat damit eine Schwingung, und du kannst dafür sorgen, dass dein Energielevel hoch ist. Warum ist eine hohe Schwingung wichtig? Weil du mit einer hohen Schwingung die Realität erleben kannst, die du dir wünschst. Liebe, Freude und Dankbarkeit sind Emotionen, die eine hohe Schwingung haben. Wenn du also darauf achtest, dass du diese Gefühle in deinen Alltag einlädst, wird sich deine Schwingung automatisch erhöhen. Ebenso kannst du deine Energie erhöhen, indem du Dinge tust, die dir Spaß machen.

Wenn ich mich nach dem Aufwachen noch energielos und müde fühle, kann das verschiedene Gründe haben. Vielleicht bin ich zu spät ins Bett gegangen, habe mir vor dem Einschlafen noch Gedanken gemacht, die mich beunruhigt haben, habe vielleicht abends etwas gegessen, was mir schwer im Magen lag und meinen Schlaf negativ beeinflusst hat. Es hat immer einen Grund, wenn ich morgens aufwache und mich nicht so ausgeruht und positiv fühle wie sonst. Um herauszufinden, warum das so ist, muss ich einfach ehrlich mit mir sein, und dann ist es mir sehr schnell klar. Wenn ich den Grund kenne, kann ich etwas verändern. Das führt zu einem tieferen Bewusstsein und einem besseren Verständnis meines Verhaltens. Niemand anderer ist für mich verantwortlich, nur ich selbst, und das ist das größte Geschenk im Leben.

Zurück zum Morgen, an dem ich noch müde bin und mich energielos fühle. Was kann ich nun für mich tun, damit ich mich sofort besser fühle? Ich weiß, dass Musik mir guttut, und ich höre in solchen Momenten meine Lieblingslieder und singe immer lauthals mit. Ich spüre sofort, wie sich meine Energie zum Positiven verändert. Eine weitere Möglichkeit für mich ist die Bewegung an der frischen Luft. Ich gebe zu, dass sich regelmäßig mein innerer Schweinehund meldet, wenn es draußen regnet, es kalt oder trüb ist. Dann denke ich einfach daran, wie ich mich fühle, wenn ich in der Natur gewesen bin. Ich stelle mir vor, wie gut es mir geht, nachdem ich die Bewegung an der frischen Luft genossen habe, mein innerer Schweinehund verschwindet, und ich kann meine Energie auf gesunde Weise erhöhen.

BLITZÜBUNG

Falls du morgens nicht viel Zeit hast, gibt es auch schnelle Übungen, die dir sofort mehr Energie bringen. Eine meiner Lieblingsübungen ist die folgende von Vera F. Birkenbihl:
Wenn du morgens aufwachst und dich energielos fühlst, fange an, breit zu grinsen, und zwar ununterbrochen für mindestens eine Minute. Grinse so, als würdest du dich sehr über etwas freuen, und zähle innerlich bis sechzig. Du wirst staunen, was dann in dir passiert. Es ist wissenschaftlich belegt, dass dein Hormonsystem auf die Freude in deinem Gesicht reagiert. Das bedeutet, dass durch dein Grinsen eine Kettenreaktion in deinem Körper ausgelöst wird, die nach einer Minute dazu führt, dass dein Hormonsystem Glückshormone aussendet. Es spielt dabei keine Rolle, ob dein Grinsen echt ist, denn dein Körper sorgt mit der Ausschüttung der Glückshormone dafür, dass du dich auf einmal besser und glücklicher fühlst und dein Lächeln echt wird.

Es ist wirklich nur eine reine Übungssache. Ich habe diese Übung schon sehr oft für mich genutzt, und zu Beginn fing mein Verstand während des Grinsens immer wieder an, sich einzumischen. Ich habe dann einfach weitergegrinst, woraufhin sich mein inneres Gefühl veränderte und ich meinem Verstand sagen konnte: »Na, siehst du, es wirkt!« Die Übung wurde von Mal zu Mal leichter für mich, und inzwischen ist eine neue Gewohnheit daraus geworden. Wenn ich morgens grundlos schlecht gelaunt bin, grinse ich für eine Minute und fühle mich danach sofort besser. Du kannst diese Übung auch gern jeden Tag einige Minuten machen, dann wirkt sie vorbeugend und ist ein wunderbares Mittel für ein insgesamt glücklicheres Leben.

Was versetzt dich sofort in gute Laune? Finde deine ganz persönlichen Energiebooster, schreibe sie auf, und nutze sie, wenn du dich energielos fühlst. Sei es dir wert, dafür zu sorgen, dass du dich gut fühlst. Du allein bist für dich verantwortlich. Nutze dieses Geschenk.

EXKURS:

Wissenschaftliche Erkenntnisse zur Selbstheilung von dem Neurobiologen Prof. Dr. Gerald Hüther

»Jedes Mal, wenn man sich für etwas begeistert, wird im Gehirn ein besonderer Cocktail an neuroplastischen Botenstoffen ausgeschüttet. Und der wirkt wie Dünger auf die Nervenzellen und neuronalen Vernetzungen, die in diesem Zustand besonders intensiv genutzt, also aktiviert werden. Deshalb wird alles, was wir mit großer Begeisterung denken und tun und was wir dabei lernen, wenn wir uns dafür begeistern, nicht nur sehr fest im Gehirn verankert, sondern auch an dieses gute Gefühl gekoppelt, das wir dabei haben.

Es hat einige Zeit gedauert, bis die Neurobiologen dieses Phänomen verstehen und die ihm zugrunde liegenden Mechanismen aufklären konnten. Aber jetzt ist es so weit, und das hat Auswirkungen […] nicht nur im Bildungs-, sondern auch im Gesundheitssystem. Wie soll ein Mensch nun auf einmal Verantwortung für seine eigene Bildung oder für seine eigene Gesundheit übernehmen – und wie sollen in seinem Gehirn die dazu erforderlichen Netzwerke mit dem Dünger der Begeisterung gestärkt werden –, wenn ihm bisher alle Verantwortung dafür abgenommen wurde? Wenn er noch nie erlebt hat, wie beglückend es ist, sich um seine Gesunderhaltung selbst zu kümmern, mit Begeisterung Sport zu treiben, sich gesund zu ernähren und sich Zeit für sich selbst zu nehmen? Wie soll sich jemand für all das begeistern, wenn ihm doch bisher immer nur gesagt worden ist, was er alles zu tun und zu lassen hat, damit er nicht krank oder möglichst schnell wieder gesund wird? Und wie soll überhaupt jemand auf die Idee kommen, Verantwortung für seine Gesundheit zu übernehmen, dem von Kindesbeinen an erklärt worden ist, dass der eigene Körper wie eine Maschine funktioniere, der deshalb sein Herz als Pumpe bezeichnet und der glaubt, dass ihm im Alter das Hirn oder die Gelenke einrosten?

Wer so denkt, muss jede Erkrankung als Maschinenschaden und den Arzt als ›Reparateur‹ betrachten, der die Störung im Getriebe ausfindig macht und mit den richtigen Techniken und den richtigen Medikamenten die Pumpe oder das Gelenk oder das Gehirn wieder zum Funktionieren bringt. Je mehr die Personen in diesem Reparaturdenken gefangen bleiben, umso stabiler bleibt die Nachfrage nach entsprechenden Reparaturleistungen.

So entsteht ein Teufelskreis, der zwar die Kosten des Gesundheitssystems steigert, nicht aber den Gesundheitszustand der Bevölkerung. Auflösen lässt er sich nicht durch immer neue Maßnahmen zur Kostenreduktion und Kostenverteilung, sondern durch eine Veränderung dessen, was seine Entstehung und Eskalation ermöglicht hat: Die in den Hirnen aller Beteiligten fest verankerte Vorstellung, dass man, wenn man krank geworden ist, wieder gesund gemacht werden kann. […] Es ist eben leichter, sich an der Vorstellung zu begeistern, an etwas zu erkranken und von jemandem wieder gesund gemacht zu werden, als die Verantwortung für die eigene Gesundheit selbst zu übernehmen.

Aber nicht einmal einen gebrochenen Arm bekommt man von allein, und kein Arzt kann den gebrochenen Arm reparieren oder gar heilen. Er kann mit seiner fachlichen Kompetenz und seinen technischen Möglichkeiten lediglich Bedingungen schaffen, unter denen die Selbstheilungskräfte des Patienten optimal wirksam werden und die gebrochenen Knochen wieder gut zusammenwachsen. Allgemeiner ausgedrückt heißt das: Niemand kann einen anderen Menschen gesund machen. Jede Heilung ist immer und grundsätzlich Selbstheilung. Die ärztliche Kunst besteht darin, diesen Prozess der Selbstheilung zu unterstützen. Auf körperlicher Ebene ebenso wie auf psychischer Ebene. […] Der gebrochene Knochen wächst schneller wieder zusammen, wenn es dem Patienten gut geht, wenn er der ärztlichen Hilfestellung vertraut, wenn er […] versteht, was der Arzt weshalb tut und worauf es für seine Gesundung ankommt, wenn er das Gefühl hat, den Heilungsprozess selbst auch aktiv unterstützen zu können, und wenn er das, was er in seinem Zustand erlebt, in einen größeren, sinnhaften Zusammenhang einordnen kann.

Es sind also weniger die objektiven Kriterien einer Behandlung, sondern vielmehr die subjektiven Bewertungen einer Behandlung durch den Patienten, die darüber entscheiden, wie gut es ihm gelingt, seine Selbstheilungskräfte zu aktivieren.
Unterdrückt wird die Fähigkeit zur Selbstheilung, wie die neueren Erkenntnisse aus der Angst- und Stressforschung belegen, durch Verunsicherung, Angst, Hilflosigkeit und psychoemotionale Belastungen, also im weitesten Sinne durch einen Mangel an Vertrauen, sowohl in Bezug auf die Reorganisationsfähigkeit des eigenen Körpers als auch im Hinblick auf die Kompetenz, das Einfühlungsvermögen und die Umsicht des behandelnden Arztes. […]
Um die Selbstheilungskräfte eines Patienten zu reaktivieren, bedarf es einer eingehenden Kenntnis der Lebensgeschichte des Patienten. Der behandelnde Arzt braucht ausreichend Zeit, um herauszufinden, welche Erfahrungen der jeweilige Patient gemacht hat und welche Vorstellungen und Überzeugungen, welche Haltungen und inneren Einstellungen aufgrund dieser Erfahrungen entstanden sind.

Dazu bedarf es einer persönlichen Beziehung, die von gegenseitigem Vertrauen geprägt ist. Um eine solche Beziehung aufzubauen, müsste der Arzt seinem Patienten in einer offenen, nicht durch diagnostische Befunde oder materielle Interessen geprägten Haltung begegnen. Nur so kann es dem Arzt gelingen, den Patienten einzuladen und zu ermutigen, neue Erfahrung machen zu wollen. Aufseiten des Patienten müssten gegenwärtig noch weitverbreitete falsche Erwartungshaltungen ebenso wie negative Vorurteile abgebaut wer-

den. Und aufseiten der Ärzte wären fragwürdige Selbstbilder, vorschnelle Urteile und Bewertungen und ein Mangel an Einfühlungsvermögen in die Situation des Patienten zu überwinden.
Aber der zunehmende Kostendruck im Gesundheitswesen wird zwangsläufig dazu führen, dass in Zukunft verstärkt nach bisher unzureichend beachteten Potenzialen zur Kostenreduzierung vor allem bei medizinischen Langzeitbehandlungen gesucht werden muss. Bei dieser Suche, so darf jetzt schon prognostiziert werden, wird man die enormen Kostenersparnisse nicht mehr allzu lange übersehen können, die automatisch entstünden, wenn es gelänge, Menschen dafür zu begeistern, mehr als bisher für ihre Gesundheit tun zu wollen. Dann ließen sich auch im Fall einer Erkrankung die Selbstheilungskräfte der Patienten deutlich effektiver und nachhaltiger reaktivieren als bisher.«

Prof. Dr. rer. nat. Gerald Hüther ist Leiter der Zentralstelle für neurobiologische Präventionsforschung an den Universitäten Göttingen und Heidelberg/Mannheim. Der Artikel zum Thema »Selbstheilungskräfte aktivieren« stammt aus dem »Deutschen Ärzteblatt« des Deutschen Ärzteverlags GmbH Berlin, Jg. 109, Heft 9, 2. März 2012, S. 422/423. Noch mehr zu diesem Thema findest du in seinem Buch »Lieblosigkeit macht krank«.

So kam ich mit meiner eigenen Heilkraft in Berührung

Bevor ich mit meiner eigenen Heilkraft in Berührung gekommen bin, war ich abgeschnitten von meinen Emotionen und Gefühlen. In dieser Zeit konnte ich mich selbst nicht fühlen und habe weder mir noch anderen vertraut. Ich habe damals nur noch funktioniert und nicht mehr gelebt. Das Erschreckende daran war, dass ich es selbst gar nicht wahrgenommen habe. Es war für mich zur Gewohnheit geworden, so zu sein. Auch wenn mir in dieser Zeit mein Umfeld, meine damaligen Mitarbeiter, diese Gefühllosigkeit spiegelte, war sie mir nicht bewusst. Ich habe von ihnen genau das verlangt, was ich als Geschäftsführerin meiner Blindenführhundeschule auch von mir verlangt habe: einen Einsatz von einhundert Prozent. Konkret bedeutete das für mich, immer abrufbar, immer für die Firma da sein und vollen Einsatz zeigen, auch am Wochenende und an den Feiertagen.

Ich habe mir in diesen Jahren weder Zeit für mich noch für meinen damaligen Mann, meine Freunde oder Hobbys genommen. Es gab nur das eigene Unternehmen und alles, was damit zu tun hatte. Das klingt im Nachhinein betrachtet schrecklich, aber ich habe es damals nicht so empfunden, weil es meine Realität war. Das Einzige, was ich manchmal wahrgenommen habe, war ein starkes Gefühl von »das will ich jetzt auch haben – ich möchte jetzt auch eine Pause machen«, wenn meine Mitarbeiter in Urlaub gefahren sind. Dieses Gefühl zeigte sich dann in meiner schlechten Laune. Trotzdem merkte ich in dieser Zeit nicht, dass mein Leben aus der Balance geraten war. Ich liebte meine Arbeit ja, und immer, wenn ich im Training mit den Hunden unterwegs war, spürte ich mich, weil ich die Hunde spüren konnte. Ich verstand sie ohne Worte. Das half mir, diese Zeit zu überleben.

Als ich mit meiner eigenen Heilkraft in Berührung kam, lösten sich schlagartig Emotionen, die ich sehr lange unterdrückt hatte. Die Emotionen flossen nur so aus mir hinaus, und in diesem Moment spürte ich endlich wieder die Verbindung zu mir selbst und zu meinen Gefühlen. Ich erhielt währenddessen eine Botschaft, die sehr wichtig für mich war. Während ich zum ersten Mal die Energie der heilenden Hände wahrnehmen konnte, sah ich vor meinem inneren Auge einen Text. Dieser Text lautete folgendermaßen: »Licht und Schatten, Lachen und Weinen, Lieben und Hassen – alles ist eins. Sie gehören zusammen wie der Tag und die Nacht. Nun erlaube dir, beides in dir zu verbinden – zu einem großen Ganzen. Du hast das Herz eines Löwen und gleichzeitig die Angst einer Maus. Liebe die kleine Maus genauso wie den Löwen – sie wollen gleichermaßen geliebt werden. Liebe und lache, wenn dir zum Lachen zumute ist. Lasse deine Worte im Herzen erblühen, dann lebe sie. Mehr musst du nicht tun. Du hast viele Talente, lebe sie. Es ist bereits alles in dir. Höre auf, zu suchen, werde still, und liebe.«

Dieser Moment hat mein Leben verändert. Ich erzähle dir all das, um dir Mut zu machen, die Verbindung zu dir wieder aufzunehmen und deinen Gefühlen zu vertrauen. Lasse dich auf das Leben als Ganzes ein. Ich möchte dir bewusst machen, dass das Leben immer vorwärts gelebt, aber erst rückwärts verstanden wird, und dich motivieren, dein Leben im wahrsten Sinne des Wortes in die eigenen Hände zu nehmen.

Leben ist stete Veränderung, und Stillstand bedeutet Rückschritt. Die Herausforderung ist, dass unser Gehirn am liebsten jeden Tag das Gleiche denken und machen würde, sozusagen immer auf Autopilot, denn das kostet am wenigsten Energie. Aber so ist das Leben nicht gedacht, und es wäre sehr langweilig, wenn du dich der Gewohnheit überlassen würdest. Es bedeutet etwas Arbeit, aber durch kleine Ausbrüche aus der Routine kannst du dein Gehirn trainieren, damit es sich an Veränderungen gewöhnt. Du wirst sehen, mit der Zeit wird das immer leichter.

Sicherlich hast du inzwischen festgestellt, dass sich dieses Buch mit weit mehr als ausschließlich mit der Heilkraft deiner Hände beschäftigt. Warum? Weil ich dir alle meine Erfahrungen weitergeben will, damit dir alle Möglichkeiten zur Verfügung stehen und du dir die passende aussuchen kannst, um dich von deinen eigenen Begrenzungen zu befreien. Damit du ein selbstbestimmtes Leben voller Glück und Gesundheit leben kannst. Bedeutet das, dass du dann keine Herausforderungen mehr erlebst? Nein, natürlich nicht. Aber du wirst mit den Herausforderungen viel entspannter umgehen, und du hast die Chance, dazuzulernen.

Alles, was dir begegnet, hat einen tieferen Sinn.
Jeder Mensch, auf den du triffst, hat eine Aufgabe –
entweder ist er ein wertvoller Begleiter und Unterstützer, oder
er hilft dir dabei, deine Schattenseiten wahrzunehmen.

So kannst du deine Heilkraft entdecken

Jedem Menschen, also auch dir, steht die heilende Kraft seiner Hände zur Verfügung. Die Frage ist nur: Wie kannst du sie fühlbar machen und damit aktivieren? Zuallererst ist es wichtig, dass du verstehst oder dich für das Verständnis öffnest, warum die Heilenergie überhaupt wirken kann. Erst, wenn dir das bewusst ist, wird es dir möglich sein, die Kraft deiner Hände selbst zu fühlen und letztlich daran zu glauben. Diese Reihenfolge ist von Bedeutung, weil wir ein Gesamtkunstwerk aus Körper, Geist und Seele sind und nur dann etwas Neues verinnerlichen können, wenn alle drei Bereiche unseres Seins gleichermaßen beteiligt sind. Anders ausgedrückt: Dein Kopf darf es verstehen, dein Herz darf es fühlen, und dein Körper darf es dann ausführen und nutzen. Mütter nutzen automatisch die Heilkraft der Hände, wenn sie ihre Kinder berühren. Diese Energie der Mutterliebe ist die heilende Energie. Pure bedingungslose Liebe.

Die Übungen in diesem Buch führen dich genau in diesen Zustand zurück, und damit bist du in der Lage, die heilende Energie für dich und für andere einzusetzen.

Das richtige Mindset

Um die Kraft deiner heilenden Hände wieder zu spüren, ihr zu vertrauen und sie zu deinem Wohl und zum Wohle aller einsetzen zu können, solltest du zunächst einmal eine Entscheidung treffen. Entscheide dich bewusst dafür, dass du dich an dein verschüttetes Wissen erinnern willst. Das klingt einfach, und das ist es auch. Allerdings gehören zu dieser Entscheidung, wie zu allen Entscheidungen im Leben, die Konsequenzen. Ich meine hier das Zurückerinnern an deine Essenz, an deinen Ursprung, an den Zustand, in dem du auf diese Welt gekommen bist, an die reine und bedingungslose Liebe und an das Urvertrauen, dass diese Welt ein sicherer Ort ist.
Dieses Zurückerinnern gelingt nur dann, wenn du bereit bist, alles loszulassen, was dich davon abhalten will. Alles, was dir im Wege steht, wie blockierende Glaubenssätze, Erfahrungen, emotionale Blockaden und blinde Flecken (die für dich unsichtbar, für deine Mitmenschen allerdings erkennbar sind und die dir durch Spiegelungen gezeigt werden), gilt es vorher aufzulösen. Die intensive Beschäftigung mit diesen Themen bringt dir nicht nur die Erinnerung an deine heilende Kraft zurück, sondern offenbart dir auch, wer du wirklich bist. Du lernst dich noch einmal auf einer tiefen Ebene deines Seins kennen, und das wird dein Leben auf allen Ebenen bereichern. Ich bin diesen Weg bereits gegangen, und ich kann dir zeigen, wie du an diesen Punkt kommst und wie du dir unnötige Umwege ersparst.

Übernimm die Verantwortung für dich

Der erste Schritt auf dem Weg zur Aktivierung deiner Kraft ist die Übernahme der Selbstverantwortung. Zunächst einmal ist es die Entscheidung dafür, dass du ab jetzt für alles in deinem Leben selbst die Verantwortung übernimmst. Diese Entscheidung wird dein Leben grundlegend verändern, weil du niemand anderen mehr für etwas verantwortlich machen kannst. Das bedeutet aber gleichzeitig, dass du ab jetzt jede Situation in deinem Leben beeinflussen und aktiv verändern kannst. Spürst du, wie gut sich das anfühlt? Diese Entscheidung ist der Anfang, und erst danach entwickelt sich dein Leben. Schritt für Schritt

hast du die Möglichkeit, wieder zu dem Menschen zu werden, der du in Wirklichkeit bist, der du bei deiner Geburt warst. Was heißt das konkret?
Als du auf diese Welt geboren wurdest, warst du noch völlig eins mit allem, was ist. Du warst reines Bewusstsein in einem physischen Körper, und auch, wenn du das nicht mit deinem Verstand wusstest, bist du in reinem Bewusstsein geschwungen. Dann begannst du, alles aufzusaugen, was du von deinen Vorbildern, zuerst von Mutter und Vater, über das Leben auf dieser Welt erfuhrst. Und das führt uns zum zweiten Schritt.

Verbinde dich mit allem, was ist

Als Baby wurden deine Bedürfnisse von außen gestillt, beispielsweise durch deine Mutter oder deinen Vater. Dadurch erfolgte deine Prägung, dass Bedürfnisse durch die Außenwelt erfüllt werden. Das ist aber nicht immer der Fall. Oftmals werden deine Bedürfnisse von anderen erst gar nicht wahrgenommen oder können nicht befriedigt werden, was in dir Unzufriedenheit und Unruhe erzeugt. Es ist wichtig, dass du erkennst, dass deine Bedürfnisse nie dauerhaft vom Außen gestillt werden können. Durch die Suche im Außen verlierst du zudem den Kontakt zu dir selbst, zu deiner Seele.
Das kannst du verhindern, indem du dir darüber klar wirst, dass du weit mehr bist als das Bild, das du von dir hast. Deine Vorstellung von dir zeigt dir nur deine eigene Begrenzung. Erinnere dich an dein ursprüngliches Sein. Erinnere dich daran zurück, dass du auch nach deiner Geburt noch immer mit allem verbunden bist. Du bist nicht das Bild, das du von dir hast, du bist nicht die Rollen, die du in deinem Leben verkörperst, wie beispielsweise Vater, Mutter, Freund oder Partner. Du bist nicht dein Körper, du bist so viel mehr als das. Das gilt es wieder zu verstehen und sich daran zu erinnern.

Dieser wichtige Schritt gelingt dir, indem du es für möglich hältst, dass du weit mehr bist als dein eigenes Bild. Indem du dich nicht mit deinem Körper identifizierst, sondern mit deiner Seele. Indem du verstehst, und zwar auf einer tiefen Ebene deines Seins, dass dein Körper die Wohnung deiner Seele ist und dass diese Wohnung Pflege benötigt, damit sich deine Seele darin wohlfühlt. Du bist aber nicht deine Wohnung. Du bist reines Bewusstsein, und das gilt es zu erkennen. Wenn dir das jetzt noch schwierig erscheint, gibt es eine ganz einfache Möglichkeit: Allein dadurch, dass du es ab heute für möglich hältst, dass du viel mehr bist, als du bisher geglaubt hast, machst du einen wichtigen Schritt in die Bewusstheit.

Erkenne deine Konditionierungen

Wie die Neurobiologie inzwischen erkannt hat, strukturiert sich unser Gehirn primär anhand von Signalmustern, die während der frühen Phasen der Hirnentwicklung aus dem eigenen Körper zum Gehirn weitergeleitet wurden. Es sind also eigene Körpererfahrungen, nicht das Denken, die dabei eine Rolle spielen. Erst mit dem Spracherwerb und der Fähigkeit zum symbolischen Denken, also wenn Dinge und Situationen dargestellt werden können, die in der unmittelbaren Umgebung nicht vorhanden sind, gewinnen die eigenen, selbst entwickelten Gedanken und Überzeugungen eine strukturierende Kraft.

Das bedeutet im Umkehrschluss, dass du von Geburt an bis zu deinem siebten Lebensjahr alles ungefiltert aufnimmst, was die Menschen in deinem Umfeld sagen, und es einfach für wahr hältst. Du nimmst die Aussagen, ohne sie infrage zu stellen, an, weil du noch keine willentliche Möglichkeit hast, diese Gedanken abzulehnen, und weil dich die bedingungslose Liebe in dir glauben lässt, dass deine Eltern und dein Umfeld wissen, wie es »hier unten« auf der Erde läuft und welche Regeln gelten. Du glaubst, dass sie die Wahrheit kennen, weil sie schon viel länger auf dieser Welt sind als du. Wenn du dann achtzehn Jahre alt geworden bist, hast du eine stattliche Anzahl an Glaubenssätzen in dir angesammelt, die deine Realität bestimmen.

Was heißt das? Glaubenssätze sind wie eine Brille, durch die du die Welt siehst und die deine Sicht auf die Dinge beeinflussen. Die entscheidende Frage dabei ist: Siehst du die Welt positiv oder negativ? Oder anders gefragt: Hältst du diese Welt für einen friedlichen oder für einen feindlichen Ort? Das führt zu immer weiteren Fragen, wie: Glaubst du an deine eigene Selbstheilungskraft, an deine Schöpferkraft, oder glaubst du nicht daran? Denn je nachdem, was du glaubst und was du denkst, beeinflusst das deine Gefühle, deine Handlungen und letztlich deine Realität.

Was hat das alles mit der heilenden Kraft deiner Hände zu tun? Wenn du auf einer tiefen Ebene (erst mit dem Verstand und dann mit dem Herzen) verstehst, dass du für dich und dein Leben, für alle deine Erfahrungen, für deine Gedanken und Gefühle verantwortlich bist, dann kannst du auch dein Leben selbst gestalten. Solange du noch anderen die Schuld für deine Erfahrungen, dein Leben gibst, brauchst du an dieser Stelle nicht weiterzulesen. Klingt das hart? Vermutlich ja, wenn du noch an diesem Punkt stehst. Wenn du andere für dein Leben verantwortlich machst, bist du noch in der Opferrolle gefangen. Die Opferrolle ist vermeintlich bequem, weil sie etwas Gewohntes ist. Sie beinhaltet aber auch dein Einverständnis, dass andere Menschen dein Leben steuern und beeinflussen. Wenn du in der Opferrolle stecken bleibst, hast du unbewusst deine Verantwortung für dich an andere abgegeben und damit auch die Möglichkeit, dein Leben in die eigene Hand zu nehmen und es so auszurichten, wie du es willst. Wenn du dir ab heute die Frage stellen würdest: Was führt mich in meine Selbstverantwortung und damit in meine persönliche Freiheit?, dann findet dein Gehirn Antworten darauf, und du findest deinen Weg in die Selbstbestimmung. Das ist der erste Schritt aus der Opferrolle in die Schöpferrolle und damit der Beginn deines selbstbestimmten Lebens.

Glaube mir, ich kann dich sehr gut verstehen, ich weiß, wie sich das für dich anfühlt, denn ich war selbst auch an diesem Punkt in meinem Leben angekommen, und ich habe verstanden, dass es so nicht weitergeht. Als mir bewusst wurde, dass ich das Leben meiner Eltern und Ahnen lebte und nicht mein eigenes, habe ich angefangen, alle meine Glaubenssätze zu hinterfragen, um mich selbst wiederzuentdecken.

Sobald sich ein Glaubenssatz gezeigt hat, der mich blockierte, habe ich mir innerlich die Frage gestellt, wer diesen Satz zum ersten Mal zu mir gesagt hat. Darauf bekam ich immer eine Antwort. Dann wusste ich, ob es mein eigener Glaubenssatz war oder der eines Menschen in meinem Umfeld, den ich nur übernommen hatte. Wenn mir das bewusst war, konnte ich ihn durch einen eigenen Glaubenssatz ersetzen.

Dazu möchte ich dir ein Beispiel geben. Viele Jahre hatte ich die Überzeugung: Ich muss viel und hart arbeiten, um Geld zu verdienen. Diesen Glaubenssatz hatte ich von meiner Ursprungsfamilie übernommen. Als mir das bewusst wurde, ersetzte ich ihn durch folgende Überzeugung: Ich verdiene mit meiner Berufung leicht und voller Freude mein Geld. Jetzt fragst du dich sicherlich, wie ich den Glaubenssatz ersetzen konnte. Ich habe ihn gewandelt, indem ich die alte Überzeugung jedes Mal, wenn sie in mir hochkam, sofort gedanklich gestoppt und stattdessen den neuen Glaubenssatz laut ausgesprochen habe. Das war am Anfang nicht leicht, denn alles, was ungewohnt und neu ist, ist erst einmal anstrengend. Nachdem ich dann aber gemerkt hatte, dass es sich lohnt, dranzubleiben, weil ich endlich das Gefühl hatte, dass ich etwas an meinem Leben ändern konnte, habe ich mir, sobald der neue Glaubenssatz den alten ersetzt hatte, die nächste Überzeugung vorgenommen.

Das Schöne daran ist, dass sich diese Arbeit wirklich lohnt, weil deine Realität sich ändert, sobald die neue Überzeugung wirksam ist. Mittlerweile geht das Austauschen der Glaubenssätze bei mir immer schneller, und dabei hilft mir auch die Energie der heilenden Hände. Wie genau das gelingt, zeige ich dir auf S. 45.

Werde dir deiner Heilkraft bewusst

Wenn du deine heilenden Hände für dich oder andere einsetzen möchtest, solltest du dir klar darüber sein, dass du die Energie auf zwei verschiedene Arten übertragen kannst. Welche Art zum Einsatz kommt, hängt davon ab, wo du in deiner Bewusstwerdung stehst und welche Intention hinter dem Einsatz deiner heilenden Hände steht.

Wenn du dir bewusst darüber bist, dass du die Kraft der heilenden Hände in dir trägst, du aber deine eigene Energie bei der Anwendung nutzt, wirst du schnell feststellen, dass du dich nach der Behandlung müde und erschöpft fühlst. Das ist so, weil du dich als Quelle der Heilenergie gesehen hast, anstatt dich an die universelle Energie anzuschließen und dich selbst nur als Kanal der Energie zu betrachten. Wenn du deine eigene Energie für die Anwendung nutzt, dann ist das nicht der Sinn der Sache. Erstens stellst du dich dann als denjenigen dar, dem diese Energie exklusiv zur Verfügung steht. Das hätte zur Folge, dass die Menschen, die du behandelst, quasi »abhängig« von deiner Behandlung und der Weitergabe deiner Energie würden. Zweitens macht dich die Weitergabe der eigenen Energie auf Dauer selbst krank und leer. Es ergibt daher keinen Sinn, deine eigene Energie zur Behandlung zu nutzen.
Machst du dir jedoch bewusst, dass du nur der Kanal für die universelle Energie bist, die du durch deine Hände überträgst, bist du an die unerschöpfliche Quelle angeschlossen. Dann fühlst du dich nach der Behandlung einer anderen Person voller Energie, fit und vital, weil die Heilkraft automatisch auch zu dir fließt.

Wenn du die Kraft deiner heilenden Hände manipulativ einsetzen möchtest, wirst du die Erfahrung machen, dass alles, was du aussendest, immer auch zu dir zurückkommt. Das ist ein universelles Gesetz. Konkret bedeutet das: Wenn du bewusst manipulierst, wirst auch du manipuliert werden.

Versuchst du, die Anwendung deiner heilenden Hände an eine bestimmte Erwartung zu knüpfen, wirst du die Erfahrung machen, dass deine Erwartungen nicht erfüllt werden. Das ist so, weil die Heilenergie ein höheres Bewusstsein hat und genau weiß, wo sie gebraucht wird. Und genau dorthin fließt sie. Erwartungshaltungen führen somit zu einer Begrenzung der Wirkung und zur Einschränkung der Möglichkeiten.
Meiner Erfahrung nach wirkt die heilende Energie der Hände am stärksten, wenn du nichts dabei erwartest. Wunder geschehen dann, wenn du darauf vertraust, dass die Energie mit einer höheren Intelligenz und Bewusstheit fließt.

Dazu ein Beispiel: Als ich begann, mit der Energie der heilenden Hände zu arbeiten, erlebte ich die folgende Situation. Ich war mit meinem Caravan unterwegs zu einem Termin und hatte es ziemlich eilig. Als ich eine Pause einlegte, war ich unaufmerksam, schlug die Hintertür meines Busses mit Schwung zu und merkte zu spät, dass meine Hand dazwischengeraten war. Der Schmerz holte mich sofort zurück ins volle Bewusstsein. Ich öffnete blitzschnell wieder die Tür und schaute mir meine Hand an. Sie sah gequetscht aus und begann, zu schmerzen. Mein Verstand wollte mir gerade erklären, was alles an meiner Hand kaputtgegangen war, als ich die Gedanken geistesgegenwärtig stoppte und mich fragte, was ich mir jetzt wünschen würde. Ich aktivierte die Heilkraft in meiner intakten Hand, legte diese auf die gequetschte Hand und bat um Heilung. Ich achtete die ganze Zeit darauf, dass mein Verstand keine Tatsachen erschuf, indem er mir Diagnosen einflüsterte, und hielt ihn mit der bewussten Entscheidung in Schach, den aufkommenden Gedanken keinen Glauben zu schenken. In dieser Situation war es wirklich keine leichte Aufgabe, meine negativen Gedanken zu stoppen. Aber weil ich so sehr damit beschäftigt war, hatte ich keine Zeit für Erwartungen. Das heißt, ich erwartete in diesem Moment kein bestimmtes Ergebnis durch meine Behandlung. Zwanzig Minuten nachdem ich mit der Energieübertragung begonnen hatte, betrachtete ich mutig meine gequetschte Hand, und zu meiner großen Überraschung war nichts mehr zu sehen. Wie konnte das sein? Ich war von dieser Demonstration meiner eigenen Selbstheilungskräfte so fasziniert und gleichermaßen darüber verwundert, dass mein Verstand es nicht fassen konnte. Sicher war es mein Glück, dass ich die Bustür nicht mit voller Wucht zugeschlagen hatte und meine Hand nur leicht gequetscht war. Dass ich nach dem Händeauflegen aber rein gar nichts mehr von der Verletzung erkennen konnte, das verblüffte und begeisterte mich auf einer tiefen Ebene und steigerte meine Faszination für die Arbeit mit der Heilenergie noch. Für mich kam dieses Erlebnis (und mittlerweile noch viele andere) einem Wunder gleich. Seit diesem Tag glaube ich daran, dass Heilung möglich ist, die ich nicht ansatzweise mit meinem Verstand erklären kann. Seitdem habe ich mich für Wunder geöffnet und erlebe sie immer häufiger in meinem Leben und während meiner Arbeit mit meinen heilenden Händen.

Wichtig ist es auch, dass du immer mehr Bewusstheit entwickelst, um dein wahres Sein zu entfalten, deine Heilkraft fließen zu lassen und durch dein Vorbild andere zu ermutigen, dasselbe zu tun. Erschließe dir dazu deine ganz persönlichen Kraftquellen. Das können Gebete sein, Bewegung in der Natur, deine Lieblingsmusik oder Meditation. Deine Kraftquellen zeigen sich dir in ihrer vollen Wirkung, wenn du bereit bist, ihr Wesen einfach nur zu erfahren, ohne es bewerten oder verstehen zu wollen. Meditation beispielsweise stärkt deinen Geist, damit wird deine Wahrnehmung feiner und die Verbindung mit dir selbst enger. Diese enge Verbindung stärkt und entspannt dich zugleich. Dein Bewusstsein wächst, und gleichzeitig nimmt deine Angst ab. Dein Mitgefühl mit dir selbst entwickelt sich immer stärker, die innere Intelligenz meldet sich und aktiviert alle Ressourcen, und das führt zur Selbstheilung durch deine Hand(lung). Dein Glaube an deine Heilkraft wird immer stärker und dadurch auch das Wirken deiner Hände.

Überwinde deine Zweifel und Widerstände

Aus welchen Beweggründen heraus möchtest du die Heilkraft deiner Hände einsetzen? Möchtest du die Anerkennung anderer bekommen? Dann wäre es hilfreich, wenn du dir zunächst selbst die Bestätigung gibst, die du im Außen suchst, weil du sonst immer in einer Erwartungshaltung bist, wenn du deine heilenden Hände einsetzt. Dann muss dir das Leben das Gegenteil beweisen, damit du verstehst, dass nur du selbst dir die Anerkennung geben kannst, die dich erfüllt. Finde die Anerkennung in dir. Schenke dir selbst die Beachtung, die du vielleicht als Kind gern von deinen Eltern bekommen hättest. Mache dir bewusst, dass deine Kindheit vorbei ist. Du hast alles bekommen, was deine Eltern geben konnten. Sie haben ihr Bestes gegeben, und du hast jetzt die Wahl, entweder weiter deinen Eltern Schuld zuzuweisen, was bedeuten würde, dass du Opfer deiner Umstände bist und bleibst, oder dir selbst Anerkennung zu geben. Das kannst du tun, indem du dich für alles schätzt, was du in deinem Leben schon erreicht hast.
Nutze dafür ein Anerkennungsbuch, in das du alles einträgst, wofür du dir selbst Bestätigung schenken möchtest. Dieses Buch führst du so lange, bis du das Gefühl hast, dass du keine Anerkennung mehr von außen brauchst, weil du dir selbst bereits genug davon gibst. Du wirst sehen, dass du dich dann viel freier und unabhängiger fühlen wirst.

Wo befindest du dich noch im Widerstand? Hast du Schwierigkeiten, dich selbst zu akzeptieren, oder zweifelst du an dem Gedanken, dass du Heilkräfte besitzt? Denke daran: Widerstand kostet dich sehr viel Kraft, verwehrt dir den Zugriff auf deine inneren Ressourcen und blockiert die Verbindung mit deiner Seele. Je mehr Zweifel du innerlich hegst, desto schwächer wirst du. Deine Anspannung wächst, und die Außenwelt wirkt immer bedrohlicher auf dich. Das muss nicht sein. Du kannst deinen inneren Widerstand aufgeben, indem du einfach annimmst, was ist. Entfalte Mitgefühl mit dir selbst, und gehe einfühlsam mit dir und auch mit anderen um. Achtsamkeit dir und anderen gegenüber öffnet dein Bewusstsein, und du kannst anerkennen, was ist und wie es sich anfühlt. Die wesentlichen Dinge im Leben sind für den Verstand unsichtbar, du kannst sie nur spüren. Einfühlsam beginnt der Weg zur Heilung. Allein die Bereitschaft, achtsam mit dir umzugehen, wird dir helfen, die Zweifel zu überwinden. Erkenne, wo du im Widerstand bist, und folge dem Weg: Annehmen – Verstehen – Darüber-Hinauswachsen.

Kannst du dich schon auf die Wirkung deiner heilenden Hände einlassen? Wenn du spürst, dass da noch Zweifel sind, dann erlaube dir einfach, dich an diese verschüttete Kraft und das dazugehörige Wissen zu erinnern. Entscheide dich bewusst dafür, deine Heilkraft wieder zu deinem Wohle und dem anderer zu aktivieren. So einfach soll das sein? Ja, genauso einfach ist es, und es bedarf allein deiner zweifelsfreien Entscheidung dafür und deines Glaubens daran, dass es Kräfte gibt, die du noch nicht kennst und die du mit deinem Verstand nicht erklären kannst. Deiner Begeisterung für die Wirkung ohne dein bewusstes Zutun. Für die meisten von uns ist das ein neuer und damit sehr ungewohnter Gedanke: Ohne dein Zutun zeigt sich eine Wirkung.

Was kann dich noch davon abhalten, die Heilkraft deiner Hände einzusetzen?

Du glaubst nicht daran

Vielleicht kannst du noch immer nicht glauben, dass das Übertragen von Heilenergie so einfach sein soll. Was kannst du tun? Erlaube dir, dass es leicht gehen darf, und mache dir bewusst, dass es nur ein alter Glaube von dir war, dass alles Wirksame auch schwer sein muss. Wir alle verfolgen unbewusst alte Glaubenssätze und Muster, die uns daran hindern, den nächsten Schritt in unserer Entwicklung zu gehen. Finde diese Glaubenssätze, und löse sie auf. Wenn du nicht selbst an diese Glaubenssätze herankommst, gönne dir die Unterstützung durch einen Coach. Eine kurzfristige Unterstützung kann eine Abkürzung sein, mit der du schneller deine blockierenden Glaubenssätze und deine blinden Flecken identifizierst und sie auflöst.

Dein Verstand meldet sich

Du nimmst die Heilkraft in dir wahr, aber dein Verstand redet sofort dazwischen und erklärt dir ausführlich, dass du dir das alles nur einbildest. Schicke deinen Verstand auf Weltreise. Wie du das machst? Ganz einfach: Du bietest deinem Verstand, deinem inneren Kritiker, an, dass er jetzt sofort auf Weltreise gehen kann, und dann denkst du an alle möglichen traumhaften Strände und Orte auf der ganzen Welt. Da die auftauchenden Bilder so schön sind, ist dein Verstand für die nächste Zeit damit beschäftigt, über die Weltreise nachzudenken und lässt dich in Ruhe. Das klingt zwar lustig, aber ich meine das ganz ernst. Mache deinem Verstand schmackhaft, dass eine Weltreise an die schönsten Orte der Welt wirklich lohnenswert ist. Probiere es aus! Bestenfalls hast du die nächsten Stunden Ruhe in deinem Kopf und kannst dich ohne Kritikerstimme auf das Erfühlen deiner Heilenergie konzentrieren.

Falls dein innerer Kritiker gleich wieder zurückkehrt, kannst du Folgendes ausprobieren: Sage deinem Verstand oder innerem Kritiker, dass er dich ab jetzt siezen muss. Das klingt einfach und funktioniert ganz großartig. Stelle dir einfach vor, wie du gerade dabei bist, die heilende Energie als Kribbeln wahrzunehmen, und dann meldet sich die kritische Verstandesstimme mit: »Sie können das nicht fühlen. Das ist ja überhaupt nicht möglich, dass es so einfach geht.« Was passiert, wenn du das hörst? Du musst lachen. Warum? Weil du dich selbst niemals mit »Sie« ansprechen würdest und sich das einfach lustig anhört und anfühlt. Dann nimmst du diese kritische Stimme in dir nicht mehr ernst und bleibst beim Fühlen. Einfach genial!

Du hast Angst

Angst ist eine starke Energie, die deine Heilkräfte blockiert. Ob und in welchem Ausmaß du mit Angst auf ein Ereignis in deinem Leben reagierst, hängt davon ab, welche Erfahrungen du bereits gemacht hast. Deine Erfahrungen sind im Gehirn verankert und unterscheiden sich von erlernten Inhalten dadurch, dass sie mit emotionalen Reaktionen verbunden sind. Sie sind dir sozusagen unter die Haut gegangen. Diese Erfahrungen sind immer an ein entsprechendes Gefühl und eine Körperreaktion gekoppelt und werden mit der Zeit zur eigenen inneren Haltung oder Einstellung. Die innere Einstellung ist wiederum entscheidend dafür, wie du eine neue Erfahrung bewertest. Und diese subjektive Bewertung ist letztlich ausschlaggebend dafür, ob eine neue Erfahrung eine Angst- oder Stressreaktion in dir auslöst oder nicht. Deine innere Haltung oder Einstellung kannst du nur dann nachhaltig verändern, wenn es dir gelingt, eine neue und damit andere Erfahrung zu machen. Das kannst du erreichen, indem du es dir innerlich erlaubst und es auch für möglich hältst, dass es für diese Situationen andere Erfahrungsmöglichkeiten gibt als jene, die du bisher gemacht hast.

Deine Konditionierung steht dir im Weg

Wie schon zu Beginn dieses Buches erwähnt, kommst du bereits mit der heilenden Kraft deiner Hände – der Schwingung der bedingungslosen Liebe – auf diese Welt. In diesem Moment bist du an die universelle oder kosmische Quelle, den Ursprung der Lebensenergie, angeschlossen. Das ist auch der Grund dafür, dass viele Menschen sich von Neugeborenen magisch angezogen fühlen, denn diese haben eine reine Anbindung an die universelle Energie und erinnern uns daran, dass auch wir diese Verbindung und die Heilkraft in uns tragen.
Je nachdem, in welche Ursprungsfamilie du geboren wurdest, erfährst du Zuwendung, Liebe, körperliche Nähe und all die Aufmerksamkeit, die dir zeigt, dass du hier willkommen bist und dass diese Welt ein sicherer und liebevoller Ort ist, oder das Gegenteil davon. Darüber hinaus wirst du versorgt und genährt und nimmst deine Umwelt immer bewusster wahr. Mit deiner wachsenden Wahrnehmung speicherst du auch alle Erfahrungen und Worte ab, die an dich gerichtet werden oder

die in deinem Umfeld gesprochen werden. Du bist von deiner Geburt an bis etwa zu deinem siebten Lebensjahr wie ein Schwamm, der alle Informationen aufsaugt und als Wahrheit speichert. Du bist noch nicht in der Lage, sie kritisch zu hinterfragen, und deine Emotionen fließen in dieser Zeit frei und ungehemmt. Und zwar so lange, bis dein Umfeld deine Emotionen bewertet.
Wenn dir als kleines Kind dann, wenn du weinst, gesagt wird, dass du viel schöner bist, wenn du lachst, beginnst du, dich zu kontrollieren und deine Emotionen anzupassen. Du passt dich an, weil du zu deiner Familie gehören willst, und wirst in Zukunft dein Weinen unterdrücken. Wenn du dann noch für das Zurückhalten deiner Emotionen gelobt wirst, unterdrückst du sie noch mehr, und irgendwann lachst du, obwohl dir zum Weinen zumute ist. Doch alle zurückgehaltenen Emotionen sammeln sich in deinem Körper an, und wenn der Emotionsspeicher voll ist, kann es passieren, dass du emotional explodierst. Es sei denn, du unterdrückst auch diese Explosion, indem du sie kontrollierst. Dieses Unterdrücken deiner Emotionen muss sich dir irgendwann auf der körperlichen Ebene in Form einer Krankheit zeigen, damit du verstehst, dass dir dies nicht guttut.
Gleichzeitig wächst die Angst in dir, diesen Speicher zu öffnen und die Emotionen hinauszulassen. Das ist der Beginn einer Spirale, die dich irgendwann so weit von deinen Emotionen entfernt, dass du nichts mehr empfinden kannst – weder die positiven noch die negativen Gefühle. Du spürst dich nicht mehr, und damit geht dir auch das Gefühl für deine Mitmenschen verloren. Jetzt funktionierst du nur noch, statt zu leben. Die Energie deiner heilenden Hände kann dir dabei helfen, diese Abwärtsspirale zu verlassen und deine Gefühle wieder zu befreien.

Dein Emotionsspeicher ist voll

Ein erster Schritt dahin, deine angestauten Gefühle zu befreien, ist die Erkenntnis, dass Emotionen von sich aus weder gut noch schlecht sind. Diese Einteilung ist nur eine subjektive Bewertung. Wenn du verstehst, dass du deine Emotionen aufgrund deiner ganz persönlichen Erfahrungen unterdrückt hast und dass du dich bewusst dafür entscheiden kannst, diese Emotionen zuzulassen, dann ist bereits viel getan. Der Haken dabei ist nur, dass du dieses Muster erkennen musst. Wie machst du das? Indem du zunächst einmal wahrnimmst, was ist, und dir bewusst machst, wann du welche Emotionen unterdrückst. Du solltest dich selbst genau beobachten, verurteile dich aber nicht. Es ist, wie es ist. Und wenn du bereit bist, es zu ändern, wirst du es ändern können.

Entscheide dich als Erstes dafür, deine Emotionen wieder zuzulassen. Erlaube dir, die Emotionen, die du lange Zeit unterdrückt hast, wieder wahrzunehmen, und mache dir bewusst, dass du nicht deine Emotion bist. Nimm alle deine Emotionen wahr, und finde für dich Möglichkeiten, mit ihnen umzugehen. Finde einen Kanal, um deine Traurigkeit oder Wut hinauszulassen, ohne dabei andere Menschen zu belasten. Du kannst beispielsweise in die Natur gehen und deine Emotionen hinausschreien, oder du nutzt die Energie deiner Emotionen beim Sport oder kaufst dir eine Trommel und setzt die Energie in Musik um. Finde den für dich passenden Kanal, probiere dich aus, damit sich die in deinem Inneren aufgestauten Emotionen lösen können.

ÜBUNG:

TRANSFORMIERENDES SCHREIBEN

Eine weitere Möglichkeit, Emotionen, Blockaden oder blockierende Glaubenssätze aufzulösen, ist das transformierende Schreiben. Wenn ein Gedanke dich einfach nicht loslassen möchte, immer wieder in dir aufsteigt, dich verletzt, schwächt und dir Selbstbewusstsein raubt, schreibe alles auf, was dir zu ihm und zu den damit verbundenen Gefühlen in den Sinn kommt. Du schreibst ohne Unterbrechung alles auf, was dir einfällt. Es kann sein, dass dir beim Schreiben die Tränen kommen, weil dich alles, was da in dir aufsteigt, sehr verletzt. Schreibe bitte trotzdem weiter, denn es ist einfach magisch, was dann passiert. Je länger du deine Gedanken aufschreibst, desto eher wandeln sie sich und das dazugehörige Gefühl in etwas Positives.

Ein Beispiel aus meinem Leben: Ich beschloss eines Tages, ein bestimmtes Angstgefühl mithilfe des transformierenden Schreibens aufzulösen. Dazu beschrieb ich zunächst im ersten Satz, was mir Angst gemacht hatte. Dann schrieb ich alle weiteren Gedanken auf, die sich aus dem ersten Gedanken entwickelten. Dadurch zeigte sich mir schließlich, was tatsächlich hinter meiner Angst steckte, nämlich das tiefe Gefühl, nicht gut genug zu sein. Ich schrieb immer weiter alle Gedanken auf, die mir dazu in den Sinn kamen, ohne sie zu bewerten. Ich nahm die Gedanken einfach nur wahr und notierte sie nacheinander. Und dann änderten sie sich auf einmal ohne mein Zutun. Allein durch das Aufschreiben verwandelten sie sich. Ich konnte in dem, was ich aufschrieb, plötzlich eine Art Mitgefühl mit der Angst erkennen, wodurch mir bewusst wurde, dass auch die ängstlichen Gedanken zu mir gehören und ihre Berechtigung haben. Mir wurde zudem klar, dass

meine Angst mir helfen und mich in bestimmten Situationen schützen möchte. Als ich mir das eingestehen konnte, war die ursprüngliche Angst auf einmal verschwunden. Einzig die Erkenntnis, dass meine Angst wahrgenommen und betrachtet werden wollte, war der Schlüssel zur Wandlung.
Zum Ende der Übung kamen folgende Sätze in mir auf: »Angst, du darfst sein, du gehörst zu meinen Gefühlen wie alle anderen, und ich nehme dich ab heute wahr. Es ist wichtig, dass es dich gibt. Du hast mir oft geholfen, mein Leben neu auszurichten, und mir einfach gezeigt, wenn ich von meinem Weg abgekommen bin. Du erinnerst mich daran, was im Leben wirklich wichtig ist. Danke.« Damit war der Ursprungsgedanke, der mit der Angst verknüpft war, transformiert.

Wichtig bei dieser Übung ist, dass du wirklich alle Gedanken ohne Bewertung zulässt und notierst und dass du die Gefühle, die während des Schreibens in dir aufsteigen, nicht zurückhältst. Das alles hilft dir dabei, Altes aufzulösen.
Sollte dich das transformierende Schreiben zu sehr aufwühlen, wechsle zu einem Gedanken, einer Handlung, die dich positiv stimmt. Hole dir gern die Unterstützung einer Freundin oder eines professionellen Coachs, und lasse dich während des transformierenden Schreibens begleiten. Sorge immer selbstverantwortlich für dich.

Warum funktioniert das transformierende Schreiben? Energien wie Angst, Wut, Neid etc. haben eine niedrige Schwingung. Während des transformierenden Schreibens ändert sich die Schwingungsfrequenz, weil sich deine Gedanken automatisch wandeln und am Ende meist das Gefühl von Dankbarkeit zurückbleibt. Dankbarkeit hat eine hoch schwingende Frequenz, genau wie Liebe. Sobald du dankbar für deine Angst bist, hast du sie selbst transformiert, weil du von einer niedrig schwingenden Energie in eine höher schwingende gewechselt bist.

Es ist ein wirklich erhebendes Gefühl, wenn du merkst, dass du mit dem transformierenden Schreiben auch jene Gefühle auflösen kannst, vor denen du dich bisher vielleicht gedrückt oder die du weggeschoben hast. Ich bin jedes Mal sehr dankbar, dass ich sie selbst transformieren kann. Probiere es aus, es wird dich für dein weiteres Leben stark machen.

Mit der folgenden Übung erhältst du eine weitere Möglichkeit, Emotionen, Blockaden oder blockierende Glaubenssätze aufzulösen.

ÜBUNG:

ERSETZE DEINE GLAUBENSSÄTZE

Schreibe den Glaubenssatz, den du wandeln möchtest, auf einen Zettel. Stelle dir die Frage, warum es in deiner Vergangenheit nützlich war, diese Überzeugung zu haben, und notiere deine Überlegungen und Erkenntnisse dazu. Wenn du dir bewusst machst, wozu dieser Glaubenssatz diente und vor welcher Erfahrung er dich vielleicht schützen wollte (vielleicht vor einer Überforderung deines emotionalen Systems, einer erneuten Verletzung durch eine weitere Erfahrung, davor, dich intensiv mit dir selbst auseinanderzusetzen), dann kannst du ihn dankbar gehen lassen und durch eine neue Überzeugung ersetzen. Du hast dich weiterentwickelt, und das ist großartig. Du bist bewusster geworden und hast erkannt, dass dir dieser Glaubenssatz nicht mehr nützlich ist. Das ist eine sehr wertvolle Erkenntnis. Notiere, welchen Wert dieser Glaubenssatz für dich hatte und warum du dankbar bist, dass er dich eine Zeit lang begleitet hat.

Nun kannst du den alten Glaubenssatz durch einen neuen ersetzen. Welchen hättest du stattdessen gern? Du darfst neu wählen. Achte bei der Gestaltung des neuen Glaubenssatzes darauf, dass er positiv formuliert ist und dir in deinem Leben unterstützend zur Seite steht. Damit du deine neue Überzeugung besser verinnerlichen kannst, schreibe sie groß auf einen Zettel, und hänge diesen an eine Stelle, die du mehrmals täglich im Blick hast.

Nun hast du die verantwortungsvolle Aufgabe, darauf zu achten, ob der alte Glaubenssatz noch in dir aufsteigt. Wenn das der Fall ist, sage in Gedanken »Stopp«, erinnere dich an deinen neuen Glaubenssatz, und sprich ihn in Gedanken aus. Wenn du das immer machst, sobald die alte Überzeugung auftaucht, wird der neue Glaubenssatz den alten überschreiben. Du wirst merken, dass deine alte Überzeugung immer weniger präsent ist und nach einer gewissen Zeit gar nicht mehr auftaucht.

Wenn du dir noch nicht sicher bist, ob dein alter Glaubenssatz durch deinen neuen ersetzt wurde, kannst du dies mit dem kinesiologischen Fingerring-Test (siehe S. 59) überprüfen.

Alles, was du für dich transformieren kannst, unterstützt dich dabei, der Mensch zu werden, der du wirklich bist, damit du in deinem vollen Licht erstrahlen und dein Potenzial glücklich und gesund leben kannst. Ein lohnenswertes Ziel, findest du nicht auch? Darüber hinaus unterstützt es dich dabei, deine volle Heilkraft wiederzuentdecken und sie für dich und deine Lieben zu nutzen.

EXKURS:

Die sechs höheren Fähigkeiten des Menschen von Sabrina Scheuerling

Wenn wir verstehen, mit welcher Macht wir ausgestattet sind und wie wir diese für uns nutzen können, wandelt sich unser gesamtes Leben. Daher möchte ich hier näher auf unsere geistigen Fähigkeiten und deren Bezug zu den universellen Naturgesetzen eingehen. Neben den fünf Sinnen (Sehen, Hören, Riechen, Schmecken und Tasten) sind wir mit sechs höheren Fähigkeiten ausgestattet, die uns leider nur selten vermittelt werden. Diese sind **Wahrnehmung, Wille, Vernunft, Vorstellungskraft, Erinnerung und Intuition.** Der Besitz dieser höheren Fähigkeiten unterscheidet uns vom Tierreich, und wir sollten lernen, die Fähigkeiten zu erkennen und zu nutzen. Du trägst ein wahrlich grenzenloses Potenzial in dir. Entfache es!

Die **Wahrnehmung** in Verbindung mit dem Gesetz der Polarität gibt dir die Möglichkeit, dir darüber klar zu werden, dass alles nicht nur eine Seite hat. So, wie alles miteinander verbunden ist (Gesetz der Einheit), hat alles zwei Seiten. Alles Schlechte trägt gleichermaßen auch alles Gute in sich. Durch unsere Wahrnehmung können wir selbst entscheiden, wie wir Themen, Situationen oder Dinge betrachten. Oft offenbart sich im ersten Augenblick nur eine Seite. Wenn du deine Wahrnehmung auf das Gute im Schlechten, das Geschenk richtest, nimmst du die andere Seite wahr, und dann erkennst du auch, dass du es bist, der entscheidet, wie und ob er alles betrachten will. Du allein hast die Macht, das Geschenk zu erkennen. Du allein bist Betrachter ein und derselben Sache, und du machst es zu einem Geschenk oder zu einem Reinfall. Alles geschieht aus einem bestimmten Grund in unserem Leben – daher gibt es weder Glück noch Zufall. Es ist die Betrachtungsweise, deine Wahrnehmung, ob du etwas als Glück definierst und WAHR-nimmst.

Der **Wille** ist die Fähigkeit, sich zu fokussieren und an einer Sache dranzubleiben. Hier möchte ich ihn gern mit dem Gesetz der Entstehung verbinden. Alles braucht eine gewisse Zeit, bis es entstehen kann. Wenn du jedoch deinen Willen, an eine Sache zu glauben, vernachlässigst, dann ist es, als ob du ein Samenkorn wieder aus der fruchtbaren Erde holst, um zu schauen, ob es schon gekeimt ist. Du zerstörst es, bevor überhaupt etwas daraus entstehen konnte. Sei wachsam, geduldig und im absoluten Vertrauen, dass dein guter Samen wachsen wird. Nutze deinen Willen, und bleibe fokussiert. Hinzu kommt das Gesetz der weiblichen und der männlichen Energie – die weibliche Energie des Empfangens und die männliche Energie des Erschaffens. Wenn du immer nur im Schaffen-Modus bist, aber nie in den Ruhe-Modus des Empfangens gehst, wird nichts Neues entstehen können. Genauso aber auch andersherum. Wenn du nur im Empfangen bist und nichts tust, kann ebenfalls nichts Neues entstehen. Beide Energien müssen ausgeglichen sein (Gesetz des Ausgleichs). Erschaffen und Empfangen müssen sich die Waage halten.

Die **Vernunft** gibt dir die Fähigkeit, zu denken. Welche Gedanken und welche bewussten Handlungen wählst du? Hier greifen das Gesetz der Entsprechung sowie das Gesetz von Aktion und Reaktion. Wenn du etwas Positives aussendest (Gedanken, Worte, Taten etc.), erhältst du etwas Positives zurück. Meist geschieht das etwas zeitversetzt, und es kommt auch nicht unbedingt von der Quelle, an die du es gesendet hast, aber es kommt zurück. Anstatt uns diesem Gesetz auszuliefern, sollten wir es uns zunutze machen. Wenn dir jemand etwas Gutes tut, sagt oder zukommen lässt, gib dieser Person unmittelbar – ohne Zeitverzögerung – etwas Positives zurück. Sieh es als Spiel an. Sei freundlich, und behandle Menschen mit Respekt. Mache dir keine Gedanken darüber, was du bekommen wirst, sondern fokussiere dich darauf, was du geben kannst. Alles, was du aussendest, kommt zu dir zurück.

Unsere **Vorstellungskraft** lässt die schönsten Ideen, Wünsche und Träume vor unserem geistigen Auge auftauchen und ablaufen, und diese Fähigkeit ist wirklich etwas Wunderbares. Du kannst in deinen Gedanken erschaffen, was immer du möchtest. Schaue den schönsten Film deines Lebens, und sei der Star darin. Wenn du beginnst, der äußeren Ist-Situation weniger Aufmerksamkeit zu schenken, deiner Fantasie freien Lauf zu lassen und diese wundervolle Idee in dein Unterbewusstsein einzupflanzen, dann greift das Gesetz von Aktion und Reaktion. Wenn deine Idee davon, was alles für dich möglich wäre, in dein Unterbewusstsein dringt, kommt dein Körper in eine Handlung. Durch deine Aktion setzt du eine Reaktion in Gang, wodurch etwas Neues entsteht. Bedenke auch hier, dass dies nicht sofort geschieht, aber das Gesetz der Entstehung kennst du ja bereits.

Die **Erinnerung** gibt uns die Möglichkeit, Dinge erneut abzurufen, die bereits geschehen sind, die wir schon einmal gelernt haben und die wir, wenn nötig, durch unsere Wahrnehmung neu betrachten dürfen. Zudem haben wir die Möglichkeit, unsere Erinnerung zu trainieren. Sei wachsam, wie und wofür du sie nutzt. Nutze sie zur Unterstützung deiner Vision und dessen, was du erschaffen möchtest.

Durch unsere **Intuition** sind wir in der Lage, Schwingungen zu fühlen. Häufig verwenden wir das Wort »Gefühl«, um der Wahrnehmung der Schwingung, in der wir uns befinden, einen Namen zu geben. Das Gesetz der Schwingung besagt auch, dass immer alles in Bewegung ist und nicht ruht. Dein Gehirn ist das Instrument, mit dessen Hilfe du die Schwingung deines gesamten Wesens verändern kannst. Somit ist dein Gehirn die Kontrollzentrale für deine Schwingung. Du kannst durch deine Wahrnehmung entscheiden, was und wie du Dinge betrachtest. Nicht dein Gehirn denkt – du denkst mit deinem Gehirn, also nutze es sinnvoll, und beobachte aus einer Art Vogelperspektive, in welcher Schwingung deine Gedanken gerade kreisen. Nutze dein Gehirn dazu, dein Leben und deine Gesundheit zu verbessern. Wenn wir etwas denken, dann bedeutet das, dass wir uns entschieden haben, bestimmte Gehirnzellen zu aktivieren. Diese beeinflussen wiederum unser zentrales Nervensystem, und wir nehmen die Schwingung an, die von diesen bestimmten Gehirnzellen gesteuert wird. Das Gesetz der Anziehung erzeugt dann sofort das, woran wir denken. Und somit sind wir wieder bei der Erinnerung, denn in deinen Gehirnzellen speicherst du geistige Bilder. Wenn die Zellen, die du aktivierst, traurige oder negative Bilder enthalten, begibst du dich in eine negative Schwingung und fühlst dich schlecht. Achte auch hier auf deine Wahrnehmung, und finde das Geschenk. Wenn du beginnst, das Geschenk freizulegen, und das Positive erkennst, kommst du in eine positive Schwingung und fühlst dich gut. Wähle fröhliche Bilder, und du wirst dich gut fühlen. Schwingung ist alles.

Ich habe hier einige Verbindungen von höheren Fähigkeiten und universellen Gesetzen gezeigt, aber wenn du beginnst, dich näher damit auseinanderzusetzen, wirst du sie in allen Bereichen deines Lebens entdecken.

Wenn du auf diese Welt kommst,
hast du alles in dir, was du brauchst,
um ein glückliches Leben zu führen.

Das Einzige, was du nicht hast,
ist die Erinnerung daran,
dass alles in dir ist!

DIE PRAXIS der heilenden HÄNDE

Es gibt zahlreiche Gründe, weshalb du dir oder einer anderen Person deine heilenden Hände auflegen solltest. Deine Heilkraft stärkt alle guten und natürlichen Eigenschaften, sie versorgt alle Ebenen des Seins (Körper, Geist und Seele) mit frischer Energie und gibt Antriebskraft, Mut und Elan. Diese Energie verbindet, unterstützt und hält alles zusammen, was zusammengehört. Zudem fördert sie die Selbstheilungskräfte und setzt im Inneren schlummernde Potenziale frei.

HIER EIN KURZER ÜBERBLICK, IN WELCHEN SITUATIONEN DU DEINE HEILKRAFT EINSETZEN KANNST:

- bei Energielosigkeit
- bei Erschöpfungszuständen
- bei Unwohlsein
- bei Schmerzen
- bei leichten Verletzungen
- bei Verspannungen
- bei mentaler Unruhe (Gedankenkarussell)
- bei körperlichem Stress
- bei Angst oder Sorgen
- bei Einschlafstörungen

So bereitest du dich auf die Energieübertragung vor

Um dich auf die Übertragung der Heilkraft vorzubereiten, suche dir einen ruhigen Platz, an dem du dich wohlfühlst und ungestört bist. Schaffe dir eine wohlige Atmosphäre, indem du eine Kerze anzündest und deinen Lieblingsduft mittels einer Duftlampe verbreitest.
Wenn es sich für dich richtig anfühlt, kannst du auch eine entspannende instrumentale Musik hören. Sorge dafür, dass du einen Zettel und einen Stift in Reichweite hast, falls du während der Energieübertragung Informationen erhältst, die du notieren möchtest. Darüber hinaus kannst du Taschentücher bereitlegen, falls sich Emotionen lösen, denn jede Anwendung hilft dabei, sich von Blockaden zu befreien.

Bevor du mit der Übertragung der Heilkraft beginnst, ist es meiner Wahrnehmung nach wichtig, dass du dich bewusst mit Mutter Erde und dem Kosmos verbindest. Dazu kannst du die folgende Meditation machen, die du auch auf der gleichnamigen CD zum Buch findest.
Wenn es sich für dich jedoch besser anfühlt, dich in einer eigenen Meditation mit dir selbst und mit allem, was ist, zu verbinden, dann ist das genauso wirksam. Fühle dich ganz frei, und lasse dich ruhig von deiner Intuition und deinem inneren Kompass führen.

So lädst du dich mit universeller Energie auf

MEDITATION:

VERBINDUNG MIT MUTTER ERDE UND DEM KOSMOS

(frei nach Maria Dieste)

Stelle dich aufrecht hin. Atme dreimal ganz entspannt tief ein und aus.
Fühle deinen Körper ganz bewusst von den Füßen bis zum Kopf.
Verbinde dich jetzt bewusst über dein Kronenchakra mit dem Kosmos,
so, als ob du deinen energetischen Stecker in die universelle
Steckdose stecken würdest.
Spüre die Verbindung mit dem Kosmos.
Erlaube dir, diese Verbundenheit jetzt ganz bewusst wahrzunehmen.
Du bist ein Teil des Kosmos.
Fühle die Verbindung, und sage zu dir selbst:
Ich fühle, dass ich mit dem Kosmos verbunden bin.
Ich fühle, dass ich ein Teil des Kosmos bin.
Ich mache mir jetzt bewusst, dass ich immer mit der
kosmischen Energie verbunden bin.
Die kosmische Energie durchströmt meinen gesamten Körper
und fließt bis in meine Füße.
Ich spüre den Boden unter meinen Füßen.
Ich spüre, dass ich vom Boden getragen werde.
Ich spüre meinen sicheren Stand.
Ich verbinde jetzt meine Füße mit dem Boden.
Ich stelle mir Wurzeln vor, die aus meinen Fußsohlen
tief in den Boden wachsen.
Die Wurzeln schlängeln sich durch die Erde und verankern sich
mit meinem ganz persönlichen Kristall.
Die Wurzeln schlängeln sich weiter bis zum Herzen von Mutter Erde.
Ich bin tief verwurzelt, und ich habe
eine gute Verbindung zu Mutter Erde.

Ich erlaube mir jetzt,
auch die Energie von Mutter Erde in mich aufzunehmen.
Die Energie von Mutter Erde fließt über die Wurzeln
an meinen Fußsohlen in mich herein, durch meinen ganzen Körper
hindurch und verbindet sich in meinem Herzen
mit der Energie des Kosmos.
Ich fühle jetzt die Verbundenheit mit Mutter Erde und mit dem Kosmos.
Ich bin verbunden mit allem, was ist.
Ich bin ein Teil von allem, was ist.
Ich bin.

Lege nun beide Hände auf dein Herz, und denke an einen Menschen oder an ein Tier, das du bedingungslos liebst. Fühle diese grenzenlose Liebe in dir, und nimm sie ganz bewusst in deinem Herzen wahr. Dieses Gefühl ist die universelle Energie, deine Heilkraft.

So energetisierst du deine Hände

Es gibt zwei Möglichkeiten, wie du die Energie in deine Hände weiterleiten kannst. Probiere einfach aus, welche Möglichkeit sich für dich stimmig anfühlt.

Nachdem du deine Hände auf dein Herz gelegt und das Gefühl der bedingungslosen Liebe in dir wahrgenommen hast, kannst du dieses Gefühl (die Energie) entweder direkt in deine Hände weiterfließen lassen, oder du lässt die Energie zuvor deinen gesamten Körper durchströmen.

Dass die Heilkraft in deinen Händen angekommen ist, kannst du daran erkennen, **dass deine Hände warm werden oder anfangen, zu kribbeln.** Jetzt kannst du sie für dich oder für andere einsetzen.

Es kann sein, dass du die Heilkraft trotz aller Vorbereitung noch nicht spüren kannst. Keine Sorge, das wird schon! Wahrscheinlich liegt es daran, dass du dich selbst noch nicht wirklich fühlst. Dann fällt es dir natürlich auch schwer, die heilende Energie wahrzunehmen.

Was kannst du tun? Finde mittels des transformierenden Schreibens (siehe S. 42) heraus, was dahintersteckt, welche Überzeugungen dich noch davon abhalten, dich zu spüren, und ersetze diese Glaubenssätze. Finde Menschen, die dich dabei unterstützen, dass du wieder ins Fühlen kommst, und gib dir selbst die Erlaubnis dazu. Triff eine neue Wahl. Entscheide dich bewusst dafür, ab jetzt wieder alles ungefiltert spüren zu wollen – die schönen wie die schmerzlichen Emotionen. Werde dir bewusst, dass du nur ganzheitlich fühlen kannst.
Alle Konditionierungen und übernommenen Glaubenssätze blockieren deinen reinen Energiekanal. Wenn du in dieser Verfassung versuchst, dich mit der universellen oder kosmischen Energie zu verbinden, dann ist es wie bei einem verstopften Wasserschlauch. Das Wasser, in deinem Fall die Energie, fließt schleppend und kommt nur tröpfchenweise bei dir an. Durch das Lösen der Blockaden sorgst du dafür, dass die universelle, kosmische Lebensenergie wieder frei fließen kann.

Sollte es dir weiterhin noch schwerfallen, die Energie zu spüren, dann ist es wichtig, dass du ehrlich zu dir selbst bist und dir zugestehst, dass es eine ganze Weile dauern kann, bis du die Heilkraft in dir spürst. Sei bitte nicht streng mit dir, sondern nimm dir die Zeit, die du brauchst, um wieder ins Fühlen zu kommen.

Dass die Energie frei fließt, erkennst du daran, dass deine Hände kribbeln oder warm werden, sobald du dich mit der universellen Energie verbindest, und dass du nach einer Behandlung mehr Energie hast als vorher.
Du kannst auch einfach mit dem kinesiologischen Fingerring-Test nachprüfen, ob dein Zugang zur kosmischen Energie offen ist und du bereit bist, deine heilenden Hände einzusetzen.

ÜBUNG:

DER KINESIOLOGISCHE FINGERRING-TEST

Bilde mit den Zeigefingern und Daumen deiner rechten und linken Hand jeweils einen Ring. Schiebe die beiden Fingerringe ineinander, sodass sie wie die Glieder einer Kette zusammenhalten.
Versuche nun, die Kettenglieder auseinanderzuziehen. Du spürst dabei, wie viel Kraft du hast. Sage oder denke deinen richtigen Vornamen (z. B. »Ich heiße Gabriele«), und versuche erneut, die Fingerringe zu trennen. Du wirst die Finger trotz des starken Zuges zusammenhalten können. Warum? Weil dein richtiger Name keinen Stress im Nervensystem verursacht.
Sage oder denke nun einen falschen Namen (z. B. »Ich heiße Karl-Heinz«), und versuche noch einmal, die Fingerringe auseinanderzuziehen. Du wirst sehen, dass es plötzlich möglich ist. Warum? Weil ein falscher Vorname Stress in deinem Nervensystem auslöst. Dieser Stressimpuls wird in die Muskulatur weitergeleitet, was dazu führt, dass du die Muskeln nicht mehr bewusst anspannen kannst.
Es bedarf ein klein wenig Übung und nicht so vieler Überlegung. Du kannst mit diesem Test alles Mögliche überprüfen und so herausfinden, was für dich und deinen Körper gut ist. Wenn du also während des Tests fragst, ob dein Kanal offen und frei für die kosmische Energie, die Heilkraft, ist, und du den Fingerring halten kannst, bedeutet das Ja. Kannst du den Ring nicht halten, bedeutet es Nein.

Meiner Erfahrung nach fällt es sogenannten Kopf-Menschen (wie ich es vor zwanzig Jahren auch war), also Menschen, die alles überdenken und deren Gedanken wie auf einer mehrspurigen Autobahn ständig unterwegs sind, am Anfang nicht ganz so leicht, diesem Test und damit ihrem eigenen Gefühl zu vertrauen. Wenn du ein Kopf-Mensch bist, solltest du einfach etwas mehr üben, dann gelingt dir das Testen genauso gut. Bleib dran, es lohnt sich für dich.

Die verschiedenen Behandlungsmöglichkeiten

Bevor du mit dem Auflegen deiner Hände beginnst, möchte ich dir noch ein paar grundsätzliche Tipps aus meinem persönlichen Erfahrungsschatz geben.

Sorge dafür, dass du etwas Bequemes anhast und dass deine Bedürfnisse wie Hunger und Durst gestillt sind. Gehe vorher ruhig noch einmal auf die Toilette. Stelle, wenn du dich selbst behandelst, sicher, dass du während der Behandlung bequem sitzt oder liegst und dass es dir warm genug ist. Du solltest während der Zeit der Behandlung ungestört sein und auch dein Handy auf Flugmodus schalten. Gern kannst du dir etwas zu trinken bereitstellen, denn meist zeigt sich direkt nach der Anwendung ein Durstgefühl. Wenn du zwischendurch Durst bekommst, dann unterbrich die Behandlung kurz und trinke etwas. Fühle dich frei, deinen Bedürfnissen nachzugehen und die Behandlung anschließend entspannt fortzusetzen. Falls du nur eine Stunde Zeit hast, stelle eine Uhr in Sichtweite, damit du zwischendurch einen entspannten Blick darauf werfen kannst. Meiner Erfahrung nach wirst du genau zum richtigen Zeitpunkt fertig sein, wenn du dir vor der Behandlung bewusst gemacht hast, wie viel Zeit du zur Verfügung hast. Mache dir immer wieder klar, dass du an die unerschöpfliche Quelle angeschlossen und nur der Kanal für die universelle Energie bist, die du durch deine Hände überträgst.

Selbstverständlich gelten meine Ratschläge auch dann, wenn du eine andere Person behandeln möchtest. Gib ihr den ein oder anderen Tipp schon im Vorfeld, damit sie sich während der Behandlung wohlfühlt und sich voll und ganz auf die Energieübertragung einlassen kann.

Alle hier vorgestellten Behandlungsformen kannst du auch für andere Menschen und sogar für Tiere einsetzen. Falls du den Impuls verspürst, andere mit der heilenden Energie unterstützen zu wollen, folge diesem Impuls. Wenn beispielsweise deine Großmutter im Altenheim Gelenkschmerzen hat und dich bittet, ihr Energie zu geben, wähle eine der folgenden Anwendungen aus. Im Anschluss kannst du dir ein Feedback von ihr geben lassen, wie sich die Energie bei ihr angefühlt hat und ob sie schon eine Erleichterung spürt. Die Nachfrage wird dich bestätigen und dich immer sicherer werden lassen, dass die Heilkraft in dir ist und wirkt.

Die Handpositionen sind bei der Selbstbehandlung und der Behandlung von anderen gleich, nur dass du deine Hände eben auf den anderen Menschen oder das Tier auflegst oder in einem angenehmen Abstand darüber hältst.

Es ist wichtig, dass du dich vor der Behandlung einer anderen Person für einen Zeitraum von mindestens vier Wochen regelmäßig selbst behandelst, damit dein Energiekanal frei ist und die Heilkraft ungehindert fließen kann. Nutze dazu die folgende Anwendung, sie bereitet dich optimal vor.

Ganzkörperbehandlung

Bei der Ganzkörperbehandlung geht es darum, dem ganzen Körper die universelle, heilende Energie zur Verfügung zu stellen, egal, ob bei der Selbstbehandlung oder bei der Behandlung einer anderen Person. Eine Ganzkörperbehandlung bedeutet auch, dass man sich bewusst eine Stunde Zeit nimmt. So lange dauert es ungefähr, wenn die heilenden Hände für den ganzen Körper eingesetzt werden. Beachte dazu auch die Hinweise auf den Seiten 75 und 83. Die Wertschätzung sich selbst gegenüber hilft dabei, wieder in Kontakt mit sich zu kommen und sich besser zu spüren. Ein weiterer Vorteil der Ganzkörperbehandlung ist, dass alle Bereiche des Körpers Energie bekommen und es durchaus überraschend sein kann, an welchen Stellen sie besonders gebraucht wird. Als Behandelnder, der Energie überträgt, kannst du das dadurch wahrnehmen, dass deine Hände während der Behandlung an dieser Stelle besonders warm werden oder kribbeln. Als der, der die Energie empfängt, reagierst du vermehrt unmittelbar an dicser Körperstelle auf die heilende Energie.

Die detaillierte Abfolge einer Ganzkörperbehandlung gibt dir am Anfang die Sicherheit, dass du der Anleitung Schritt für Schritt folgen kannst. Mit der Zeit wirst du selbst spüren, wo am Körper du deine Hände auflegen solltest.

Wenn dir während der Behandlung Gedanken in den Kopf kommen, die sich ständig wiederholen, kann es sein, dass du noch nicht die ganze Zeit über mit deiner vollen Aufmerksamkeit bei dir und deinen Empfindungen bleiben kannst. Das ist in Ordnung und wird sich mit der Zeit verändern. Es wird dir nach und nach immer leichter fallen, deine Aufmerksamkeit zu halten, was sich auch positiv auf andere Lebensbereiche auswirken wird. Wichtig ist, dass du an den Gedanken nicht festhältst, sondern deinen Fokus sofort wieder auf dich und deine Empfindungen während der Behand-

lung richtest. Wichtig ist auch, dass du milde mit dir selbst umgehst und es annimmst, dass dein Kopfkino am Anfang noch mitläuft und dich ablenken will. Richte deine Aufmerksamkeit dann einfach immer wieder auf die Heilkraft deiner Hände und auf das, was du in dir wahrnimmst und fühlst. Dabei kann es hilfreich sein, dass du dir innerlich immer wieder folgende Frage stellst: Was fühle ich gerade? Und wenn du dich selbst behandelst: Wie fühlt sich die Stelle an, die ich gerade behandle?
Wenn du deinen Fokus auf die Behandlung richtest, ein Gedanke aber immer wiederkommt, dann ist er wichtig. Schreibe diesen Gedanken kurz auf, und setze die Behandlung danach fort. Es gibt einfach Menschen, die während der Behandlung Informationen über die Person, die sie behandeln, erhalten. Meiner Erfahrung nach haben diese Informationen eine besondere Bedeutung für dich oder den anderen.

Es kann während der Behandlung auch zu einer Reaktion kommen, bei der sich etwas löst und Emotionen hochkommen. Alles, was sich löst, darf frei fließen. Tränen bedeuten meist, dass die Gefühle wieder in den Fluss kommen oder dass sich eine emotionale Blockade gelöst hat. Auch eine Erstverschlimmerung mit spürbaren Schmerzen ist möglich. Sie zeigt, dass die Energie etwas bewegt. Sollten die Schmerzen jedoch länger anhalten, sollte das von einem Arzt abgeklärt werden. Achte dabei auf dein Gefühl, denn jeder reagiert individuell auf die universelle Energie.

DIE EIGENE
Ganzkörperbehandlung

Denke an die Vorbereitung: Verbinde dich mithilfe der Meditation bewusst mit Mutter Erde und dem Kosmos, und aktiviere danach die Energie deiner heilenden Hände.

Beginne damit, dass du deine Aura, deinen Energiekörper, dreimal mit deinen Händen ausstreichst. Dazu hältst du deine Hände mit etwas Abstand über deinen Körper und streichst deine Aura mit deinen Handflächen von Kopf bis Fuß glatt. Im Anschluss nimmst du die Energie mit beiden Händen und stellst dir vor, wie du sie aus dem Fenster an den Himmel übergibst, wo sie transformiert wird. Lasse sie nicht im Raum, denn das würde dessen gesamte Energie über kurz oder lang negativ beeinflussen.

1

Lege deine Hände zuerst auf dein Gesicht.

Als Nächstes lege deine Hände seitlich an deinen Kopf.

Lege deine Hände an deinen Hinterkopf.

Nun lege beide Hände auf deinen Scheitel.

Lege beide Hände auf deinen Hals. Falls dir das unangenehm ist, halte sie leicht schwebend darüber.

5

6

Als Nächstes lege deine rechte Hand auf deine rechte Schulter und deine linke Hand auf deine linke Schulter.

7

Lege deine rechte Hand auf deinen linken Oberarm und danach deine linke Hand auf deinen rechten Oberarm.

Nun lege deine rechte Hand auf deinen linken Unterarm und danach deine linke Hand auf deinen rechten Unterarm.

8

Lege als Nächstes beide Hände auf Höhe der Brust auf deinen Oberkörper.

Lege nun eine Hand unterhalb deines rechten Rippenbogens (dort befindet sich die Leber) und die andere Hand unterhalb deines linken Rippenbogens auf (dort befindet sich die Milz).

Lege beide Hände auf deinen Magen.

12

Lege deine Hände auf deinen unteren Rücken auf Höhe der Nieren.

13

Lege beide Hände auf deinen unteren Bauch auf Höhe der Blase und des Dickdarms.

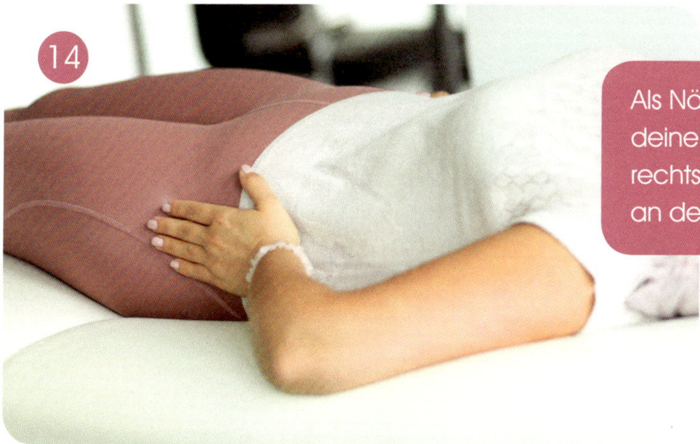

14

Als Nächstes lege deine Hände rechts und links an deine Hüfte.

15

Lege deine rechte Hand auf deinen rechten Oberschenkel und deine linke Hand auf deinen linken Oberschenkel.

16

Lege deine rechte Hand auf dein rechtes Knie und deine linke Hand auf dein linkes Knie.

17

Lege deine rechte Hand auf deinen rechten Unterschenkel und deine linke Hand auf deinen linken Unterschenkel.

18

Lege beide Hände zuerst um deinen rechten und dann um deinen linken Fuß.

Lege deine rechte Hand auf Höhe deines Steißbeins auf, dort befindet sich dein Wurzelchakra. Lege deine linke Hand auf dein Kronenchakra, das sich in Höhe des Scheitels befindet, oder halte sie schwebend darüber.
Nun bitte darum, dass alle Chakras in deinem Körper durch die heilende Energie deiner Hände ausgeglichen werden, und warte so lange, bis du das Gefühl hast, dass ein Ausgleich stattgefunden hat.
Eine Anleitung zum Chakraausgleich findest du auf S. 95.

19

Streiche zum Abschluss wie zu Beginn der Behandlung deine Aura dreimal aus, und gib die Energie zur Transformation an den Himmel ab. Bedanke dich für die heilende Energie.

WICHTIGER HINWEIS zur Selbstbehandlung:

Du wirst fühlen, wie lange deine Hände an der jeweiligen Stelle verweilen sollen, und du wirst auch merken, wenn eine Körperstelle mehr Energie benötigt. Bleibe dann mit deinen Händen einfach etwas länger an dieser Stelle. Falls du es noch nicht spüren kannst, solltest du mindestens drei Minuten an jeder Körperstelle verweilen. Je häufiger du die Behandlung durchführst, desto schneller wirst du dich und deine Bedürfnisse wahrnehmen können. Mehr als eine Behandlung pro Tag ist allerdings nicht sinnvoll.
Am wirkungsvollsten ist es, wenn du dir in einem Zeitraum von vier bis sechs Wochen täglich selbst deine heilenden Hände auflegst. Dein eigener Energiekanal wird dadurch gereinigt und aufgefüllt, noch vorhandene Blockaden können sich lösen, und deine Energie kann wieder frei fließen. Erst dann bist du bereit, deine Heilkraft auch auf andere Personen zu übertragen.

Die Ganzkörperbehandlung
BEI EINER ANDEREN PERSON

Denke an die Vorbereitung: Verbinde dich mithilfe der Meditation bewusst mit Mutter Erde und dem Kosmos, und aktiviere danach die Energie deiner heilenden Hände.

Beginne damit, dass du die Aura der Person, die du behandeln möchtest, dreimal mit deinen Händen ausstreichst. Dazu hältst du deine Hände mit etwas Abstand über ihren Körper und streichst ihre Aura mit deinen Handflächen von Kopf bis Fuß glatt. Im Anschluss nimmst du die Energie mit beiden Händen und stellst dir vor, wie du sie aus dem Fenster an den Himmel übergibst, wo sie transformiert wird. Lasse sie nicht im Raum, denn das würde dessen gesamte Energie über kurz oder lang negativ beeinflussen.

1

Lege deine Hände zuerst auf das Gesicht der Person, der du heilende Energie übertragen willst.

2 Als Nächstes lege deine Hände seitlich an ihren Kopf.

3 Lege deine Hände unter ihren Hinterkopf.

4 Nun lege beide Hände auf ihren Scheitel.

5 Lege beide Hände auf ihren Hals. Falls das der Person unangenehm ist, halte deine Hände leicht schwebend darüber.

6

Als Nächstes lege deine rechte Hand auf ihre rechte Schulter und deine linke Hand auf ihre linke Schulter. Am besten geht es, wenn du hinter der zu behandelnden Person stehst.

7 Lege je eine Hand auf ihren rechten und ihren linken Oberarm. Hier ist es nicht wichtig, welche Hand du nimmst.

8 Nun lege je eine Hand auf ihren rechten und ihren linken Unterarm.

9 Lege als Nächstes beide Hände auf Höhe der Brust auf ihren Oberkörper. Frage vorher, ob die Person damit einverstanden ist. Falls nicht, halte deine Hände leicht schwebend darüber.

10 Lege nun eine Hand unterhalb ihres rechten Rippenbogens (dort befindet sich die Leber) und die andere Hand unterhalb ihres linken Rippenbogens auf (dort befindet sich die Milz).

11 Lege beide Hände auf ihren Magen.

12 Schiebe eine Hand auf Höhe der Nieren unter ihren Rücken. Dann wechsle die Seite, und behandle die andere Niere.

13
Lege beide Hände auf ihren unteren Bauch auf Höhe der Blase und des Dickdarms.

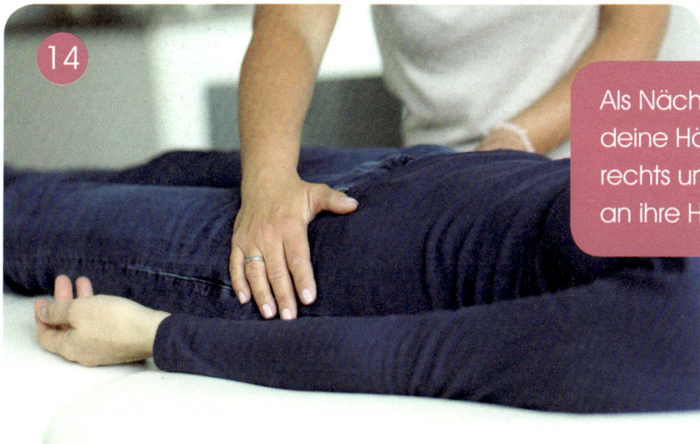

14

Als Nächstes lege deine Hände rechts und links an ihre Hüfte.

15 Lege je eine Hand auf ihren rechten und ihren linken Oberschenkel. Hier ist es nicht wichtig, welche Hand du nimmst.

16 Lege je eine Hand auf ihr rechtes und ihr linkes Knie.

17

Lege beide Hände zuerst auf ihren rechten und dann auf ihren linken Unterschenkel.

18

Lege beide Hände zuerst um den rechten und dann um den linken Fuß.

19

Lege deine rechte Hand auf Höhe des Steißbeins auf, dort befindet sich das Wurzelchakra. Falls das der Person unangenehm ist, halte deine Hand ein paar Zentimeter schwebend über den Körper. Lege deine linke Hand auf das Kronenchakra, das sich in Höhe des Scheitels befindet, oder halte sie schwebend darüber. Nun bitte darum, dass alle Chakras im Körper der Person, die du behandelst, durch die heilende Energie deiner Hände ausgeglichen werden, und warte so lange, bis du eine Balance zwischen den Chakras spürst und das Gefühl hast, dass ein Ausgleich stattgefunden hat.
Eine Anleitung zum Chakraausgleich findest du auf S. 95.

Streiche zum Abschluss wie zu Beginn der Behandlung die Aura der Person dreimal aus, und gib die Energie zur Transformation an den Himmel ab. Bedanke dich für die heilende Energie.

WICHTIGER HINWEIS zur Behandlung einer anderen Person:

Wenn du eine andere Person behandeln möchtest, solltest du sie vor Beginn immer fragen, ob du deine Hände bei der Behandlung direkt auf ihren Körper auflegen darfst. Falls das von der zu behandelnden Körperstelle abhängt, können sich das Auflegen der Hände und das Darüberhalten auch abwechseln.
Du kannst während der Behandlung meditative Musik abspielen, wenn die zu behandelnde Person dabei besser entspannen kann. Jedoch sollte nicht gesprochen werden, es sei denn, sie fühlt sich unwohl oder hat das dringende Bedürfnis, etwas mitzuteilen. Fühlt sich irgendetwas für den zu Behandelnden unangenehm an, kann die Sitzung jederzeit beendet werden. Du solltest allerdings zum Abschluss noch an das Ausstreichen der Aura denken. Meiner Erfahrung nach ist die Anwendung meist mit einer tiefen Entspannung verbunden, die die andere Person als sehr angenehm empfindet.

Vor einer Behandlung solltest du immer das Einverständnis des zu Behandelnden einholen. Warum? Weil das zur Achtsamkeit gehört und deinen Respekt gegenüber der anderen Seele und deren eigener Entscheidungsmacht ausdrückt. Jede Seele darf selbst entscheiden, ob sie Unterstützung annehmen kann und möchte oder ob sie den Zustand, in dem sie sich gerade befindet, für ihre Entwicklung braucht. Manche Menschen brauchen beispielsweise einen Schmerz, damit sie den nächsten Schritt machen und in die Veränderung kommen können. Manche entscheiden sich dann trotz des Schmerzes gegen eine Veränderung, und auch diese Entscheidung solltest du respektieren. Wir können keinen Menschen retten, wir können ihm nur zeigen, wie er sich selbst befreit. Der freie Wille ist unser höchstes Gut. Das trifft auch auf Kinder zu. Sobald sie sprechen können, frage sie, ob du ihnen deine Hände auflegen sollst, und spüre, wenn sie es nicht wollen. Sie können dir das durch ihr Verhalten zeigen, z. B., wenn sie sich wegdrehen oder unruhig werden. Es kann auch sein, dass Kinder vermehrt zu dir kommen, um die heilende Energie zu empfangen.

Wenn du einen anderen Menschen mit deinen heilenden Händen behandeln möchtest, ist es wichtig, dass du einen Energieausgleich, eine Entlohnung für die Behandlung, festlegst, weil du für die Behandlung einen Teil deiner Lebenszeit verwendest und als Kanal für die Energieübertragung zur Verfügung stehst. Diese Energie sollte ausgeglichen werden, denn sobald Energien im Ungleichgewicht sind, ist das Leben bestrebt, Balance herzustellen. Wenn du für die Behandlung keinen Energieausgleich bekommst, kann das Konsequenzen nach sich ziehen. Es kann sein, dass der Behandelte nicht noch einmal zu dir kommen wird, obwohl ihm die Behandlung gutgetan hat, weil er sich in deiner Schuld fühlt, da er die Energie nicht ausgeglichen hat. Oder deine Behandlung ist für diesen Menschen nichts wert, weil sie nichts kostet, und zeigt infolgedessen auch keine Wirkung. Die Heilenergie wird dann auf einer unbewussten Ebene abgelehnt, und der Empfänger wird mit der Erfahrung aus der Behandlung gehen, dass es diese Heilkraft nicht gibt oder dass sie bei ihm nicht wirkt. Daher ist es so wichtig, dass du

einen Energieausgleich für deine Behandlung verlangst. Dabei ist es unerheblich, was du als Gegenwert für deine Arbeit erhältst.
Dazu ein anschauliches Beispiel aus meinen Anfängen: Zu Beginn meiner Arbeit mit der heilenden Energie war ich zwar im Geiste dafür offen, dass diese Energie wirkt, ich suchte aber insgeheim immer nach weiteren Beweisen. In dieser Zeit bestand der Energieausgleich zunächst aus einer freiwilligen, selbst festgelegten Spende oder in einem Präsent. Mit meiner wachsenden Erfahrung und den Beweisen, die ich für die Wirksamkeit meiner Arbeit erhielt, festigte sich auch mein Glaube an die heilende Energie, und damit stieg auch meine eigene Wertschätzung für den Einsatz dieser Heilkraft. Mit der eigenen Wertschätzung steigerten sich dann die Wirksamkeit und die Wertschätzung im Außen.

Du solltest die Heilkraft deiner Hände nur dann für andere einsetzen, wenn du dich gesund und voller Energie fühlst und wenn du in deiner eigenen Mitte bist.

Kurzbehandlung

Die Kurzbehandlung ist alltagstauglich und zum Einschlafen geeignet. Du kannst sie sowohl für dich als auch für andere nutzen.

Denke an die Vorbereitung: Verbinde dich mithilfe der Meditation bewusst mit Mutter Erde und dem Kosmos, und aktiviere danach die Energie deiner heilenden Hände.

Beginne damit, dass du deine Aura, deinen Energiekörper, dreimal mit deinen Händen ausstreichst. Dazu hältst du deine Hände mit etwas Abstand über deinen Körper und streichst deine Aura mit deinen Handflächen von Kopf bis Fuß glatt. Im Anschluss nimmst du die Energie mit beiden Händen und stellst dir vor, wie du sie aus dem Fenster an den Himmel übergibst, wo sie transformiert wird. Lasse sie nicht im Raum, denn das würde dessen gesamte Energie über kurz oder lang negativ beeinflussen.

Lege als Erstes deine linke Hand in Höhe des Herzens auf deinen Oberkörper. Lege deine rechte Hand auf deinen Bauch. Lasse die Hände so lange liegen, wie es sich gut für dich anfühlt.

Zum Abschluss streiche die Aura wie zu Beginn der Behandlung dreimal aus, und gib die Energie dann zur Transformation an den Himmel ab. Bedanke dich für die heilende Energie.

Intuitive Behandlung

Du kannst die intuitive Behandlung sowohl für dich als auch für andere nutzen.

Denke an die Vorbereitung: Verbinde dich mithilfe der Meditation bewusst mit Mutter Erde und dem Kosmos, und aktiviere danach die Energie deiner heilenden Hände.

Beginne damit, dass du deine Aura, deinen Energiekörper, dreimal mit deinen Händen ausstreichst. Dazu hältst du deine Hände mit etwas Abstand über deinen Körper und streichst deine Aura mit deinen Handflächen von Kopf bis Fuß glatt. Im Anschluss nimmst du die Energie mit beiden Händen und stellst dir vor, wie du sie aus dem Fenster an den Himmel übergibst, wo sie transformiert wird. Lasse sie nicht im Raum, denn das würde dessen gesamte Energie über kurz oder lang negativ beeinflussen.

Lege deine Hände intuitiv immer auf die Körperstellen, an denen du fühlst, dass die heilende Energie benötigt wird. Lasse sie so lange dort, bis du spürst, dass es genug ist. Dabei kann die Dauer je nach Körperstelle und Person variieren.

Zum Abschluss streiche die Aura wie zu Beginn der Behandlung dreimal aus, und gib die Energie dann zur Transformation an den Himmel ab. Bedanke dich für die heilende Energie.

Fernbehandlung

Finde einen ruhigen Platz, an dem du für die Zeit der Fernbehandlung entspannt und ungestört sitzen kannst. Wenn du möchtest, kannst du mit Kerzenschein und meditativer Musik eine entspannte Atmosphäre schaffen. Falls du die Energie in dem Raum, in dem du die Fernbehandlung vornimmst, klären möchtest, kannst du auch gern ein Aura-Soma-Spray oder Räucherstäbchen nutzen.

Denke an die Vorbereitung: Verbinde dich mithilfe der Meditation bewusst mit Mutter Erde und dem Kosmos, und aktiviere danach die Energie deiner heilenden Hände.

Verbinde dich nun bewusst mit dem Menschen, dem du die heilende Energie übermitteln möchtest. Halte deine Hände wie eine Schale vor dich, und stelle dir vor, dass die Person in dieser Schale liegt.
Beobachte deine Gedanken und Empfindungen während der Behandlung. Sie können dem Behandelten Aufschluss darüber geben, warum seine Energie im Moment nicht frei fließen kann.
Falls du wiederkehrende Gedanken hast, die dir fremd vorkommen und nicht zu dir und deinem Leben passen, kann es sein, dass sich in ihnen eine Botschaft für die andere Person verbirgt. Schreibe diese Gedanken auf. Nach der Behandlung kannst du die Person dann fragen, ob sie die Botschaft, die du während der Energieübertragung erhalten hast, hören möchte, und sie ihr per Telefon oder E-Mail mitteilen. Alles ist richtig und gut.

Wenn du fühlst, dass genug Energie geflossen ist, beende die Fernbehandlung, und bedanke dich dafür, dass du als Kanal für die Energie zur Verfügung stehen durftest. Du merkst, dass genug Energie geflossen ist, daran, dass die vorher gefühlte

Wärme deiner Hände nachlässt und dass das Kribbeln in deinen Händen weniger wird. Zudem manifestiert sich in dir der Gedanke, dass die Behandlung nun abgeschlossen ist. Folge immer deinem Gefühl, deiner Intuition.

WICHTIGER HINWEIS zur Fernbehandlung:

Denke daran, wenn du deine heilenden Hände für andere einsetzen möchtest, dann solltest du zuvor immer das Einverständnis des zu Behandelnden einholen. Außerdem solltest du einen anderen Menschen oder ein Tier nicht behandeln, wenn es narkotisiert ist, also während einer Operation. Die heilende Energie kann unter Umständen die Narkose ausleiten, und diese ist dann nicht mehr wirksam.

Behandlung von Tieren

Denke an die Vorbereitung: Verbinde dich mithilfe der Meditation bewusst mit Mutter Erde und dem Kosmos, und aktiviere danach die Energie deiner heilenden Hände.

Lege eine Hand auf den Kopf oder auf den Nacken des Tieres und die andere Hand auf seinen unteren Rücken. Lasse deine Hände so lange dort liegen, wie es für das Tier und für dich angenehm ist. Solltest du ein größeres Tier, z. B. ein Pferd, behandeln, lege eine Hand auf seinen Hals und die andere Hand auf seinen Bauch oder Rücken, je nachdem, wo du bequemer herankommst und was dem Pferd angenehm ist. Wenn das Pferd ein körperliches Thema hat, kannst du deine Hände direkt dort auflegen, z. B. bei Hufproblemen liegen deine Hände direkt um den Huf des Pferdes. Sollte das Tier die Behandlung nicht tolerieren, mache lieber eine Fernbehandlung. Beende das Übertragen der Heilkraft sofort, wenn das Tier aufsteht oder weggehen möchte, weil es genug Energie erhalten hat, oder wenn du spürst, dass es unruhig wird, weil ihm die Behandlung unangenehm ist. Bedanke dich für die heilende Energie.

Chakras und Chakraausgleich

Das Wort Chakra kommt aus dem Sanskrit (dem Altindischen) und bedeutet Rad oder Kreis. Die verschiedenen Chakras haben eine wesentliche Bedeutung für das Energiesystem des Menschen, denn sie sind die Zentren, mit denen Energie aufgenommen und im Körper verteilt wird. Jedes Chakra versorgt dabei einen bestimmten Bereich des Körpers mit Energie. Die einzelnen Chakras versorgen aber nicht nur den entsprechenden Körperbereich und die darin befindlichen Organe, sie werden auch mit bestimmten Themen in Verbindung gebracht. Daher sind den einzelnen Chakras auch Farben, Heilsteine, stärkende Affirmationen, Mantras und vieles mehr zugeordnet. Über Chakras gibt es unzählige wertvolle Literatur, daher werde ich hier nur kurz auf die wichtigsten Zuordnungen eingehen.

Das erste Chakra – das Wurzelchakra

Dieses Chakra ist die Basis aller Chakras. Es befindet sich im Bereich des Beckenbodens, auf Steißbeinhöhe, zwischen Anus und den Genitalien und öffnet sich nach unten. Seine Energie versorgt den Beckenboden, den Darm, die Beine und die Füße. Das Wurzelchakra hat Einfluss auf die Verdauung, den Ischiasnerv und die Drüsenfunktion der Nebennieren.

Die zentralen Themen des Wurzelchakras sind
Urvertrauen, Sicherheit, Lebenskraft/Lebensenergie und
Stabilität im Leben.

Das zweite Chakra – das Sakral- oder Sexualchakra

Dieses Chakra liegt etwa auf Höhe des Kreuzbeins, einige Fingerbreit unterhalb des Bauchnabels, und öffnet sich nach vorn. Seine Energie versorgt die Geschlechts- und Unterleibsorgane, die Nieren und die Blase. Es hat Einfluss auf den Blutkreislauf, den Lymphfluss und insbesondere auf die Drüsenfunktion von Hoden bzw. Eierstöcken.

Die zentralen Themen des Sakral-/Sexualchakras sind
Sexualität, Kreativität, Sinnlichkeit und Lebensfreude.

Das dritte Chakra – das Nabelchakra

Dieses Chakra liegt zwei Fingerbreit über dem Bauchnabel, im Magenbereich, und öffnet sich nach vorn. Seine Energie versorgt den Magen, den Dünndarm und die Leber. Das Nabelchakra spielt eine wichtige Rolle für die energetische Verbindung mit der Bauchspeicheldrüse, die Verdauungsenzyme und Insulin produziert.

Die zentralen Themen des Nabelchakras sind
Persönlichkeitsentwicklung, Selbstvertrauen,
Durchsetzungsvermögen und Willenskraft.

Das vierte Chakra – das Herzchakra

Dieses Chakra liegt auf Höhe des Herzens. Es befindet sich allerdings nicht links, sondern in der Mitte der Brust und öffnet sich nach vorn. Seine Energie wirkt sich auf den gesamten Brustkorb, auf Herz, Lunge und Kreislauf aus. Darüber hinaus beeinflusst die Energie dieses Chakras die Drüsenfunktion der Thymusdrüse, die eine wichtige Rolle bei der Immunabwehr spielt.

Die zentralen Themen des Herzchakras sind
Liebe, Selbstliebe, Mitgefühl und Geborgenheit.
Bei der Liebe handelt es sich um die allumfassende,
überpersönliche Liebe zu allem, was ist.

Das fünfte Chakra – das Halschakra

Dieses Chakra liegt auf Höhe des Kehlkopfs und öffnet sich nach vorn. Seine Energie beeinflusst den Hals, den Kiefer, den Kehlkopf, die Speise- und Luftröhre, die Atmung und den Klang der Stimme. Schilddrüse und Nebenschilddrüse können nur harmonisch funktionieren, wenn die Energie im Halschakra frei fließen kann.

Die zentralen Themen des Halschakras sind
Sprache, Kommunikation, der bewusste Umgang mit Worten, Selbstausdruck und das Bewusstsein, dass alles, was wir denken oder sagen, einen starken Einfluss auf die Gefühlswelt und damit auf unser Leben hat.

Das sechste Chakra – das Stirnchakra

Dieses Chakra liegt in der Mitte der Stirn, zwischen den Augenbrauen, und öffnet sich nach vorn. Seine Energie wirkt sich vor allem auf das Kleinhirn und unsere Sinnesorgane wie Augen, Ohren und Nase aus. Die Funktion der Hirnanhangdrüse steht in unmittelbarer Beziehung zur Aktivität und Energie des Stirnchakras. Zusammen mit dem Hypothalamus – einem Teil des Zwischenhirns – steuert die Hirnanhangdrüse das unwillkürliche (vegetative) Nervensystem. Dieses überwacht und reguliert den Energie-, Wärme- und Wasserhaushalt und damit die Körpertemperatur, den Herzschlag und die Urinausscheidung, ebenso Schlaf, Hunger und Durst.

Die zentralen Themen des Stirnchakras sind
Selbsterkenntnis und das Erkennen des Höheren Selbst.
Die Energie des Stirnchakras stellt den Kontakt zur Intuition her und ermöglicht die Erkenntnis höherer Wirklichkeiten und übersinnlicher Wahrnehmungen durch das Dritte Auge.

Das siebte Chakra – das Kronenchakra

Dieses Chakra liegt im Bereich des Schädeldachs, am Scheitelpunkt des Kopfs, und öffnet sich nach oben. Seine Energie beeinflusst das Mittelhirn und den gesamten Organismus. Außerdem wirkt es sich auf die Funktion der Zirbeldrüse aus. Die Zirbeldrüse wandelt das am Tag im Gehirn gebildete Glückshormon Serotonin nachts in Melatonin um, das den Schlafrhythmus steuert und für die Zellerneuerung verantwortlich ist.

Die zentralen Themen des Kronenchakras sind
Bewusstwerdung des eigenen göttlichen Ursprungs und
das Erlangen von tiefem Frieden.

Das achte Chakra –
das Potenzial- oder Seelenchakra

Dieses Chakra liegt außerhalb des Körpers, eine Handbreit über dem Scheitelpunkt des Kopfs. Ist der Energiefluss in diesem Chakra gestört, kann es Störungen in der Kommunikation von Körper und Seele geben. Das verlangsamt oder hemmt das seelische Wachstum und die seelische Reifung.

Die zentralen Themen des Potenzial- oder Seelenchakras sind
die Einzigartigkeit des Menschen und sein wahres Sein.

Chakraausgleich

Chakras können mehr oder weniger weit geöffnet oder energetisiert sein. Damit die Energie des Menschen ausgeglichen ist, sollten auch die Chakras energetisch harmonisiert sein. Dies gelingt mit dem Chakraausgleich. Dabei werden die sieben Hauptchakras und zusätzlich das Potenzial- oder Seelenchakra auf das gleiche Energieniveau gebracht, also energetisch ausgeglichen. Der Chakraausgleich kann auf verschiedene Arten vorgenommen werden. Probiere ruhig beide hier vorgestellten Varianten aus, und entscheide dann, welche für dich besser passt. Diesen Chakraausgleich kannst du dann in die Ganzkörperbehandlungen bei dir selbst oder bei einer anderen Person einfließen lassen.

Lasse bei der ersten Variante eine Hand immer auf dem ersten Chakra, dem Wurzelchakra, liegen, und wandere mit der anderen Hand vom achten bis zum ersten Chakra, und gleiche sie alle mit dem Wurzelchakra aus. Den Ausgleich der beiden Chakras nimmst du als ein Gefühl von Balance wahr. Zu Beginn meiner Chakraarbeit hatte ich dabei das Bild einer Waage vor Augen, das hat mir geholfen, den Ausgleich zu fühlen. Du beginnst also mit einer Hand über dem Wurzelchakra und einer Hand über dem Potenzialchakra. Wenn du das Gefühl hast, dass diese beiden Chakras energetisch ausgeglichen sind, wandert die obere Hand weiter zum Kronenchakra und bleibt ebenfalls so lang dort liegen, bis der Ausgleich fühlbar ist. Lege sie dann auf das Stirnchakra, und wiederhole das Ausgleichen. Fahre mit den restlichen Chakras nach diesem Muster fort.

Lege bei der zweiten Variante eine Hand auf das erste und eine Hand über das achte Chakra. Lasse die Energie so lang fließen, bis du das Gefühl hast, dass beide Chakras das gleiche Energieniveau haben. Das ist ein Gefühl, als wäre eine Waage in Balance. Wechsle dann mit der unteren Hand auf das zweite Chakra und mit der oberen Hand auf das siebte Chakra, bis wieder die Balance fühlbar ist. Lege als Nächstes so lange eine Hand auf das dritte Chakra und die andere Hand auf das sechste Chakra, bis du die Balance spürst. Wechsle auf das vierte und das fünfte Chakra, bis der Ausgleich fühlbar ist. Zum Abschluss lege beide Hände auf dein viertes Chakra, das Herzchakra, und spüre noch einmal in dich hinein.

Ich habe den Ausgleich der Chakras nur in die Ganzkörperbehandlung integriert. Du kannst ihn selbstverständlich auch bei allen anderen Behandlungen miteinbeziehen.

Fragen, die mir häufig gestellt werden

Bevor wir zu den Fragen kommen, möchte ich dir die folgende Botschaft noch einmal ans Herz legen: **Du bist ein Wunder, und du kannst deine Bedürfnisse eigenständig stillen.** So, wie du für deine körperliche Bewegung, deine Ernährung und deine geistige Nahrung sorgst, so solltest du auch darauf achten, dass dein Energiebedarf gedeckt ist.
Wenn du dich energielos, schlapp oder traurig fühlst, ohne dass ein Ereignis diese Gefühle ausgelöst hat, frage dich, ob du an diesem Tag schon an der frischen Luft warst, ob du für eine gute Ernährung gesorgt, genug getrunken und dich ausreichend bewegt hast. Wenn du eine dieser Fragen mit Nein beantwortest, solltest du dieses Grundbedürfnis schnell erfüllen. Dieser Mangel könnte nämlich der Grund für deine Missstimmung gewesen sein. Probiere es aus, denn nur dadurch lernst du dich und deine Bedürfnisse immer besser kennen. Damit du dich täglich an diese einfache Soforthilfe erinnerst, schreibe sie bunt auf ein DIN-A4-Blatt, und hänge es als Erinnerung an deine Selbstfürsorge an einem Platz auf, wo du es gut sehen kannst.
Wenn es dir gut geht, geht auch es automatisch deinem Umfeld besser. Das ist so, weil du dann mehr Energie und eine positive Ausstrahlung hast und auch höher schwingst. Diese positive Schwingung nehmen andere auf einer unbewussten Ebene wahr. Denke also daran: Wenn du für dich sorgst, sorgst du auch für dein Umfeld.

Ist es notwendig, dass ich immer denselben Raum nutze, um mir oder einer anderen Person die Hände aufzulegen?

Notwendig ist es nicht, denn die Energie fließt immer und überall, wenn du dich mit ihr verbunden hast. Allerdings habe ich die Erfahrung gemacht, dass es hilfreich ist, denselben Raum für die Behandlung zu nutzen. Der Mensch ist ein Gewohnheitstier, und das führt in diesem Fall dazu, dass du dich viel schneller mit der Energie verbinden kannst. Deine Zellen erinnern sich daran, was in diesem Raum passiert, und meiner Erfahrung nach erhöht sich dann auch die Schwingung in diesem Raum von Mal zu Mal. Das ist für die Behandlung von anderen Menschen sehr hilfreich, weil sie die Energieerhöhung unbewusst wahrnehmen und sich meist selbst besser auf die Übertragung der Heilkraft einlassen können. Wenn sich die Schwingung in einem Raum erhöht, fühlen sich die Menschen dort besser und meist auch sicherer und geschützter.

Ist es möglich, die Heilkraft auch unterwegs im Alltag zu übertragen?

Ja, jederzeit. Du kannst deine Hände ganz entspannt dort auflegen, wo es für dich passt, und Wartezeiten, Reisezeiten im Zug und dergleichen sinnvoll nutzen, um dir oder anderen etwas Gutes zu tun.
Ausnahme: Beim Autofahren oder beim Bedienen von Maschinen sollte keine Ablenkung stattfinden.

Ist es ratsam, die Hände aufzulegen, wenn Medikamente, z. B. Schmerzmittel, eingenommen werden?

Die universelle Kraft reinigt das Energiesystem von allen Schadstoffen und bringt die Energie wieder ins Fließen. Für den Körper ist ein Medikament ein fremder Stoff, der zwar das Symptom lindert, aber auch toxische Inhaltsstoffe hat, die Nebenwirkungen verursachen können. Wenn du deine Heilkraft überträgst, wird die Energie versuchen, die toxische Wirkung zu mildern und das Fremde auszuleiten, wie bei einer Entgiftung. Das kann zur Folge haben, dass das Medikament nicht mehr so stark wirkt wie vorher.
Bei kleineren Eingriffen unter örtlicher Betäubung, z. B. Zahnbehandlungen, kann die Selbstbehandlung dazu führen, dass das Betäubungsmittel nicht mehr wirkt, weil die Energie es ausgeleitet hat. Diese Erfahrung konnte ich schon selbst machen, als mir ein Zahn gezogen wurde. Erstaunlicherweise konnte ich die Schmerzen gut aushalten, und ich blieb überraschend entspannt, was sich natürlich auch auf das Schmerzempfinden positiv ausgewirkt hat.

Darf ich jedem Menschen meine Hände auflegen oder ihn über die Ferne behandeln?

Mir ist und war es immer wichtig, niemandem eine Behandlung aufzudrängen oder sie einfach ohne sein Wissen oder sein Einverständnis vorzunehmen. Natürlich kann ich deine Begeisterung verstehen, wenn du wundervolle Erfahrungen mit dem Auflegen deiner Hände gemacht hast und dir bewusst wird, wie heilend das sein kann. Jeder Mensch sollte allerdings immer selbst entscheiden, ob er die Hilfe durch eine Behandlung annehmen möchte oder nicht. Daher halte ich es aufgrund der Achtsamkeit und des Respekts vor jeder Seele für besonders wichtig, das vorherige Einverständnis einzuholen.

In dem Moment, in dem du deine Hände auflegst, nutzt du deine Lebenszeit dafür, eine andere Seele auf ihrem Weg zu unterstützen. Wenn die andere Seele davon nichts weiß oder es nicht haben möchte, fließt die Energie wirkungslos vorbei, und damit entsteht eine energetische Disbalance, die wieder ausgeglichen werden muss, da das Universum immer bestrebt ist, das Gleichgewicht wiederherzustellen.

Lege ich meine Hände immer direkt auf dem Körper auf, oder halte ich Abstand?

Dazu gibt es keine einheitliche Empfehlung. Wenn du deinem Gefühl folgst und den persönlichen Individualabstand der Seele (ob Mensch oder Tier) beachtest, wird es sich für beide Seiten gut anfühlen. Falls du den Abstand verringern oder erhöhen solltest, wirst du es merken. Wenn du deine Hände bei einem anderen Menschen auflegst und deine Hände dann wie von einem unsichtbaren Magneten abgestoßen werden und automatisch nach oben, also weiter weg vom Körper, gehen, dann lasse es zu, und bedanke dich bei deiner guten Intuition für diesen Hinweis. Falls die Person äußert, dass ihr das direkte Auflegen der Hände unangenehm ist, reagiere darauf, indem du den Abstand erhöhst und dich noch einmal vergewisserst, dass es für die Person angenehm ist.

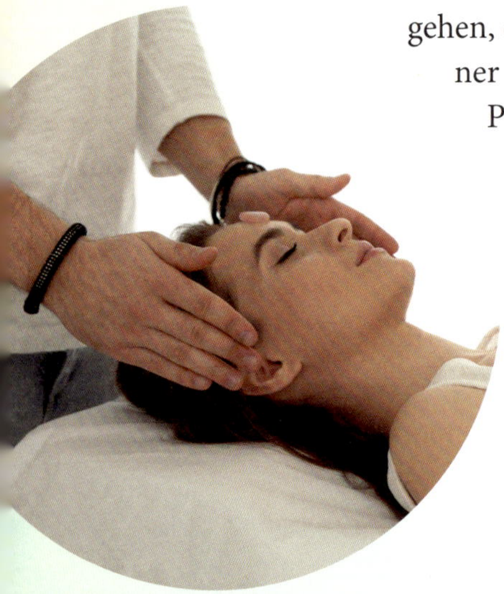

Stehe ich als Heiler über anderen?

Ich muss dich leider enttäuschen. Jeder Mensch trägt diese heilenden Fähigkeiten in sich, und wir sind alle gleich viel wert. Auch wenn du einem anderen Menschen auf deinem Weg der Bewusstheit vielleicht einen Schritt voraus bist, stehst du deshalb nicht über ihm. Das Gegenteil ist der Fall. Erinnere dich noch einmal daran, dass du all das zurückbekommst, was du selbst aussendest. Die wirkungsvollsten Heiler waren und sind immer jene Menschen, die sich im Leben gleichermaßen als Lehrende und Lernende gesehen haben und deshalb nicht abgehoben waren. Sie haben verstanden, dass sie sich weiterentwickeln, wenn sie andere Menschen dabei unterstützen, sich ihrer ureigensten Heilkraft bewusst zu werden. Wenn sie Menschen daran erinnern, ihr volles Potenzial zu entfalten, und ihnen dabei helfen, ihr eigenes Licht zu sehen – und zwar besonders dann, wenn diese es selbst nicht sehen können.

DIE WIRKUNG der heilenden HÄNDE

Die Wirkung der Heilkraft auf Körper, Geist und Seele

Das Auflegen der heilenden Hände kann folgende Wirkungen auf den Körper haben:

- tiefe Entspannung
- Wiederherstellung des energetischen Gleichgewichts
- Steigerung der eigenen Wahrnehmung
- Extraenergie im Alltag
- Auflösung von Blockaden und das Erkennen dessen, was hinter der Blockade steckt
- Stärkung des Immunsystems
- Anregung der Selbstheilungskräfte
- Reinigung und Entgiftung
- Erhöhung des allgemeinen Wohlbefindens
- besseres Gefühl dafür, was dem Körper dient und was nicht
- Reaktion des Körpers oder einzelner Bereiche, z. B. Kribbeln, die anzeigt, dass die Energie fließt
- unterstützende Wirkung bei körperlichen Problemen oder Schmerzen
- unterstützende Wirkung bei altersbedingten Einschränkungen oder Schmerzen, z. B. Arthrose
- kurzfristige Erstverschlimmerung von körperlichen Symptomen wie bei der Homöopathie
- Gefühl von Wärme und/oder Kälte während der Behandlung
- emotionale Reaktionen wie Weinen oder Lachen

Das Auflegen der heilenden Hände kann folgende Wirkungen auf den Geist haben:

- Erkennen von Verhaltensmustern, die nicht dienlich sind
- Auflösung von innerer Anspannung
- Stoppen des Gedankenkarussells
- Zugang und Bewusstwerdung der inneren Stärke
- Bewusstwerdung, dass die Balance im Leben wichtig ist
- Erkennen von Themen, die hinter einem körperlichen Symptom oder einer Angst stecken
- Aufdecken von übernommenen Mustern und Glaubenssätzen aus der Ursprungsfamilie
- tieferes Verständnis des Zusammenspiels von Körper, Geist und Seele
- transformierende Wirkung bei Ängsten. Hierbei ist es wichtig, sehr achtsam und ganz individuell nach den Reaktionen der Person, die behandelt wird, vorzugehen.

Das Auflegen der heilenden Hände kann folgende Wirkungen auf die Seele haben:

- besserer Zugang zu allen Bereichen des Seins
- Reinigung des Energiekörpers
- leichtere Verbindung mit dem Höheren Selbst
- besserer Zugang zur Intuition, der inneren Stimme
- einfacheres Erkennen der eigenen Gefühle und Bedürfnisse
- bessere Wahrnehmung davon, was gut ist
- Bewusstwerdung der eigenen Wünsche
- Erinnerung an das wirkliche Selbst
- unterstützende und transformierende Wirkung bei Ängsten
- tieferes Verständnis für die Bedürfnisse der eigenen Seele und für den eigenen Seelenweg
- Verbindung zu allen Fähigkeiten und Talenten
- Erkennen der eigenen Berufung

Effekte der Heilenergie bei einem Tier:

- Das Tier entspannt sich und schläft ein.
- Die Selbstheilungskräfte des Tieres werden angeregt, Wunden oder Verletzungen heilen schneller ab, das Tier wird schneller wieder gesund und hat mehr Energie.
- transformierende Wirkung bei Ängsten. Wenn das Tier in der angstauslösenden Situation behandelt werden kann, habe ich die Erfahrung gemacht, dass die Angstreaktion abnimmt und das Tier immer mehr entspannen kann. Hierbei ist es wichtig, sehr achtsam und ganz individuell nach den Reaktionen des Tieres vorzugehen.
- unterstützende Wirkung bei körperlichen Problemen und Schmerzen sowie bei altersbedingten Einschränkungen oder Schmerzen, z. B. Arthrose, allgemeine Verspannungen durch Fehlhaltungen etc.

Wofür du deine Heilkraft noch einsetzen kannst:

Du kannst die Heilkraft deiner Hände auch für Pflanzen oder Bäume, also allgemein für die Natur einsetzen oder dein Essen vor dem Verzehr kurz mit deinen Händen segnen, damit du es besser verträgst. Wenn dich etwas belastet oder beunruhigt, kann dir die Energie deiner Hände helfen, leichter damit umzugehen. Wenn du abends nicht einschlafen kannst, weil sich dein Gedankenkarussell immer weiterdreht, dann führt das Auflegen deiner Hände meist dazu, dass du nach einigen Minuten entspannst und besser einschläfst.
Du kannst die Energie deiner Hände überall dort einsetzen, wo du das Gefühl hast, dass sie gebraucht wird – davon ausgenommen ist die spontane Behandlung von Menschen, die du, aus Achtsamkeit und Respekt, vor der Behandlung immer um ihr Einverständnis bitten solltest.

Erwünschte Nebenwirkungen der Energieübertragung

Wie bei der Homöopathie kann es auch bei der Übertragung der Heilenergie zu bestimmten Nebenwirkungen kommen. Wenn du dir selbst, anderen Personen oder auch Tieren deine heilenden Hände auflegst, können sich folgende Nebenwirkungen zeigen.

Es kann sein, dass du dich nach der Behandlung mit der Heilenergie in deinem Körper deutlich mehr wahrnimmst. Das hört sich erst einmal nicht nach einer Nebenwirkung an. Jedoch kann es durchaus schmerzhaft sein, wenn du dich wieder intensiver fühlst, denn dann kommen die alten Gefühle hoch, die du doch extra weggesperrt hattest. Weil du vielleicht Angst hattest, dass du sie nicht aushalten kannst, oder das nicht willst. Weil du dir (meist unbewusst aus einer emotionalen Verletzung heraus) verboten hattest, diese Gefühle zu spüren. Weil du geglaubt hattest, dass du das nicht überlebst. Ich verstehe dich nur zu gut. Auch ich habe lange Zeit Gefühle wie Wut und Traurigkeit weggedrückt, weil ich als Kind gelernt hatte, dass diese Emotionen unerwünscht sind und man sie besser nicht zeigt. Als ich dann begonnen habe, mit der heilenden Energie zu arbeiten, kamen all diese unterdrückten Gefühle wieder hoch. Natürlich nicht alle gleichzeitig, aber nacheinander, Schicht um Schicht. Was mir dann geholfen hat, war, zuerst einmal zu verstehen, dass die Gefühle nicht weg sind, nur weil ich sie weggedrückt hatte und nicht fühlen wollte. Natürlich hatte ich immer noch Angst davor, sie zu spüren. Aber die Erkenntnis, dass ein Gefühl nicht für immer bleibt, hat mir geholfen. Emotionen sind immer in Bewegung, und wenn ich mir erlaube, meine Gefühle bewusst wahrzunehmen, wenn ich mir erlaube, dass die Wut und die Traurigkeit da sind, dann passiert etwas Magisches. Dann wandelt sich das Gefühl automatisch.

Deine Gefühle, egal welche, sind nur dazu da, dir bewusst zu machen, was gerade in dir vorgeht, und dir zu zeigen, ob du in deinem Leben in der für dich richtigen Richtung unterwegs bist. Die Gefühle wollen einfach nur wahrgenommen werden. Das hört sich jetzt so leicht an, und natürlich weiß ich, dass es nicht immer so einfach ist. Wut zu fühlen, ist schmerzhaft, aber nur deshalb, weil wir die Emotion bewerten oder weil wir die Bewertungen von einem anderen Menschen übernommen haben. Alle Gefühle haben ihren Sinn und ihre Berechtigung, und zwar gleichermaßen. Ohne Wut könntest du innere Gelassenheit oder Ausgeglichenheit nicht wahrnehmen. Ohne Angst könntest du keinen Mut fühlen und ohne Misstrauen kein Vertrauen.

Nimm die Gefühle ab jetzt als das wahr, was sie sind, dein Barometer, das dir anzeigt, wo du dich gerade befindest. Sie sind ein Signal dafür, ob dich eine Situation gerade glücklich macht oder nicht. Ob du deinem eigenen Weg folgst oder dich fremdbestimmen lässt. Ob du das machst, was du liebst, oder das, wovon du denkst, dass du es tun musst, weil es dir am meisten Geld bringt. Deine Gefühle zeigen dir, ob du nur existierst und funktionierst oder wirklich lebst und deinem Weg der Freude folgst. Beantworte dir selbst diese Fragen, und finde heraus, wo in deinem Leben du dich gerade befindest.
Lebst du schon dein eigenes Leben, oder lebst du das Leben, das du meinst, leben zu müssen? Es lohnt sich wirklich, diese Frage ehrlich zu beantworten, erst dann kannst du dich neu entscheiden. Du kannst dich bewusst dafür entscheiden, ab jetzt deinen eigenen Weg zu gehen, der einzigartig ist. Sei oder werde immer mehr du selbst. Warum? Weil es alle anderen schon gibt. Du bist keine Kopie, du bist ein einzigartiges Original, und es gibt nur einen Grund, warum du auf dieser Welt bist, nämlich, um deine eigenen Erfahrungen zu machen und um glücklich zu sein.

Eine weitere Nebenwirkung der Energieübertragung ist die anfängliche Verstärkung körperliche Beschwerden wie bei der sogenannten Erstverschlimmerung in der Homöopathie. Es ist wichtig, dass du verstehst, dass die heilende Energie das Symptom nur deshalb erneut verstärkt, damit du dir Zeit nimmst und erkennst, was hinter dem körperlichen Symptom steckt. In meiner Wahrnehmung sind Symptome nur dazu da, um dir im Außen, an deinem Körper, zu zeigen, dass du lange nicht auf deine Seele und deine innere Führung gehört hast. Wenn du längere Zeit nicht deiner inneren Führung folgst, muss sie sich in einer Form bei dir melden, die du nicht ignorieren kannst. Deine innere Stimme kannst du unterdrücken, körperliche Symptome aber nicht. Das Faszinierende daran ist, dass die körperlichen Symptome immer stärker werden, je mehr du versuchst, sie mit Tabletten oder anderen Mitteln zu bekämpfen.

Was ich damit meine, zeige ich dir am Besten an einem Beispiel aus meinem Leben. Als junge Frau hatte ich regelmäßig, das heißt alle vier Wochen, eine Blasenentzündung. Nachdem ich dieses Zeichen meines Körpers immer wieder mit Antibiotika und Schmerzmitteln weggedrückt hatte, folgte eine Nierenbeckenentzündung. Diese war sehr schmerzhaft, und ich musste mir eine längere Auszeit nehmen, um wieder gesund zu werden. Aber auch dieses Symptom habe ich damals nicht verstanden, weil ich noch keine Ahnung davon hatte, dass die körperlichen Symptome nur ein Hinweis meiner inneren Führung sind. So steigerten sich meine Krankheiten immer weiter, bis sie in einem doppelten Bandscheibenvorfall gipfelten. Dieser Bandscheibenvorfall fesselte mich lange Zeit ans Bett und zwang mich dadurch dazu, endlich meiner Seele zuzuhören. Während dieser Zeit habe ich zum ersten Mal seit vielen Jahren wieder meine innere Stimme und meine innere Führung wahrgenommen. Das hat mein Leben komplett verändert. Was ich dir damit sagen möchte: Warte nicht so lange, bis sich die Krankheiten verschlimmern, sondern nimm körperliche Symptome sofort ernst, und erlaube dir, auf deine innere Stimme zu hören. Sie zeigt dir den Weg zurück zu dir, deinem eigenen Weg, Gesundheit, Glück und deinem ursprünglichen Sein.

Was in diesem Zusammenhang auch wichtig ist: Du kannst mit der heilenden Energie deiner Hände nichts hinzufügen, was nicht bereits da war. Wenn du dich nach einer Behandlung schlechter fühlst als zuvor, dann ist das ein Hinweis darauf, dass du vielleicht längere Zeit nicht auf deine innere Stimme gehört, zu wenige Pausen gemacht oder die Balance in deinem Leben nicht beachtet hast und über deine Leistungsgrenze hinausgegangen bist. Jeder Hinweis ist ein Geschenk an dich. Du kannst nur dazulernen und bekommst die Chance, dein Leben zu überdenken und dich neu zu entscheiden. Die meisten Menschen lernen durch ihre größten Fehler, weil diese mit starken Emotionen verbunden sind. Wie war das bisher in deinem Leben? Wie hat sich dein Leben durch Fehler verändert? Die gute Nachricht ist, du brauchst nicht darauf zu warten, bis du Fehler machst, du kannst auch aus positiven Emotionen heraus, z. B. aus Freude und Liebe, etwas erschaffen.
Wenn dir dieser Gedanke noch schwerfällt, ist das auch in Ordnung. Jeder Mensch hat sein eigenes Tempo, mit dem er durch die Welt geht und seine Erfahrungen macht. Es geht nicht um höher, schneller, weiter. Darum ging es noch nie. Es geht nur darum: Was willst du in deinem Leben erfahren? Was sind deine Träume und Wünsche? Was würdest du der Welt gern hinterlassen, wenn du irgendwann gehst? Was ist dein Talent, das du in diese Welt bringen möchtest? Diese Fragen zu überdenken, lohnt sich auf jeden Fall. Denn diese Fragen kannst nur du für dich allein und für dein Leben beantworten.

Ein schöner Nebeneffekt dabei ist: Je klarer du weißt, was du willst, desto einfacher wird dein Weg.

Welche Erfahrungen haben andere mit der Übertragung der Heilenergie gemacht?

In diesem Kapitel möchte ich dir einige Erfahrungen der Teilnehmerinnen meines Seminars zum Thema »Heilende Hände« schildern. Insgesamt hatten sich zehn Frauen mit mir in einem Yoga-Studio zusammengefunden.

Zu Beginn machten wir eine Vorstellungsrunde und lernten uns so ein bisschen näher kennen. Hier zeigte sich auch, aus welchen Gründen sich die Frauen für den Kurs angemeldet hatten. Einige wollten die heilende Energie einfach einmal selbst spüren, weil sie schon viel davon gehört hatten. Andere hatten körperliche Themen, die sie bereits länger mit sich herumtrugen, und wollten nun ausprobieren, ob ihnen die Energieübertragung Linderung verschaffen konnte. Wieder andere hatten sich aus reiner Neugier angemeldet.
Nach der Vorstellungsrunde leitete ich eine Atemübung an, damit die Teilnehmerinnen erst einmal richtig ankommen konnten. Danach machte ich sie mit der Aktivierung der heilenden Energie und den verschiedenen Anwendungsmöglichkeiten vertraut. Dann folgte eine Übung, in der sie lernten, zentriert in ihrer Mitte zu bleiben. Dazu stellte sich eine der Frauen freiwillig zur Verfügung. Ich fragte sie zunächst, wie sie sich fühle und ob sie den Eindruck habe, dass sie zentriert sei. Nachdem sie es bejahte, fragte ich sie, ob ich ihre Aussage überprüfen dürfe, indem ich ihr einen kleinen Schubs gäbe. Sie war damit einverstanden, und mein Schubs brachte sie vollkommen aus dem Gleichgewicht.

ÜBUNG:

ZENTRIERE DICH IN DEINER MITTE

Gehe mit deiner Aufmerksamkeit hinter den Solarplexus, der etwa zwei Fingerbreit über deinem Bauchnabel liegt. Wenn du mit deiner Aufmerksamkeit an diesem Punkt bleibst, kann dich nichts mehr aus deiner Mitte holen, auch kein Schubs einer anderen Person. Du stehst automatisch fest und gut geerdet.

Die Teilnehmerinnen probierten die Übung aus und waren sehr erstaunt von ihrer Wirkung. Nach einer kleinen Pause bat ich die Frauen dann, sich noch einmal an die Aktivierung der heilenden Energie zu erinnern, und leitete sie entsprechend an (siehe S. 57).

Danach bat ich sie, sich in Zweierteams zusammenzuschließen. Eine Teilnehmerin sollte der anderen die Hände auf die Schultern legen und die heilende Energie fließen lassen. Was dann passierte, war magisch. Durch diese Übung änderte sich sofort die Energie im Raum, weil die heilende Energie für die Verbindung untereinander, für die Verbindung von Herz zu Herz sorgte. Und die Energieübertragung löste bei den Teilnehmerinnen, die behandelt wurden, Emotionen aus. Sie wurden im tiefsten Inneren so stark berührt, dass sich in diesem Moment emotionale Ablagerungen lösten und einfach herausgespült wurden. Den Behandelten war die Erleichterung anzusehen, sie weinten sich sozusagen glücklich. Es war ein wundervoller Moment, und ich konnte die Überraschung in ihren Gesichtern sehen. Sie hatten nichts erwartet, und deshalb schenkte ihnen die heilende Energie diese Möglichkeit des Loslassens. Im Raum machte sich eine Erleichterung breit, die ich mit Worten nicht beschreiben kann, aber alle Anwesenden konnten die Energie fühlen. Als die Zweierteams im Anschluss die Rollen tauschten, geschah das Gleiche noch einmal. Nach dieser wundervollen Übung tauschten sich die Frauen angeregt aus, weil sie noch nicht begreifen konnten, was sie gerade erlebt hatten. Da kam der Verstand nicht hinterher.

Bei der nächsten Übung sollten sich zuerst alle Anwesenden mit der heilenden Energie verbinden, um dann gemeinsam eine Teilnehmerin zu behandeln, die sich freiwillig zur Verfügung gestellt hatte. Die Übung wirkte sich bei dieser Frau so intensiv aus, dass sie danach das Bedürfnis hatte, uns ihre Empfindungen mitzuteilen.
Zuerst fühlte sie die Hände und die Wärme der Hände auf ihrem Körper. Dann spürte sie die Energie, die sich an einigen Stellen ihres Körpers stärker zeigte als an anderen. Danach nahm sie auf einmal ein Gefühl von Verbundenheit mit allen Anwesenden wahr, das sie so sehr rührte, dass ihr die Tränen kamen. Auch Geborgenheit und Sicherheit konnte sie spüren, die von einem überwältigenden Gefühl der Liebe abgelöst wurden, das ihren ganzen Körper durchströmte. Jede Zelle ihres Körpers füllte sich mit Liebe, und sie spürte, dass sie diese Liebe in ihrem Herzen trug. Diese Erkenntnis war für sie besonders ergreifend und schön.

Die verschiedenen Erlebnisse während dieses Seminars zum Thema »Heilende Hände« haben allen Teilnehmerinnen gezeigt, dass die Heilkraft auch in ihnen vorhanden ist und dass sie sich das nur bewusst machen müssen, um sie anwenden zu können. Selbst einige Wochen nach dem Kurs erhielt ich von einer Teilnehmerin die Rückmeldung, dass die Energie, die sie an diesem Tag wahrgenommen hatte, noch bis zum Tag der Mail eine nachhaltige Wirkung in ihrem Leben zeige. Sie hatte das Gefühl, dass sie sich immer zuerst selbst behandeln konnte, wenn ein körperliches Problem auftauchte, und hatte die Erfahrung gemacht, dass sie immer besser verstand, was hinter ihren körperlichen Symptomen steckte. Weil sie sich selbst mehr Aufmerksamkeit schenkte und ihre Bedürfnisse deutlicher wahrnahm, hatte sich ihr gesamter Allgemeinzustand verbessert. Sie fühlte sich nicht mehr hilflos, sondern wusste, dass sie selbst etwas für sich und ihre Gesundheit tun konnte. Sie hatte zudem das Gefühl, dass sie eine intensivere Verbindung zu ihrem Körper und zu ihrer Seele gefunden hatte und dass ihr das half, den Herausforderungen des Lebens besser begegnen zu können. Sie hatte mehr Selbstvertrauen gewonnen und verstanden, dass körperliche Symptome nur ein Ausdruck der Seele sind, die aus dem Gleichgewicht geraten ist. Dafür war sie sehr dankbar.

Zu wissen, dass wir alle die Fähigkeit zur Energieübertragung haben, ist schön. Das Wissen aber praktisch umzusetzen, ins eigene Leben zu integrieren und sich selbst zu dem Menschen zu entwickeln, der man wirklich ist, ist das wahre Geschenk. Nutze es in all deinem Licht und deiner Strahlkraft, mit deiner Stärke und dem Wissen, dass du alles erleben kannst, was du willst, und dass du nur hier bist, um glücklich zu sein. **Du hast es verdient, glücklich zu sein. Erinnere dich daran, du bist ein wertvoller Bestandteil von allem, was ist. Jeder Mensch ist wertvoll und wichtig für das gesamte Gelingen und für das Gleichgewicht der Welt.** Jeder Mensch hat besondere Talente, die es in dieser Kombination nur ein Mal gibt. Mache dir das bitte bewusst. Du bist einzigartig, wertvoll und wichtig für diese Welt. Du hast das Recht, deine Talente zu leben und damit deinen Beitrag für die Welt zu leisten.

Wenn jeder Mensch seine Talente lebt und seinem Weg der Freude folgt, vermehrt sich das Glück für diesen Menschen und für uns alle. Wir sind alle miteinander verbunden – daran sollten wir uns jeden Tag erinnern. Gemeinsam können wir weit mehr erschaffen als allein, und wenn wir diese Gemeinschaft zum Wohle aller Lebewesen auf unserem Planeten ausrichten und die Erde als lebendige Seele achten und ehren, sind Handlungen, die Machtgedanken entspringen, nicht mehr möglich. Jeder von uns trägt einen Teil der Verantwortung, sich selbst und die Welt in diese Richtung zu entwickeln und den Himmel auf Erden mitzugestalten.
Ich höre jetzt schon die kritische Leserstimme: »Na ja, wenn das so einfach wäre, dann würden es doch bereits alle machen.« Und dazu sage ich: »Es ist so einfach, wenn du dir erlaubst, dass es so einfach sein kann.«
Die heilende Energie macht genau das sichtbar oder fühlbar, was jetzt für dich und dein Leben wichtig ist. Sie offenbart dir den nächsten Schritt und deine nächste Entwicklungsmöglichkeit. Es ist nur ein Angebot, und wenn du diesen Schritt nicht gehen möchtest, dann ist das auch in Ordnung.

Falls du mit der heilenden Energie eine negative Erfahrung machst, dann will dir auch diese zeigen, was in deinem Leben wichtig ist – wo du genauer hinschauen solltest. Die eigenen Schatten zu erkennen und aufzulösen, ist nicht einfach und meist auch schmerzhaft. Es lohnt sich aber auf jeden Fall. Denn dadurch wird dein emotionaler Rucksack immer leerer und auch das emotionale Erbe, das du an die nächste Generation weitergibst. Auch wenn es für dich nicht wichtig erscheint, tue es für deine Kinder. Sie haben es verdient, mit leichtem Gepäck in ein selbstbestimmtes und glückliches Leben zu gehen. Je mehr deiner Schattenthemen du auflöst, desto freier sind deine Nachfahren. Denn alles, was du nicht verarbeitest, gibst du an sie weiter. Das meine ich ganz wertfrei. Es ist nicht gut oder schlecht, denn auch sie haben die gleichen Möglichkeiten, ihre Schattenthemen zu bearbeiten. Hier geht es nicht um Schuld.

Es gibt keine Schuld. Schuld ist ein von Menschen gemachtes Konstrukt, das andere Menschen kleinhalten soll. Es gibt nur die Übernahme der Selbstverantwortung oder das Leben in der Opferrolle. Beides hat seine Berechtigung. Die Frage ist nur: Was fühlt sich besser an?

Wenn du das Gefühl hast, dass du dich deinen Schatten nicht allein stellen möchtest, ist das völlig in Ordnung. Suche dir jemanden, der dir hilft, deine Schatten zu betrachten und aufzulösen. Manchmal ist es einfacher, wenn dich jemand dabei unterstützt, denn der Blick von außen ist häufig klarer.

Ich bin mir sicher, dass du genau fühlst, was für dich richtig ist, und ich freue mich mit dir, wenn es dir gelingt, dein Gepäck Stück für Stück abzulegen und erleichtert deinen eigenen Weg zu gehen.

ÜBUNGEN UND TIPPS zur Stärkung der Heilkräfte

Das Auflegen der heilenden Hände ist weit mehr als eine Technik zum Übertragen von Heilkraft. Es ist ein Selbstentwicklungsprozess, in dem du dich mit dir selbst und deinem wahren Sein verbinden kannst, um zu erkennen, wer du wirklich bist. Es kann sogar zu einer Lebenseinstellung werden, die sich auf alle Bereiche deines Lebens auswirkt, denn dein gesamtes Leben und dein Sein werden immer von der Energie beeinflusst, die in dir ist und die du aussendest. Alles hängt zusammen und bedingt einander. Du bist ein Gesamtkunstwerk aus Körper, Geist und Seele. Ich möchte dir mit diesem Buch alle Wirkungsmöglichkeiten der universellen Energie zeigen und dich dazu einladen, dein Leben ganzheitlich zu betrachten. Daher folgt nun ein kleiner Ausflug in die Welt der Nahrung für Körper und Geist und der Bewegung, der dein Bewusstsein beflügeln wird.

Nahrung für einen gesunden Körper

Auf meinem Weg mit der heilenden Energie habe ich automatisch meine Ernährung umgestellt, weil ich auf einmal wieder fühlen konnte, welches Essen mir guttut und welches mir Energie raubt.
Und das ist die entscheidende Frage zur Ernährung: Fühlst du dich nach dem Essen energiegeladen, oder musst du dich erst einmal hinlegen, weil du schlapp und müde bist? Wenn das Letzte zutrifft, solltest du etwas an deiner Ernährung ändern. Mache dir bewusst, nach dem Verzehr welcher Lebensmittel du energieloser bist, und probiere aus, wie du dich fühlst, wenn du eine Zeit lang auf diese Lebensmittel verzichtest. Ich weiß, dass solch eine Umstellung anstrengend ist, denn dein Körper hat sich daran gewöhnt, und bestimmte Lebensmittel wegzulassen, ist eine Entscheidung, die du bewusst treffen – und dann auch durchhalten solltest. Du machst das nur für dich und für deinen Energiehaushalt. Gönne dir und deinem Körper den Versuch, du wirst über die Wirkung staunen. Am Anfang der Umstellung kann es dir helfen, wenn du dir an ein oder zwei Tagen in der Woche die gewohnten, aber energiefressenden Lebensmittel erlaubst. Dann wirst du schnell den Unterschied merken, und das schafft ein neues Bewusstsein für die Nahrung, die du deinem Körper zuführst.
Ich hätte das früher auch nicht geglaubt, aber mittlerweile ist mein Gespür so fein geworden, dass mir mein Körper ganz deutlich zeigt, was er an einem Tag essen möchte und was nicht. Ich höre immer häufiger auf ihn und mache die entsprechenden Erfahrungen, wenn ich es einmal nicht tue.

TIPP ZUR ERNÄHRUNGSUMSTELLUNG

Was mir bei der Umstellung meiner Ernährung geholfen hat, ist das Genussfasten für acht Tage. Während dieser Zeit gab es für mich morgens stilles Wasser und Tee, mittags einen frischen Smoothie aus Obst vom Bio-Bauern und nachmittags eine Gemüsesuppe aus frischem Bio-Gemüse. Zwischendurch trank ich nach Bedarf stilles Wasser und Tee. Wenn der Hunger in den ersten drei Tagen zu groß war, gab es morgens eine pürierte Banane.
Zusätzlich habe ich morgens nach dem ersten Tee eine Meditation oder Yoga gemacht, und mittags bin ich nach dem Smoothie zwei bis dreieinhalb Stunden durch die Wälder gewandert.

Diese Fastenzeit hat mir geholfen, meine Abhängigkeit von Zucker, Weizenmehl und Milch zu überwinden. Ja, es war eine richtige Abhängigkeit. Das habe ich daran gemerkt, dass mein Blutzuckerspiegel mich zuvor immer gezwungen hatte, etwas Süßes wie Plätzchen, Schokolade oder Kuchen zu essen. Da ich ansonsten einen sehr starken Willen habe, dieses Verhalten aber nicht abstellen konnte, hatte ich mich für das Genussfasten entschieden.
Seitdem ist mein Ernährungsmuster grundlegend verändert, und die Abhängigkeit ist weg. Darüber bin ich sehr dankbar, denn jetzt bin ich wieder frei und kann mich bewusst dafür entscheiden, Schokolade zu essen. Das »Ich muss jetzt Schokolade haben, sonst passiert etwas« ist weg. Sollte dir dieser Satz bekannt vorkommen, weißt du jetzt, wie du dir helfen kannst. Es ist nicht einfach, aber es lohnt sich, denn es wirkt sich nachhaltig auf deine Gesundheit, dein Gewicht und deinen Energiehaushalt aus.

Die richtige Bewegung

Auch wenn du wahrscheinlich schon sehr oft gehört hast, wie wichtig körperliche Bewegung ist, möchte ich dich noch einmal kurz daran erinnern. Ich weiß, wie schnell das in Vergessenheit gerät und wie stark unser innerer Schweinehund ist. Glücklicherweise gibt es Helfer, die uns motivieren, regelmäßig nach draußen zu gehen. Da mich schon sehr lange Hunde in meinem Leben begleiten, bin ich gezwungen, mich zu bewegen und mit ihnen rauszugehen. Meine aktuelle Hündin ist schon etwas älter, deshalb hatte ich mir eingeredet, dass ich jetzt nicht mehr so lange spazieren gehen kann. Ich habe meine täglichen Runden angepasst und bin nur noch dreimal dreißig Minuten mit ihr spazieren gegangen. Während meiner Fastenzeit hatte ich zuerst die Befürchtung, dass sie die Wanderungen nicht schafft. Doch schon am ersten Tag zeigte mir meine Hündin, dass ich ihre Fitness und ihr Leistungsvermögen unterschätzt hatte, denn sie trabte während der gesamten Wanderung, die zweieinhalb Stunden dauerte, munter vor mir her. Ich traute meinen Augen nicht. Da wurde mir bewusst, dass ich meinem inneren Schweinehund gefolgt war und nicht der Leistungsgrenze meiner Hündin. Selbst als wir in dieser Fastenzeit eine Wanderung von dreieinhalb Stunden machten, lief sie immer vorneweg und musste sich eher mir anpassen, da mir zwischendurch die Puste ausging. Durch die Fastenzeit und das neue Bewusstsein darüber, dass mir die Bewegung sehr gut getan hat, habe ich es zu meiner morgendlichen Routine gemacht, eineinhalb Stunden mit meiner Hündin walken zu gehen.
Meine Geschichte zeigt dir, dass sich der innere Schweinehund ganz heimlich einschleicht. Bewegung ist der Schlüssel für mehr Lebensenergie, denn Leben ist Bewegung. Sobald du körperlich im Stillstand bist, steht dein ganzes System still. Bewegung an der frischen Luft bringt alle Zellen in Bewegung, versorgt dich mit frischem Sauerstoff, härtet dich

ab und unterstützt dein Immunsystem. Zudem versorgt es dich mit Vitamin D, sobald die Sonne scheint.

Wir Menschen sind zum Gehen, Laufen und für die Bewegung gemacht und nicht zum stundenlangen Sitzen oder Liegen. Auch wenn du körperliche Einschränkungen hast, kannst du dich entsprechend deinen Möglichkeiten bewegen.

Probiere für einen Monat aus, dich täglich zu bewegen. Mache längere Spaziergänge, oder finde eine Sportart, die dir Spaß macht. Yoga unterstützt deine Beweglichkeit und sorgt dafür, dass du dir auch im höheren Alter die Schuhe noch im Stehen zubinden kannst. Das ist meine eigene Erfahrung, denn ich praktiziere seit zwanzig Jahren zwei- bis dreimal pro Woche für zehn bis sechzig Minuten Heil-Yoga. Dadurch bin ich mit meinen zweiundfünfzig Jahren immer noch sehr beweglich und weiß, dass es sich wirklich lohnt, dranzubleiben.

Nahrung für einen gesunden Geist

Bevor ich meine Ausbildung zur NLP-Hypnosecoachin gemacht habe, sah mein Tagesablauf wie folgt aus: Morgens, wenn der Wecker klingelte, fühlte ich mich meist noch müde und sehr unmotiviert. Ich quälte mich aus dem Bett, und vor der zweiten Tasse Kaffee durfte man mich nicht ansprechen. Dann zog ich die Kleidung an, die zu meiner damaligen Arbeit passte, in der ich mich aber nicht wohl-, sondern eher verkleidet fühlte. Ich ging zur Arbeit, die ich nur machte, weil ich Geld verdienen musste und damals keine andere Möglichkeit für mich sah. Abends kam ich völlig geschafft und müde nach Hause, legte mich nach dem Abendessen auf das Sofa vor den Fernseher, bis ich dann gegen 22.30 Uhr ins Bett fiel.

Du wunderst dich sicherlich, warum ich dir das alles erzähle. Ich möchte meine Erkenntnisse mit dir teilen, damit du die Chance hast, etwas zu ändern und die Abkürzung zu deinem wirklichen und wahrhaftigen Leben zu nehmen, das dir zusteht.
Was war meine Erkenntnis? Weil ich einer Arbeit nachging, die ich nicht mochte, stillte ich mein inneres Bedürfnis nach Sinnhaftigkeit mit ungesundem Essen. Dieses machte mich übergewichtig und führte dazu, dass ich immer energieloser und träger wurde und mich mit unsinnigen Fernsehsendungen ablenkte, bei denen ich zusah, wie glücklich und erfolgreich andere Menschen waren und welche wundervollen Reisen sie unternahmen. Für mich schien das damals alles unerreichbar zu sein. Ich hatte mich mit dem täglichen Fernsehkonsum nur davon abgelenkt, mich mit mir selbst und mit meinem Leben zu beschäftigen. Dass ich dadurch noch frustrierter wurde, weil alle anderen glücklich

schienen, machte die Sache nicht besser. Zudem führte das Verfolgen der Nachrichten dazu, dass ich vermehrt die Probleme in meinem Leben wahrnahm und nicht das, was gut lief. Wenn du dich jetzt an der einen oder anderen Stelle ertappt fühlst, beglückwünsche ich dich. Warum? Weil du ehrlich und offen zu dir selbst bist, und das ist bereits der Beginn der Veränderung und der Anfang deines wahrhaftigen Lebens.

Nach der Ausbildung zur NLP-Hypnosecoachin habe ich damit begonnen, bewusst zu entscheiden, welche Gedanken ich in meinen Kopf hereinlasse und welche nicht. Damals gelang mir das nur dadurch, dass ich meinen Fernseher verschenkte, seitdem schaue ich nur noch ab und zu ausgewählte Filme, die mich zum Lachen bringen oder inspirieren, auf dem PC.

TIPPS ZUR GEDANKENHYGIENE:

Versuche eine Woche lang, alle Nachrichten zu meiden, ob im Fernsehen oder in der Zeitung, und spüre, wie es dir nach dieser Woche damit geht. Ich höre dich schon sagen: »Das geht doch nicht, ich muss doch wissen, was in der Welt passiert.« Diese Ausrede zählt nicht, ich kenne sie nur zu gut.

Steuerst du dein Leben, oder lässt du dich von den Nachrichten steuern? Wenn etwas in der Welt passiert, was für dich und dein Leben wichtig ist, wird dich diese Information erreichen. Das ist meine Erfahrung aus mittlerweile dreizehn Jahren ohne Fernseher und Zeitung. Tatsächlich hätte ich überhaupt keine Zeit mehr, mehrere Stunden am Tag sinnlos fernzusehen, weil ich mit der Kreation meines eigenen Lebens beschäftigt bin. Weil ich Bücher lese, die mich inspirieren, stärkende Podcasts höre, mich mit den Inhalten beschäftige, die mich begeistern und motivieren. Weil ich lieber ein Buch schreibe, das dich dabei unterstützt, deine Heilkraft zu aktivieren, das Leben deiner Träume zu führen und auf deinen Weg zu kommen. Das ist meine Motivation.

Wenn du dafür sorgst, dass nur noch Worte in deinen Kopf kommen, die sich gut anhören und damit auch gut anfühlen, dann passiert Folgendes mit dir:

- Du denkst positiver.
- Du siehst mehr Chancen als Probleme.
- Du fühlst dich leichter und sicherer.
- Du schläfst besser und wirst fröhlicher.

Das ist so, weil du dich bewusst dafür entschieden hast, dass dein Unterbewusstsein nicht mehr mit negativen Nachrichten geflutet wird. Dadurch entwickeln sich nach und nach positivere Gedanken in deinem Kopf, die dich bereichern, stärken, inspirieren und daran erinnern, dass du alles in deinem Leben schaffen kannst, was du schaffen willst.

Was ist dein Antrieb? Was ist dein Geschenk für diese Welt? Es gibt einen Grund, warum du hier bist. Du bist ein wichtiger Teil dieser Gesellschaft. Finde deinen Grund, nutze deine Talente zum Wohle aller, und du wirst automatisch glücklicher werden. Das kann sogar so weit gehen, dass du mehrmals am Tag ohne besonderen Anlass von Glücksgefühlen überrascht wirst. Wie ich beim Schreiben dieses Buches.

Entscheide ab heute ganz bewusst, welche Inhalte du in deinen Kopf lässt und welche nicht. Wenn du noch einen weiteren Grund brauchst, dann tue es für deine Kinder. Kinder blühen in einem positiven Umfeld auf, mit Eltern, die ihr Leben lieben, von dem, was sie tun, begeistert sind und ihren Kindern mit ihrem ganzen Sein zeigen, dass das Leben wundervoll ist. Das soll nicht bedeuten, dass du etwas Negatives, Herausforderungen oder Probleme ausschließen sollst, denn diese gehören zum Leben dazu. Es soll nur zeigen, dass du immer die Wahl hast, wie du mit diesen Herausforderungen umgehst und was du daraus machst. Betrachtest du Probleme als Belastung oder als Möglichkeit zur Veränderung? Wenn du sie als Belastung ansiehst, wird es schwer. Wenn du sie aber als Chance erkennst, neue Lösungen zu finden und zu wachsen, wird es deine Realität verändern.

Was du erwartest, wird kommen. Richte deshalb deinen Fokus immer wieder bewusst auf das, was dir in deinem Leben wichtig ist, was du erleben möchtest und was dir Freude bereitet. In diesem Zusammenhang können wir ganz viel von Kindern lernen.

Bewusstes Atmen

Ohne Atmen würden wir nicht leben, denn es versorgt uns mit Sauerstoff. Wenn wir aber sehr beschäftigt und im Stress sind, atmen wir nur oberflächlich, und unser Körper bekommt gerade so viel Atem, dass es zum Überleben reicht. Unser System leidet dann unter Sauerstoffmangel, und wir fühlen uns schlapp und energielos.

Mit der folgenden und sehr einfachen Übung sorgst du dafür, dass du sofort mehr Sauerstoff aufnimmst und dein Energielevel ansteigt. Du merkst eine Veränderung bereits dann, wenn du diese Atemübung nur einmal täglich praktizierst. Indem du dir täglich Zeit für das bewusste und tiefe Atmen nimmst, trainierst du deinen Körper auf diese Atmung. Das bewusste Atmen wird dadurch zu einer Gewohnheit und läuft irgendwann unbewusst ab. Das Großartige daran ist: Du kannst diese Übung überall machen.

ÜBUNG:

TIEFE BAUCHATMUNG

Atme ganz bewusst tief in deinen Bauch. Damit du besser fühlst, wohin der Atem strömt, lege während der Atemübung eine Hand auf deinen Bauch. Beim Einatmen hebt sich dein Bauch, und beim Ausatmen senkt er sich wieder.

Wenn es für dich angenehm ist, kannst du nach dem Einatmen deinen Atem für einige Sekunden anhalten. Atme langsam und bewusst wieder aus. Stoße den Atem dabei nicht aus, sondern lasse die Luft langsam aus deinem Körper hinausströmen.

Es gibt Einatem-Typen und Ausatem-Typen. Wenn du ein Einatem-Typ bist, fällt es dir leicht, langsam und ganz tief in deinen Bauch hineinzuatmen. Das lange Ausatmen gelingt dir dagegen nicht so gut. Wenn du ein Ausatem-Typ bist, fällt dir das langsame und tiefe Einatmen etwas schwerer, dafür hast du das Gefühl, dass du ewig ausatmen kannst.

Körperübungen für mehr Energie

Es gibt stärkende und energetisierende Körperübungen, die dich sofort mit Energie versorgen. Das ist besonders praktisch, wenn du dich an einem Tag nicht so kraftvoll fühlst, für einen wichtigen Termin aber voller Energie sein möchtest.

ÜBUNG:

SCHNELL DEN AKKU AUFLADEN

Stelle dich aufrecht hin, die Füße hüftbreit auseinander, und verbinde dich ganz bewusst mit Mutter Erde. Stelle dir vor, dass du dich an die universelle oder kosmische Energie anschließt – so, als würdest du deinen Verbindungsstecker in die universelle Steckdose stecken. Strecke beide Arme seitlich nach oben, als hättest du ein Rennen gewonnen, und wenn du willst, lächle dabei. Atme in dieser Stellung zwanzigmal tief ein und langsam wieder aus. Atme ganz bewusst. Wenn du die Wiederholungen mitzählst, ist dein Verstand beschäftigt und redet dir nicht dazwischen. Wenn du zwanzigmal bewusst geatmet hast, lasse die Arme seitlich sinken, und spüre noch einmal kurz nach. Diese Übung kannst du beliebig oft wiederholen, bis du dich energiegeladen fühlst.

Falls du Yoga kennst und praktizierst, finde die Übung, die dir am meisten Energie gibt. Für mich ist es der »Baum«.

ÜBUNG:

DER BAUM

Stelle dich z. B. auf dein rechtes Bein, und winkle das linke Bein seitlich an, sodass dein linker Fuß seitlich an deinem rechten Oberschenkel anliegt und dein linkes Knie nach links außen zeigt. Wenn du willst, strecke deine Arme nach oben und führe die Handflächen über deinem Kopf zusammen. Bleibe so lange in dieser Position, wie es für dich angenehm ist. Danach wechsle das Standbein.
Während meiner langjährigen Yoga-Erfahrung habe ich festgestellt, dass mir die Vorgabe einer bestimmten Atmung immer Stress bereitet hat und dass ich es als am angenehmsten empfinde, wenn ich meinem natürlichen Atemfluss folgen kann. Daher empfehle ich dir bei dieser Übung, deinen Atem frei fließen zu lassen – und zwar so, wie es deinem natürlichen Atemrhythmus entspricht. So kannst du dich am besten auf die Übung einlassen, ohne dass sich deine Gedanken um die vorgeschriebene Atmung drehen. Wenn du dich ganz auf diese Art des Praktizierens einlässt, spürst du vielleicht, dass sie besonders intensiv ist.

Du kannst auch ausgelassen tanzen, um deine Energie aufzuladen. Höre die Musik, zu der du dich gern bewegst, und tanze ausgelassen, hüpfe nach Herzenslust, oder singe laut mit, je nachdem, was dir mehr Energie gibt. Probiere es einfach aus.

Kaltes Duschen oder noch besser Eisbaden bringt dem Körper unglaublich viel Energie. Zudem erhöht es die Widerstandskraft und stärkt das Immunsystem. Diese Information begegnete mir immer häufiger in meinem Leben. Jedoch hatte ich zunächst einen großen Widerstand in mir, weil ich bisher eine »Warmduscherin« war. Ich konnte allerdings

bei meinen Freundinnen beobachten, dass das kalte Wasser sie jünger und frischer machte und sich anscheinend auch positiv auf ihre Energie und ihr Immunsystem auswirkte. Das machte mich so neugierig, dass ich es schließlich selbst ausprobieren wollte. Ich baute nach der morgendlichen warmen Dusche zunächst das eiskalte Abduschen der Beine und Arme ein. Dann steigerte ich mich und duschte auch den Oberkörper kalt. Zu Beginn kostete es mich unglaublich viel Überwindung. Da ich mich aber danach so frisch und fit fühlte, überzeugte mich das schließlich, und so ist die kalte Dusche mittlerweile zur Routine geworden, die mir gleich morgens einen Energieschub gibt.
Als ich dann noch das Eisbaden für mich entdeckte, war ich vollends von der starken Wirkung des eiskalten Wassers überzeugt. Meinen ersten Badegang habe ich mit einer erfahrenen Eisbaderin gemacht. Sie hat im Vorfeld durch ein Gespräch abgeklärt, ob das Eisbaden überhaupt für mich infrage kommt. Es folgte eine Vorbereitung mit einer bestimmten Atemtechnik, und dann liefen wir ganz langsam in den eiskalten See hinein. Als ich bis zu den Schultern im Wasser stand, fühlte ich die Kälte weniger stark, als ich es vermutet hatte. Dafür spürte ich eine innere Kraft und Ruhe, die ich in dieser Form noch nicht kannte.

Beim Eisbaden fällt es mir leicht, alte Themen, Muster oder Begrenzungen loszulassen und dem Wasser zu übergeben. Das Eisbaden ist eine extreme Erfahrung, die mir gezeigt hat, dass ich zu viel mehr in der Lage bin, als ich geglaubt hatte. Wenn ich mittlerweile drei bis fünf Minuten bei drei Grad Außentemperatur im eiskalten See stehe und mich dabei sicher und wohlfühle, wird mir bewusst, welche Kraft in mir steckt. Probiere das Eisbaden ruhig aus, aber nur unter Anleitung eines erfahrenen Trainers.

Mentalübungen für mehr Bewusstsein

ÜBUNG:

GEDANKEN BEOBACHTEN UND TRANSFORMIEREN

Für die Übung solltest du dir zwischen zehn und dreißig Minuten Zeit nehmen. Am besten setzt du dich in einen Raum, in dem du ungestört bist. Lege ein paar leere Blätter Papier und einen Kugelschreiber bereit. Stelle dann einen Wecker auf mindestens zehn bis dreißig Minuten, und schreibe alles auf, was du gerade denkst. Selbst, wenn du dir am Anfang nicht sicher bist, was dir diese Übung bringen soll, notiere alle Gedanken. Diese Übung wird dir vielleicht zum ersten Mal in deinem Leben deutlich machen, was du tatsächlich denkst. Wichtig dabei ist, dass du wirklich alles aufschreibst, was in dieser Zeit in dir hochkommt. Beobachte deine Gedanken, und schreibe mit. So einfach ist das. Beende das Schreiben erst, wenn der Wecker klingelt. Jetzt wird es spannend. Nimm dir Zeit, und lies in Ruhe, was du geschrieben hast. Du wirst feststellen, dass diese Übung dich schneller zu deinen Gedanken führt, je regelmäßiger du sie machst. Das ist der Schlüssel zur Veränderung. Denn das, was du denkst, bist du, und wie du denkst, so wird dein Leben.

Überlege nun, welche Gedanken du nicht mehr haben möchtest, und ersetze sie durch neue. So kannst du nach und nach alle Gedanken verändern. Du wirst dich besser fühlen und motivierter handeln, und das führt dich zu einem positiveren Leben.

ÜBUNG:

SCHREIBE EIN DANKBARKEITSBUCH

Das Schreiben eines Dankbarkeitsbuches hat bei mir und bei meinen Klienten bereits nach dreißig Tagen eine nachhaltige und deutliche Veränderung bewirkt. Lenke dabei deinen Fokus morgens und abends immer wieder auf drei Dinge, für die du dankbar bist, und schreibe diese auf. Das programmiert dich auf Dankbarkeit und hat zur Folge, dass auch mehr Dinge in deinem Leben passieren, für die du dankbar sein wirst. Das ist ein universelles Gesetz. Dankbarkeit hat wie auch Liebe eine sehr hohe Schwingung, die wiederum andere hoch schwingende Dinge, also positive Erlebnisse, anzieht.

Zweifle nicht an dieser einfachen Übung. Auch ich war skeptisch, und nach einem Monat habe ich gemerkt, dass mir diese Übung immer mehr Spaß macht, weil ich mich durch sie glücklich und energievoll fühle und gemerkt habe, dass es bereits so viel in meinem Leben gibt, wofür ich dankbar bin.

Manchmal nehme ich meine Community auf dieser Reise mit, indem ich eine Dankbarkeits-Challenge daraus mache. In einer großen Gruppe Dankbarkeit zu teilen, ist noch ansteckender und freudvoller. Außerdem führt es dazu, dass die einzelnen Teilnehmer eher dranbleiben und die nachhaltige Wirkung, die nach dreißig Tagen einsetzt, spüren können. Probiere es ruhig aus, und lasse dich von der positiven Wirkung der Übung überraschen.

ÜBUNG:

SCHREIBE DEIN EIGENES DREHBUCH

Nimm dir ruhig einen ganzen Tag Zeit, und finde heraus, was du dir für dein Leben und deine Zukunft vorstellst. Was möchtest du beruflich machen? Möchtest du lieber angestellt oder selbstständig sein? Willst du von überall auf der Welt arbeiten können? Wie sieht dein Wunscharbeitstag aus? Wo möchtest du leben? Möchtest du einen festen Wohnsitz haben oder lieber durch die Welt reisen? Wichtig bei dieser Übung ist, dass du dir erlaubst, alles zu träumen, was du willst. Lasse deinen Verstand außen vor. Wie würde dein Leben aussehen, wenn du dir alles wünschen könntest? Wenn wirklich alles für dich möglich wäre?

Schreibe es auf – du wirst fühlen, wie viel Spaß das macht. Schreibe auf, wie dein Tag in deinem Wunschleben startet, was du erlebst, wo du bist und wie es dort aussieht. Je detaillierter du dein Leben beschreiben kannst, desto deutlicher kannst du es fühlen und desto schneller wird es deine Realität werden. Du musst noch nicht wissen, wie du dein Ziel erreichst. Es genügt, wenn du es dir vorstellen kannst, denn dann ist es auch möglich für dich. Ich kann das aus eigener Erfahrung bestätigen. Ich habe mir vor sieben Jahren erlaubt, so zu träumen, und dieser Traum war damals sehr unrealistisch für mich. Gleichzeitig fühlte es sich sehr schön an, sodass ich immer ein breites Grinsen im Gesicht hatte, wenn ich an meinen Traum, ein Haus am See, dachte. Zunächst habe ich sehr oft an diesen Wunsch gedacht und mich jedes Mal gefreut. Ich kaufte mir sogar ein großes Bild von einem See. Dann spürte ich den Impuls, im Internet nach einem Haus am See zu suchen, und schließlich fand ich das Haus, in dem ich jetzt lebe, als Kaufangebot. Du siehst, alles ist möglich, wenn du es für möglich hältst.

Wie das transformierende Schreiben funktioniert, habe ich bereits auf S. 42 beschrieben. Ich nutze diese Übung regelmäßig, weil sie für mich das einfachste Mittel ist, Gefühle wie Angst, Wut, Hass, Neid oder Traurigkeit zu transformieren. Zudem kann ich sie immer und überall nutzen. Was ich an dieser Übung so liebe, ist, dass die Wandlung der Emotionen auf eine magische Weise geschieht. Für die Transformation ist nichts weiter notwendig als das Einlassen auf den Prozess und das tiefe Vertrauen, dass sich das Thema auflösen wird.
Mittlerweile nutze ich diese Methode immer, wenn ich den Impuls dazu erhalte, sich ein altes Thema zeigt oder wenn ich an einem Tag fühle, dass ich mich in einer Situation nicht achtsam verhalten habe. Dass ich dies wahrnehmen und am selben Tag noch auflösen kann, ist wunderbar, denn es führt dazu, dass ich mir der Kraft meiner Worte und meines Handelns immer bewusster werde und mich immer mehr auf das ausrichte, was ich in diese Welt bringen möchte. Ich mache mir immer wieder bewusst, dass jeder Mensch aus seinen ganz persönlichen Möglichkeiten heraus handelt und mit seiner Geschichte, seinem emotionalen Rucksack durchs Leben geht. Diese Sicht erleichtert es mir, im Mitgefühl zu bleiben, auch wenn ein anderer Mensch mich bewertet oder mit meiner Wahrheit nicht umgehen kann.

Nahrung für deine Seele

Zu diesem Kapitel habe ich folgende Eingebung erhalten und sofort notiert: »Der Klang deiner Seele zeigt sich im Klang deiner Stimme. Dieser Klang soll dich immer daran erinnern, wer du wirklich bist. Je näher du deiner Seele bist, desto besser erreichst du andere Menschen mit deiner Stimme. Sie erkennen dadurch ihren eigenen Seelenklang und erinnern sich daran, wer sie wirklich sind. Du folgst dem Klang deiner Seele, indem du deiner inneren Stimme folgst. Deine Intuition bringt dich auf deinen Weg und zeigt dir deine Berufung.«

Musik ist Klangenergie

Finde heraus, welche Musik dich stärkt und dich in den verschiedenen Phasen deines Lebens am besten unterstützt. Hast du gewusst, dass Musik vielen Menschen dabei hilft, leichter und schneller zu lernen? Wir werden leistungsfähiger, wenn wir Musik hören, die wir mögen. Für das Auswendiglernen und das Lernen von Vokabeln ist instrumentelle Musik besonders geeignet, weil es keinen Text gibt, der ablenken kann. Für das Lernen von Matheformeln und das Einmaleins gibt es sogar entsprechende Raps, die den Schülern die mathematischen Zusammenhänge mit Spaß vermitteln.

Achte auf deine Chakras

Deine Chakras sind die Energiezentralen deines Körpers, sie sorgen dafür, dass die Energie in deinem gesamten System verteilt wird. Wenn du regelmäßig für deine Chakras sorgst, wirst du spüren, dass du mehr Energie hast, im Gleichgewicht bist und viel entspannter und gelassener lebst. Zwei Möglichkeiten, wie du deine Chakras ausgleichen kannst, findest du auf S. 95.
Wenn du wissen möchtest, wie es um die Energie deiner Chakras steht, kannst du einen Chakratest machen, der auf vielen Internetseiten zum Thema »Yoga« angeboten wird. Er gibt dir einen Überblick darüber, welche deiner Energiezentren mehr Aufmerksamkeit benötigen. Für die Arbeit mit den Chakras stehen dir unzählige Bücher und Kurse zur Verfügung. Da ich aufgrund meiner Ausbildung zur Heil-Yoga-Lehrerin persönlich erfahren habe, welche Wirkung die Chakraarbeit auf das gesamte Energiesystem hat, habe ich ein eigenes Programm entwickelt, das über acht Monate geht und bei dem ich dich persönlich begleite. Weitere Informationen dazu erhältst du auf meiner Homepage: www.energie-zentrum-kohl.de. Folge auch bei diesem Thema deinem ersten Impuls, und finde heraus, was für dich und dein Chakrasystem das Richtige ist.

Lebe deine Talente

Warum solltest du deine Talente leben? Weil es einen Unterschied macht, ob du etwas tust, was dir leichtfällt und Spaß macht, also dein Talent lebst, oder ob du einer Arbeit nachgehst, die dir keinen Spaß macht, dir aber Geld einbringt. Wenn du deine Talente lebst, führt das dazu, dass dir deine Arbeit so viel Freude macht und so leicht von der Hand geht, dass es sich nicht mehr nach Arbeit anfühlt. Du würdest diese Arbeit auch tun, wenn du kein Geld dafür bekommen würdest, weil sie dich innerlich erfüllt.
Um mehr über deine Talente herauszufinden, frage deine Freunde, was sie besonders an dir schätzen. Meist findest du in ihren Antwor-

ten einen Hinweis. Auch zahlreiche Ratgeber in Buchform können dir beim Erkennen deiner Talente helfen. Einen sicheren Hinweis auf deine Talente findest du durch die folgende kleine Übung.

ÜBUNG:

FINDE DEINE BERUFUNG

Nimm dir eine Stunde Zeit, und überlege, welche Dinge du leidenschaftlich gern machst, was dir leichtfällt und dir Energie gibt. Dass dir etwas Energie gibt, merkst du daran, dass du diese Dinge über eine lange Zeit und sehr ausdauernd ausführen kannst, dass du dich während deines Tuns sehr wohlfühlst, zufrieden bist und danach das Gefühl hast, dass du etwas Sinnvolles gemacht hast. An diesen Punkten kannst du erkennen, ob es deine Talente sind, die du für dein Tun einsetzt.

Manchmal erkennen wir unser Talent nicht auf Anhieb, weil es für uns so selbstverständlich ist. Etwas fällt uns so leicht, dass wir davon ausgehen, dass es jedem anderen Menschen genauso geht.
Ich gebe dir gern ein Beispiel, damit du verstehst, was ich damit meine: Ich habe eine Bekannte, die immer wieder von ihren Freundinnen gebeten wurde, sie beim Shoppen zu beraten. Sie wusste immer sofort, welche Kleidungsstücke zueinanderpassten und was der jeweiligen Freundin besonders gut stand. Als ihr nach unzähligen Freundschaftsdiensten bewusst wurde, dass es wohl doch ihr Talent sei, Menschen in Sachen Mode zu beraten, machte sie das zu ihrem Beruf. Sie ist damit inzwischen so erfolgreich, dass sie dreimal mehr verdient als zuvor in ihrem Bürojob. Dass sie mit dem, was ihr am meisten Spaß macht, so viel Geld verdienen kann, macht sie unglaublich dankbar und glücklich.
So einfach kannst du mit deinem Talent dein Einkommen bestreiten. Alles ist möglich. Mache dir das immer wieder bewusst. Das Gesetz der Anziehung wirkt, und deine energetische Schwingung zieht immer

mehr von derselben Schwingung an. Freude, Dankbarkeit und Liebe schwingen energetisch am höchsten, erinnere dich immer wieder daran.

Finde durch Meditieren in die Stille

Meditation ist eine der effektivsten Möglichkeiten, dich mit deiner und der allumfassenden, universellen Energie zu verbinden. Wenn du denkst, dass Meditation nichts für dich ist, weil du es schon einmal probiert hast und deine Gedanken unentwegt weiterkreisten, möchte ich dich ermutigen, noch einen Versuch zu starten. Durch Meditieren kannst du besonders leicht zu dir selbst finden und deine Intuition stärken. Dir wird es damit leichter fallen, deine Gefühle wahrzunehmen und dich bewusst mit dir und deiner Seele zu verbinden. Wenn du jeden Morgen nur zehn Minuten in Stille mit dir verbringst, wird sich dein Leben auf wundersame Weise verändern. Ich habe es ausprobiert, und es funktioniert. Zu Beginn ist es mir nicht leichtgefallen, und ich bin nur dabeigeblieben, um mir selbst zu beweisen, dass es nichts bringt. Dann habe ich festgestellt, dass es das Beste war, was ich je in meine Morgenroutine integriert habe. Die Meditation ist für mich wie eine tägliche Erinnerung an den Menschen, der ich wirklich bin. Die morgendliche Meditation wird auch dich dabei unterstützen, dir das Leben zu erschaffen, das du dir schon so lange wünschst und das du verdienst. Gib dir diese Chance, und probiere es für dreißig Tage aus.

ÜBUNG:

EIN BEWUSSTER START IN DEN TAG

Du kannst entweder im Bett meditieren oder dazu in deinen Meditationsraum gehen. Stelle dir einen Wecker auf zehn Minuten, und setze dich mit aufgerichtetem Oberkörper ganz bequem hin. Jetzt beobachte deine Gedanken, und lasse sie vorüberziehen wie Wolken am Himmel. Halte die Gedanken nicht fest, und bewerte sie auch nicht, lasse sie einfach vorbeiziehen. Wenn du doch einmal an einem Gedanken hängenbleibst, ist das nicht schlimm, lasse ihn einfach los, und meditiere weiter. Nach einiger Zeit der täglichen Routine wirst du feststellen, dass sich die Worte und Gefühle in dir verändern und du immer ruhiger wirst. Es kann sein, dass du Impulse deiner Seele erhältst, die dir mitteilen, wie du deinem Weg folgen und dein eigenes Leben führen kannst. Spätestens dann wirst du deine tägliche Meditation genießen und nicht mehr auf sie verzichten wollen.

Es scheint, als brauche unser Gehirn zwischendurch immer wieder Denkpausen, um ganz abzuschalten. Und zwar ohne äußere Reize. Die Stille erlaubt es uns allen, unsere Sinne zu öffnen. Stille kann selbst zur Meditation werden: Wer sich nur auf sein Gehör konzentriert und beispielsweise Vogelgezwitscher oder Blätterrauschen intensiv wahrnimmt, verliert sich nicht in sorgenvollen Gedanken. Er kommt im Hier und Jetzt an, fühlt sich lebendiger und kann seine Emotionen besser regulieren.

Damit dir der Einstieg in die Meditationspraxis leichter fällt, zeige ich dir zwei Meditationen, die du auf dein Handy sprechen oder dir von einer anderen Person vorlesen lassen kannst. Der Vorteil einer geführten Meditation ist, dass dein Verstand während des Zuhörens beschäftigt ist und die stärkenden Glaubenssätze aus der Meditation ganz leicht von deinem Unterbewusstsein aufgenommen werden können. Dabei hilft der entspannte Zustand, in den du durch das Hören der Meditation gelangst. Auch hier gilt die Regel: Probiere es eine Zeit lang aus, damit dein System die Chance hat, den Nutzen zu erkennen. Es ist nun einmal so, dass sich ungewohnte und neue Dinge auch ungewohnt und damit erst einmal komisch anfühlen. Wenn dir das bewusst ist, fällt es dir leichter, dranzubleiben.

BONUS-MEDITATION:

ERWECKE DEINE SELBSTHEILUNGSKRÄFTE

Mache es dir im Sitzen oder Liegen bequem, und sorge dafür, dass du während der Meditation nicht gestört wirst. Atme ein paarmal tief ein und aus, und komme erst einmal dort an, wo du gerade bist.

Du sitzt oder liegst ganz bequem. Schließe deine Augen, und nimm drei tiefe Atemzüge.

Spüre deinen Körper auf dem Untergrund, und entscheide dich jetzt, in einen tief entspannten Zustand zu gehen. Mit jedem weiteren Atemzug kommst du tiefer und tiefer in einen entspannten Zustand.
Es gibt nichts mehr zu tun.

Stelle dir vor, du stehst auf einem wunderschönen Hügel und schaust auf eine Blumenwiese an einem See. Du siehst eine Treppe, die nach unten zum See führt, und mit jeder Stufe, die du hinuntergehst, wirst du automatisch immer entspannter. Dein Atem verstärkt die Wirkung noch. Du gehst weiter und merkst erst jetzt, wie tief entspannt du bist.

Gehe immer weiter, bis du schließlich auf der Blumenwiese am See ankommst. Lege dich auf eine weiche Kuscheldecke, die für dich bereitliegt, und genieße deinen tief entspannten Zustand.

Jede Zelle deines Körpers genießt jetzt diese tiefe Entspannung. Sage zu dir selbst:

Mein Körper ist wundervoll.
Ich nehme meinen Körper jetzt ganz bewusst wahr.
Ich danke meinem Körper, dass er für mich da ist.
Ich danke meinem Herzen, denn es schlägt nur für mich.
Ich danke meinen Füßen, die mich durch dieses Leben tragen.
Ich danke meinen Gelenken, die für meine Beweglichkeit sorgen.
Ich danke meinen Muskeln, die für meine Stabilität sorgen.
Ich danke meinen Organen, die jeden Tag bereitwillig für mich arbeiten.
Ich danke meinen Haaren und meiner Haut.
Ich danke meinem ganzen Körper.
Mein Körper ist für mich da, damit meine Seele darin wohnen kann.
Ich danke meiner Seele, die gern in meinem Körper wohnt.
Mein Körper ist mein Freund, und ich behandle ihn gut.
Ich pflege meinen Körper liebevoll.
Ich sorge dafür, dass mein Körper alles bekommt, was er braucht.
Ich bewege meinen Körper regelmäßig.
Ich gönne meinem Körper Ruhepausen.
Ich höre auf die Zeichen meines Körpers.
Ich bin ganz in meinem Körper zu Hause.
Jede Zelle meines Körpers fülle ich mit Dankbarkeit.
Mein Körper unterstützt mich dabei, gesund zu sein.
Gesundheit ist mein Geburtsrecht.
Ich entscheide mich jetzt, gesund zu sein,
und mein Körper unterstützt mich dabei.
Ich öffne mich für Gesundheit, Freude und Energie.
Mein Körper besitzt die Weisheit, sich selbst zu heilen.
Ich staune über die unglaublichen Fähigkeiten meines Körpers.
Selbstheilung ist in meinem Körper angelegt.
Meine positiven Gedanken unterstützen meinen Körper
bei der Selbstheilung.
Ich glaube an die Selbstheilungskräfte meines Körpers.
Alles, was mein Körper erschaffen hat, kann er auch wieder heilen.

Selbstheilung ist ein natürlicher Prozess.
Ich erlaube mir jetzt, an meine Selbstheilungskräfte zu glauben.
Ich erlaube mir, vollkommen gesund zu sein.
Ich darf vollkommen gesund sein.
Ich achte bewusst auf die Botschaften meines Körpers.
Gesundes, nahrhaftes Essen schenkt mir Energie.
Jede Zelle meines Körpers ist von unbegrenzter Lebenskraft erfüllt.
Ich erlaube mir, körperlich stark und vital zu sein.
Ich lasse jetzt alle alten Muster los, die eine Störung in
meinem physischen Körper verursachen.
Ich löse alle Nebenwirkungen von Medikamenten in
meinem physischen Körper auf.
Ich verbinde mich mit meiner Körperkraft und meinem vollen Potenzial.
Ich erlaube meinem Körper ab jetzt und für den Rest meines Lebens,
ohne Einschränkungen zu funktionieren.
Ich lasse mein Bedürfnis los, an Krankheiten festzuhalten.
Ich lasse mein Bedürfnis los, an Schmerzen festzuhalten.
Ich löse jetzt alle emotionalen Blockaden auf und
erlange meine volle Gesundheit wieder.
Ich entscheide mich bewusst für Gesundheit und
konzentriere mich darauf.
Ich fühle mich gesund – ab jetzt und für immer.
Ich verstehe die Botschaften meiner Seele, bevor sie sich
durch körperliche Symptome bemerkbar macht.
Ich folge meiner Seele, meinem Herzen.
Ich höre auf meine innere Stimme.
Ich lösche alle Erinnerungen an vergangene Krankheiten
aus meinen Zellen.
Ich lösche alle vergangenen Schmerzen aus meinen Zellen.
Ich lösche alle Glaubensmuster, die meine Gesundheit
noch blockieren.
Ich öffne mich voll und ganz dafür, gesund zu sein.
Ich fühle mich wohl in mir.
Ich nehme meinen Körper an, und zwar genau so, wie er ist.
Mein Körper ist perfekt für mich.

Ich bin dankbar für meinen Körper.
Ich fülle jetzt ganz bewusst meine Zellen mit Liebe.
Liebe durchströmt meinen ganzen Körper.
Liebe durchströmt meinen ganzen Körper.
Liebe durchströmt meinen ganzen Körper.
Mein Körper ist stark und voller Liebe und Energie.
Mein Körper trägt alles in sich, was er zur Selbstheilung braucht.
Mein Körper trägt alles in sich, was er zur Selbstheilung braucht.
Mein Körper trägt alles in sich, was er zur Selbstheilung braucht.

Ich verbinde mich jetzt mit meinem inneren Heiler.
Ich verbinde mich jetzt mit meinem inneren Heiler.
Ich bin verbunden mit meinem inneren Heiler, und das tut so gut!

Komme mit jedem weiteren Atemzug langsam wieder aus dem tief entspannten Zustand zurück. Du bist nun wieder auf der Blumenwiese am See. Strecke dich in Gedanken, stehe auf, und gehe über die Blumenwiese zur Treppe zurück, die auf den Hügel führt. Mit jedem Atemzug und jeder Treppenstufe, die du jetzt hinaufsteigst, wirst du wacher und wacher. Du bist am oberen Ende der Treppe angelangt und stehst nun wieder auf dem Hügel. Jetzt hast du das Bedürfnis, deinen Körper zu recken und zu strecken und einige tiefe Seufzer oder Atemzüge zu machen.

Bemerke, dass du immer wacher wirst, und nimm die neu gewonnene Energie in deinem Körper wahr. Du fühlst dich so erholt wie nach einem ausgiebigen Schlaf mit schönen Träumen. Öffne nun die Augen. Du bist hellwach und wieder ganz im Hier und Jetzt.

Je häufiger du diese Meditation machst, desto schneller gelingt es dir, dich tief zu entspannen, die wertvollen Glaubenssätze aufzunehmen und zu aktivieren.

BONUS-MEDITATION:

AKTIVIERUNG DEINER ZIRBELDRÜSE UND DES DRITTEN AUGES

Mache es dir im Sitzen oder Liegen bequem, und sorge dafür, dass du während der Meditation nicht gestört wirst. Atme ein paarmal tief ein und aus, und komme erst einmal dort an, wo du gerade bist.

Du sitzt oder liegst ganz bequem. Schließe deine Augen, und nimm drei tiefe Atemzüge.
Spüre deinen Körper auf dem Untergrund, und entscheide dich jetzt, in einen tief entspannten Zustand zu gehen. Mit jedem weiteren Atemzug kommst du tiefer und tiefer in einen entspannten Zustand.
Es gibt nichts mehr zu tun.

Stelle dir vor, du stehst auf einem wunderschönen Hügel und schaust auf eine Blumenwiese an einem See. Du siehst eine Treppe, die nach unten zum See führt, und mit jeder Stufe, die du hinuntergehst, wirst du automatisch immer entspannter. Dein Atem verstärkt die Wirkung noch. Du gehst weiter und merkst erst jetzt, wie tief entspannt du bist.

Gehe immer weiter, bis du schließlich auf der Blumenwiese am See ankommst. Lege dich auf eine weiche Kuscheldecke, die für dich bereitliegt, und genieße deinen tief entspannten Zustand.

Jede Zelle deines Körpers genießt jetzt diese tiefe Entspannung. Sage zu dir selbst:

Ich mache mir bewusst,
dass meine Zirbeldrüse das Zentrum meiner Vorstellungskraft ist.
Ich mache mir bewusst,
dass meine Zirbeldrüse eng mit meinem Dritten Auge verbunden ist.
Ich mache mir bewusst,
dass meine Zirbeldrüse für meinen Schlaf verantwortlich ist.
Ich mache mir bewusst, dass ich die Möglichkeit habe,
meine Zirbeldrüse anzuregen.
Ich mache mir bewusst, dass ich meine Zirbeldrüse
harmonisieren kann.
Ich mache mir bewusst, dass Sonnenlicht meine Zirbeldrüse anregt.
Ich mache mir bewusst, dass das Schlafen
in völliger Dunkelheit meine Zirbeldrüse stärkt.
Ich mache mir bewusst, dass Meditation meine Zirbeldrüse aktiviert.
Ich mache mir bewusst, dass ich meine Zirbeldrüse
auch durch meine Gedanken positiv beeinflussen kann.
Ich sende meiner Zirbeldrüse liebevolle Gedanken.
Ich sende meiner Zirbeldrüse Dankbarkeit.
Ich sende meiner Zirbeldrüse Leichtigkeit.
Ich sende meiner Zirbeldrüse Entspannung.
Ich stelle mir jetzt vor, dass meine Zirbeldrüse
durch meinen Atem gereinigt wird.
Ich fühle, wie meine Zirbeldrüse durchspült und gereinigt wird.
Ich fühle, dass sich meine Zirbeldrüse jetzt leichter anfühlt.
Ich fühle, dass sich meine Zirbeldrüse jetzt freier anfühlt.
Ich fühle die Energie in meiner Zirbeldrüse.
Ich schicke jetzt Sonnenlicht in meine Zirbeldrüse.
Ich fühle das warme, helle Licht.
Ich fühle, wie sich meine Zirbeldrüse regeneriert.
Ich fühle, wie meine Zirbeldrüse das Sonnenlicht genießt.
Ich fühle, wie gut das Sonnenlicht meiner Zirbeldrüse tut.
Ich fühle die Kraft in meiner Zirbeldrüse.

Ich fühle die Verbindung meiner Zirbeldrüse zu meinem Dritten Auge.
Ich bin jetzt bereit, mein Drittes Auge zu öffnen.
Ich bin jetzt bereit, die kraftvolle Verbindung meiner Zirbeldrüse
zu meinem Dritten Auge zu nutzen.
Ich bin jetzt bereit, mein Drittes Auge zu aktivieren.
Ich weiß, dass mein Drittes Auge der Zugang
zu meinem Höheren Bewusstsein ist.
Ich bin bereit, mich meinem Höheren Bewusstsein zu öffnen.
Ich löse jetzt alles auf, was mich bisher davon abgehalten hat,
mein Höheres Bewusstsein zu öffnen.
Ich öffne mein Drittes Auge.
Ich öffne jetzt den Zugang zu meinem Höheren Bewusstsein.
Ich weiß, dass mein Höheres Bewusstsein mir hilft,
meinen eigenen Weg sicher zu gehen.
Ich weiß, dass mein Höheres Bewusstsein alle Informationen hat,
die ich brauche.
Ich weiß, dass die Verbindung zu meinem Höheren Bewusstsein
mein Leben leichter macht.
Ich weiß, dass mein Höheres Bewusstsein nur für mich da ist.
Ich weiß, dass mein Höheres Bewusstsein mich unterstützt.
Ich weiß, dass mein Höheres Bewusstsein mir hilft.
Ich fühle die Verbindung zu meinem Höheren Bewusstsein.
Ich fühle die Unterstützung durch mein Höheres Bewusstsein.
Ich bin dankbar für mein Höheres Bewusstsein.
Ich fühle die Dankbarkeit für mein Höheres Bewusstsein.
Ich bin dankbar für die Verbindung zu meinem Höheren Bewusstsein.
Dankbarkeit durchströmt meine Zirbeldrüse.
Dankbarkeit durchströmt mein Drittes Auge.

Dankbarkeit durchströmt meinen ganzen Körper.
Dankbarkeit durchströmt meinen ganzen Körper.
Dankbarkeit durchströmt meinen ganzen Körper.
So ein schönes Gefühl.

Komme mit jedem weiteren Atemzug langsam wieder aus dem tief entspannten Zustand zurück. Du bist nun wieder auf der Blumenwiese am See. Strecke dich in Gedanken, stehe auf, und gehe über die Blumenwiese zur Treppe zurück, die auf den Hügel führt. Mit jedem Atemzug und jeder Treppenstufe, die du jetzt hinaufsteigst, wirst du wacher und wacher. Du bist am oberen Ende der Treppe angelangt und stehst nun wieder auf dem Hügel. Jetzt hast du das Bedürfnis, deinen Körper zu recken und zu strecken und einige tiefe Seufzer oder Atemzüge zu machen.

Bemerke, dass du immer wacher wirst, und nimm die neu gewonnene Energie in deinem Körper wahr. Du fühlst dich so erholt wie nach einem ausgiebigen Schlaf mit schönen Träumen. Öffne nun die Augen. Du bist hellwach und wieder ganz im Hier und Jetzt.

Je häufiger du diese Meditation machst, desto schneller gelingt es dir, dich tief zu entspannen, die wertvollen Glaubenssätze aufzunehmen und zu aktivieren.

SCHLUSSWORT

Es ist mir ein wichtiges Anliegen, mich bei dir, meinem Leser und meiner Leserin, zu bedanken. Du bist der Grund dafür, dass ich Bücher schreibe und meine Erfahrungen und mein Wissen weitergebe. Wenn ich dich mit den hier vorgestellten Übungen unterstützen konnte, dir selbst zu helfen, dein Glück und deine Gesundheit zu nähren, hat es sich schon gelohnt. Wenn du Fragen oder Anregungen hast, dann schreibe mir an: kohl.tanja@me.com. Natürlich freue ich mich auch über deine persönliche Rezension zu diesem Buch.

Die Anwendung der heilenden Hände hat mich zu einem ausgeglichenen Menschen gemacht. Sie hat mir immer wieder dabei geholfen, ins Gleichgewicht, in meine eigene Mitte zu kommen, meinen eigenen Weg zu erkennen und ihm zu folgen. Durch die Übungen in diesem Buch ist es mir geglückt, meinen Kurs immer wieder zu korrigieren und meine Schattenseiten zu integrieren. Dabei sind eine tiefe Ruhe und Zufriedenheit in mich eingekehrt, die ich jedem Menschen von Herzen wünsche.

Die Erinnerung daran, dass wir uns immer nur selbst helfen können und dass wir alles, was wir dazu brauchen, bereits in uns tragen, hilft dabei, diese Zufriedenheit zu erlangen. Wenn du das Steuer selbst in die Hand nimmst und dich fragst, was du dir für dein Leben wirklich wünschst, ist der Anfang deines selbstbestimmten Lebens gemacht. Dann lebst du, statt nur zu funktionieren.

Wir haben irgendwann vergessen, dass wir reines Bewusstsein sind, und dieses Buch soll dich daran erinnern, welche Fähigkeiten in dir stecken. Dein Potenzial ist unendlich, es sei denn, du limitierst dich selbst durch deine Überzeugungen. Befreie deine wahre innere Kraft und Größe, deine volle Lebensenergie. Führe das Leben, das du dir wünschst, und höre damit auf, dich zu vergleichen – denn du bist einzigartig. Dich gibt es nur einmal auf dieser Erde. Du bist einmalig und wundervoll, und du hast besondere Talente und Fähigkeiten, die du nutzen kannst. Es liegt einzig an dir, ob du dein wahres Selbst entfaltest oder ob du in deinem Kokon bleibst.

Ich wünschte, du könntest dich einmal mit meinen Augen betrachten, denn ich sehe deine wahre Größe und dein Licht.

Lebe deine wahre Größe, und leuchte damit anderen Menschen den Weg. Wir brauchen mehr Vorbilder in dieser Welt, die ihr Leben selbstbestimmt in die Hand nehmen und für sich selbst sorgen. Vorbilder für ein neues Miteinander in Respekt und Wertschätzung, die daran erinnern, dass wir die großen Aufgaben dieser Welt nur gemeinsam bewältigen können.
Wenn wir gemeinsam unsere Energie bündeln und unseren Fokus auf dem halten, was wir uns wünschen, bewegen wir alles dafür Notwendige und sorgen damit für den Wandel.

In tiefer Liebe und Verbundenheit
Tanja Kohl

Hilfreiche Adressen

Maria Dieste
www.mariadieste.com

Karl Gamper
www.neuland-funk.com

Prof. Dr. Gerald Hüther
www.gerald-huether.de
www.akademiefuerpotentialentfaltung.org/leitungsteams/

Sabrina Scheuerling
www.sabrinascheuerling.com

Über die Autorin

Tanja Kohl ist Reiki-Lehrerin und NLP-Hypnosecoachin in eigener Praxis. Sie lebt mit ihrer Familie und ihren Hunden in Niedersachsen. Mit ihren Büchern und CDs berührt sie seit vielen Jahren Menschen und unterstützt sie dabei, mutig deren eigenen Weg zu gehen.

www.energie-zentrum-kohl.de

Ein direkter Zugang zur inneren Stimme

Tanja Kohl
Kopf aus, Intuition an!
Meditationen für eine starke Intuition

ca. 47 Min.
ISBN 978-3-8434-8422-0

Wir könnten viel öfter auf unsere innere Stimme hören und der Intuition folgen … wäre da nicht der Verstand, der immer wieder dazwischenredet. Doch damit ist jetzt Schluss! Tanja Kohl bringt Sie mit ruhiger Stimme in wohlige Entspannung und schickt den Kopf in eine verdiente Pause. Während der Meditationen aktivieren Sie positive Glaubenssätze, die entmutigenden Gedanken die Kraft nehmen und Ihre Intuition stärken.

Tanja Kohl
Lass es los!
Hypnose für Leichtigkeit und Vertrauen

ca. 33 Min.
ISBN 978-3-8434-8421-3

Nur, wer ins Vertrauen geht, kann Belastendes loslassen. Auf diesem Prinzip bauen die Hypnosen der erfahrenen NLP-Hypnosecoachin Tanja Kohl auf. Mit angenehmer Stimme, begleitet von ruhigen Pianoklängen, führt sie Sie sanft in einen tiefen Entspannungszustand. In diesem können Sie sich fallen lassen, unterstützende Glaubenssätze in Ihrem Unterbewusstsein verankern und alle Unsicherheit hinter sich lassen.

Schirner Verlag

Danke
für deine REZENSION

– Gemeinsam sind wir mehr –

Liebe Leserin, lieber Leser,
von Herzen danken wir dir, dass du dieses Buch in den Händen hältst und es bis zum Ende gelesen hast. Das bedeutet uns, dem Schirner Verlag und seinen Autoren, sehr viel. Aus voller Überzeugung und mit Hingabe widmen wir uns seit vielen Jahren Themen, die unser aller Lebensqualität und Bewusstwerdung dienlich sind, und hoffen, einen Beitrag für eine lichtvollere Welt leisten zu können. Wenn dir unsere Arbeit gefällt, möchten wir dich bitten, dir einige Minuten Zeit zu nehmen, um dieses Buch zu rezensieren. Warum? Die meisten Menschen lesen Rezensionen, bevor sie ein Buch kaufen, da sie hierdurch einen Eindruck bekommen, ob und wie der Inhalt des Buches den Leser erreicht hat. Eine kurze Rezension ist dabei ebenso hilfreich wie eine lange, sehr ausführliche. Um es auf den Punkt zu bringen:

Eine Rezension ist heutzutage die beste Werbung für ein Autorenwerk!

Wenn du den Schirner Verlag und seine Autoren neben dem Buchkauf auch anderweitig unterstützen willst, dann bitten wir dich: Schreibe für jedes Werk eine Rezension – vielleicht als persönliche Leseempfehlung für die Buchhandlung in deiner Nähe oder online, z. B. beim Schirner Verlag. Das wäre nicht nur eine Wertschätzung für die Autoren, sondern kann dazu beitragen, dass die Verkaufszahlen steigen und der Schirner Verlag auch in herausfordernden Zeiten Bestand hat.

WIE SCHREIBT MAN EINE REZENSION?

Grundsätzlich sollte eine Rezension aus der eigenen, subjektiven Sicht geschrieben werden, da es sich um eine persönliche Meinung handelt. Du kannst in zwei Sätzen deine Gefühle zu dem Buch äußern oder eine längere Rezension verfassen. Falls du nicht weißt, wie du beginnen sollst, hier ein paar Anregungen:

- War das Buch leicht verständlich geschrieben? Wie hat dir die Sprache gefallen? Wie war die Aufteilung zu den verschiedenen Themen?
- War es unterhaltsam? War es deiner Meinung nach mit Herzblut und Liebe geschrieben? Wie hat es auf dich gewirkt?
- Hat es dein Herz berührt? Konntest du dich wiederfinden?
- War es tief greifend genug? Hast du viel Neues gelernt?
- Hat es gehalten, was der Titel und die Buchbeschreibung versprochen haben? Hat es deine Erwartungen erfüllt?
- Was macht das Buch besonders? Warum sticht es heraus im Vergleich zu anderen Büchern, die ein ähnliches Thema behandeln?
- Würdest du das Buch weiterempfehlen oder verschenken?

Dankeschön

Bildnachweis

Übungsfotos auf S. 64–74, S. 76, S. 80–82, S. 86, S. 88, Autorenfoto auf S. 155: © Anja Kraft (www.foto-kraft.com)

Bilder von der Bilddatenbank www.shutterstock.com:
Vorsatzseiten: # 707174140 (© Kseniya Parkhimchyk), # 1721200468 (© Apostrophe)
Layoutelemente: Lotos: # 707174140 (© Kseniya Parkhimchyk), Seitenhintergrund: # 1721200468 (© Apostrophe), Logo bei den Übungen: # 1024024942 (© Pranch)
S. 33: # 1510165223 (© Microgen), S. 42: # 658438873 (© Teechai), S. 53: # 1303664839 (© LightField Studios), S. 55: # 315693245 (© Kite_rin), S. 77: # 1303666909 (© LightField Studios), S. 78: # 1303666918 (© LightField Studios), S. 79: # 1303664845 (© LightField Studios), S. 90: # 1454501057 (© Dmytro Flisak), S. 100: # 1678511347 (© New Africa), S. 122: # 1938296518 (© Janice Chen), S. 127: # 1494959993 (© Yolya Ilyasova), S. 131: # 1185930226 (© Inga Gedrovicha), S. 139: # 757964935 (© PopTika)

THE

LIVING GARDEN

THE

LIVING GARDEN

MICHAEL · CHINERY

DORLING KINDERSLEY · LONDON

Editors David Burnie, Sophie Mitchell
Designer Brian Swan
Picture Researcher Sarah Waters
Art Editor Adrian Williams
Editorial Director Alan Buckingham

First published in Great Britain in 1986 by
Dorling Kindersley Publishers Limited,
9 Henrietta Street, London WC2E 8PS

British Library Cataloguing in Publication Data

Chinery, Michael
The living garden.
1. Wildlife conservation 2. Garden ecology
I. Title
639.9 SK355

ISBN 0-86318-091-4

Typesetting by Advanced Filmsetters (Glasgow) Limited
Printed and bound in Italy by Arnoldo Mondadori, Verona

CONTENTS

INTRODUCTION

I always look forward to summer weekends. Given good weather—by no means a certainty in our unpredictable climate—I head for the garden shed and get out the deckchair. Not for me the mad rush to the coast or to the traditional beauty spots, but a pleasant spot of my own on the lawn or under the trees where I can enjoy one of my favourite pastimes—garden-watching. Runner beans scurry up their poles by the hawthorn hedge beyond the carrots and lettuces, while the kohl rabi—what a rewarding and untroublesome vegetable that is—swells almost visibly in a neighbouring row. Apples ripen above my head and a blue wall of delphiniums curves around the edge of the lawn. Mesembryanthemums, ranging from white to the deepest crimson, form a brilliant carpet on the nearby rockery. All testify that not *all* my time is spent in watching the garden: the shed houses the usual gardening tools as well as the deckchairs.

But these flowers and vegetables, put there by my own efforts, are just one part of the garden. The uninvited guests, both plant and animal, form another very important and very interesting part of the garden and certainly occupy the greater part of my garden-watching sessions. The daisies on the lawn dictate where I place my chair—never on top of them, but usually close enough to a clump for me to be able to appreciate the delicate construction of the flower-heads, which are every bit as beautiful as their cultivated cousins. The golden dandelions that sparkle in the hedge bottom earlier in the year are equally delightful: what a pity these plants are so aggressive when they get into the garden, for they would otherwise make superb edging or rockery subjects. I regularly curse the wild roses during the annual hedge-trimming campaign, but happily accept a bleeding finger or two in return for the pink cascades of flowers in the summer and the glossy hips which follow and remain on the hedge until well into the new year, when the scarcity of other food eventually drives the thrushes and greenfinches to attack them.

The zoological component of the garden is vast, just as it is in wild communities. Insects and birds are the most obvious inhabitants, but a wide variety of other creatures are readily discovered by turning over a few leaves or stones. A complete survey of a mature garden would reveal thousands of different kinds of animals, although a team of experts would be needed to identify them all and a lifetime would not be long enough to uncover all of their fascinating habits.

Sitting in a favourite corner of my garden one sunny afternoon, I decided to see just how many kinds of animals came into view in the space of five minutes: ignoring many of the insects that I could not name from a distance, my total was twenty six. Amongst the birds, I spotted a wren, which was feeding a family in the gooseberry thicket, several blackbirds, a song thrush, and a family of starlings. House sparrows chattered incessantly as they followed their endless, roller-coaster-like circuit from the trees or the hedge, down to the lawn, and then up to the nest boxes under the eaves where squawking youngsters were still demanding lunch. House martins swooped overhead, while a family of young swallows perched somewhat precariously on the clothes line—proud to have got so far from their nest but seemingly unwilling to take off again until refuelled by a tireless mother. Bees were represented by a mason bee exploring a dead tree stump and numerous honey bees and bumble bees busying themselves in the flowers. Red ants scurried around my chair, while freshly-emerged peacock butterflies thronged to the newly-opened buddleia flowers in company with large and small whites—beautiful and welcome in spite of their earlier misdemeanours in the cabbage patch—green-veined whites, and a comma. A zebra spider hunted unsuccessfully on the garage wall, while a nursery-web spider stood guard over its brood on the rock roses and the pretty green orb-web spider patiently spun its web across a honeysuckle leaf. Seven identifiable flies, including the drone-fly hanging in shafts of sunlight streaming through the apple trees, completed my mini-census.

Some of these animals are permanent residents and others are merely temporary visitors, but all of these uninvited guests undeniably add interest to the garden. Many, like the pollinating bees and the aphid-eating ladybirds, are positively useful, while others are welcomed for the colour and music they bring to the garden. Relatively few are pests and only two species in my five-minute observation—the large and small whites—could in any way be regarded as harmful to my crops. The vast majority of our garden guests are completely neutral as far as our cultivated plants are concerned.

The huge numbers of animals using our gardens, whether permanently or temporarily, show that the garden is a most important habitat for wildlife, and that gardens in general play a significant role in wildlife conservation. The diversity of the garden is a major factor in its attrac-

A wealth of habitats This springtime view of a corner of my garden shows a number of different habitats in a fairly compact area—ideal for attracting wildlife. In nature, the highest numbers of species are found in boundary areas—where one type of habitat meets another. In a garden, you can create more boundaries than would be found in an equivalent area of countryside, thereby offering habitats for a large range of animals.

tion for wildlife, for a mature garden is really a collection of several very different habitats in a small area. There is, of course, no such thing as a "typical garden", although we can recognize a number of fairly constant features that crop up in gardens all over the country. There is often a hint of formality in the lawn, perhaps with flower beds fringing the path or drive, but the more natural look is generally dominant in today's gardens, with the herbaceous border and the rockery providing colour for much of the year as well as sheltering plenty of wildlife. Flowering shrubs are becoming ever more popular, at the expense of the time-consuming summer bedding displays but to the great benefit of the garden's bird life, and the majority of gardens also have a vegetable patch. Fruit

The extra ingredient Of all the garden habitats, ponds are probably the most effective at bringing new animals into your garden. The beauty of creating a pond is that nearly all its animal inhabitants will arrive unaided. Frogs and toads, dragonflies, damselflies and water boatmen are just a few of the creatures which you can expect to encounter in a pond within a few months of creating it.

trees and hedges are commonly present, and there is always the house wall even if there is no garden wall. All of these features have their plant and animal lodgers—and they all underline the fact that the conservation of wild plants is just as important as animal conservation: perhaps more so, because the animals cannot survive without their life-giving vegetation. Many of today's gardens also contain ponds, with a wealth of resident and visiting wildlife adding a whole new dimension to garden-watching and conservation.

New gardens naturally support fewer kinds of plant and animal guests than mature plots, but as the various habitats evolve or are created by the gardener so the guests arrive and establish themselves. By creating and maintaining diversity in our gardens we can ensure that they remain flourishing havens for wildlife—so important today, with the countryside under attack from so many directions—while still retaining their productivity. This is the essence of the living garden.

Of the several dictionary definitions of a garden, my favourite is "a pleasant spot". This might seem a far cry from the conventional idea of a garden as a cultivated area around the house, but to my mind it is the definition of a *real* garden—a place where the zoological components combine with the botanical elements, both natural and cultivated, to form a living unit to be enjoyed for aesthetic reasons as well as for nutritional or culinary gain. This is what I have tried to create in my own garden. It is not large, not tidy, and not excessively productive, but it *is* interesting. It is a place which my wife and I enjoy to the full and never tire of exploring; either rushing out to examine the year's first snowdrops or simply being there to enjoy the birds and the butterflies—just as beautiful and rewarding as the flowers we plant—the smells, and the never-ending sequence of changes and surprises as one season melts into the next.

The cycle of decay Garden wildlife is not confined to feeding on living matter. If you can resist the temptation to burn dead branches and tree stumps you can create homes for some of the garden's most interesting insects.

We are, of course, lucky to live in rural surroundings but, as I hope to show in the following pages, a living garden or "pleasant spot", with an attractive blend of wild and tame, can be created and enjoyed almost anywhere.

CHAPTER ONE

THE · GARDEN'S NATURAL · GUESTS

There is nothing like a summer holiday for demonstrating that the garden is an artificial community, maintained only by constant human toil. Returning after only a short break, you will find the weeds on the rampage: chickweed insidiously invading the peas, another battalion of couch grass parading in the herbaceous border, and the bindweed several centimetres higher on the raspberry canes. At the height of the growing season, all this can happen in the space of a couple of weeks. A couple of decades of complete neglect would see your garden well on the way to woodland—or "laid to nature" as an estate agent might euphemistically say of any overgrown plot.

Of course, in reality wildlife rarely gets an opportunity to stage such a full-scale takeover. But even in a well-kept garden, the potential is there. Every garden has its guest-list of plants and animals which live unbidden among the flowers and vegetables, sometimes without the gardener having any idea that they are in residence, and there are always more species ready to move in if conditions are right.

Much of the gardener's time is taken up with preventing these uninvited guests from gaining an advantage. If you want your garden to be colourful and productive, there is no way that you can avoid a certain amount of this labour. But it is a mistake to aim to win this struggle completely. For a start, you won't be able to. But more importantly, you shouldn't try to banish wildlife because garden plants depend on wild animals in many ways, some of them very subtle. As we shall see, in a living garden many wild animals and plants—ones which are often dismissed as pests and weeds—have their virtues as well as their vices.

The virtues may well outweigh the vices; wild plants in particular are victims of misconception. Many gardeners look upon plants in the garden as falling into two quite distinct groups—flowers and weeds. But what exactly *is* a weed? To some extent it is like beauty—in the eye of the beholder and extraordinarily difficult to define with any precision. Red deadnettles among the vegetables are generally regarded as weeds, but the same plants growing on the roadside are admired as wild flowers. A weed is simply a plant growing where it is not wanted.

You may wonder why some wild plants should find gardens so much to their liking, and what makes them so common and widespread. The short answer is aggressiveness. It's hard to think of any plant as being aggressive, but compared with other wild species, universal weeds certainly are. Most of them spread and grow rapidly, quickly reaching high numbers, and they recover speedily from attack, making it difficult for the gardener to dislodge them. Aggressiveness is part-and-parcel of a weed's make-up. Which of these species will be a problem in your garden will depend on a number of factors, probably the most important being the soil. The spotted deadnettle, for example, can be a real nuisance in one garden but may struggle to gain a foothold in another, giving it an almost Jekyll-and-Hyde character.

If weeds are just plants growing out of place, why don't we want them in our gardens? Many gardeners would say that weeds are unattractive—by no means true of all weeds—and that they look untidy because they spring up between neat rows of crops. But in some cases this is really the least of their faults. Many weeds are thieves and even murderers! Your soil contains only so much plant food in the form of minerals, and if this is to be shared between the weeds as well as your cultivated plants the latter will inevitably suffer. The roots also compete for life-giving water as they wander through the soil. The competition is very one-sided, however, for the weeds do not play fair: their roots often secrete poisons which slow down the growth of neighbouring plants and may even kill them. Competition continues above ground, with garden plants and weeds both requiring sunlight and carbon dioxide. The quicker growth of the weeds enables them to overshadow many of your cultivated plants, depriving them of essential sunlight and often leading to their deaths. Chemical warfare may also be continued above ground: dandelion leaves, for example, give off ethylene gas which suppresses the growth of surrounding plants.

As well as competing directly with our cultivated plants for food, the weeds can cause problems by harbouring pests and diseases through the winter months. In one long-term investigation in England, 40 per cent of the weeds examined during April were infested with various kinds of aphids waiting to move to cultivated plants as soon as the new season's young vegetables started germinating.

But despite all this, even the most tenacious weeds are not out-and-out villains. Some of them have their good points as well. Deep-rooted docks and dandelions, for example, can benefit your plants by opening up the soil, aerating and draining it and allowing finer crop roots to penetrate. The rapid and extensive growth of weeds can even warm the soil to some extent and benefit some of your more tender cultivated plants, and weed cover can also help to conserve soil moisture during summer months.

The thistle—friend or foe? The thistle may be included in a list of "thirty worst weeds" but they are beautiful, however, and attract many useful insects such as ladybirds and butterflies. The painted lady butterfly (*above*) is one of the most attractive. The dead heads are also a favourite with goldfinches in autumn.

THE GARDEN REFUGE

As our countryside becomes increasingly cultivated and managed, many wild flowers that were once widespread have declined to a point where they are now endangered. For these species, gardens form important refuges. The flowers here are just some of the species which you can help to conserve by giving them a place in your garden.

Meadow cranesbill A spectacular plant of rough grassland. Still widespread although its habitat is declining.

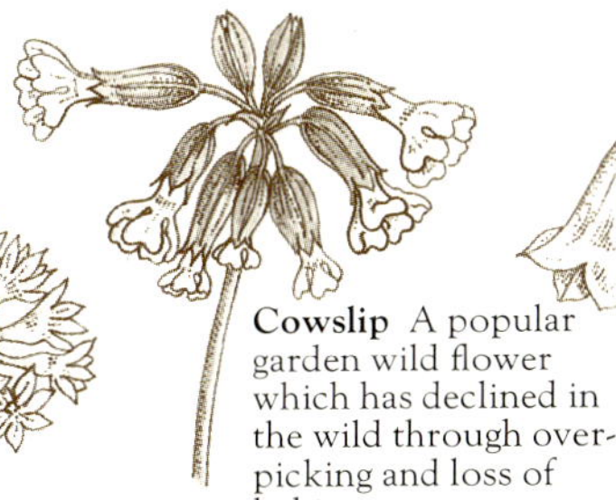

Cowslip A popular garden wild flower which has declined in the wild through over-picking and loss of habitat.

Cornflower An easily-grown flower which used to be common as a field weed. Now rare in the wild.

Harebell A casualty of the decline in heathland and rough grassland; easily raised in the garden.

Wild daffodil An increasingly rare wild flower worth growing alongside its cultivated relatives.

I can't pretend that these nebulous advantages outweigh the harm done by weeds in other respects, but this is not the end of the story. Weeds have some more positive attributes. As we will see later, some weeds can actually protect your garden plants, a phenomenon confirmed by research into their biochemistry. But most importantly of all, weeds—or wild flowers, depending on your viewpoint—are essential to much garden wildlife.

To the naturalist, this last virtue of weeds will fully justify their presence in the garden. Essentially wild plants, they provide food and shelter for large numbers of insects and other small animals. Some of these may be harmful, of course, but all add interest and the butterflies add considerable beauty to the garden as well. If we stand by our earlier definition of a weed, it is clear that a true naturalist's garden has few weeds: most of the wild plants are welcomed for some reason or other. Interesting as they are, it would of course be folly to allow the weeds to get the upper hand. There must be some degree of control, but moderation is perhaps the key to a really interesting garden. Don't try to remove every weed. Take some comfort from them. The more weeds there are, the better your soil, and if you take a leaf from Nature's book and return them to the soil in the form of compost, you will have few problems with the fertility of your garden. Few wild plants are entirely without their value. Indeed, the American poet Ralph Emerson may well have been right on target with his definition of a weed as a plant whose virtues have not yet been discovered!

NEW HOMES FOR WILD PLANTS

Many of our garden weeds are simply native plants that have come in from the wild, and in a sense we have only ourselves to blame—or to thank—for their arrival. The natural homes of most of these weeds, especially the ones which reproduce quickly, are cliffs and sand dunes—unstable areas where fresh soil is continually being exposed. These conditions are ideal for the establishment of small weed seeds, and allow them to complete their growth and scatter another crop of seeds before they are overshadowed by larger species. Even very small plants can flourish in such situations. And aren't these conditions just what we find in our gardens?

It is not difficult to work out how the weed seeds arrive in the garden. Most of us had an introduction to seed dispersal via the childhood pastime of blowing dandelion clocks, although the underlying biological principles and the horticultural consequences of our games probably did not enter our heads. The wind is responsible for carrying huge numbers of weed seeds into our gardens, either direct from the wild or from neighbouring gardens. Some of these seeds are so small that they are carried like dust, with no need for wings or parachutes to increase their buoyancy. The tiny seeds contain very little in the way of food reserves, but this matters little to a colonizer of bare soil because the seedlings are well-illuminated and can make their own food right from the start.

Animals also carry numerous weed seeds into our gardens, with the birds that we so lovingly feed in the winter being the main culprits. House sparrows, absent from very few of our gardens, are avid seed-eaters, but their digestion is a good deal less than perfect and viable seeds of shepherd's purse, ribwort plantain, groundsel, chickweed, and several other common weeds have been obtained from the birds' droppings. Several other birds contribute to the dispersal of weeds in this way, with the town pigeon a major offender in urban areas. Seeds are also carried in mud on the birds' feet, and we are all familiar with the little burrs that cling to the coats of animals. How many times does the dog-owner have to comb assorted burrs from the animal's coat after a country walk, and how many burrs does the animal pull off by itself—often in the garden?

And what about the human animal? Have you ever thought that you might bring in an appreciable number of weeds yourself—not just with plants from the garden centre or from friends' gardens, but actually on your person? Try this simple experiment next time you come home from a country walk—or even after a walk around your own garden. Scrape the mud and soil from your shoes on to a pot or tray of sterilized seed compost and treat this as you would any normal tray of seeds in your frame or greenhouse. You will probably be surprised at what springs up.

Hooked fruits and seeds cling to human clothing even better than they do to animal fur, and can be carried over very long distances before they work loose or are brushed off. It is as well that trouser turn-ups are no longer in fashion, for

Different approaches to gardening In gardening we impose our own designs on nature, altering not only habitats but also the plants that grow in them. In a traditional flower bed (*above*), everything is unnatural—nothing like this would ever be found in the wild. By contrast, this beautiful border at Sissinghurst Castle (*right*) features a mixture of plants that, although carefully cultivated, makes an interesting habitat for wildlife—a garden much closer to nature.

these were real seed traps as well as dust traps. Sir Edward Salisbury, a distinguished botanist and authority on weeds, once raised more than 300 plants, belonging to more than 20 species, from the debris brushed from his turn-ups. Many of the seeds carried home in this way would have ended up in the garden.

There is very little you can do to prevent wild plant seeds arriving in your garden. Once they germinate, you can try to get rid of the plants, but weeding can be more creative than this. By being selective, you can spare those plants which have something to offer your garden wildlife.

TRAVELLERS AND STOWAWAYS

As we will see in the following chapters, cultivated plants have been carried between countries for hundreds of years. Many weeds have made similar journeys by accident, to become established in our gardens and farmlands. In Britain, most of these botanical aliens hail from southern and central Europe. Weed introductions were particularly numerous when the Romans were here, for there was much travel between Britain and Italy at that time. The construction and patrolling of thousands of miles of roads enabled the weeds to spread rapidly through the country. Scarlet pimpernel, prickly sowthistle and smooth sowthistle are among the many weeds brought in by the Romans and still common in our gardens today.

The weeds continued their spread as the Europeans later reached out to America. About half of the weed species found in the temperate regions of North America are of European origin, brought in deliberately or accidentally by the settlers. Some have spread all over the continent. Ribwort plantain, for example, is called

white-man's-foot by the American Indians because it sprang up all along the roads and railways—wherever the white man went. The European plants were quick to colonize the vast areas of land disturbed by the settlers, but few American plants have managed to reverse the trend and become weeds in Europe—largely because the disturbed-ground niche has long been filled by well-adapted native species.

One of the few North American plants that have become nuisances in Europe is the Canadian fleabane. This weed, which occurs mainly in urban gardens, has an interesting history in Europe, beginning with its alleged importation in a bird's skin which had been stuffed with the plant's fluffy fruits. First recorded in London at the beginning of the eighteenth century, it did little for the next 150 years but then began to spread along the newly constructed railway lines and embankments. By the end of the nineteenth century it was common all around the capital and had started to spread out into the surrounding country. Today it can be found on roadsides and waste ground all over England and Wales. Although a prolific seed-producer—50,000 seeds per plant is quite normal—the species seemed unable to produce sufficient momentum for a spontaneous extension of its range. Not until road and railway building gave it some help in the form of new embankments and other bare areas could it build up enough pressure to break out into the countryside. Bombed sites gave it an additional fillip in the Second World War. Perhaps other American species are already here, quietly biding their time for the right trigger to transform them into weeds.

GARDEN PESTS AND YOUR ANIMAL ALLIES

Although deciding what is a weed to some extent depends on your point of view, deciding what is a pest is more straightforward. A pest is something destructive or otherwise troublesome. In practice the term is restricted to animals, and as far as the garden is concerned a pest is something that eats or otherwise damages our crops. As with their plant equivalents, the weeds, there are both native and alien pests. Troublesome natives include garden snails, cabbage white caterpillars, leatherjackets, flea beetles and various aphids. You will think of many more, varying from garden to garden according to the crops and soil. So why did all these creatures forsake their natural habitats and invade our gardens? Food! Farmers and gardeners have virtually created pests by presenting them with abundant food supplies concentrated in small areas.

If you take a look at the wild flowers of woods or hillsides, you will not find row after row, acre after acre, of the same wild plants. They are well and truly mixed up and the plant-eaters, which are generally rather conservative in their diet, have to spend a good deal of time and effort searching for the correct food. Many of them fail. Imagine a family of caterpillars whose mother had been inconsiderate enough to lay her eggs on a smallish plant. Removing the last edible shreds, they would move off to find another plant of the same kind but, surrounded by numerous unpalatable species, many and perhaps all would die of starvation or succumb to predators lurking in the hostile jungle. So, although some individual plants may be seriously affected by insect enemies, there is no great build-up of any one insect species and no widespread damage to any one plant species in the natural community, and a steady balance exists.

In our cultivated plots, matters are very different. A foodplant like the cabbage is likely to be surrounded only by more cabbages. Female insects looking for plants on which to lay their eggs are spoiled for choice. A restless caterpillar has no trouble in finding a new place to feed, and runs little risk of bumping into a predator on the way. Everything thus favours the rise of the pest.

It is true that natural enemies also multiply in the wake of their prey, but the success of these enemies in keeping pests in check is often diminished by the gardener. Hoeing and the too-regular trimming of hedges can greatly reduce the numbers of beetles, spiders and other pest-eating carnivores, and it must always be remembered that insecticidal treatment may do more lasting damage to useful insects, such as ladybirds, than to aphids and other pests.

So how can you attract and enjoy garden wildlife without letting pests run riot? It may be that medieval gardeners had the answer. They grew vegetables, herbs and flowers together, creating a mixture very much like a natural community, where variety rather than abundance predominates, and where each species keeps the others in check. This kind of garden may be short on spectacular broadsides of colour from banks of highly-bred flowers; it may also produce a little less in the way of fruit and vegetables, but as far as wildlife is concerned, it is the richest possible garden habitat.

FAST IS FRIENDLY

Most gardeners like to know whether their garden visitors are good or bad. There is no easy way to distinguish friend from foe, but you can try applying the rough-and-ready "fast is friendly" rule to your non-flying visitors. Fast-moving creatures, such as the ones shown on the left below, are generally predators and are therefore more likely to be useful in the garden. Slow-moving animals, like the ones shown on the right, are mostly vegetarians and are more likely to be pests. But unless you actually see something chewing your plants and causing serious damage, you should give it the benefit of the doubt.

"FAST"

Ground beetles Active carnivores; most species are nocturnal.

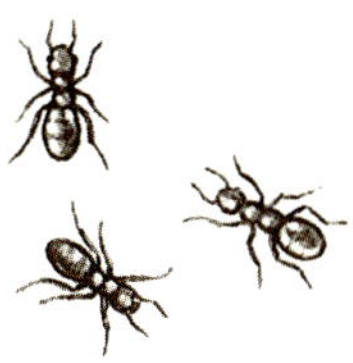

Ants Feed on seeds and other plant matter, but also on other insects. (×2)

Rove beetles Fast-moving predators and scavengers. All have short wing-cases.

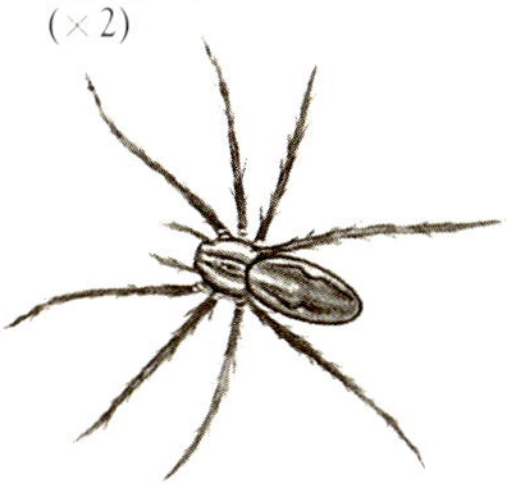

Spiders Probably the most useful of all animals in the garden.

Centipedes Swift, venomous predators on and below the soil. (×2)

"SLOW"

Snails Almost all are vegetarians, feeding particularly on young plants.

Fly larvae Many larvae of true flies, like the March-fly (*above*) and the carrot-fly (*left*, ×2) feed on and damage plant roots. The adults are often harmless.

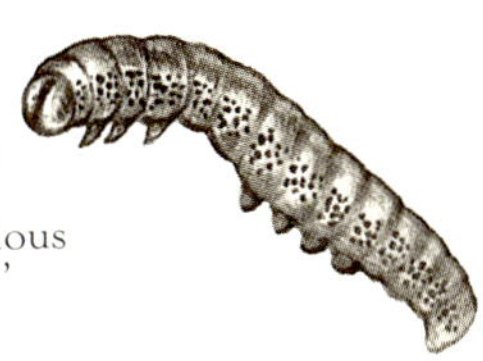

Moth caterpillars Many of these larvae feed on roots and stems—the most serious being the "cutworm" shown here.

Slugs These notorious pests are responsible for killing many seedlings.

CHAPTER TWO

THE · FLOWER GARDEN

Many of our garden flowers, especially the showier species from foreign lands, closely resemble their wild ancestors, but others have been "improved" by generations of gardeners and plant-breeders. I use the inverted commas deliberately, for the flowers have not necessarily been improved in all respects. Increased disease-resistance and increased cold-tolerance in tropical species are certainly desirable improvements, and the gardener will also welcome the larger sizes of many flowers and the wide range of colours available in the cultivated varieties. But the changes are often anything but improvements for the insects that feed at the flowers. Some flowers are so large that butterflies and other insects cannot reach the nectar, and others have lost all their nectar-producing abilities in the quest for larger and more numerous petals. You will rarely see bees wasting their time on the nurseryman's monstrous dahlias or chrysanthemums, although the smaller varieties of these flowers with their more normal daisy-like heads are rich sources of both nectar and pollen. Some horticultural varieties have even lost their ability to produce seed, and must therefore be propagated by vegetative means. Without human help they would quickly die out.

Compared with their wild counterparts, many of the cultivated flowers grown in gardens are biological newcomers. In northern Europe, most of them have been developed in the space of just a few hundred years, because it has only been during that time that flower gardens, in the form that we know them today, have existed.

The smaller medieval gardens were functional rather than aesthetic. At that time, plants were valued and cultivated for their culinary, herbal, or medicinal qualities and not for their beauty. The human population was relatively small and there was plenty of open countryside in which to enjoy the colours of the wild flowers. Pesticides and intensive farming had not yet banished them from fields and pastures. Nevertheless, many of the cultivated herbs produced attractive flowers as well as pleasing scents and people gradually came to appreciate them for their beauty as well as for their usefulness. Many scented plants, like lavender and rosemary, came to northern Europe from the Mediterranean region via the Romans and other invaders. However, native flowers were also brought in to grace medieval gardens. One of the first of these was the sweet violet. This beautiful flower grows wild over much of Europe and was actually cultivated and used as a sweetening agent by the Greeks more than 2,000 years ago. In medieval times both leaves and flowers were strewn on floors and also used for scenting bath water, but the plant's culinary and medicinal properties were still uppermost in the minds of the gardeners. The nectar-rich flowers were cooked with various foods, including meats, to impart a sweet flavour—just as we use sugar in cooking today—and they were also recommended as tranquillizers! Fresh flowers draped over the head at night were believed to cure headaches and induce sleep, and for relaxation our sixteenth-century forebears were recommended to soak their feet in an infusion of violets. The sweet violet also found favour as a pot plant, with the Elizabethan writer Thomas Tusser commending it as a window plant for people with no garden.

By the middle of the sixteenth century the idea of growing flowers entirely for their beauty was firmly established, and most people who had gardens were setting aside at least a part of them for flowers. In Europe, these early flower gardens, like their herbal forerunners, were stocked entirely with plants native to the continent, but as the explorers pushed further and further afield during the next two centuries our gardens became enriched with flowers from many other countries.

A tour of almost any garden today will reveal species from virtually every part of the world. You might find dahlias from Mexico, phlox and Michaelmas daisies from North America, chrysanthemums from the Far East, poppies and primulas from the Himalayas, mesembryanthemums from South Africa, and nasturtiums and salvias from South America. Only Australasia has failed to add to European gardens in a major way, although several of the continent's brilliantly flowered shrubs, such as the "bottle-brushes", are grown in our greenhouses. Some shrubby species of *Grevillea* and *Acacia* also thrive in warmer gardens, *Acacia dealbata* being the relatively hardy florist's mimosa.

Such is the variety of these plants from abroad that we almost take them for granted, forgetting that they are not in their original habitats. The fact that plants from so many different places can survive in one small garden is a tribute to the skill and patience of gardeners, who strive to maintain the right conditions for each species and also modify the plants—over several or many generations—to cope with their new homes.

WHY NATIVE IS BEST

There are today about 4,000 distinct species of flowering plant in the gardens of northern Europe—a total considerably bigger than the number of wild flower species that existed before flower gardening started. You might think that this enormous variety could only be beneficial to wildlife, but in fact the reverse is usually true.

The plants that grow wild in and around your garden have probably been in the area for thousands or millions of years. During that time, animals have evolved to make maximum use of them as food, and, in turn, the plants have evolved so that they make the best use of animals as pollinators and carriers of seed. But what happens when you plant something entirely new to your area—something that comes not only from a different type of habitat, but perhaps from a different continent?

Sometimes, and rather rarely, the plant is instantly useful to the animals that visit your garden. Buddleia is a case in point. It is a magnificent source of nectar for butterflies, and in northern Europe few native plants can rival it. But it more often happens that insects, birds and other animals cannot make much use of the newcomer. It will probably be difficult for them to feed on, so, as far as they are concerned, it reduces the overall supply of food available in your garden.

The more "foreign" flowers you plant, the less likely you are to attract wildlife. So the general rule is "native is best". Find out what grows wild in the area around your home, and then by planting some of these species, you can be sure that you will bring animal visitors into your garden. Remember that you will attract not only what feeds on the plant, but also what feeds on those animals as well. Every wild flower that you plant in your garden is at the bottom of a food chain that will take in interesting and perhaps unexpected animals that might otherwise have passed your garden by.

GROWING YOUR OWN WILD FLOWERS

Remember that, in Britain, it is against the law to dig up wild plants without the landowner's permission—and for conservation reasons you should think very carefully about the possible consequences even if you do have permission. Reduction of the wild plant population, already severely threatened in many areas by new roads and housing estates, can lead to the loss of insects and other animals in the wild—and there is no guarantee that they will all move into your garden to offset this loss. But you can still acquire a good range of wild flowers by collecting seeds from plants. Wait until the fruits are fully ripe and beginning to scatter their seeds naturally, and then you can be sure of getting fully ripe seed. Some seeds germinate right away, but others lie dormant in the soil through the winter, so unless you are sure about the behaviour of the species you have collected it is a good plan to sow a few in the autumn and keep another batch for spring sowing. It is also a good idea to sow a few of each kind in small pots so that you can recognize the seedlings when they appear—then you won't pull them up with the weeds in the garden.

If you can't get out into the countryside to collect a few seeds, you can now buy the seeds of many wild flowers from various seed merchants (see page 188). The species shown in the panel below are all well worth growing—for their own sakes as well as for the insects and other animals that they will attract. All will

WILD FLOWERS FOR THE GARDEN

The plants listed here are a selection of native wild species which are both decorative and beneficial for wildlife. They are grouped according to the conditions they prefer. The list also tells you whether each plant is annual (A), biennial (B) or perennial (P). This important aspect of plant lifespans is fully explained on pages 23–4.

DAMP SOIL IN SUN

Celandine	P
Common comfrey	P
Cuckooflower	P
Hemp agrimony	P
Meadowsweet	P
Purple loosestrife	P
Ragged robin	P

DAMP SOIL IN SHADE

Bluebell	P
Foxglove	B
Primrose	P
Ramsons	P

DRY SOIL IN SUN

Bird's-foot trefoil	P
Common poppy	A
Common rock-rose	P
Common toadflax	P
Cornflower	A
Cowslip	P
Field scabious	P
Harebell	P
Kidney vetch	P
Marjoram	P
Mignonette	P
Mullein	B
Oxeye daisy	P
Red deadnettle	A
Red clover	P
Teasel	B
Thrift	P
Viper's bugloss	B
White deadnettle	P
Wild candytuft	A
Wild chamomile	A
Wild pansy	P or A
Wild thyme	P

DRY SOIL IN SHADE

Common violet	P
Herb robert	A
Red campion	P
Wood anemone	P
Wood sorrel	P

draw a range of bees to themselves and most will also bring in the butterflies to sample their nectar.

I also like to have a few dandelions in my garden. Their golden flower-heads add brilliance in the spring and attract lots of solitary bees (see page 45), while the leaves serve as fodder for numerous moth larvae and the developing fruits attract the goldfinches. These birds perform wonderful feats of balance and agility as they perch on the stems and tear at the young fruits. Of course, they don't eat all the fruits and I have to dig up lots of dandelion seedlings in the summer—but it's worth it. The seed heads of mulleins and teasels are also attacked by the goldfinches in my garden, with the teasel being especially important in the winter months.

These wild flowers can be planted almost anywhere in your garden, but are most effective when grown in clumps—on their own or amongst the cultivated species in your herbaceous border. Take the heights of the plants into consideration when deciding where to place them, and also their time of flowering: don't hide short species behind taller ones, and don't put all the spring-flowering ones together. You should have something in flower in each part of the garden from early spring to late autumn. Take notice of the natural habitats of the plants and don't sow sun-loving species where they will be shaded by other plants. Even if they manage to grow, they certainly won't flower very well. If your garden is shady you can still get plenty of colour by growing shade-tolerant species such as bluebells, foxgloves, primroses and other woodland species.

Finally, before you rush out and gather or buy your wild flower seeds, take note of your soil, for not all species will grow well in the same kind of ground. Most of our cultivated species have acquired a tolerance of a wide range of soil conditions, but not so the wild flowers. Viper's bugloss, for example, requires a very

Spring colour from wild flowers The first flush of dandelion flowers in my garden (*left*) and the mass of bluebells (*above*) that follows them rival any display that cultivated flowers can produce.

A late-summer favourite The seed-heads of thistles (*below*) are almost guaranteed to attract goldfinches into your garden. These birds have finer beaks than most finches, enabling them to extract the down-covered seeds. If you don't want to grow straggling thistles, teasels and mulleins make more elegant alternatives.

light, well-drained soil, and so does the harebell. Purple loosestrife and ragged robin, on the other hand, demand very moist and almost waterlogged ground. The acidity of the soil is also important. The foxglove is one of those species requiring an acidic soil, while the kidney vetch and common rock-rose will grow only on basic or alkaline soils. Don't think that just because a wild plant grows well just down the road it will flourish in your garden: soils can vary enormously in their chemical nature over even a small area, so if you are in any doubt about your soil's acidity you can test it, either with a kit or by seeing what is already growing there. Simple testing kits can be bought from gardening shops and they will give you readings on the pH scale. pH values above 7 indicate alkaline soils, and those below 7 indicate acidic soils. Most soils are, in fact, slightly acidic, with pH values around 6, but these are fine for growing most of our plants. Only those species adapted to life on chalk and limestone need really alkaline soils, with pH values above 7.

PLANT LIFESPANS

Flowering plants, both in the wild and in the garden, have widely differing lifespans. Knowing how long a plant will live is very important when you are deciding what to plant where, especially when you are dealing with wild flowers.

Plants can be divided very loosely into two groups—short-lived annuals and long-lived perennials. Annual plants germinate, flower and set seed all in one season. They are the opportunists of the plant world, quick to spring up on any patch of ground which is temporarily free, but soon evicted by more long-lived plants. In the garden, they are planted in spring and then dug up and discarded in the autumn. Love-in-a-mist, Californian poppy, Virginia stock, night-scented stock and assorted members of the daisy family such as the annual chrysanthemums are the ones I find especially pleasing. Wild plants which grow in the same time-scale include species like the common poppy, ivy-leaved speedwell, chickweed, herb robert and shepherd's purse, all of which seem to appear almost overnight in late spring. Indeed, one of the great attractions of the annuals is that they do produce very quick and colourful results in their headlong rush to reproduce.

Perennial plants on the other hand do not go all out to reproduce within a year, but instead grow over a number of years, gradually coming to maturity and usually producing seed for several seasons. In the garden they include such favourites as delphiniums, lupins, goldenrod and Michaelmas daisies, all of which flower year after year without needing much attention from the gardener. Their counterparts in the wild develop in much the same way. The oxeye daisy, the black knapweed and the elegant rosebay willowherb are typical perennials, and so are many smaller species such as the primroses and violets.

In between these two different types of plant are the biennials, species which complete their lives in two seasons. They germinate and develop in the first year, set seed and die in the second. Honesty and forget-me-not are two familiar garden examples, the second not being very different from the wild forms from which it is descended. Other wild biennials include the stately mulleins and several members of the carrot family, including the wild carrot itself.

Once you know about these differences, you can set about planting some wild flowers among the cultivated species you already have in your garden. You will probably start either in an annual flower bed or a herbaceous border.

ANNUAL BEDS AND HERBACEOUS BORDERS

Formal beds of annual flowers are now much less popular in domestic gardens than they have been in the past, although plants like alyssum and lobelia are still sold in millions every spring to provide colour and a hint of formality around the edges of the flower garden. Perennial plants dominate most of today's gardens, but there is still much to be said for the annuals—especially those that can be sown in the open where they are to flower. Most wild annuals are like this. A handful of seed scattered over a square metre or so can provide a superb show of colour, and if irregular clumps of cultivated and wild species are sown side by side, the effect can be truly stunning. Special beds are not always necessary. You can scatter seeds in open patches among your perennials, as long as the latter are not tall species which will quickly hide the annuals. There are hundreds of cultivated species and varieties to choose from, and also plenty of wild species, including those mentioned earlier in this chapter. Include some of the extremely colourful French and African marigolds. Your other plants may appreciate them, for the marigold roots give out secretions which kill various root-eating nematode worms (see page 157). The marigolds are thus good companions for flowers and, as we shall see in the next chapter, for vegetables as well.

Herbaceous borders are excellent for wildlife because they make very stable but varied habitats. A herbaceous border is closer to a natural environment than most other parts of a garden. Roots, stems, leaves and flowers all provide food and shelter, and because they are not uprooted every year, there is time for a complex chain of animal life to develop. So if you are lucky enough to have a mature garden with old-fashioned herbaceous borders, the easiest way you can help garden wildlife is by leaving them undisturbed, with the exception of a little judicious weeding and planting of wild species among the flowers of the border.

Traditional herbaceous borders are dominated by perennial plants such as paeonies, delphiniums, phlox, lupins, gypsophila, goldenrod and Michaelmas daisies. These all die down in the autumn and send up fresh shoots from food-filled roots and rhizomes in the spring. Many tidy-minded gardeners bring out the secateurs and cut down the old stems and seed-heads almost before the flowers have faded. Dead flower-heads can be removed if you want, but it is a mistake to cut the stems too early because the leaves go on making food and sending it down to the roots and rhizomes where it is stored ready for the following spring. There is, in fact, something to be said for leaving the stems standing until the end of the winter: birds enjoy perching and swaying on them, much to the amusement of the garden-watcher, and may even find the occasional seed, spider or insect amongst them, and the dead stems certainly afford the ground-level buds some protection against frost. With patches of annuals scattered among the perennials, the herbaceous garden can be even more colourful, and the right choice of species will ensure a brilliant display from early summer right through to the first frosts. The old-fashioned and much-loved cottage garden is just such a creation. And it *does* have to be created: great care is needed to get the natural look, with the right blends of colours and a continuity of flowers in every part of the garden. Care must also be taken to ensure that the heights are properly graded so that short plants are not hidden by taller ones.

Winter homes Earwigs and various other insects hibernate in hollow stems—so don't cut them right down to the ground in autumn.

WEEDS AND WILDLIFE IN THE FLOWER GARDEN

If you start wildlife gardening, fairly soon you will be wondering what to do about weeds. For one thing is certain: although you may choose to grow some wild plants, others will move in without any encouragement and some may quickly swamp the rarities you have carefully raised from seed.

As we saw in chapter 1, a weed is simply any plant growing where it is not wanted. A wildlife gardener's idea of a weed may differ markedly from that of someone used to more traditional views of gardening where the only "good" plants are the ones grown from packeted seed.

Unless you are going to be completely purist, leaving nature to run its course unimpeded (provided, of course that your neighbours will let you!) you will need to be on your guard against a number of real marauders of the flower garden. Some weeds are so good at spreading and reproducing that you will have to be able to recognize them and keep them in check from an early stage, preferably in a way that will not harm garden wildlife. But as well as these unwanted invaders, there are some weeds that do have their good side and which will not smother your other plants. Many of them serve as food plants for the caterpillars of butterflies and moths, and for this reason, you may want to control them but not get rid of them entirely.

So, bearing in mind that not all weeds are as black as they are painted, we will now have a look at a rogues' gallery of weeds and safe ways to deal with them.

Perennial weeds have a nasty habit of springing up in the herbaceous garden, unobserved until it is often too late to deal with them effectively. Young dock leaves are very difficult to spot among

the clumps of phlox and sweet williams and the weeds may even flower before you notice them. Deep digging is necessary to get rid of the long, tough tap root, but this can usually be managed without too much disturbance of nearby flowers. The dandelion requires similar treatment, but remember the good points of both species as you toil with their roots: they may have nurtured the furry caterpillars of the garden tiger moth in the spring. The dandelion has the added virtue that you can eat its leaves in your salad and make its flowers into wine.

Creeping weeds are the real villains in the herbaceous garden, their tough underground rhizomes penetrating the densest clumps of plants and becoming impossible to remove without wholesale excavation and careful dissection of the clumps to remove every piece of weed. Hoeing is almost useless, for it merely breaks the rhizomes into small pieces and most of these pieces can grow again. One of the worst offenders is undoubtedly the ground elder, whose tangled rhizomes give a passable imitation of wire netting buried in the ground. These rhizomes grow as much as a metre each year, even in heavy clay, and aerial shoots spring from the tips of all the branches to clothe the ground and smother other vegetation with a thick green carpet. Although the older rhizomes are tough and wiry, the younger sections are quite brittle and readily snap when you try to pull them up: and every small piece left in the ground can continue its rapid growth. Eradication of ground elder is therefore extremely difficult: many gardeners will say impossible. Frequent digging and inspection of the soil to remove the rhizome fragments will banish the weed from small areas, but you can't keep digging up your herbaceous garden or your rockery and then there is no alternative to the painstaking *daily* harvest of the fresh green shoots. This eventually starves the weed into submission, and if you are really over-run by the weed you can try eating

Great bindweed This wild climber (*above*) has beautiful blooms, but like the field bindweed (page 28) it spreads underground and smothers plants above the surface.

Gardening with perennials An old herbaceous border (*left*) is a perfect place for weeds. Left untended, a border like this would soon become swamped by weak-stemmed climbers.

Rosebay willowherb This beautiful perennial (*below*) is another plant whose beauty is eclipsed by its energetic spread above and below ground.

some of the shoots. Cooked like spinach, with a little butter, the leaves have quite a pleasant, tangy flavour. Infusions of the rhizomes and leaves have long been used to treat gout and other rheumatic ailments—one of the plant's many common names is goutweed—and it was probably for this reason that the Romans introduced the plant to Britain. I, for one, wish they had left it at home: it might have cured a few aches and pains, but I wonder how many bad backs have developed through trying to get rid of the weed!

There is, however, a glimmer of hope: the inappropriately named *Tagetes minuta*—a rather large Mexican plant—has been shown to exude substances capable of controlling the growth of ground elder and various other weeds. It may not be suitable for companion planting, but extracts may well form the basis of a selective herbicide which could be used instead of man-made weedkillers.

Other familiar weeds with creeping rhizomes include the stinging nettle, rosebay willowherb and couch grass. The latter is a real nuisance on heavy soils, where its wiry white or yellowish rhizomes can extend by some 30 cm each year. Their tips are so sharp that they commonly grow right through tulip and daffodil bulbs and even force their way through buried logs. The nettle and willowherb, however, are highly important in attracting wildlife—the stinging nettle especially so.

NETTLE NATURAL HISTORY

The idea of actually encouraging stinging nettles to grow in your garden may seem a bit odd, and you certainly won't want them in with your flowers and vegetables. But if you have an area where they can be contained—especially one that gets some sunshine—these "weeds" will repay you handsomely with the wildlife they harbour.

The stinging nettle is a vigorous perennial, growing on a wide range of soils but especially common on disturbed ground where there is often a high organic content. It frequently springs up at the bases of walls and hedges and around the compost heap, and readily invades any neglected area of the garden. The plant forms dense patches and spreads rapidly by means of its tough yellow rhizomes. These and the extensive root system anchor the plant incredibly firmly, necessitating a good deal of effort to dig it up. A dense carpet of green shoots forms in the spring, with rapid upward growth beginning in May. Examine the stems and leaves for the stinging hairs, each with a little reservoir of poison at the base. Under a lens you can see the globular cap of silica on each hair. This is very brittle and is easily broken as you rub your hand over the plant, exposing the sharp point of the hollow hair. Any further pressure causes the reservoir to pump poison into you, but if you grasp the nettle firmly you may escape injury by crushing or bending the hairs and preventing them from conducting the poison. The stinging hairs certainly deter grazing animals—rabbits won't touch nettles and the plants grow freely around their warrens—but caterpillars and other insects wander over the leaves and chew them with impunity. They even eat the stinging hairs and their poison reservoirs.

Nettle flowers are borne in catkins, which you can see hanging from the upper parts of the stems in June. Male and female flowers are carried on different plants, so all the flowers in one clump will be of the same sex. Male flowers can be recognized by their yellow pollen, while female flowers have a silvery colour. The stems die and become straw-like in the autumn, leaving the rhizomes to produce new shoots for the following spring.

The stinging nettle is the foodplant of the caterpillars of several of our most colourful garden butterflies and also supports the larvae of several common and attractive moths, such as the spectacle, the burnished brass, the angle shades and the ruby tiger. Several hundred other small creatures find food and shelter in the nettle bed, among them numerous weevils such as the attractive bronzy green *Phyllobius pomaceus*. Many bugs also feed on the nettles, including numerous aphids which attract ladybirds and other predatory insects. Look for the steely blue ladybird larvae methodically scouring the plants for prey. The dark bush cricket and the speckled bush cricket also enjoy a few aphids in between nibbling the nettle leaves. Small reddish galls on the leaves are caused by the larvae of the tiny midge *Dasyneura urticae*, while several other small flies spend their early lives tunnelling inside nettle leaves. You can sometimes see clouds of these flies around the nettles, and they are much appreciated by the web-spinning and hunting spiders that lurk there. Have a good look at the spiders' webs in the summer and you might well see the curious scorpion flies feeding on the spiders' left-overs or even stealing freshly caught prey. Despite the male's upturned, scorpion-like tail, the scorpion flies are quite harmless.

There are clearly many things for the wildlife gardener to enjoy if space can be found for even a small bed of nettles. It is worth cutting down half of the patch in late June or July to stimulate a fresh crop of shoots for the insects, for just like us they prefer their vegetables young and tender. And don't forget that you can eat the nettles yourself—a good way of keeping the plant under control if the insects can't cope. Boiled with a little butter, the young shoots and leaves are pleasantly sweet and tangy.

CLIMBERS, CREEPERS AND CLINGERS

Field bindweed is a great villain in the herbaceous garden, where it lives up to its name by twining around other plants in an anti-clockwise direction and binding their stems loosely together. The pink, white, or striped flowers are actually very attractive, but they don't make up for the damage being done below the surface.

The bindweed possesses sturdy white rhizomes, which can spread over an area of 30 square metres in a single summer, and it also has an extensive root system. The roots commonly go down as much as 4 metres, and one plant is known to have dived to a depth of 7 metres. Unfortunately for the gardener and farmer, it is not only the rhizomes that give rise to new shoots: the roots also bear buds which can grow directly into new rhizomes and aerial shoots. Removal of the leafy shoots and rhizomes is thus only a temporary setback to the weed, unless repeated with monotonous regularity until the plant is starved to death.

The creeping buttercup spreads itself over the garden by means of runners—horizontal stems that scramble over the surface just like those of the strawberry. Roots and leaves spring from the nodes or joints of the runners, and when the internodal sections die away the rooted portions become independent plants. A single buttercup may have 25 or more runners radiating from it, and its daughter plants can cover more than 4 square metres in a single season. The brilliant yellow flowers are certainly attractive, but the roots of these plants, in common with those of several related species, poison those of neighbouring plants and

LIFE ON A STINGING NETTLE

The stinging nettle's succulent young leaves feed a host of animals. All of them are unaffected by the stinging hairs. The species shown here represent just a fraction of those that will be found if you leave a clump of nettles growing in a sunny spot.

Red admiral Lays eggs only on the nettle.

Ruby tiger moth Caterpillar has irritating hairs.

Female nettles in flower

Small tortoiseshell Lays egg batches in spring. Caterpillars spin silk webs.

2- and 7-spot ladybirds Predators of the nettle's large aphid colonies. The precise number of spots can vary. (×2)

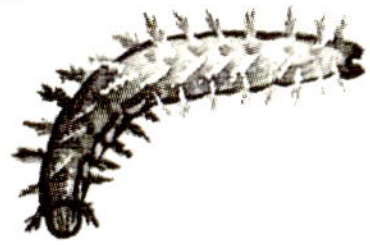

Comma When fully grown, the caterpillar looks like a large bird dropping.

stunt their growth, allowing the buttercups to swamp all the other small plants around it. Combined with high seed production, this vegetative spread makes the creeping buttercup a very invasive weed indeed.

In the foregoing paragraphs I have concentrated on the vegetative growth and spread of the perennial weeds, for this is the aspect of most concern in the herbaceous garden, but seed production cannot be ignored. The numbers of seeds produced by the perennial weeds, especially those with marked powers of vegetative spread, are often less than those produced by the annual weeds, which rely entirely on seed for reproduction. But the perennials' seeds are generally larger and provided with greater food reserves, enabling them to get a foothold in places already well covered by plants. Annual weeds do not normally invade such habitats because the reserves in their seeds are exhausted before the seedlings reach the light. But there are some exceptions, and none is more successful than the cleavers or goosegrass. The seeds of this species are relatively large and, as any child will tell you, the fruit coat is clothed with minute hooks which cling eagerly to fur and clothing. The species is thus very easily brought into the garden from the surrounding countryside. The stems and leaves are also clothed with hooks, which help this sprawling weed to cling to and clamber over its neighbours. If unchecked, it can soon cover the herbaceous border with a dense green network. Fortunately, the seedlings are easy to recognize by their whorled leaves and, being quite large, they are not too difficult to remove at an early stage.

BREEDING YOUR OWN FLOWERS

Commercial cultivation and propagation of flower varieties is nowadays very big business. But despite this, flower breeding involves techniques that you can try out in your own garden. As well as being interesting, it is a very good way of finding out more about the natural history of flowers and how they reproduce.

Plant breeding is a matter of carefully interfering with the natural processes of pollination and setting seed. To do it, you need to know a little about how a flower is made up. The business region of a flower, where the essential reproductive processes occur, is in the centre. The stamens are the male organs, which produce the pollen, while the carpels are the female organs. Each carpel contains one or more ovules which will eventually form the seeds—but not until the flowers have been pollinated. Pollen of the right kind must fall onto the stigma and grow down into the carpel to reach the ovule. A cell from the pollen grain then fertilizes the ovule to trigger seed-formation and the beginning of a new generation. Some

ANATOMY OF A FLOWER

This cross-section of a buttercup flower shows how the parts of the flower are arranged. As insects probe deep into the flower to reach the nectaries, they brush both the female stigmas and the male stamens, collecting and transferring pollen in the process.

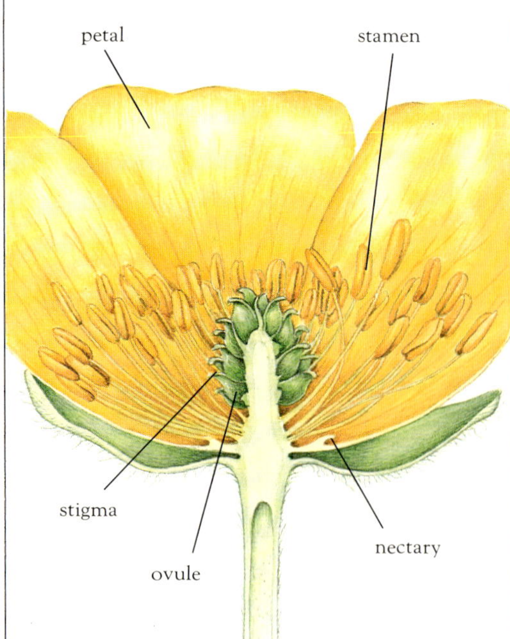

flowers can pollinate themselves, but from the plant's point of view this incestuous behaviour is not desirable and most flowers have some way of discouraging it. The commonest method is for the stamens and stigmas of an individual flower to ripen at different times, so that the pollen cannot reach the stigma. Chemical incompatibility is also very common, with the stigma inhibiting the growth of pollen produced in the same flower.

Some flowers rely on the wind to carry their pollen, but most conspicuous flowers use brightly coloured petals, aided by scent and nectar, to lure insects along to do the job. Nectar is a sugar-rich liquid and it is the main food of butterflies and moths and many other insects. While drinking, insects cannot avoid brushing their bodies against the stamens and picking up pollen, and then they fly off to deliver the pollen to the stigma of another flower.

When a flower is pollinated and fertilized, the developing seeds receive genes from both ovules and pollen grains and the new plants may thus possess the features of both parents in various combinations. This is one important way in which new varieties arise. To produce new plant varieties yourself, select the plants that you want to use as the female (seed-bearing) parents and choose some healthy-looking flower buds. Cover these with small nylon bags, cut from some old tights, to keep out insects and keep a daily watch until the flowers start to open. You must then carefully cut away the stamens to prevent self-pollination

FROM WILD FLOWERS TO GARDEN PLANTS

Today's garden pansies have a history which is well documented compared with many other garden flowers. They are all descended from the wild pansy or heartsease, and have been transformed by over 170 years of selective breeding. A gardener named William Thompson started breeding the heartsease in 1813. No great changes came about until a spontaneous freak was found—allegedly on a rubbish-tip—with a very dark central patch. From this one plant came a whole range of showy varieties. James Grieve, the apple breeder, started to experiment with pansies in 1867, and by crossing the varieties with wild species like the mountain pansy, he helped to establish the garden flower.

Heartsease
Viola tricolor

Mountain pansy
Viola lutea

Modern garden pansies

(unless your species are known to be self-sterile). Re-cover the flowers until the stigmas are fully exposed and then dust them with pollen taken from the other selected parent with a small brush. Keep the flowers covered until they wilt, to prevent possible pollination from other plants, and then wait for the seeds to develop and ripen. Sow the seeds in the usual way and hope for something unusual. Unless you have a great deal of patience, choose plants that flower quickly from seed—annuals are best in this respect. However, for reasons we will see in a moment, you cannot be sure that your new plants will breed "true". Quick-growing perennials such as lupins or aquilegias are ideal for your simple experiments, and so are daffodils, for you can resort to vegetative propagation to increase your stock if you create anything exciting and so preserve it. Vegetative propagation, which embraces layering and the taking of cuttings or the simple division of a clump, does not involve genetics in any way: each new plant is literally a chip off the old block and is identical with the parent.

The differences between parents and offspring may not be very marked to start with, but by breeding from the biggest or most colourful offspring each time you can gradually increase the differences and establish distinct strains or varieties. On a commercial scale, plant breeders cross one variety with another to try to get the best features of each parent into a single new form. Hybrid varieties produced in this way are often extremely vigorous, but don't expect them to breed true if you save seed from these first-generation hybrids. The following generation will contain the original parental features in a variety of combinations. Many seeds offered for sale today are first-generation hybrids—commonly known as F1 hybrids—and the catalogues generally remind you that they will not breed true in the following generation. Plant breeders have to select their seeds over several or many generations in order to produce the pure, true-breeding lines. But even then the plants breed true only if they pollinate each other. This is quite easily achieved when each variety occupies a large area in the plant breeder's trial ground, but the situation is quite different in your garden where you might have just one or two plants of each kind.

WHERE BUTTERFLIES SPEND THE WINTER

Butterflies have evolved different approaches to the problem of surviving the winter. Some simply migrate to warmer climes, while others hibernate. Our garden butterflies hibernate as caterpillars, chrysalids (pupae) or adults. Some other butterflies pass the winter in the egg stage.

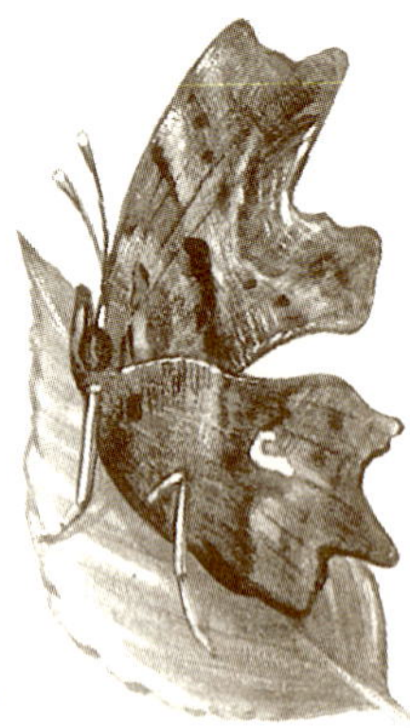

Comma Hibernates as an adult. Its brown wings, which have a very irregular outline, camouflage it against dead leaves or bark.

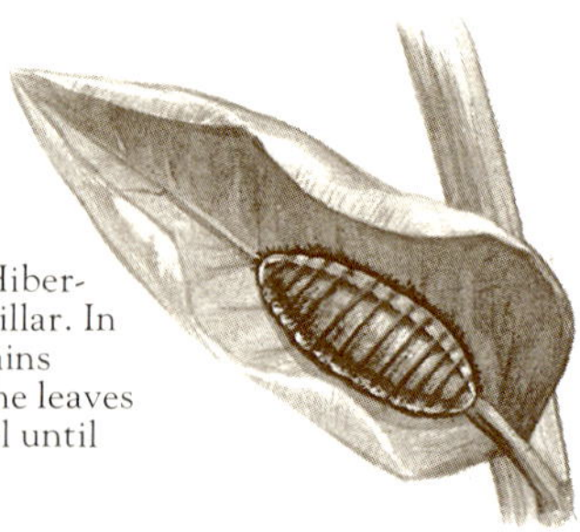

Small copper Hibernates as a caterpillar. In this state it remains motionless on the leaves of dock or sorrel until spring.

Orange-tip Hibernates as a chrysalis. This is attached to the stem of a plant by its lower tip, and is secured by a silken girdle which encircles it and the stem.

Many flowers are notoriously promiscuous and don't mind where they get their pollen for pollination. In the garden it often comes from inferior varieties being grown nearby—perhaps in a neighbour's garden—and many gardeners have been disappointed at the gradual decline in the colours of things like lupins and aquilegias over a few generations as a result of the "dilution" of the original colours with inferior genes. But the traffic is not all in one direction: poorer varieties can be upgraded as well, and in country areas the cultivated pollens may escape from the gardens altogether. Their effect on the wild flora is not great, as a result of severe dilution, but people sometimes get very excited about red cowslips and pink primroses in the wild—the result of pollination of the wild plants by pollen from cultivated polyanthus. Personally, I think these mongrels should be destroyed before they infiltrate further into the wild populations.

If you do try your hand at plant breeding, you will soon realize how very artificial the world of cultivated flowers is. The enormous variety can only be maintained by a lot of hard work to maintain supplies of special seeds or plants. By contrast, given the right conditions, wild flowers grown in your garden should be self-sustaining. Once they have become established they will look after themselves, and every year you will see them or their descendants flowering and setting seed with the minimum of help from you.

BUTTERFLIES IN THE GARDEN

The scents and colours of the flower garden attract numerous insect visitors, of which the butterflies are the most colourful and conspicuous, dancing from flower to flower like marionettes on unseen strings and really bringing the garden to life on sunny days. Almost any butterfly can visit your garden, especially if you are surrounded by woods and fields, but there are about a dozen which can be regarded as real garden species.

Butterflies are all nectar-feeders and the flower garden is like a pub that's open all day: some butterflies even get drunk! Watch carefully as the butterflies land on the flowers and you will see the long, hair-like tongue probing deep into the petals to reach the sweet and sometimes partly fermented nectar. The tongue, properly known as the proboscis, is hollow like a drinking straw. It is coiled up under the head when not in use.

The peacock, small tortoiseshell, comma and brimstone all sleep through the winter in the adult state and can be seen searching for nectar on sunny days as early as February. The peacock and small tortoiseshell originally hibernated in hollow trees and caves, but they are quite happy to use our sheds and houses—especially attics and other unheated rooms. Notice the sombre undersides of these butterflies which provide good camouflage in their dark winter quarters. The brimstone chooses to sleep the winter away in clumps of holly or ivy, where its leaf-like underside again provides excellent camouflage, while the comma chooses almost any bush or hedgerow. Its jagged wings easily pass for a shrivelled leaf. Notice the white comma-shaped mark which gives the butterfly its name. The comma produces two generations in a year. Butterflies waking up in the spring lay their eggs in March and April and a summer generation, much paler than the parents, flies in June. The second generation, reverting to the darker colours, flies in August and September and then goes to sleep for the winter before resuming the cycle in spring. The small tortoiseshell has a similar life history, although there is no visible difference between the two broods. The peacock and brimstone have only one generation each year: overwintered butterflies lay their eggs in spring and the new generation flies for a month or two in the summer before going into a long hibernation. All four species feed avidly at the late summer and autumn flowers to build themselves up before going to sleep.

The red admiral and the painted lady are only summer visitors to Britain, from southern Europe and North Africa respectively. Arriving from late spring onwards, they produce a new generation in late summer, but neither of these species can withstand our winters and, although some individuals certainly fly south in the autumn and may even get back to the Mediterranean, the majority of these beautiful butterflies perish with the first frosts.

The small copper and the wall brown pass the winter as sleeping caterpillars, while the rest of our garden butterflies over-winter in the pupal stage. All emerge to greet the spring sunshine in pristine condition, and when I see the first orange-tips I know that spring is really on the way. This species has just one generation each year, but the others produce two and occasionally three broods and in a good year may fly well into October.

Our garden butterflies may be joined at the nectar-feast by a number of day-flying moths, notably the aptly-named hummingbird hawkmoth which hovers in front of various flowers while probing for nectar with its long tongue. All you are likely to see is a fast-moving brown blur! A greyish blur is more likely to be the silver-Y moth, a restless species which, while not actually hovering, rarely stops beating its wings while feeding. You will discover many more moths while working in the garden, but most of them are active by night. You can find out more about them in chapter 9.

You can do a great deal towards encouraging butterflies into the garden by planting some of the nectar-rich flowers listed on the page opposite. As well as adding to the enjoyment of the garden, this can help to maintain the butterfly populations in the surrounding countryside.

Some butterflies seem to keep territories, perching on a particular flower or clump of flowers and chasing other individuals away. The small copper is a particularly good example, but it may

An end-of-season spectacular Small tortoiseshells (*above*) congregate to feast on the nectar of the ice plant in late summer, just before entering into hibernation.

Herald of spring The boldly-marked orange-tip (*below*) is a sign that spring really has arrived. Only the male has orange wing-tips.

BUTTERFLY FLOWERS

This list, arranged approximately in chronological order of flowering, gives some of the most useful butterfly flowers. These plants are predominantly "old-fashioned" cultivated species. They will attract most of the butterflies that are on the wing during the flowering period, but some flowers are particularly attractive to certain species.

AUBRETIA
Attracts brimstones and other species that have hibernated as adults and which appreciate early nectar. Also very attractive to the orange-tip.

YELLOW ALYSSUM
Early flowering. Attracts most garden species.

WALLFLOWER
Highly perfumed. Attractive to early fliers.

SWEET ROCKET
A very old-fashioned plant with a beautiful scent in its pink or yellow flowers. A good plant for the orange-tip.

HONESTY
Another early-flowering favourite of the orange-tip.

RED VALERIAN
A very long flowering season attracts many butterflies and moths, including the small tortoiseshell and humming-bird hawkmoth.

CATMINT
A good nectar source for most garden species.

LAVENDER
Superb for whites and browns in high summer.

BUDDLEIA
Often covered with peacocks, small tortoiseshells, commas, red admirals, and whites—many attracted from the surrounding countryside. The several varieties flower at different times; try to plant at least two of them.

ICE PLANT
One of the best late-flowering plants. Its blooms are often covered with small tortoiseshells stocking up with nectar before hibernation.

MICHAELMAS DAISY
Good for small coppers and also for tortoiseshells preparing for winter.

Concealed brilliance Two brimstones (*right*) feed on purple loosestrife. The sexes look very similar except in flight, when the male's brighter upperwings are visible.

The hardy small copper Seen feeding on ragwort (*below*), the small copper is one of the hardiest of butterflies. It is equally at home among the flowers of temperate gardens or meadows and those of the low arctic.

not be the same butterfly that patrols your Michaelmas daisies each day: the territories are abandoned at night and "re-negotiated" in the morning. Try catching one of these butterflies and marking its underside with a small spot of paint, and then you can see if the same one keeps coming back.

MAKING A BUTTERFLY COCKTAIL

If you have few flowers in your garden, butterflies can be attracted by artificial feeding methods. A suitable feeding mixture consists of a teaspoonful of honey and a teaspoonful of sugar dissolved in a litre of water. A pinch of salt will add to the attractiveness of the mixture, which you can offer in shallow dishes on your window-sill. It is then very easy to watch the butterflies uncoiling their tongues to investigate the food. You can also present the food on pads of cotton wool hung on trees and other vegetation, but the best way of providing this artificial nectar is in the small drinking bottles sold for pet mice and other small animals. Tie the bottles to trees and other firm supports, and make them more attractive to butterflies by fixing paper "petals" around the mouth of the tube. This gives the insects something to sit on while feeding. If you try different colours you can see whether the butterflies have any preferences. You can also try using "petals" which are all the same colour but treating each artificial flower with a different scent. Don't be surprised to find more ants than butterflies at your feeding stations, however, for ants can't resist honey. They will even climb trees to reach it, and you won't defeat them for long by suspending the food on lengths of string.

FOOD FOR CATERPILLARS

Looking after adult butterflies is only part of the business of butterfly gardening, and if you really want to encourage and help the insects you must cater for the caterpillars as well. Whereas the nectar-sipping adults will feed from almost any kind of flower, as long as their tongues are long enough to reach the nectar, the leaf-eating caterpillars generally have a very restricted diet. Those of the small tortoiseshell, peacock and red admiral for example feed entirely on stinging nettle. Comma larvae also eat nettles, although they do eat other leaves as well. Conservation-minded gardeners like to leave small patches of nettles to encourage the breeding of these attractive species, but often complain that nothing ever seems to take advantage of their generosity. It is true that small patches of nettles are less attractive to the butterflies than large areas, but small patches—and even single plants—can be of value. Position is actually more important than size, for recent work has shown that female butterflies will lay their eggs only in the sunshine. The normal tendency to leave one's patch of nettles tucked away in a shady corner will obviously not encourage the butterflies. Luckily, the stinging nettle is not a rare plant—even in towns it grows readily enough in churchyards and on railway banks and other disturbed ground—and the nettle-feeding butterflies are not in any danger.

Honesty and sweet rocket will satisfy the caterpillars of the orange-tip as well as the adults, and the green-veined white may also breed on these plants. A buckthorn in the shrubbery will please the brimstone, while a bit of long grass under the trees or along the hedge bottom may encourage the wall brown. Holly and ivy will help the holly blue, which is unusual in alternating between two food plants. Females emerging in the spring lay their eggs in the flower-heads of the holly, and the caterpillars feed on the flowers and developing fruits. The second generation of adults flies in August, when the females lay their eggs in ivy flower buds. Ivy is essential for the survival of the species, but holly is not: if no holly is available the butterfly will use ivy for both generations, although it may also use dogwood and buckthorn in the spring.

CATERPILLAR FOODPLANTS

Butterflies locate their egg-laying sites by smell. Related plants often smell similar, enabling a butterfly like the orange-tip or the small copper to select a number of foodplant species using the chemical system. Butterflies usually lay eggs only on plants exposed to full sunshine, a point to bear in mind when planting for butterflies in your garden.

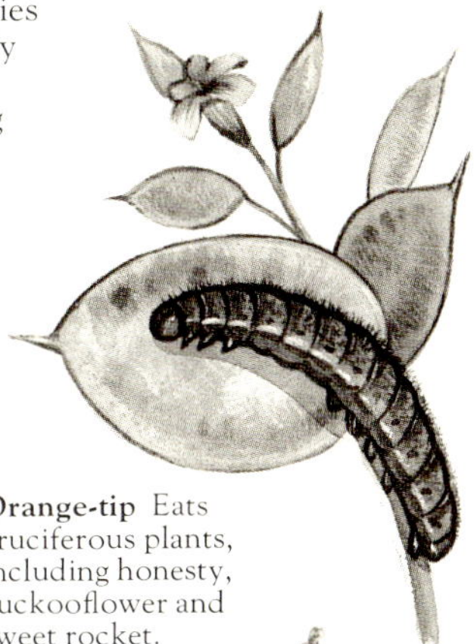

Orange-tip Eats cruciferous plants, including honesty, cuckooflower and sweet rocket.

Brimstone Restricted to two plants—buckthorn and alder buckthorn.

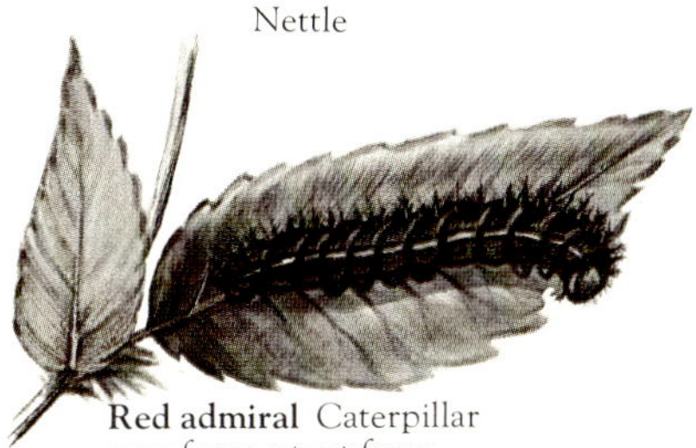

Red admiral Caterpillar may form a tent from nettle leaves.

Holly blue Feeds on holly and ivy and also buckthorn and dogwood.

Small copper Feeds on dock, sorrel and knotweeds.

Common blue Feeds on plants of the pea family.

It is less easy to please the painted lady and the small copper, which need thistles and sorrel or dock respectively for their larvae. Few gardeners will tolerate these weeds, but they are common enough in the wild and the caterpillars do not go hungry. You will never have to do anything special for the large and small whites, for these are the cabbage whites and they will find your cabbages with no trouble at all (see page 56). Both species also attack nasturtium leaves, and if you have ever tried the tangy leaves in salads you will know that they contain the same hot-tasting oils as cabbages.

Gardening magazines and catalogues sometimes contain advertisements urging readers to buy butterflies to beautify their gardens. This might sound a splendid idea, but it is frowned upon by naturalists for several reasons. Butterflies, being active creatures, will not normally stay in your garden for any length of time—good enough reason for not wasting your money on them—but will fly out to the surrounding countryside where they may upset the natural distribution of insects. The more unusual species offered for sale will generally die out very quickly because they do not find the right conditions. Remember that if the surrounding area is suitable for butterflies they are likely to live there anyway and likely to visit your garden if you make it sufficiently attractive. If you really can't resist the temptation to buy in butterflies for release, please let your local natural history society or naturalists' trust know what you are doing. Documentary evidence of the introduction of unusual species makes life a lot easier for biologists engaged in mapping the distributions of insects and other animals.

BEE GARDENING

Bees are probably the easiest insect visitors to attract into a garden. Their fascinating behaviour can provide hours of interest, especially if you realize that, far from being dangerous, bees are quite inoffensive and approachable.

Bees are abundant in the flower garden from very early in the spring right up until the autumn frosts. They feed on nectar and also take away huge quantities of pollen to feed their young, but they don't neglect to repay the flowers by carrying out the vital task of pollination. It's very easy to watch the bees at work; they get so engrossed in their tasks that you can even stroke them with little risk of being stung!

Initially attracted by the colours and scents of the flowers, often from a considerable distance, a bee may be finally guided to the nectar by bold markings on the petals. These patterns, known as honey-guides, are seen on the faces of pansies and in the bells of foxgloves. Honey-guides may be present even if they are invisible to us, for bees can detect ultra-violet light and the pattern reaching their eyes may be quite different from that which we see on the petals. The evening primrose, for example, looks virtually pure yellow to us, but some parts of the petals reflect more ultra-violet light than others, and a photograph taken with the aid of ultra-violet light reveals a pattern of dark lines leading to a dark central area, so directing the bee to its goal.

Many flowers are elaborately constructed so that a bee arriving in search of nectar is forced to brush against the stigma and stamens and thus carry out pollination. You can see how the insects sometimes virtually disappear inside the

flowers as they feed. The snapdragon or antirrhinum is so specialized for pollination by bumble bees that only these large insects can weigh down the lower lip and get into the flower. As we have already seen, most flowers have some way of preventing self-pollination, but even in the absence of such barriers self-pollination may be discouraged. The visiting bee, for example, may first be brought into contact with the stigma, so that any pollen already on its body will pollinate the flower. Only later, perhaps on its way out of the flower, does the bee meet the stamens and become dusted with pollen to be taken to another flower. The actual behaviour of the foraging bee may also favour out-breeding, and this is well shown by a bumble bee visiting foxglove flowers. The bee always starts at the bottom of the spire, where the oldest flowers are to be found, and, as the stamens ripen before the stigma in any given flower, these lowest flowers are quite likely to have ripe stigmas ready to receive pollen. As the bee works its way up the spire it meets younger flowers and gradually collects pollen. When it has visited all the open flowers in a spire it flies to another one, very often on a different plant, and starts again at the oldest flowers at the bottom—a neat arrangement ensuring that the stigmas are generally pollinated with pollen from different plants.

BLOOMS FOR BEES

The staple diet of bees is a mixture of pollen and nectar and they will visit almost any flower in order to feed, but such is the competition between living things that each has tended to specialize in fairly limited sources of food. The bees, with their moderately long tongues, exploit those flowers which conceal their nectar to some extent—often at the base of a tube and inaccessible to short-tongued insects. Flowers with completely exposed nectar, such as those in the carrot family, are left to flies and beetles, while those with very long tubes are the province of the butterflies and moths.

Hidden honey-guides In daylight the evening primrose's flowers look a plain yellow, but ultraviolet light (*above*) reveals the streaked markings or honey-guides visible to bees.

Denied entry Snapdragons (*right*) are pollinated by bumble bees. Insects like this honey bee are not heavy enough to gain access.

Loaded with pollen Honey bees (*left*), like bumble bees, press pollen into two hair-encircled baskets on their hind legs.

Borage for bees Borage is one of the easiest bee flowers to grow. Its prolific seeding ensures masses of the brilliant blue flowers year after year.

All of the flowers listed on page 21 and most of those on page 35 will attract bees to your garden, and the greater variety of flowers on offer the greater variety of bees that will arrive. The tongues of the insects vary in length from about 1 mm to more than 20 mm, and each species goes for flowers suited to its own tongue length. Shorter-tongued bees are common on dandelions and other plants in the daisy family, where the nectar is held in relatively short tubular florets, so they will appreciate clumps of daisy-like flowers, especially early-flowering ones such as doronicum. Campanulas of various kinds bring in quite a wide range of bees, and for the early bumble bees and the fast-flying *Anthophora* few things can beat the spring-flowering lungwort. The related comfrey takes over later in the year, but perhaps *the* bee flower is borage, a rather bristly annual which used to be grown in large quantities to keep honey bees and their keepers happy. Its sprays of star-shaped blue flowers reach 60 cm or more in height and, with a long flowering season, they make an attractive addition to the flower garden as well as producing copious supplies of nectar. You can also use the plant yourself: its cucumber-scented flowers and leaves can both be used as interesting additions to salads and soups. Give your borage a well-drained, sunny spot and it will provide you with far more seedlings than you can use each spring. Various wild and cultivated sages, including the culinary variety, are also good attractants for bees.

I always like to have a clump or two of the beautiful rose campion in my garden. Its delightful carmine flowers make a bright contrast with its woolly grey foliage, but the real interest lies in the visits of the wool carder bee. This is one of our most colourful bees—the only one of its kind in Britain, although several similar species live on the continent—and it is more concerned with the foliage than with the flowers of the campion. The female bee makes her nest in an existing burrow in timber and before stocking it with food she lines it with soft hairs gathered from plants. The rose campion is an excellent source of such hairs, and if you are lucky enough to spot the bee at work, carry on watching. See how she rolls the wool into a ball almost as large as herself and then flies off with it tucked under her chin. Many other downy plants, including some hawk-weeds and various mulleins, are used by this bee and you should certainly grow some of them if you are interested in attracting it to your garden, but it is rare in northern England and absent from most of Scotland.

BUMBLE BEES

To most people, including the majority of gardeners, there are only two kinds of bees—honey bees and bumble bees. But there are actually about 250 species of bees living in Britain, including 19 kinds of bumble bees, and many more on the continent. Bumble bees and honey bees are all social insects, living in colonies and having sterile worker castes to carry out the chores. Most of the other bees are solitary insects, each one living alone and the females providing only for their own offspring—which they normally never see.

As you can see from the bee line-up opposite, bumble bees are heavyweights among garden species. Their colour patterns are notoriously variable and cannot always be relied on for identification. All have a similar life history, although some appear earlier in the year and some carry on later into the autumn than others. It is very easy to provide bumble bees with suitable habitats for feeding and nesting. If you know a little about their habits, you can have a try at encouraging them to set up home in your garden (see page 185).

In all bumble bees, only the young, newly-mated queens survive the winter, snugly tucked up in an underground chamber. The queens wake in spring and can be seen—or more often heard—searching for nectar on sunny days as early as February. Snowdrops, crocuses, deadnettles and almost any other early flowers will suffice to replenish the bees' energy stores, but the year is still too young for serious activity. It is surprising that the bumble bees can fly at all when the air is still cold, but they have a very efficient heating system in the thorax which raises the flight muscles to a temperature of about 35°C before take-off and allows the insects to fly in near-freezing conditions. Their furry coats help the bees to keep in the warmth, but they still use up a great deal of energy to keep their muscles warm enough for flight in cold weather and whenever possible they crawl from flower to flower instead of flying. If you see a bumble bee in this state it is not ill, but simply conserving energy, so don't be tempted to offer it a helping hand!

While crawling and feeding, the bee's thoracic temperature may fall below the minimum required for flight, and then it must spend a short warming-up period before flying again. The warmth is produced largely by "shivering", and it is possible to hear a faint hum as the muscles work to create the heat.

The queens start their nest-building in March and April, with the white-tailed bumble bee one of the first to get to work. This species always nests in the ground and, like its close relative the buff-tailed bumble bee it is particularly fond of building in old mouse holes.

RECOGNIZING YOUR GARDEN BEES

Many different types of bees visit our gardens. Here you can see how some of these social and solitary bees compare with each other. As long as you don't come between them and their nests, bees can be closely watched without danger. In fact, during observation their stings present much less of a problem than their ceaseless activity, as anyone who has tried to photograph bees will know. All the bees here are shown $1\frac{1}{4}$ times life-size.

White-tailed bumble bee One of the larger bumble bees, measuring about 21 mm from head to tail. Like the honey bee, it is social.

Honey bee A social species. This specimen is a worker; the rarer drones are slightly larger. The honey bee is not a native of Britain.

Mason bee The solitary *Anthophora plumipes* flies quickly with a high-pitched noise, and often hovers while feeding.

Wool carder bee A solitary species which collects leaf fluff—an activity similar to the disentangling or "carding" of wool prior to spinning.

Leaf-cutter bee A solitary species which cuts out and carries off sections of leaves to make its egg cells (see page 46), making it an occasional problem.

The white-tailed bumble bee's nest is basically a hollow ball of shredded vegetation, and the queen lays her eggs in the centre on a cushion of pollen which she has collected from various flowers. She covers the eggs with wax and also makes herself a wax "honey-pot" which she fills with nectar for use when the weather prevents her from foraging. Her first batch of eggs rarely numbers more than about sixteen, and when they hatch the grubs begin to feed on the cushion of pollen. The mother provides additional pollen and also some nectar as the grubs grow, and they pupate in spherical, papery cocoons when they are about two weeks old. The queen then prepares more pollen beds and lays further egg batches. The first new adults emerge about two weeks after pupation. They resemble their mother in colour, but they are very much smaller and could easily be taken for a different species. They are all workers—sterile females—and they soon set to work gathering pollen and nectar to feed their younger sisters. The queen gradually retires from public view and concentrates on preparing more cells and laying more eggs in them.

The worker bees scour the garden and surrounding countryside in their search for food. Nectar is sucked up through the tubular tongue and carried home in the honey-stomach near the front of

Bumble bee castes Each species of bumble bee produces individuals of three different types (*above*). In early spring the only bumble bees on the wing will be queens, while a few weeks later worker bees start to appear. Most males and all the young queens appear in mid- or late summer. All are shown $1\frac{1}{4}$ times life-size.

Spring refuelling Bumble bees are frequent visitors to the deadnettles (*left*) in my garden. The nettles' early nectar is appreciated by bees emerging from hibernation.

A BUMBLE BEE'S NEST

Most bumble bees nest underground below grass or leaf litter. If you accidentally unearth a nest in mid-spring, when the queen has just begun nest-building, you would find just a handful of cells and one bee—the queen. The drawing below shows how a nest looks nearer summer. It contains many more cells. By this stage worker bees will be assisting the queen by feeding the grubs and helping young bees out of their cells.

the food canal, while pollen clings to the minutely-feathered hairs all over the body. On any given journey a bee generally concentrates on either pollen or nectar. If you watch a pollen-gatherer carefully for a while you will see that it periodically combs the pollen from its coat with its front and middle legs and then deftly transfers it to the pollen baskets on the hind legs. These baskets are formed by stout hairs fringing the legs and they really bulge with pollen after a successful expedition. A bumble bee can carry up to 60 per cent of its own body weight of pollen.

Bumble bees all have relatively long tongues and generally concentrate on tubular flowers, but each species has its favourite blooms and there is a clear connection between the length of the tongue and the depths of the flowers. *Bombus hortorum* has one of the longest tongues—often well over 20 mm long—and can get at nectar well out of reach of its white-tailed and buff-tailed cousins, whose tongues are only about 10 mm long. *B. pascuorum* has a tongue 11–14 mm long, while *B. lapidarius* and *B. pratorum* have tongues about 14 and 10–12 mm respectively. If you measure the depths of the flowers visited by the various bees you will find that they are generally just two or three millimetres shorter than the tongues. Some of our shorter-tongued bees, notably the white-tailed and buff-tailed species, have actually learned how to "steal" nectar from deep-throated flowers by biting holes at the bottom. Many cultivated flowers suffer in this way and are not pollinated during such unauthorized entry, although the damage does not necessarily deter legitimate pollinators from entering the flowers in the correct fashion.

Many flowers, including poppies and most roses, produce no nectar, but they are still eagerly visited by pollen-collecting bumble bees. If you grow wild or cultivated poppies, you will see bumble bees scuttling round and round inside the flowers, gathering vast amounts of pollen as they comb the stamens with their legs.

The pollen and nectar taken back to the nest are stored in the old cocoons and used to feed both adults and young. The nectar is converted to honey of various consistencies, although it is not identical with that which is produced by the honey bee. Bumble bee colonies are not very large, rarely rearing more than 400 insects during the summer and often producing considerably less. The first few batches of youngsters are almost all workers, although a few males may appear in the spring. The queen can actually determine the sex of her offspring by controlling whether or not her eggs are fertilized: unfertilized eggs give rise to males. As the work-force increases, more food is brought back and made available for the later batches of larvae. Each grub receives more food, and the summer workers are therefore larger than the spring ones. The final batches of larvae receive so much food that the females amongst them develop into new queens, with fully-formed reproductive organs. After mating with one of the numerous males produced at this time, each new queen searches for a suitable hibernation site—even though it may still be the height of summer.

THE HONEY BEE

The honey bee is a more slender and less hairy beast than the bumble bee and, unlike the latter, it lives in permanent colonies each ruled by a long-lived queen. Although it has been in Europe for many centuries, it originated somewhere in southern Asia and has been taken around the world by man for the sake of its stores of honey. Most of the bees that

THE NEST OF THE HONEY BEE

In the wild, honey bee nests are built in cavities, often in trees. Bee hives provide the same sort of support, but allow combs of cells to be removed separately to gain access to the honey. Like the nests of wasps, honey bee nests contain males (drones), non-reproducing females (workers) and a reproducing female (queen). Your chances of seeing a queen outside the nest are very small.

Drone A drone lives for just over a month. During this time it is either fed by the workers, or it may help itself to stored food.

Queen Seen here on one of the cells that contains an egg destined to produce a new queen.

Workers Each worker is initially employed in hive maintenance, which includes feeding, construction, cleaning and ventilation. Eventually these duties are dropped and replaced by foraging outside the hive.

you see in your garden will live in bee-keepers' hives, but there are also plenty of wild colonies that have escaped to set up home in hollow trees and similar sheltered places. Almost all of the bees visiting your flowers are workers, although you may see a few males or drones in the summer. You won't see the queens at your flowers at any time. Except when she goes for her marriage flight, she is always surrounded by workers and, unless she leaves with a swarm to start a new colony, she spends the rest of her life laying eggs. She has no pollen-collecting apparatus and is quite unable to do any of the household chores.

There are several races of honey bees, differing in colour pattern to such an extent that you might think they belong to different species. Some resemble various solitary bees but a long narrow cell enclosed by veins near the wing tip always distinguishes the honey bees.

Honey bees have a wonderful system of communication with which they inform each other of good sources of food. First discovered by the Austrian biologist Karl von Frisch, this "language" consists of dancing movements performed on the combs by bees returning from foraging. The speed and direction of the movements tell the other bees the distance and direction of the food and they fly out to find it. You can investigate the efficiency of this system yourself by putting a small amount of honey on a saucer in your garden. You then need to capture a honey bee in a tumbler and invert the tumbler over the honey. The bee will almost certainly take some of the honey, and while it is busy drinking you can remove the tumbler and mark the bee with a *small* blob of quick-drying paint. The bee will soon fly away, but if it is sufficiently impressed with your honey it will tell its fellow workers in the nest and a group will come out to investigate—probably followed quite quickly by the original marked bee. To prove that the other workers have been told about the honey and have not just found it themselves, you must remove the honey when the original bee flies away: the new recruits will still congregate at the right spot, even though there is nothing there for them.

SOLITARY BEES

Large numbers of solitary bees also frequent the flower garden. Many of them look like rather small honey bees and are often mistaken for them. They commonly visit dandelions in the spring and are also very important in pollinating various fruit trees and bushes (see page 75). Most of them have relatively short tongues. If you grow campanulas of any kind, including wild species like the harebell, it is worth keeping an eye open for the minute *Chelostoma campanularum*. This is one of the longer-tongued species and it specializes in getting nectar and pollen from bell-flowers. It is so small that it can nest in woodworm holes in sheds and fences, so if you leave pieces of old wood in the garden, you may see it at its nest. Breeding is in full swing in July, with the females collecting pollen not on their legs but on the underside of the abdomen. The nest hole is not large enough for the bee to turn round in it, so when bringing home a load of pollen the insect backs into the hole and combs the pollen into the nest chambers: when bringing home nectar she goes in head-first to disgorge it and then backs out.

Many gardeners complain that the leaves of their roses are disfigured by having semi-circular pieces cut from them. This is the work of the leaf-cutter bee. There might be fewer complaints if the gardeners actually witnessed the dexterity with which the leaves are carved out and removed. Using only her jaws, the female bee cuts out a perfect curve, and then she folds it neatly under her body and flies off to her nest. This is in some kind of narrow cavity such as a hollow stem or, not infrequently, in a stack of flower pots. The leaf segments are neatly glued together to make sausage-shaped cells in the cavity. Each cell contains an egg and is stocked with pollen and nectar to feed the developing grub. Like most solitary bees, the female abandons her nest when it is complete and she never sees her offspring. Remember, before cursing the bee next time, that it also does a good deal of pollinating in your garden: look for the masses of pollen clinging to the underside of its abdomen. Wild roses are carved up with equal enthusiasm, and the bee has been known to cut pieces from the petals as well as the leaves.

DECEPTIVE HOVER-FLIES

With their yellow-and-black wasp-like livery, hover-flies are regarded with deep suspicion by many gardeners. Their marvellous hovering abilities and unpredictable darting over flower-heads often add to this mistrust. However, hover-flies are quite harmless. A closer look will show that these insects have only two wings, whereas wasps have four, and furthermore, they have no stings.

If you are reluctant to use pesticides in your garden, you should welcome hover-flies as allies in your battles against aphids. For although adult hover-flies feed on nectar and pollen, their larvae often feed on aphids, a single larva perhaps eating fifty aphids in a day.

Nearly 250 different kinds of hover-fly occur in Britain, and you might well have thirty or more in your garden, although not all are yellow and black. Some resemble bumble bees, while several of the smaller ones could be mistaken for black solitary wasps.

The resemblance between many of the hover-flies and the stinging bees and wasps is called mimicry and it gives the flies a good deal of protection against birds. Young birds will try most things when they first start to forage for food, but when they've tried a few bees and wasps they associate the colour patterns with the unpleasant experience and leave the insects alone thereafter. Other insects with similar colours are also avoided. They don't have to match perfectly: if the resemblance is close enough to make a bird hesitate the insect may well be able to escape, but natural selection has actually brought about some really remarkable resemblances. Bees and wasps are the usual models, and all kinds of harmless insects may mimic them. The deception requires the model to be more common than the harmless or palatable mimic—at least during the learning period—and it is significant that the large black and yellow hover-flies do not become common until midsummer, when the young birds have had plenty of chances to discover the hazards of tackling wasps.

Female hover-flies generally take more pollen than the males because they need its protein for the proper development of their eggs. The pollen is gathered by the fleshy lobes at the tip of the tongue and well mixed with saliva before the individual grains are sucked into the mouth. Most of the species have rather short tongues and favour flowers with

The leaf-cutter's nest Pieces of your roses' leaves may well be destined to form the cells of a leaf-cutter bee's nest (*above*). In this photograph, a nest has been exposed, and one of the leaf-lined cells has been cut open. In it, you can see the pale form of the larva. Alongside this is a second cell, this time complete.

exposed pollen and nectar. Umbellifers (plants of the carrot family) are particular favourites. You will often see hover-flies on and around the flowers of wild umbellifers such as cow parsley and hogweed, and in the garden cultivated forms like fennel and parsley have the same attraction for them. However, hover-flies can easily feed from the tubular florets of the daisies and their relatives and they also get plenty of pollen from roses and poppies. They are second only to bees as pollinators of garden plants, so, by encouraging them into your garden you will have a double reward—natural aphid control and more flowers setting seed.

Episyrphus balteatus and several other species are extremely sociable, but others are territorial and vigorously defend their chosen flowers against all comers. The drone-fly is one of these territory holders, and it is also one of the longer-tongued species, able to feed at deeper-throated flowers. Hover-flies also avidly mop up the honeydew exuded by aphids.

Hover-fly larvae are slug-like or maggot-like, but surprisingly mobile as they plough their way through the aphid colonies. In a good year, when there are abundant aphids to feed on, the hover-flies build up to immense numbers and then form dense swarms. *Episyrphus balteatus* is well known for its mass movements, sometimes arriving from the continent in millions. There are some important exceptions to the aphid-eating habit, however, for the drone-fly breeds in muddy ditches and other stagnant water, including blocked gutters. Its larva has a telescopic breathing tube at the hind end and is commonly known as the rat-tailed maggot. The narcissus-fly is one of very few harmful hover-flies. Suspect its presence if your daffodils and narcissi fail to come up: examine the bulbs and you may well find the white larva of this fly lurking in the centre of

BEE, WASP OR HOVER-FLY?

The mimicry shown by garden hover-flies is so effective that most humans are taken in by it. Yet hover-flies are quite harmless. They have no stings, relying instead on a combination of deceit and speed to keep out of harm's way. There are many species in the garden that imitate bees and wasps—here you can see three of the best disguised, together with the insects that they mimic.

Bumble bee

Hover-fly

Bumble bee and mimic The hover-fly *Volucella bombylans* has a hairy body and several bumble-like colour forms.

Wasp

Hover-fly

Common wasp and mimic The wasp-like colours of the hover-fly *Syrphus ribesii* protect an insect that is actually harmless.

Honey bee

Hover-fly

Honey bee and mimic The drone-fly feeds on flowers while disguised as a stinging honey bee.

each one and growing fat on the stored food. Affected bulbs usually rot away when the larva has finished feeding. The adult flies are rather furry and very variable, mimicking the workers of several kinds of bumble bee.

FLOWER GARDEN PESTS AND THEIR BIOLOGICAL CONTROL

Having seen some of the animals that you should welcome into your garden, we now come to ones that you will probably not be so delighted to see. It is true that many garden pests are very interesting creatures, but all the same, you will want to keep their numbers under control. Dealing with pests is an area where gardening for wildlife demands care and caution, because animal pests are all too often destroyed at the expense of other species. If you can resist the temptation to spray blanket insecticides over flower garden pests, you may find that a combination of natural enemies and careful planting will keep them at reasonably low levels. Finally, if you cannot get rid of pests completely, you can at least have the satisfaction of being able to watch some of the strangest and most startling animal life-cycles at first hand.

Undoubtedly the most troublesome pests of the garden are the greenfly. They belong to the large group of insects known as aphids, all of which feed on plant sap with the aid of piercing beaks. They are among the roses' worst enemies, often clustering in their hundreds around the flower stalks and buds and plunging in their beaks to draw out the nourishing sap. They weaken the plants by removing the sap, and also spread several damaging viruses. The sap on which the aphids feed is essentially a sugar solution with only minute traces of protein and minerals, and to get enough of these latter materials the aphids must take in excessive amounts of sugar. They get rid of the excess by pumping it straight through the body and exuding it through the anus as honeydew. This makes the leaves very sticky, but bees of various kinds come along and lap up much of it. Ants are also very fond of honeydew and you can often see them stroking the aphids to encourage them to exude fresh supplies. Some ant species even "farm" aphids and protect them from predators.

Several aphid species live on our garden roses, with one being known as *the* rose aphid. It is a rather plump, bright green or pink aphid with long black horns, known as cornicles or siphunculi, at the hind end. This aphid generally passes the winter in the egg stage, tucked into crevices in the rose stems. The eggs all produce wingless females, which give birth to active young—often several each day—on the stems and leaves of the roses. These females produce young so frequently that if you look at a group of aphids, you are almost certain to see a birth in progress, providing that your eyesight is acute enough. The youngsters mature very rapidly and soon start giving birth themselves. Huge populations thus build up very quickly, and all are parthenogenetic females, giving birth to more babies without mating. Winged forms gradually appear and these can fly to new rose plants, where they quickly build up more colonies. As spring turns into summer, the aphids fly to scabious and teasel plants and continue to multiply there until the autumn. Males appear in the autumn and the insects all return to the roses. After mating, some of the females lay the over-wintering eggs on the roses, but in mild winters the species can also continue to breed parthenogenetically. This complicated life history is typical of most aphids.

Luckily, we have many allies helping us to keep the aphid population under control. We have already come across the hover-flies, but undoubtedly the best known of the aphid-eaters are the ladybirds, whose bright colours warn of their unpleasant taste and protect them from birds. Squeeze a ladybird gently in your fingers and watch it exude the pungent fluid which deters the birds. Several kinds of these attractive little beetles live in our flower gardens, the most familiar being the 7-spot ladybird and the much smaller 2-spot ladybird. Both of these species are basically red with black spots, but the 2-spot ladybird is extremely variable and in some northern industrial areas the red is almost entirely replaced by black. This is an unusual form of industrial melanism (see page 82), with the darker forms surviving better in the cooler and less sunny areas because they absorb heat more efficiently. Look for the steely-blue ladybird larvae roaming your plants: they feed on aphids just as avidly as the adult beetles and during its three weeks of growth a single larva will gobble up several hundred aphids. The larvae have a very effective, but very simple method of finding their prey. They instinctively move upwards on the plants and, because the aphids tend to cluster on the youngest shoots, the young ladybirds are very likely to meet them. If they do not find any aphids before reaching the top of a shoot, they merely come down a short way and then start to climb again. If they are still unlucky they move even further down before climbing again. The chances are that they will climb a different branch at each attempt and thus cover the whole plant in their search. If they find no aphids on the plant at all they will eventually move down to ground level and wander away to try another plant.

Ladybirds generally sleep through the winter, often in dense clusters, and they tend to use the same hibernation sites each year. The individual beetles are, of course, different, and it seems likely that regularly used—and therefore safe—sites acquire a strong ladybird odour which attracts fresh insects each year. The 7-spot ladybird does not sleep quite so deeply as the 2-spot species and often wakes up on warm winter days.

Other important aphid-eating allies include the lacewing flies and their larvae (page 80), and birds, especially tits. The latter eat the aphids in summer and also destroy lots of their eggs on the trees and shrubs during the winter. Robins, wrens and dunnocks are also on your side in the contest between you and the aphids.

MOTH AND SAWFLY CATERPILLARS

Not only butterflies produce caterpillars in the flower garden. Moth caterpillars also feed on leaves and young shoots, although they rarely do much damage. Three of the commoner species are illustrated here. Two are moth caterpillars, while the third is different; it isn't a true caterpillar, but a larva which has a caterpillar-like shape.

Mullein moth caterpillar These very conspicuous black, yellow and white caterpillars feed by day on mullein leaves and flowers.

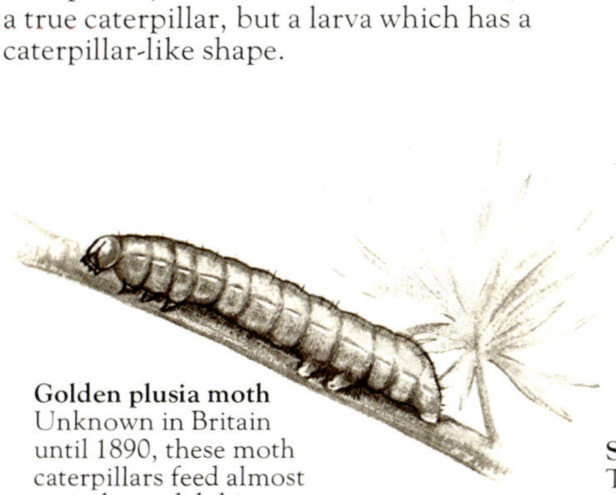

Golden plusia moth Unknown in Britain until 1890, these moth caterpillars feed almost entirely on delphiniums, nibbling at the leafblades and causing them to collapse.

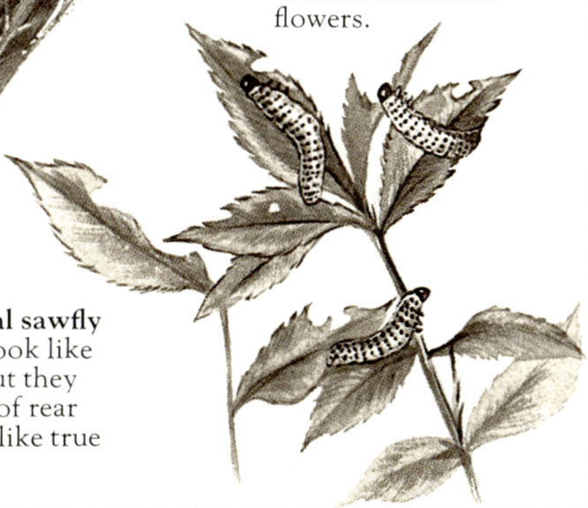

Solomon's seal sawfly These larvae look like caterpillars, but they have six pairs of rear legs—not five like true caterpillars.

CHAPTER THREE

THE · KITCHEN GARDEN

Today's gardeners are nearly all slaves to convention, religiously separating vegetables from flowers. There is much to be said for having the food-producing part of your garden fairly close to the kitchen—and this usually means at the back of the house—and most people would agree that a bright display of flowers is more welcoming than a cabbage patch around the front door, but the rigid division of the garden into flower and vegetable areas has no sound reason behind it. In fact, as we shall shortly see, there is plenty of evidence that mixing certain flowers with the crops promotes better yields.

As far as wildlife is concerned, a well-kept vegetable garden is a distinctly unnatural habitat. It is given over to perhaps a dozen different kinds of plant, each specially bred to produce a particular kind of food, while everything else that appears of its own accord is hoed, uprooted or treated to a dose of weedkiller. Not many animal species can survive in these conditions, although any that do escape notice may multiply rapidly because their food is present in such abundance. You can remove most of these animal pests if you are liberal enough with garden chemicals, but, although your crops may look resplendently healthy and produce very high yields, overall your garden wildlife is likely to suffer in the process.

In this chapter we will look at ways of growing your own food without damaging nature's balance of pests and predators. If you know enough about the natural history of the kitchen garden, you will be able to keep the more destructive animal visitors in check without banishing those that are harmless or even beneficial.

All animal life, including human life, depends on ready-made organic food in the form of proteins and carbohydrates. Plants are the only organisms capable of synthesizing such foods from inorganic materials, and it follows that all animals are dependent, either directly or indirectly, on plant life. This is the basis of the food or energy chains that exist throughout the living world. A typical food chain in the kitchen garden might be broad bean—aphid—blue tit, indicating that aphids feed on broad beans and are themselves eaten by blue tits. You could insert a hover-fly between the aphid and the blue tit, and you could equally well extend the chain to the domestic cat, which kills and eats many garden birds. Some food chains have six links, but this is quite rare. Food chains can also be depicted in the form of pyramids. Leaving out the plants at the bottom, it is obvious that the organisms become less common as you go up the pyramid. They also become larger, although this is not necessarily true in all food chains. The garden examples above are very simple ones, but if we assume that a cat needs just one bird each day and that each bird needs to eat 200 aphids (or their equivalent in other insects) each day we can see that an immense number of aphids is required to keep just one cat alive. And this is for a four-link chain: if there were more than another couple of links the plants would simply be unable to support the required number of aphids.

You can work out many similar food chains in your garden, but you will very soon realize that a single plant or animal species can belong to several or many different food chains. Earthworms, for example, feed on the decaying remains of almost any kind of plant and are themselves eaten by such diverse predators as hedgehogs, blackbirds, toads and a number of carnivorous slugs. The food chains are thus linked together to form a complex web of life, with each component species being regulated by both food supplies and predators. Most gardeners, wishing for the highest yields from their gardens, aim to simplify the food chains to just two links: vegetables—man. This involves cutting out all the pests, which is a very expensive and practically impossible task. Far better to let the natural food chains do the job for you—perhaps with a little bit of help from you if things occasionally seem to get a little out of hand. You will lose a few cabbage leaves and maybe a potato or two, but this is cheaper than buying a lot of pesticides. To quote Chris Baines, a leading exponent of wildlife gardening: I would rather eat a piece of cauliflower that a caterpillar has enjoyed than a piece of cauliflower that has just killed a caterpillar!

FOOD PLANTS AND THEIR WILD RELATIVES

Just like our cultivated flowers, our vegetables include species from all over the world. The runner bean and potato hail from South America, the marrow from North America, and the rhubarb and cucumber from Central Asia. Most of our kitchen garden plants, however, are home-grown natives of Europe.

Among the ancestors of our cultivated vegetables, surely the wild cabbage must take pride of place. None of our other wild plants has yielded such a wide range of crops. Wild cabbage grows on the western and southern coasts of Europe, from Britain to the Adriatic, and the Greeks and Romans were well aware of the value of its large bluish green leaves. The plant was brought into cultivation some 3,000 years ago and at least 12 varieties were being grown in Roman times. Today we have dozens to choose from: Brussels sprouts, broccoli, cauliflower, kohl rabi and kale are all descendants of the wild cabbage, as are the numerous dense-hearted varieties that we simply call cabbages. The gardener generally refers to them all as brassicas. Despite their varied appearance, they are all varieties of the wild cabbage, and if you allow them to reach the flowering stage you will find that their flowers are identical, with four yellow petals arranged in a cross. This shape gives the whole family the name Cruciferae,

Wild cabbage The ancestor of all our cultivated cabbages is a woody-stemmed plant with large but sparse leaves. Cultivated cabbages produce leaves which cluster much more densely around the stem, while cauliflowers and Brussels sprouts produce enlarged flowers or buds.

and members of the family are commonly known as crucifers. Many other members of this important family are cultivated as vegetables, including turnips, radishes, and swedes. Turnips and radishes have been cultivated for 2,000 years or more, but the swede is a relative newcomer, believed to be a hybrid between the turnip and some variety of the wild cabbage. These crucifers all contain mustard oil, which gives them a distinct tang—especially noticeable in radishes and in the seedlings of mustard and cress which we eat in salads. This same mustard oil is attractive to various insects and you will find the same pests attacking a wide range of both wild and cultivated crucifers.

The carrot family (Umbelliferae) is another important source of vegetables, including celery, celeriac and parsnips as well as the carrots themselves. These vegetables are all biennials and all have been derived from species growing wild in Europe. There are also many valuable herbs in this family, including parsley, dill, coriander, chervil, lovage, sweet cicely and fennel. Both leaves and seeds are used for flavouring, and fennel also has a variety with swollen leaf bases which can be used as vegetables.

We don't normally allow the root vegetables to come into flower but the herbs, which include annuals and perennials as well as a few biennials, commonly produce their lacy flower-heads during the summer. The dome-shaped flower-heads are known as umbels and the plants of this family are commonly known as umbellifers. Each umbel consists of many small flowers—generally white or yellow—each carried on a slender flower stalk. All the flower stalks arise from one point on the main stem, although they usually branch again to form secondary umbels, and the oldest flowers are on the outside. Look at cow parsley or hogweed in the hedgerow if you have no flowering umbellifers to study in your garden. Flies and beetles are very fond of the umbellifer flowers, for the nectar is exposed in the centre of each flower within easy reach. Parsley is especially attractive to small flies in the garden.

Sea beet Like the wild cabbage, this plant comes from coastal regions. In common with many plants found along the shore, it has strong stems and leaves adapted to withstand the battering and drying effect of the wind. Cultivated forms have been bred to thrive in more clement conditions.

The sweet, juicy beetroot that we enjoy in our salads has descended from a most unlikely ancestor—the sea beet that grows around our coasts. The wild plant is a perennial with a stout, woody root and a sprawling, red-tinged stem bearing rather leathery leaves. It was probably cultivated for its leaves at first, and the beetroot that we know today was possibly born as a result of a mutation producing the swollen root. The root contains lots of sugar, but little else of value. Today's cultivars are either annuals or biennials. Sugar beet has been produced from the same wild ancestor, and so have spinach beet and Swiss chard, cultivated for their nutritious leaves and leaf stalks. True spinach belongs to the same family—the Chenopodiaceae—but it came originally from western Asia. Arriving in Europe in the sixteenth century, it gradually replaced the related Good King Henry, a native plant which had long been grown for use as a green vegetable. The flowers in this family are small and green and pollinated by the wind—if not self-pollinated—and few insects visit them apart from the infamous blackfly (page 59) and a few other sap-sucking bugs.

Most cultivated members of the pea family (Leguminosae) hail from warmer parts of the world, but the broad bean is certainly a native of the cooler regions—although its exact origin is not known. It has been cultivated in Britain and other parts of Europe for several thousand years, during which time the size of the seeds has gradually increased from something little larger than a pea. The fragrant flowers, which perfume the whole countryside when growing *en masse* in the fields, are much appreciated by the bees. After pollination, the pods or legumes develop. These are characteristic of the whole family and they split along both edges to release the seeds when they are ripe—although we harvest them before they reach this stage. The garden pea is a native of the Mediterranean area and was first cultivated in Ancient Egypt for the sake of its nutritious, protein-rich seeds. The wild plant still grows in southern Europe, sprawling over neighbouring plants and displaying beautiful purple and pink flowers to the sun. It is a shame that this colour has been lost during cultivation. The flowers have also lost some of their attraction to insects and are usually self-pollinated in the garden—but this is a good thing because it means that they will nearly always be pollinated, regardless of weather, and produce a good crop as long as the pests don't get at them. Habitual self-pollination and fertilization also means that the plants will breed true.

Apart from the Alliaceae, which gives us the various kinds of onions and their relatives, the only other family which has contributed significantly to our vegetable gardens is the one that includes the daisy—the Compositae. This has given us salsify and scorzonera, both with edible roots and both originating from southern and central Europe, chicory, globe artichoke and the many varieties of lettuce.

WHERE PLANTS STORE THEIR FOOD

Plants make their food primarily in their leaves, where the process of photosynthesis takes place, and then move it to other parts of the plant for storage. There is rarely much food in a leaf at any given time, but the leaves of many plants are, nevertheless, excellent sources of minerals, vitamins and proteins. Spinach and leaf beet are good examples. Cabbages and lettuces actually store food in the densely packed leaves which form their hearts, while celery stores much of its food in its leaf stalks or petioles. Leaf stalks can be rather tough, however, and the traditional blanching of celery by heaping soil around the plants or surrounding the stalks with black paper is designed to overcome this toughness by reducing the amount of fibre formed in the stalks. Rhubarb is another plant whose edible part is the leaf stalk. It has a high sugar content—although this is unfortunately combined with high acidity. Food is not stored in the leaf stalks in any great quantity, but the sheer size of the rhubarb's leaf blades means that each leaf produces a lot of food so that at any one time a good deal of sugar is being carried down the petiole. Most of this translocation takes place at night, and this is the best time to pull your rhubarb. The worst time is early in the morning!

Like the bulbs of wild plants, onions store sugars in special scale leaves which spring from a disc-like stem and surround the following year's shoot. The onion has been bred to do this on a massive scale. When growth commences in spring, food floods from the scales into the shoot to produce leaves and flowers—but unless we want to obtain seeds we harvest the food-filled bulbs at the end of the previous season.

NATURE EXAGGERATED

Wild plants store their food in a wide variety of different places. Kitchen garden plants show a similar diversity of storage methods. In each case, the plant's food stores have been gradually exaggerated by centuries of unconscious selection or deliberate breeding.

Turnip Many plants store winter food in their roots. In the turnip this food store has become enormously enlarged.

Globe artichoke The edible scales of this plant are actually enlarged bracts—modified leaves which protect the developing flowers.

Runner bean Bean pods contain food which is eventually passed to the developing seeds. In the runner bean, these pods are very elongated.

Potato The potato tuber is not a root, but a swollen underground stem. Wild potatoes, from South America, are tiny by comparison.

Lettuce This plant holds food reserves in the leaves. If left to itself, this food is eventually diverted to seed and flower production.

Among the vegetables that store food in their stems are potatoes, the rather similar Jerusalem artichokes, both of which produce tubers, and the kohl rabi. The latter is a member of the cabbage family with a short stem which swells up to a ball of perhaps 10 cm diameter. Full of sugar, starch, and protein, it is a tasty and nutritious vegetable deserving to be much more widely grown than it is.

Roots are the main food storage area for wild plants, so it is not surprising that they play a major role in our vegetable diet, with a large part of the kitchen garden being devoted to root crops such as carrots, parsnips, turnips, swedes, and beetroot. These are all biennials. Left to themselves they store sugars and other foods in a large tap-root during the first season's growth and then use the stores to produce flowers and seeds during the second season. However, they don't usually get the chance to flower in the kitchen garden, being harvested before the flowers develop. A proportion of individuals, especially among the beet and the turnips and swedes, may show an annoying tendency to bolt—to grow up and flower in the first season without laying down a large food reserve. The same thing can happen with cabbages and other brassicas and is most commonly seen after a cold spell during the first growing season. As the weather warms up after such a spell, the plants are fooled into thinking that winter has come and gone and they initiate the flowering sequence. Onions often bolt if the "sets" planted out in the spring are on the large side, containing a fair amount of food.

To a botanist, runner beans and vegetable marrows are really fruits, because they contain seeds. We can also add French beans, cucumbers, and tomatoes to this list. The proteins and other foods found in bean pods are stored there temporarily and, under normal circumstances, passed to the developing seeds. But the gardener steps in before the transfer gets very far and gathers the unripe fruit for the kitchen. Much the same thing happens with cucumbers and marrows, although the main foods here are sugars and vitamins, but we don't eat the tomatoes until they are ripe. The bright colour and sweet flesh of the fruit is designed primarily to entice birds, which eat the flesh and scatter the indigestible seeds.

Forbidden flowers Plants like carrots rarely get a chance to show their umbrella-shaped flowers—we lift the roots before the process gets underway.

Finally in this brief survey of vegetable botany, we come to the edible seeds, represented by peas and broad beans. Here we wait until a good deal of food has been transferred to the seeds, and then harvest them. Harvesting usually takes place before the seeds are ripe, because they are then sweeter and more tender, but ripe seed also has a place in the kitchen if it is cooked in the appropriate way.

CABBAGE PESTS AND THE GARDENER'S ALLIES

As we have already seen, our tendency to grow vegetables in dense blocks favours pests which are attracted by the concentrated scents of the plants. Nowhere is this more obvious than in the cabbage patch, where the cabbage white butterflies can be seen dancing all day in the summer. If you watch them closely, you will notice how they drop down from time to time to examine the leaves and perhaps to deposit their eggs. There are actually two species of cabbage whites—the large white and the small white. A third species, known as the green-veined white for the lines of greenish scales on the underside of the hind wing, commonly feeds at garden flowers but shows no interest in our cultivated brassicas. It prefers to lay its eggs on charlock and similar cruciferous weeds, whereas the other two species have almost abandoned their wild diet in favour of the much more succulent cultivated cabbage family plants.

The caterpillar of the large white is one of the most destructive insects in the kitchen garden, munching its way through all kinds of brassicas and reducing the leaves to skeletons if unchecked. Adult butterflies usually start to emerge from their pupae in May, although they are not particularly common or noticeable at this time. They lay their bright yellow, skittle-shaped eggs in batches on the underside of the leaves, and this is the best time to control the pest—by searching for the quite conspicuous egg batches and squashing them: no expense and no pesticide problems! This butterfly is one species that you need not feel guilty about keeping under control. Thanks to human activity, the large white is doing extremely well, and its relative, the small white, is one of the most numerous butterflies in the world. When the surviving eggs hatch—and you can be sure that there will be *some*—the young caterpillars feed gregariously, usually on the underside of the leaves at first but later quite openly on the upper surface. Their conspicuous black and yellow colouring alerts birds to their foul taste—a good example of warning coloration. With this protection, the caterpillars can thus feed quite openly, and this makes them easier for you to find and destroy. If you have squashed the caterpillars you will know just how pungent and unpleasant their body fluids are.

As they grow and strip the leaves, the large white's caterpillars gradually go their separate ways, and when fully grown they wander off to pupate on some vertical surface—often a fence or a garden shed (inside as well as on the outside walls). The pupa or chrysalis is usually cream with black spots, but it may be dark if formed in a dark shed, and if formed in leafy surroundings it may be quite green. It is attached to the support by a silken pad at the tail end and held upright by a silken safety belt around the middle. The new generation of butterflies emerges in July to join the huge swarms of immigrants which are arriving from the continent. These summer butterflies have blacker wingtips than the spring brood, but the underside of the hind wing has fewer black scales and appears much cleaner. The insects enjoy garden flowers, especially lavender and buddleia, but their main target is the cabbage patch and you must be on your guard in August and September if you want to protect your crops. Squashing the eggs and young larvae is the best method: don't wait until you can see the large caterpillars on the upper surfaces, for by then much of the damage has been done. The caterpillars pupate in the autumn, but only a small proportion ever make it to the chrysalis.

Trails of destruction All this damage to cabbage leaves can result from a few seconds' visit by an egg-laying large white butterfly.

Eaten alive This large white caterpillar (*above*) is surrounded by the cocoons of the parasite *Apanteles glomeratus*. The cocoons are formed after the mature larvae have finished making a meal of their unfortunate host.

Scourge of the cabbage patch A small white (*left*) investigates a cauliflower for egg-laying sites. It is attracted to the plant by its scent.

Look on your walls and fences for shrivelled caterpillars surrounded by clusters of yellow cocoons, and be thankful to *Apanteles glomeratus*. This small, dark relative of the ichneumon flies destroys millions of large white caterpillars each year. The female *Apanteles* sniffs out the young larvae with her mobile antennae and lays a batch of eggs in each one. Her grubs feed inside the host, carefully avoiding the vital organs until they are nearly fully grown, and then they finish off their demolition job and emerge to pupate around the empty skin. Don't be tempted to remove the little cocoons, even if they do seem to be untidy, for *Apanteles* is the wildlife gardener's greatest ally in the war against the cabbage white.

Those larvae that escape the attentions of *Apanteles* are still not home and dry: there waits an even smaller parasite to attack the newly-formed pupae. Known as *Pteromalus puparum*, it can lay its eggs only when the skin of the host pupa is soft, and you may actually see an adult female riding on a caterpillar and waiting for it to turn into a pupa. The *Pteromalus* grubs feed on the host pupa and new adults emerge, green and shiny, in time to attack the next generation of butterfly pupae. With so many natural enemies, in addition to the gardener himself, it is a little surprising that we have any large whites at all. Without the mass immigration each summer, the species probably would disappear from Britain.

The life history of the small white is just like that of the large white, but the eggs are laid singly. If you see a female small white dancing over your brassicas and periodically dropping down to settle momentarily on the leaves, examine her landing sites carefully and you will find a solitary pale egg glued to the surface of the leaf, often on the upper surface. The caterpillar lacks the foul taste of its larger cousin and relies on camouflage for its protection. It is pale green and extremely hard to spot when resting along the mid-rib of a leaf. Unlike the large white caterpillar, it also chews its way into the developing hearts of cabbages and into cauliflower curds where it feeds on the succulent young stalks. The small white is attacked by the same enemies as

Natural pest control Greenfly and blackfly have no defences against ladybirds (*above*), relying solely on their numbers for survival.

A diet of sap Aphids like these blackfly (*right*) do not actually have to suck sap. Their liquid food emerges under pressure, like water from a punctured hosepipe. Finding room to insert their beaks may be more of a problem—especially in a crowded colony.

the large white, but less frequently—no doubt because of its solitary and more secretive habits. Both pests are said to be controlled to some extent by interplanting the brassicas with celeriac, the smell of which is thought to deter the egg-laying adults. If you want to avoid pesticides but can't bring yourself to squash eggs and caterpillars, try planting celeriac between your brassicas. Celery is said to have a similar, but less powerful effect.

THE APHID HORDES

We have already met the rose aphid or greenfly on page 48. However, aphids are not restricted to the flower garden. In fact, many more aphid species can be found in the kitchen garden, often causing serious damage to our crops. The most familiar of these pests is the black bean aphid, or, as it is more commonly known, the blackfly. It infests not only all kinds of beans but also leaf beet in the garden, and sugar beet in the fields. It also attacks nasturtiums and poppies in the flower garden, and dock plants wherever it can find them. The aphids cluster mainly around the delicate growing points of the plants, withdrawing sap and stunting growth. Infested plants may also become deformed and infected with an assortment of viral diseases carried by the aphids. Like most aphids, the black bean aphid has a very complex life history. It can best be followed by starting with the over-wintering eggs which are laid on the twigs of spindle and guelder rose in the hedgerow and also on the mock orange in the garden.

The eggs hatch as the sap rises and the buds begin to swell in the spring. The nymphs search for plump buds into which they plunge their beaks and, feeding on the nutritious sap, they mature rapidly into wingless adults called stem mothers. All are females and each is the head of a long line of female descendants. Each stem mother gives birth to several babies each day, and the babies mature and reproduce equally rapidly—all without mating, for there are no males around at this time. By the end of April the twigs and young leaves bear dense clusters of aphids. The early ones are all wingless, but winged individuals start to appear as the population density increases. Known as spring migrants, the winged aphids take off to find their summer host plants, including our beans and other vegetables. Reproduction continues unabated on the new hosts, starting with the production of wingless forms and then winged individuals as numbers increase. The winged aphids spread the infestation to new plants, often many miles away, and the cycle continues throughout the summer. Physiological changes occur in the insects in September, when there is little fresh growth on the plants. Winged females fly back to the spindle and other winter hosts, where they give birth to a generation of wingless sexual females. Meanwhile, the dwindling colonies on the beans and other herbaceous hosts are producing winged males—the only males to appear in the complex annual cycle. These males fly to the winter host plants and mate with the sexual females. The latter then lay the eggs that will see the species through the winter—a time when little sap is available.

CONTROLLING APHIDS WITHOUT HARMING WILDLIFE

You can control blackfly and other aphids by chemical or biological means. Because aphids do reproduce remarkably quickly, you may be tempted to use pesticides to control them. There are indeed some effective insecticides that you can use without damaging other animal life. The numerous insecticides that you can buy for use in the vegetable garden can be divided into two major groups—the contact insecticides and the systemics. Contact insecticides kill those insects that come into direct contact with them, while the systemics are absorbed by plants and then kill only those insects that actually feed on them. The systemics do not harm other insects, possibly beneficial ones, that only visit the plants, but where vegetables are concerned the drawback is that you must adhere to the instructions and not eat crops within so many days or weeks of application. The short-lived contact insecticides, such as pyrethrin and its synthetic relatives, are good for aphid control and do relatively little harm to other insects. Whatever form of chemical control is used, it must be applied as soon as any aphid build-up is detected: if you wait until dense colonies are visible, much of the damage will already have been done. Furthermore, late application of insecticides may actually do more harm than good, because a dense population of aphids attracts predators and it is these useful insects that might receive the full force of the poison. There is still much to be said for the old-fashioned but safe soapy water treatment, perhaps mixed with a few drops of paraffin. This mixture removes much of the aphids' waxy coating, killing them by allowing their bodies to dry out.

On the non-chemical front, you can pinch out the tips of broad bean plants when the pods have formed on the lower parts. This denies blackfly the tender young shoots it requires and reduces the risk of infestation. You can also encourage hover-flies by interplanting your beans with marigolds of various kinds, including French and Mexican species. The flowers attract the adult flies, and if there are any aphids on the neighbouring beans the flies will probably lay their eggs there so that their grubs will be able to eat up the blackfly. Root secretions from French marigolds also destroy numerous soil-dwelling nematodes which would otherwise damage crop roots. Plant marigolds—both *Tagetes* and *Calendula*—with your tomatoes as well, for they are believed to repel an assortment of tomato pests. The one useless, although often recommended method of blackfly control is the removal of spindle and other winter host plants from the garden: the summer generations of blackfly can be carried many miles on the wind and local removal of the plants that are their winter hosts is unlikely to have any noticeable effect on their numbers the following summer.

The appearance of pale, crinkled patches

THE BLACKFLY'S YEAR

With the exception of some parasites, few insects have lives as complex as aphids. Nearly all aphids are female, and usually they reproduce without mating. This means that winged females arriving at a host plant can populate it with their offspring in a matter of days. Only when conditions get crowded do more winged forms appear, and these fly off to new plants. Males appear only in the autumn, mating with females to produce overwintering eggs.

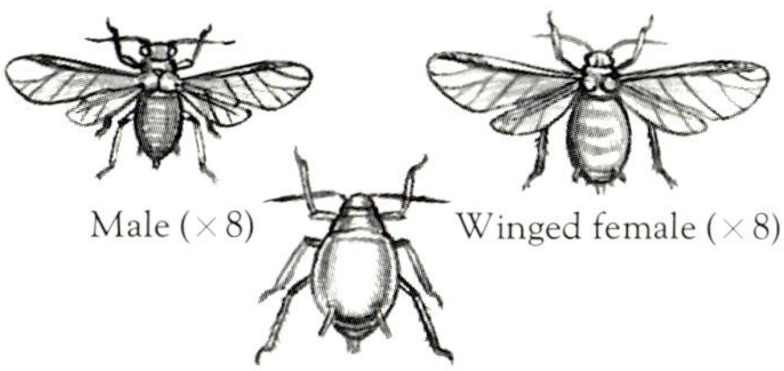

Male (× 8) Winged female (× 8) Wingless female (× 8)

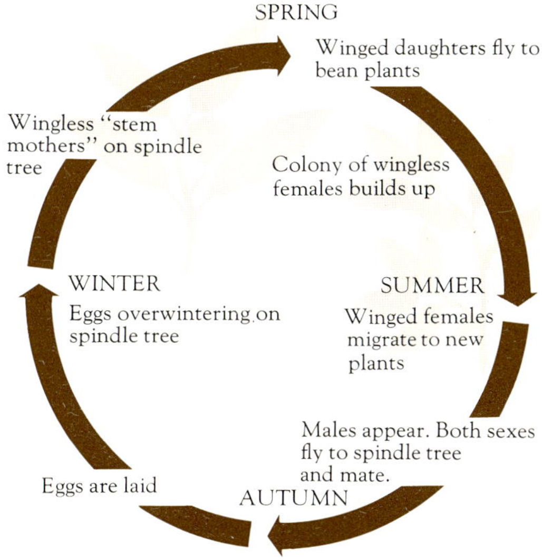

on brassica leaves within weeks of planting usually signifies the presence of the cabbage aphid. Individual aphids are greyish green, but they are clothed with a waxy white powder. Dense colonies develop on the leaves in summer and may smother and kill small plants, and larger plants may be severely stunted. Wingless aphids form the bulk of the colony, especially during the early weeks of the infestation, but winged individuals gradually appear and then fly off to start new colonies on other plants. Unlike the blackfly, the cabbage aphid spends its whole life-cycle on brassicas and related plants. Eggs are laid in the autumn and, if old brassicas are not removed as soon as you have finished with them, these eggs will produce new generations of aphids to infest young plants in the spring. In mild years the asexual forms can carry on breeding right through the winter. They can live on shepherd's purse and other cruciferous weeds as well as on cultivated brassicas, so there is always a nucleus from which the next year's pests can develop. Insecticidal sprays, including the synthetic pyrethrins, provide effective control as long as they can wet and penetrate the aphids' waxy coats. Interplanting with marigolds is of no value here: the marigolds might deter some aphids, but by encouraging the white butterflies they will merely add more pests to your brassica patch. Tomatoes are worth trying among the brassicas, however, for they stimulate growth as well as warding off numerous pests. Tomatoes, in fact, are good companions for almost any other vegetable apart from beetroot. Apart from their other attributes, they control couch grass with their root secretions.

The cabbage whitefly is commonly confused with the cabbage aphid, although it is a much more active insect with two pairs of opaque white wings. It congregates under brassica leaves, although rarely forming dense clusters, and sucks out the sap in the same way as the aphids. It also exudes honeydew like the aphids and other sap-feeding bugs, but the secretion is coated with wax to prevent the insects from becoming sticky. When droplets fall on to lower leaves, however, the wax coats split and the sticky honeydew smears the leaves. Whiteflies can be found at any time of the year, often flying in the depths of winter if you disturb them—by picking sprouts, for example.

Infestations are rarely severe enough to cause serious damage, but numbers can build up to serious proportions if you leave old brassica plants in the ground through the winter, so the answer is to pull them up as soon as they are finished with. Several very similar species occur on other plants in the garden, and the greenhouse whitefly attacks a wide variety of vegetables and ornamental plants under glass.

THE ANIMAL LIFE OF THE GARDEN PEA

Garden peas are subject to attack from the moment you sow the seeds in the ground right up until harvest time and even beyond. Mice are adept at finding the freshly planted seeds, and birds find the young shoots irresistible when they break through the surface. Insects quickly join in the assault on the foliage, and the edges of a high proportion of the young leaves become scalloped like the perforations around the edges of postage stamps. This is the work of *Sitona lineata*, a short-snouted weevil commonly known as the pea and bean weevil. It attacks broad beans as well as peas and is also abundant on red clover on roadside verges. Adult weevils hibernate amongst the debris and vegetation in hedgerows and similar places and emerge with the spring sunshine. You will often see them sunbathing on walls and paths at this time as well as nibbling away at your peas and beans. Derris or pyrethrin dust will control them if necessary, but if the soil has been well dug and manured the plants should be able to shrug off the damage. Eggs are laid in the soil and the larvae feed on the root nodules of the peas and beans and other leguminous plants (see page 154). A new generation of adults appears in midsummer and feeds on a wide range of plants, rarely causing any damage to peas or beans at this season.

"Maggots" are the most familiar of the pea pests, confronting us all too often as we open the pods in the kitchen, but few

FEEDING ON YOUR PEA PLANTS

The pea plant is attacked by many animals in the garden. Some feed on the peas themselves, while others concentrate on the leaves, flowers or pods. In the wild, the pea's relatives suffer from the same problems, although often to a lesser extent.

Pea moth One of many small moths with caterpillars that feed on fruit and seeds.

Pea weevil Feeds on leaves, cutting away the leaf edges.

Woodpigeon An increasing garden pest. Eats all parts of pea plants.

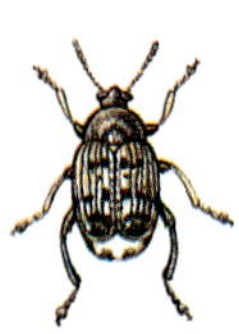

Pea beetle A seed-eater which grows from egg to adult on or in pea plants.

Wood mouse Adept at smelling out and carrying off newly planted seeds.

people look at them long enough to discover that at least three different kinds may be present. These three are the pea moth, the pea beetle, and the pea midge—representing three very different orders of insects. The pea moth is a rather shiny, but inconspicuous moth with dark brown wings spanning about 12 mm. It is closely related to the codlin moth (page 84) which damages our apples. On the wing from June to August, the female lays her eggs, singly or in small groups, on the leaves or on the sepals surrounding the developing pods. The young larvae then bore through the pods and into the seeds, where they feed for about three weeks. You rarely find more than two of these small caterpillars in one pea, and very often there are no more than two in a pod. They are pale yellow with brownish dots on the body. The head and legs are black. When fully grown they chew their way out of the pods and go down to the soil where they enter a long hibernation in silken cocoons. They pupate in May, without further feeding, and the new adults emerge in June and July. You can usually control this pest by avoiding sowing at certain times, the idea being to have no young pods on your plants in early July when most of the eggs are hatching. The exact time of sowing will, of course, depend on the variety you grow and its rate of growth. Dig the ground thoroughly after harvest and leave it bare for a week or so to allow the birds to find most of the buried larvae.

Wild pea Although the wild ancestor of the pea does not produce edible seeds, its beautiful flowers make it well worth growing.

The pea beetle lays its eggs on the developing pods and, like those of the pea moth, the larvae bore their way in to get at the seeds. Because they are very small when they enter the pods, it is usually impossible to find the hole and you can't identify an infested pod just by looking at it. The larvae are plump and legless, and thus easily distinguished from those of the pea moth. Each has a seed to itself, and by the time the grub is fully grown there is little left of the pea. The grubs pupate in the peas and, if they escape the harvest, the adults remain there until the spring. A few infested peas probably survive the winter in the garden soil or in the compost heap, but most infestations probably begin with beetles which grew up in field peas, among which there is a much greater wastage at harvest time. The mottled brown adults, with elytra or wing cases somewhat shorter than the body, are often seen basking on sunny walls in spring, before moving off to find their food plants. Several similar species infest beans in the same way. The bean beetle attacks broad beans, although it causes less damage to these much larger seeds.

The pea midge is a tiny yellowish fly which lays its eggs in the pea flowers or in the young pods in spring and summer. Affected flowers become swollen and deformed, but it is only the infested pods that normally come to our notice. Over 100 slender, legless maggots may be found in a single pod, feeding on the inner lining of the pod as well as on the developing seeds. Left alone, the maggots make their way out of the pods and pupate in the soil, where the insects pass the winter. Thorough digging to expose the pupae to birds and other enemies after harvest is the best way to control the pest.

Undersized pods with a mottled silvery appearance point to the presence of the pea thrips, one of many very similar small insects which are commonly known as thunder flies because they tend to fly in the still, humid air that often precedes a thunderstorm. They are all narrow-bodied insects, usually dark in colour and bearing two pairs of minute feathery wings. Nearly all are plant-feeders, piercing the tissues and sucking out the cell fluids. The collapsed surface cells give the affected pea pod its silvery appearance, but this is not the real damage. The female thrips lay their eggs in the flowers and the eggs hatch just as the pods start to swell. The yellowish larvae then attack the young pods, often drawing so much sap from the cells that the pods become stunted and misshapen and sometimes fail to grow at all. The fully fed larvae hibernate in the soil or in debris, pupating in the following spring and producing a new adult generation in time to attack more pea flowers in May. Many other species of thrips can be found in the garden, few flowers being without these little insects during the summer. Although feeding largely on the flower tissues, they probably effect a certain amount of pollination as they crawl about in the blooms. Huge swarms of thrips take to the air in rural areas in July and August, getting into our hair and eyes and causing much annoyance as they crawl over our skin. Some of these thrips may have grown up in the garden, but the majority come from the cereal fields, having spent their larval life in the developing ears. The commonest species is *Limothrips cerealium*, whose adult females often invade our houses in large numbers in search of hibernation sites.

The bank vole This rotund rodent usually lives in dense cover, but your kitchen garden seeds may tempt it into the open.

LARGER VISITORS IN THE VEGETABLE PATCH

Some gardeners have to contend with deer which wander or even leap into their gardens and feast on the brassicas and other vegetables, but such uninvited guests are usually found only in the more isolated rural gardens. Most garden mammals are much smaller, and the only ones likely to cause problems in the kitchen garden are the mice and voles. The commonest mouse in the garden is the wood mouse, also known as the long-tailed field mouse. It will nest in the shed and even in the house if there are no house mice on the premises, but it prefers the hedgerow or the bottom of an old wall where it makes a nest of shredded grass just under the ground. Almost entirely nocturnal, it feeds on both plant and animal material, but seeds are its favourite foods and this is the animal responsible when your newly sown peas and beans disappear without trace. The wood mouse will systematically work along a row of seeds, eating what it can and carrying the rest off to be stored in or near the nest. Large stores are also accumulated in the autumn for use during the winter, the mice being quite happy to scamper up into the hedges to gather haws and other fruits. The bank vole lives in similar places to the wood mouse, but can easily be recognized by its blunter snout and small ears. It is active day and night when there is plenty of cover and it is more likely to damage plants in the flower garden than in the vegetable patch.

Most gardeners like to see birds in their gardens, but too many house sparrows can certainly cause problems. They pull crocuses to pieces on the rockery and rip off polyanthus flowers even before they have opened. In the kitchen garden they love to peck away at the leaf beet, often reducing the leaves to skeletons in late winter when there is little other food available. Seedlings are also vandalized in spring and summer and, if not protected, growth may not be rapid enough to make good the damage. Susceptible crops, including peas and lettuces as well as leaf beet, can be protected by the traditional wire pea guards at first, but the birds soon learn to perch on these and reach down to the tender shoots. Black cotton, stretched tightly between sticks to form a network over the crops, is a very effective deterrent because the birds can't see it and get a real fright when they fly into it. Bird repellent mixtures are available for spraying on to flowers and the early stages of crop plants. These bitter-tasting but non-poisonous substances keep the birds at bay during the susceptible period. If your lettuces suffer badly from house sparrow attack it may be that a change of variety could alleviate the problem. Try one of the red-tinged varieties, which are less attractive to the sparrows.

Woodpigeons can also be a problem during the winter, especially in open gardens with broccoli and other brassicas. A flock of pigeons will quickly reduce the crop to a few bare stumps and the only remedy here is perpetual vigilance or a cage similar to that used to protect soft fruit in the summer.

The house sparrow When seeds are not in season, sparrows turn to leaves and young shoots—sometimes with damaging results.

THE KITCHEN GARDEN'S WILD PLANTS

If you follow the traditional system of vegetable gardening, you will have a considerable area of soil left unplanted, either dug or undug, between autumn and early spring. You will probably also have some expanses of bare soil between the newly planted rows in spring and summer. If you decide not to use herbicides in the interests of garden wildlife, your vegetable patch will be very prone to invasion by weeds. It is relatively easy to keep these weeds under control by hoeing, but if you relax your vigil when your crops have been cut and lifted, and unless you plant a second crop immediately, the weeds will come into their own.

The red deadnettle is one of the more attractive of our annual weeds and can be found in flower at almost any time, although it is most noticeable in the spring, when young plants which have survived the winter burst into flower. I like to leave a few plants in the garden to yield early pollen and nectar for bumble bees and the fast-flying *Anthophora plumipes* (see page 41), but I have my work cut out later to remove the new crop of seedlings which would otherwise soon carpet the ground. Apart from birds, ants are responsible for scattering seeds far and wide. The seeds possess oily outgrowths which are of great interest to the ants as food. Huge numbers of seeds are collected for transport to the ants' nests, but the oil reserves generally part company from the seeds during the journey and the actual seeds are left scattered all over the ground. Ants may forage more than 50 metres from their nests and, although this is a small distance compared with that covered by seed-carrying birds, ant activity is quite sufficient to spread weeds all over your garden—as well as carrying them to or from neighbouring gardens. Some of the seeds germinate immediately, but others delay their growth for varying periods. There will always be some ready to sprout, no matter when you dig over your garden. Some even spring up during the winter as long as it is not too cold.

The white deadnettle is also scattered by ants but, although closely related to the last species, it is a perennial and forms dense patches. Most gardeners remove it as a weed, but its root secretions are believed to have a beneficial effect on potatoes. If you don't fancy this unexciting plant amongst your vegetables, you might like to try the related variegated deadnettle between your potatoes. Introduced from the continent long ago for the sake of its mottled leaves and attractive pink flowers, it is now considered a weed by many gardeners because of its rampant growth. But it has its uses: apart from its possible beneficial effect on the potatoes, it is an excellent ground cover for planting under fruit bushes and it attracts hordes of bumble bees in spring.

Of the weeds that you are likely to encounter in your vegetable garden, the annuals are often so loosely anchored to the ground that there is little excuse for not getting rid of them by a little old-fashioned husbandry. Armed with the hand and the hoe, you should be able to deal with these plants without harming either your crops or the garden fauna. We will close this tour of the kitchen garden with a brief look at the worst of these, a collection of plants that have one thing in common—a great capacity for spreading themselves.

Some of the densest weed growth in vegetable patches is shown by the chickweed. Each plant can produce sprawling branches which can cover an area of perhaps a square metre within weeks, and gardens on richer soils can quickly be smothered with a bright green carpet as much as 15 cm deep. The weed is quite easily controlled by regular hoeing or hand-pulling so there's no need to use weedkillers, but don't let it get a hold amongst your peas. These plants hate any form of root disturbance, and if you

Dispersal by ants Gripping a spurge seed in its jaws, an ant (*above*) returns to its nest. A number of plants are dispersed with the help of ants. The ants often discard or drop seeds on their travels, enabling new plants to germinate away from their parents.

Food and flowers In this garden (*right*) foodplants and flowers meet in an area which is rich in habitats for wildlife.

can't get the weeds out at a very early stage it is better to cut them than to try to uproot them. Chickweed flowers are small and white and each generally lasts for just one day. One flower produces about 10 seeds, which ripen very quickly and may be scattered when the parent plant is only five weeks old. The mature plant can survive for several months, however, during which time it will produce perhaps 250 flowers and an average of about 2,500 seeds. Birds enjoy the leaves, fruits, and seeds of chickweed and play an important role in dispersing the weed. Seeds are carried in mud on their feet and many also pass unharmed through the birds' digestive systems. But the gardener is the major distributor of chickweed, spreading huge numbers of seeds in manure and improperly made compost as well as carrying them on his muddy boots. You can find chickweed in flower at any time of year, and the seeds can also germinate at any season, so there are always plenty ready to come up no matter when you dig the garden. If the weed gets out of hand, you can always eat some yourself: cook it in butter, just like spinach, but make sure that you don't gather the poisonous groundsel or petty spurge with it.

The bright green leaves of petty spurge are easily confused with those of chickweed, but you will soon realize that you have something different when you see the milky juice oozing from the broken stems of the spurge. The flowers, which appear between June and November, are also very different. They have no petals and occur in small clusters surrounded by closely packed yellowish leaves. Beads of nectar attract small insects for pollination, while ants, attracted by the oily outgrowths on the seeds, play an important part in dispersing the weed.

Groundsel produces several generations in a year and its flowers and fluffy fruiting heads can be seen at any time.

The weed is especially common on the heavier soils. As well as its "parachutes" for dry weather dispersal, the plant has a wet weather system: the little fruits become sticky when damp and they adhere to the beaks and feet of birds—as well as to the gardener's boots and tools. Look for orange patches of rust fungus and greyish patches of mildew on the leaves in winter—and then destroy the weeds, for the fungi could well transfer their attentions to your crops in the spring. Shepherd's purse is another abundant and troublesome harbinger of plant pests and diseases, particularly those of brassicas. It is commonly infested with cabbage aphids (page 61) during the winter and also plays host to the destructive club-root fungus and various mildews. Self-pollination takes place before the small white flowers open, resulting in maximum seed production regardless of weather and insect activity. The plant gets its name from the fanciful likeness of the seed-filled fruits to old-fashioned purses filled with coins. Each plant can produce some 2,000 seeds, which become sticky when wet and are very easily transported.

Beware the fool's parsley, a fine-leaved and poisonous umbellifer that can sneak up unnoticed among the carrots and the true parsley. It has caused deaths in the past through being taken for the true parsley, but today's cultivated strains have much curlier and sturdier leaves than the fool's parsley and there should be no confusion. The young leaves and shoots of the fool's parsley are bright green, but they develop a greyish bloom as they get older. In flower, the plant can easily be distinguished from other umbellifers by the drooping bracts hanging beard-like below each flower cluster.

To most gardeners, the annual nettle is probably "just another stinging nettle", but it is really quite easily distinguished from its perennial cousin. Its leaves are much smoother and more rounded, and the lower leaves are always shorter than their stalks, whereas in the perennial nettle they are longer than their stalks. The annual nettle also bears male and female flowers on the same plant. It is often said to have a less potent sting than the perennial stinging nettle, but I am not convinced that this is always true: there are several different strains of the annual nettle, possibly differing in potency, and the habitat may also affect the power of the stinging hairs. The annual nettle grows mainly on the lighter soils, although it is uncommon on the chalk, and can reach a height of about 60 cm in the wild.

Perennial weeds do not get much chance to thrive in the kitchen garden because of the regular cultivation, but some manage to establish themselves among the long-lived vegetables such as spinach, leaf beet and various brassicas. It is always quite surprising how many greater plantains manage to grow under the broccoli, for example. Docks and stinging nettles also spring up in these places in the autumn, when the vegetables are large and we generally stop hoeing between them. As we saw in the previous chapter, nettles harbour some of the most beautiful garden insects, while the irksome dock may play its part by providing food for the caterpillars of the garden tiger moth.

SLEEPING SEEDS

There is an old gardening proverb which runs "*One year's seeding means seven years' weeding*". Based on the enormous seed production of most weeds and the longevity of seeds, it contains a large element of truth, but for seven you could well read seventy, for many seeds can lie dormant in the soil for decades—perhaps even centuries, waiting for the moment to germinate. The best examples of dormancy are provided by the poppies. The fields of Flanders turned red with these brilliant flowers during the First World War, when the pastures were churned up by shells and trenches to expose soil and seeds which had been buried for decades. Similar ribbons of red stretched across many British fields in recent years when oil and gas pipelines were laid across the country, and many new gardens turn red as old seeds are brought to the surface.

A short period of dormancy is a regular feature in many seeds, which will not germinate until they are ready even in the most perfect conditions. Many species refuse to germinate until they have experienced a certain amount of frost, which is nature's way of ensuring that the seedlings appear in spring when conditions are most suitable. Read your seed packets carefully to see if your seeds need this low-temperature treatment: a short period in the freezer is all that is necessary before sowing. Other species need heavy or prolonged rain, again usually experienced in winter, to soften the seed coat or to wash out germination inhibitors before growth can begin. Very often only a proportion of the seed crop exhibits this natural dormancy, and the degree of dormancy may vary a great deal within this proportion so that one batch of seeds may germinate gradually over a very long period—perhaps the seven proverbial years for some weeds.

Seeds with no natural dormancy can have dormancy thrust upon them by adverse conditions. Warmth, moisture, and oxygen are all necessary for germination: the lack of any one factor prevents growth, and this is why our seeds don't germinate in their packets. Kept dry, the seeds may survive for several years, but they don't live for ever and the proportion of viable seeds in a packet falls every year. Somewhat surprisingly, many seeds survive better when deeply buried in the ground. In an experiment with greater plantain seeds, for example, 84 per cent germinated after spending 21 years at a depth of just over a metre. Broad-leaved dock showed 83 per cent germination in the same experiment, and black nightshade showed 83 per cent after 39 years under the ground. Constant low temperatures and low oxygen levels combined with large amounts of carbon dioxide helped to keep the seeds dormant. Seeds buried less deeply did not remain viable for so long—encouragement for gardeners who prefer shallow cultivation to deep digging, but the weeding must still go on.

THE GARDEN TIGER MOTH

Conspicuous as an adult and as a caterpillar, the garden tiger moth is one of the highlights of wildlife on weeds. The moth is on the wing in July and August, when it lays its eggs on a wide variety of wild plants.

1. Egg clutch These are laid on common weed patches, including chickweed, groundsel, dock and dandelion.

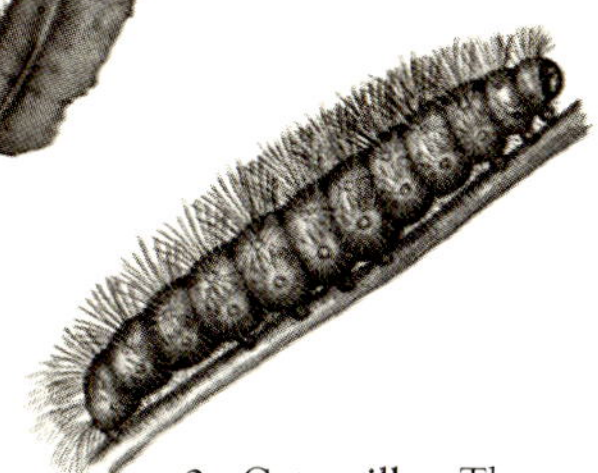

2. Caterpillar The "woolly bear" caterpillar is covered with irritating defensive hairs.

3. Pupa The moth's pupa, shrouded in loosely spun silk, lies concealed among vegetation.

4. Adult moth The bold pattern of orange, black, cream and brown markings announces that the moth has an unpleasant taste.

CHAPTER FOUR

TREES · SHRUBS AND · HEDGES

There can be few gardens without some kind of tree or shrub, planted to provide fruit, to form hedges, or purely for ornamental reasons. Shrubberies have actually taken the place of herbaceous borders in many gardens, for they need little attention and can provide colour throughout the year, especially if judiciously under-planted with ground-cover species. Scattered trees and shrubs can add a sense of adventure to a garden, with paths wandering between them and opening up new vistas at every turn. This can be achieved even in a fairly small garden. It is true that trees cast shade and that it is difficult to combine trees in any number with vegetable gardening. If your vegetables are shaded for just three hours each day their yields will be significantly reduced. Trees can create moisture problems as well, their spreading root system sucking the soil dry over a surprisingly large area. Nevertheless, trees in moderation will enhance any garden and, by choosing your species carefully, you can enjoy both fruit and aesthetic satisfaction and at the same time create a superb habitat to attract and hold a wide variety of wildlife.

Each species of tree or shrub—in the wild or in the garden—has its own animal life. If you have room for one or more trees in your garden do try to plant native species which will support plenty of our native wildlife. Exotic species may look pretty when in flower or in their autumn colours, but they don't do much for our insect life and even the birds may boycott them. Top tree as far as the insects are concerned is the oak, which provides board and lodging for almost 300 different species. Of course, not every garden has room for a majestic oak, and even if you have the room to plant an oak you wouldn't be around to see it in its full glory. But this needn't stop you from planting a sapling. Regular pruning will keep it in check and you can have a fine oak bush in less than ten years. Even then, you need patience, so you might prefer something that grows a bit more quickly. The various kinds of willows or sallows might fit the bill. They support almost as many insects as the oak, and some grow as much as three metres in a year. The beautiful goat willow or pussy willow is probably the best to plant if you have plenty of room, but there are also several dwarf species with equally attractive catkins. Birch also supports more than 200 insect species and is both graceful and quick-growing. Other native trees with high insect populations include hawthorn, crab apple, alder (mainly for damp situations), lime, hornbeam, rowan, and field maple. At the other end of the scale come the introduced plane, with only one insect resident, the horse chestnut with four, and the sycamore with 15—most of which are aphids.

If the idea of bringing hundreds of insect species into your garden doesn't

TREES FOR WILDLIFE

The trees listed here are all species which support large numbers of insects and which, as a result, will attract insect-eating birds. Most of them will make good specimen trees when grown alone. For hedgerow shrubs see page 85.

ALDER
Foodplant of the caterpillar of the alder moth. 90 insect species.

ASH
One of the foodplants of the privet hawkmoth; also supports a gall-forming psyllid in swollen and rolled leaflets. 40 insect species.

BEECH
Foodplant of the caterpillar of the lobster moth. 60 insect species.

BIRCH
Foodplant of the gregarious larvae of the sawfly *Croesus septentionalis*. 230 insect species.

HORNBEAM
Foodplant of copper underwing caterpillars and nut-tree tussock caterpillars. 30 insect species.

LIME
Foodplant of the lime hawkmoth; the tree is also very attractive to bees when in flower. 30 insect species.

OAK
Of particular interest for the numerous galls it supports. The most useful tree for insects with over 300 species, hence its popularity with birds.

POPLAR
Foodplant of the poplar hawkmoth. 100 insect species.

ROWAN
The flowers attract many bees, and birds feed on the red berries. 30 insect species.

SCOTS PINE
Foodplant of the pine hawkmoth in southern areas. 90 insect species.

WILLOWS
Foodplants of the puss moth caterpillar. The catkins and foliage attract a great range of insects and their bird predators. 260 insect species.

appeal to you at first, just think what they will mean to the bird life in the area. It is the insects that will bring most of the birds into your garden, although the fruits and seeds clearly play an important role at certain seasons. If you're interested mainly in the birds instead of the insects, plant bird cherry, wild cherry, whitebeam and elder, although the latter is not a particularly nice tree to look at outside its flowering season.

Hawthorn and willow are very easy to root from cuttings, but the other trees mentioned are more difficult and it's better to start with saplings. Don't dig them up from the wild without the landowner's permission, even if you are theoretically doing good by thinning them out. Many nature reserves have wild saplings for sale when areas are being "weeded" in the winter. This is the best time for planting them because the saplings are in a dormant state. You can, of course, try growing all of your trees from seed, but you will need a lot of time and patience before you see results!

As well as providing food, the trees may also provide your garden birds with nesting sites, but they will have to be quite large before the birds will consider them. You can sometimes help by careful pruning of the young trees or shrubs to thicken them up and make them more cosy and attractive to the birds.

APPLE TREES

The apple is our most important fruit tree, grown in more gardens than any other fruit species and also grown in extensive orchards. Richard Bradley, Professor of Botany at Cambridge from 1724 to 1733, wrote: "There is no kind of fruit better known in England than the apple. . . . I hold it almost impossible for the English to live without it, whether it be employed for the excellent drink we call cyder, or for the many dainties which are made of it in the kitchen." I am sure many people can and do live happily without apples today, but my wife and I have much cause to be grateful for them. Having sunk all our money (and some of the bank's) in an old house, there was none left for high living, but luckily the aged apple trees were in good fruit. A blend of several varieties, stewed and served on toast, went down well for breakfast and tea, while onion and apple pie figured frequently on the luchtime menu.

The apple tree is of considerable interest to wildlife in the garden. On it, you may find a great range of insects and spiders—some of which we shall see in a moment—and a number of birds which feed on them. One of the reasons for this diversity is that apples are very much native trees. Today's numerous varieties are all descendants of the bitter-tasting wild crab apple—itself a very variable creature—either with or without adulteration by related wild apples from Asia and North America.

Quite a number of apple varieties are self-sterile, that is, they cannot set seed or fruit without the aid of an apple tree of another variety—known as the pollinizer. Cox's Orange Pippin is perhaps the best known of the self-sterile varieties and many a gardener has been disappointed by the lack of fruit after planting a solitary specimen. Fruit-growing guides list many compatible varieties which will enable your Cox to produce fruit, and the choice of pollinizer will depend on what other variety you enjoy.

LIFE ON YOUR APPLE TREE

Centuries of selection and improvement by apple breeders have changed the wild crab apple into the varieties we know today. However, these new breeds are still host to the many animals that feed on the wild tree, living on the trunk, leaves, flowers and fruit. This gathering of insects makes the apple tree attractive to tits and other insect-eating birds.

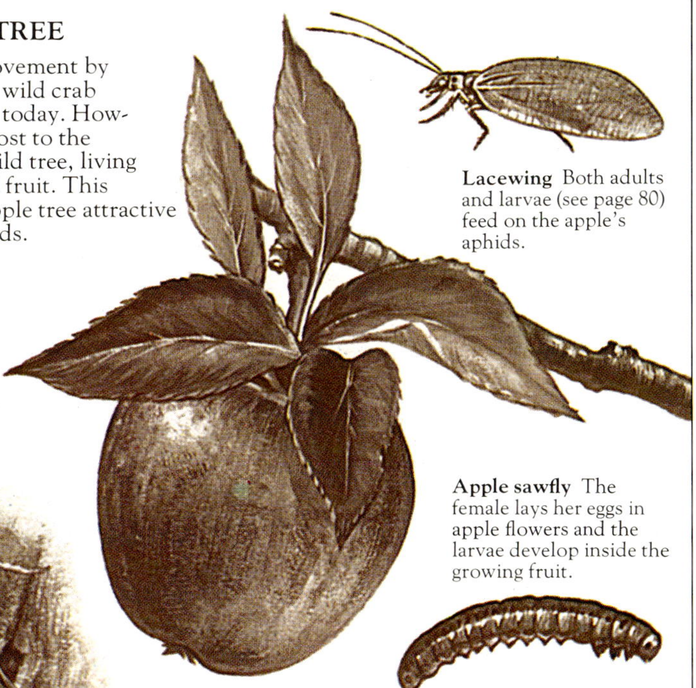

Lacewing Both adults and larvae (see page 80) feed on the apple's aphids.

Codlin moth The caterpillars feed on the cores of developing apples and are the commonest apple "maggots".

Eyed hawkmoth Eye-spots on the hind wings can be revealed suddenly if the moth is threatened.

Apple sawfly The female lays her eggs in apple flowers and the larvae develop inside the growing fruit.

St Mark's-fly Swarms of these sluggish black flies pollinate apple blossom.

If you want another good eating apple try growing a Worcester Pearmain close to your Cox. Of course, if there are apple trees in neighbouring gardens, you may not have to bother with a pollinizer, but for the best yields the two varieties should be quite close. Pollinating bees and flies do not fly any further than they need, and it is noticeable that more fruit develops on the side of the tree nearest to the pollinizer variety than on the opposite side. If you are unable to grow a pollinizer variety through lack of space, it is still possible to get fruit from your Cox! You can try grafting a suitable pollinizer variety on to one of the branches, or you can scrounge a few flowering sprays from another tree and simply hang them among the branches of your Cox. Wrap the cut stems in a moist cloth inside a polythene bag and this will keep the blossom in good condition for a day or so—long enough, with luck, to get some of your Cox blossom pollinated. Don't think that the pollen from another variety will affect the flavour of your choice apples: the genetic make-up of the pollen is passed on only to the seeds and the fruit remains entirely under the control of the pollinated tree.

PEARS, PLUMS, CHERRIES AND THEIR WILD RELATIVES

Like the apple, our other main fruit trees, the pear, plum and cherry, all have complex pedigrees. Many of their varieties are also self-sterile. Both the wild and cultivated varieties of these trees are excellent for wildlife, as anyone who has watched their cherry tree being stripped of its fruit by birds will know!

The ancestor of all the pear varieties is the common pear, which grows wild in most parts of Europe although is probably not native to Britain. Cultivars used to be grafted on to wild stocks, but this produces large trees which are slow to bear fruit. Modern practice is to graft or bud the cultivars on to the closely related quince, producing smaller trees much more suited to the average garden.

Our British and European plums are descendants of hybrids between the blackthorn and the cherry plum, the latter being a native of southern Europe and western Asia. Although some varieties grow fairly true from seed, the plums are propagated mainly by grafting. No really dwarfing rootstocks are available, but the stocks used to produce garden trees usually ensure that the trees do not get too large. Cherries are closely related to the plums, and also to the peaches. They fall into two distinct groups—the sweet cherries, descended from the wild cherry or gean and the sour cherries, typified by the morello, which have been derived from the dwarf cherry.

Many old wives' tales are entwined in gardening lore. Some have more than the proverbial grain of truth in them; others have rather less. Heavy fruit crops, in the hedgerows as well as in the garden, are often regarded as signs of an approaching hard winter. In fact, they are indicative of a good summer (and perhaps wise pruning) in the previous year. Flower buds, which eventually give rise to fruit, are formed during the summer, several months before they open, and it has been shown that a hot, dry summer encourages the formation of flower buds in many fruit trees. Conversely, a cool, wet summer during which abundant nitrates and other minerals are absorbed from the soil, promotes the growth of leaves and stems at the expense of flower buds. This is no place to delve into the mystiques and practicalities of summer and winter pruning. However, pruning is one way of increasing fruit yields without doing any damage to wildlife—something which cannot be said of insecticides.

SOFT FRUIT FROM WOODS AND HEDGEROWS

Raspberries, blackberries, currants and gooseberries are all native to Britain and most other parts of Europe and have been in cultivation for a very long time under the heading of soft fruit. Many heavy-cropping varieties now exist in our gardens, with much larger fruits than we find in the wild, but otherwise they differ very little from their wild ancestors. The cultivated fruits are not necessarily any sweeter than the wild ones and are sometimes distinctly inferior in flavour, for commerce demands quantity in the first place. All these shrubs are essentially of woodland origin and, with the exception of the sun-loving blackberry, all can be grown quite satisfactorily under other fruit trees in the garden. Gooseberries and currants produce their leaves and flowers early in the year and attract several solitary bees, especially the tawny mining bee, long before the leaves appear on the trees overhead. The raspberries and blackberries, being more strictly plants of the woodland edge, flower later and attract the bumble bees. Many butterflies also come to the bramble blossom. Red currants prefer damp woodlands, but you will find black currants and gooseberries in all kinds of woodland and also in many hedgerows, especially in the north. Raspberries prefer slightly drier and more open woodland, especially in hilly districts, and also grow on many heaths and commons. All four species are much loved by blackbirds and other birds, and the cultivars are just as acceptable as the wild forms. Seeds are spread all over the countryside in the birds' droppings, so don't be surprised to find cultivated strains growing in the woods and hedgerows or on the commons side by side with wild plants. In fact, most of the plants on the commons and in the hedges are probably of garden origin. By the same token, you might well find wild forms springing up in your garden.

The bountiful bramble Brambles exist in a great range of varieties in the wild. Some botanists recognize them as separate species, with over 800 in Britain alone.

Strawberries are related to blackberries and raspberries, despite their herbaceous nature and very different appearance. Our wild strawberry is common in hedgerows and in and around open woodland, and has long been valued for its small but deliciously sweet fruits. But it was probably an American strawberry that provided most of today's cultivated strains. Strawberries spread by means of runners which root at the tips and produce new plants, and here you can see a similarity with the blackberry, whose arching stems also take root at the tips.

INSECTS AND FRUIT CROPS

Most of our fruit trees and shrubs come into bloom quite early in the year and among their major pollinators at this time are various species of solitary bees. If you grow currants and gooseberries almost anywhere in England and Wales you will know the tawny mining bee: at least, you will know the female. Her bright chestnut coat makes her instantly recognizable as she probes the flowers for nectar, pollinating your plants as she does so. If you can follow her when she leaves you might well see her head for the garden path or a well-trodden part of the lawn, there to disappear into a miniature "volcano" of her own making. The mound consists of soil which she has excavated to form her nest burrow which penetrates several centimetres into the ground and has several small chambers leading from the central shaft. An egg is laid in each chamber and provided with plenty of food in the form of a "cake" of pollen and nectar. There is enough food to see the young bees right through their larval development, and when the female has completed her egg-laying and provisioning she seals up the burrow and leaves it for good. Her offspring do not appear until the following spring. The males, being darker and much less hairy, are far less conspicuous among the fruit bushes.

As only the females make and stock the nests, only they are of much importance as pollinators, but even they don't forage as quickly or as widely as the honey bees and bumble bees. Their importance lies in their numbers. Honey bees and bumble bees are obviously extremely important pollinators, especially in cooler weather when the solitary species are less inclined to fly. Beekeepers commonly take their hives into orchards in the spring for the benefit of both bees and fruit-growers.

Queen wasps are regular visitors to fruit blossom in the spring, but they are impatient creatures and if the blossom is not open they often chew their way through the buds to steal any nectar that may be accumulating. In a late season the damage may considerably outweigh any pollination that the wasps effect. The flies also include many useful pollinators. Even the house-fly and the bluebottle may help us in this respect, but perhaps the most obvious flies, especially around the apple blossom, are St Mark's-flies. These are fairly large black insects which drift lazily from flower to flower with their long legs dangling beneath them. Dense clouds sometimes collect in orchards—of somewhat sinister appearance, but eminently useful. The flies get their name because they commonly make their first appearance around St Mark's Day (April 25th).

Many hundreds of other insects play roles in pollination, of course, but all are

dependent on good weather. Your trees may fail to fruit even after the best displays of blossom if the weather keeps the pollinating insects grounded.

THE FAMILY LIFE OF THE WASP

Insects are not slow to discover our fruit as it ripens towards the end of summer—and who can blame them? Without their help in the spring there would be little fruit of any kind, so we should not begrudge them at least some reward. Among the most conspicuous, although not necessarily the most damaging, are the social wasps. Most of us have reached out for a rosy apple or juicy plum only to find the other side eaten away by wasps. It can be even more alarming to find the insects still at dinner! The wasps continue their work on fallen fruit, where they are often joined by the beautiful red admiral butterfly. I always leave a few over-ripe apples lying around to attract this striking velvet-winged creature.

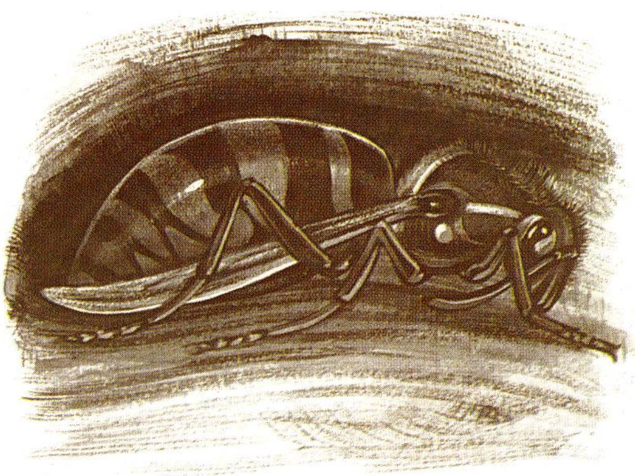

A winter retreat Young queen wasps (*above*) are the only members of a wasp nest to survive the winter. Many shelter in cavities under bark, ready to emerge when the first spring flowers appear.

Garden scavengers In spring and early summer, worker wasps (*left*) feed, among other things, on the sweet saliva produced by larvae in the wasps' nest. When the queen stops laying eggs, they turn to fruit for their sugar supplies. All of them perish soon after the first frosts.

Several kinds of social wasps may visit your fruit. They are all superficially alike and in order to distinguish them you must literally meet them face to face, for their facial patterns are important guides to identification. Face-to-face meeting is not as difficult or hazardous as it might seem, for the wasps get very engrossed in their meals and, taking care not to put a hand or knee on one, you can get right down to the fallen fruit with them. Watch the toothed jaws chomping their way through the soft flesh of the fruit. The commonest species, especially in urban areas, are the common wasp and the German wasp, although both are largely replaced by the Norwegian wasp in Scotland.

For a full understanding of the wasps' role and usefulness in the garden it is necessary to go back to the spring, when the young queens are waking from their winter sleep. These young queens are the only members of the colony to survive the winter, which they pass in all kinds of sheltered places such as hollow trees, sheds and other outbuildings, attics, and spare rooms as long as they are not too warm. The folds of curtains are favourite sleeping places. Many people destroy the sleeping queens when they discover them, in the belief that this will reduce the wasp population for the following summer. In fact, no such reduction follows the slaughter and, as we shall see, there are good reasons for leaving your garden wasps unharmed.

Waking in the spring, the young queens visit a variety of blossoms, including those of cotoneasters and gooseberries, for supplies of energy-rich nectar. With batteries recharged, they then start looking for nest sites. The common and German wasps generally nest under the ground—often in hedge-banks—but are equally happy to crawl under slates and tiles and nest in our roof spaces. The Norwegian wasp and the closely related tree wasp prefer to hang their nests in trees and bushes: gooseberry bushes are commonly chosen in the garden. The

INSIDE A WASPS' NEST

Many gardeners destroy wasp nests on principle. This is a pity because wasps—being largely carnivorous—are really among the gardener's friends. If you have an underground wasps' nest in your garden, try to leave it alone. In autumn you can safely dig it up to reveal its extraordinarily delicate structure.

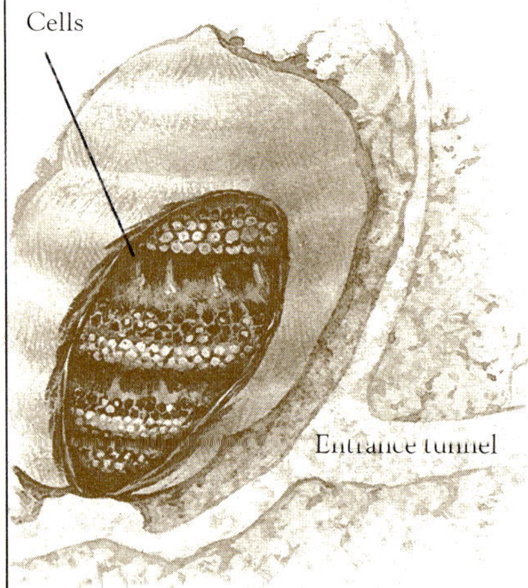

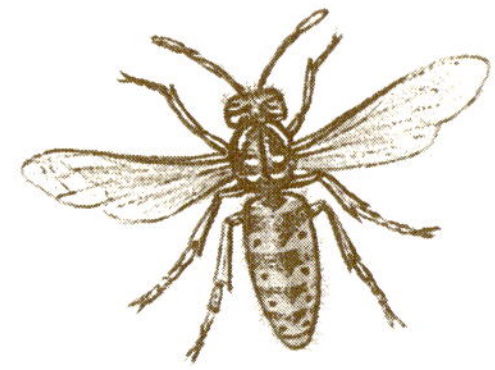

Worker These are partially developed females. Unlike the males they have stings

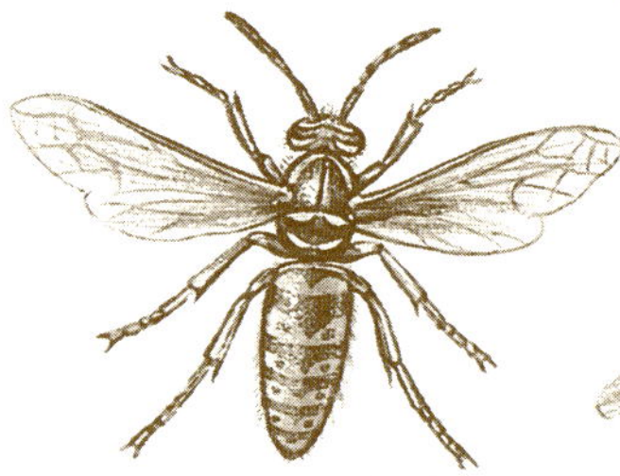

Queen Once the first batch of workers emerges, she never leaves the nest. You are most likely to see her hibernating indoors before nest-building begins.

Male These appear only towards the end of the nest's life.

availability of suitable nest sites is the main criterion controlling the numbers of wasps, with many of the queens dying without ever beginning a nest. Destruction of queens in the winter merely gives the remaining queens a better chance of finding good homes. Prolonged wet weather after nesting has begun in the spring often results in fewer wasps because the underground nests get flooded.

All our social wasps build their nests with paper, which they make from wood pulp. Fence posts and other dead timbers provide the raw materials and it is not difficult to find the queens collecting the wood in the spring. Old stems of hogweed, michaelmas daisy, and similar plants are also used and their hollow stems amplify the scraping sounds of the wasps' jaws so that you can actually hear the insects at work from some distance. After thorough chewing and mixing with saliva, the fibres are formed into thin sheets and fixed into position by the jaws. The embryo nest consists of a small "umbrella" with a few six-sided cells attached to its underside. A slender stalk, again made of paper, attaches the nest to a convenient support. Just like the queen bumble bee (see page 42), the queen wasp rears a small brood of workers on her own but, whereas the bumble bee grubs are fed on pollen and nectar, the young wasps receive a diet of insects and other meaty dishes. Many of the insects they consume are garden and household pests. The worker wasps take over the duties of nest-building and rearing further broods of youngsters, with the queen devoting herself entirely to egg-laying. During the course of the summer the nest will grow to the size of a football or even larger, according to the species, and the colony may produce as many as 25,000 wasps. Most colonies produce considerably fewer wasps than this and, because each worker lives for no more than about a month, it is unlikely that a nest will contain more than about 8,000 wasps at any given time. Nevertheless, the number of caterpillars and other insect pests taken from our gardens is immense and the wasps are undeniably useful creatures. Their nests should be destroyed only if the insects really interfere with your activities. Nests close to the house can be a problem if you have to walk across the insects' regular flight paths. Wasps are not really aggressive, but they do tend to sting anything that gets in their way as they attempt to enter or leave the nest.

As summer turns into autumn the queen stops laying eggs and the workers find themselves with more and more time on their hands. This is the time for pleasure: time to stop hunting for caterpillars and to turn to our fruit and tea tables. It is at this time that the wasps can become a real nuisance, but they really don't do much harm. It's difficult to stay calm with wasps buzzing around your head and your sandwiches, but it's the best policy. The insects won't go away if you ignore them, but they won't sting either: waving your arms frantically *is* likely to result in a sting. Let the wasps enjoy a well-earned retirement. They will die as soon as the cold weather arrives. Male wasps, recognizable by their much longer antennae, may join in the feast but most of them have gone by this time, having already mated with the new queens which are gorging themselves on ivy blossom and other flowers in readiness for their hibernation. You can quite safely examine the abandoned nests in the autumn to study the intricate structure—several horizontal combs, each with several hundred cells, all enclosed in a delicate many-layered "envelope". The latter consists of numerous overlapping shell-like plates in the nests of the common and German wasps. One or two sleepy queens may have decided to spend the winter in the nest, but otherwise you will find it taken over by an army of scavenging beetles and fly larvae intent on eating every shred of animal material and reducing the nest to a pile of dust within months.

Preparing for winter After leaving the nest, young queen wasps forage for nectar to sustain them during hibernation. The queen wasp here is feeding on ivy flowers—an important source of nectar late in the year. After stocking up on food, she will retire to a crevice for the winter months.

SAP-FEEDERS

It is no exaggeration to say that every tree and shrub in the average garden is infested with aphids or related insects, but don't expect to find the same kinds of aphids on every plant. Each species has its favourite food plant and won't feed unless its taste buds tell it that the sap is of the right kind. Most aphids feed on the leaves. Sycamore, lime, birch and oak are particularly prone to infestation, as you will know if you have ever sat under any of these trees in the summer. Even a small tree may support more than a million aphids and honeydew (see page 48) rains continuously on to the lower leaves. Much of it is collected by bees and other insects, while the remaining sticky deposit becomes colonized by a black fungus. The honeydew that falls to the ground may be gathered by ants, but even that which is washed into the soil is not wasted. Recent research has suggested that the increased level of sugar in the soil stimulates the bacteria to convert more nitrogen into nitrates (see page 154), thus increasing the supply of nitrates available to the plant roots.

If you have old apple trees in your garden you will be lucky if they escape the attentions of the woolly aphid. The first signs of this unwelcome visitor are tufts of white fluff oozing from cracks in the bark or clustering around young shoots in spring and early summer. Delve into a waxy fluff and you'll find masses of purplish brown aphids busily imbibing sap. If unchecked, the aphids induce ugly swellings which later crack and allow the entry of fungal and bacterial spores, possibly leading to the development of serious cankers. The waxy fluff, which is actually attached to the aphids' bodies, makes control with insecticidal dusts rather ineffective. A pyrethrin-based spray works well, but small infestations can be dealt with by the timely application of a finger. Unlike most other aphids, the woolly aphid produces no males in Britain and reproduction is entirely parthenogenic. Young aphids spend the winter in bark crevices and, if they are not found and eaten by blue tits and other birds, they mature and produce their fluffy families in the spring. Almost all the individuals are wingless and infestations tend to be rather localized, often confined to just a few trees. Believed to have originated in North America, the species is often called American blight.

Shake an apple tree any time when it is in leaf and you will dislodge clouds of apple suckers or apple psyllids from the branches. Although related to the aphids, the relationship is not a close one and the psyllids are much more active than aphids. They fly well, and their alternative name of jumping plant lice comes from their remarkable leaping abilities. If you can catch one of these lively little creatures and put it in a glass tube or similar container you will see that it can also scuttle about very rapidly—quite unlike the aphids. In fact, the psyllids look more like the leafhoppers that can be seen in the flower or kitchen garden, but they can be distinguished by their longer antennae. The apple suckers are quite long-lived insects, being bright green in early summer and having a bronze tinge in the autumn.

DELICATE LACEWINGS

Pale green lacewings are commonly disturbed from trees and shrubs as well as from the herbaceous border. They fly weakly and soon settle again. Take a close look and you will soon see why they are called lacewings: the reason for their alternative name of golden-eyes will also be apparent. There are several very similar species but one, *Chrysopa carnea*, becomes flesh-coloured in the autumn and commonly hibernates indoors. Most other lacewings pass the winter in an immature state. There are also several smaller brown lacewings, less often seen than their green cousins because they prefer to inhabit the tree tops. Both groups may be attracted to lighted windows at night.

A liquid lunch Lacewing larvae can only feed on fluids. Here one has used its jaws to pierce the body of an aphid, and is in the process of sucking out the contents to leave a lifeless husk.

Lacewings have an important place in the garden. Despite their fragile appearance, they have voracious appetites for aphids and similar pests. Their shuttle-shaped larvae have similar tastes and each individual may account for more than a thousand aphids during its life. The larva is equipped with a pair of hollow jaws which grab and impale the prey like a pair of forceps and then suck out the juices. The empty skins may be abandoned, but some lacewing species deliberately place the skins on their backs as camouflage. Next time you see a pile of debris moving slowly over a leaf, take a closer look: it may well be a lacewing grub. Take a torch to the shrubbery at night to search for egg-laying green lacewings. It's a fascinating sight, with the female attaching fine strands of quick-setting gum to the leaves and gluing an egg to the tip of each strand. The strands may be quite separate or clumped together, depending on the species.

THE UBIQUITOUS EARWIG

The earwig gets all over the garden and often enters the house as well. It is a scavenging creature active mainly at night, but you will frequently disturb it during the daytime. It likes to rest with both upper and lower surfaces of its body in contact with something, and the tubular florets of dahlias and chrysanthemums are ideal bedrooms. Equally acceptable are the seed capsules of columbines and the up-turned flower-pots which gardeners stuff with straw or paper to catch the insects—although the damage they do is minimal. Unless you want absolutely perfect blooms for a show, there is no point in destroying earwigs. At picking time you will often find several earwigs curled snugly in the hollows where apples are joined to their stalks. They sometimes nibble the skins, thus destroying the keeping qualities of the fruit, but more often than not they simply treat the apple clusters as safe refuges. Loose bark is another favourite resting site, and if you leave a cloth draped over an old tree trunk or branch for any length of time it will soon be colonized by the insects—often in large numbers, for the earwigs are distinctly sociable creatures.

The female earwig, distinguished from her mate by her much straighter and more slender pincers, lays her eggs late in the autumn when she retires to her winter quarters—often in the soil. She tends the eggs carefully throughout the winter, regularly licking them to remove mould spores, and she feeds the babies when they emerge in the spring. Mother and youngsters, and possibly father as well, remain together for several months, often with other families in areas where there is plenty of food and shelter.

Earwigs are disliked and even feared by many people, but they are really quite harmless. Their pincers—the main reason for most people's dislike—are for self-defence. Pick up an earwig gently by the front end and it will certainly try to nip you: you will feel the pressure of the pincers, but they are not strong enough to pierce your skin. One can imagine

A floral retreat By day, earwigs seek the security of confined spaces—in this case a dahlia's tubular petals. Earwigs can fly, but do not often go to the trouble of unfolding their tightly-packed wings.

them administering a painful nip to the nose of an inquisitive shrew!

By far the commonest of our four native earwigs is *Forficula auricularia*, and almost every earwig you find in your garden is likely to belong to this species. Look for the triangular tips of the hind wings poking out from under the leathery wing cases. The hind wings are very flimsy and folded in a very complex fashion. They are rarely used, but the earwig can fly when necessary. The small earwig is not uncommon, but is much less seen than its larger cousin. Look for it on and around the compost heap. Only about 7 mm long, it flies much more readily than the common earwig.

MOTHS OF TREES AND SHRUBS

Most moths fly by night (see page 161), but you will find many of them at rest on shrubs and tree trunks by day. Many rely on superb camouflage to protect them from birds, so you will need to look really hard to pick them out on the leaves and bark. Their colours and patterns often blend so well with the surroundings that you can overlook the insects from just a few centimetres away! The peppered moth gains first-class honours for camouflage and has had a very interesting history during the last 130 years. Until the 1850s all known peppered moths had been of the normal black and white speckled form, well camouflaged on lichen-covered tree trunks. A completely black or melanic specimen was then discovered in Manchester, and before long the black form became quite common. During the next 100 years it virtually replaced the normal form in industrial areas, where air pollution—a consequence of the industrial revolution—had blackened the tree trunks. But the pollution did not *produce* the melanic form of the peppered moth: it merely changed the environment and gave the melanic form an advantage. Whereas in

Finding moths by day Resting moths are so well camouflaged that most gardeners discover them quite by accident. But if you know the type of the surfaces they prefer, they are not difficult to pick out. The angle shades moth (*left*) looks like a crumpled leaf, and rests on living and dead leaves. Both forms of the peppered moth (*above*) prefer lichen-covered tree trunks, and this background is also sought out by the cabbage moth (*right*).

earlier times the occasional black moth would have been quickly spotted and eaten by birds, it was now well concealed and able to survive and breed: while the normal form was being eliminated by the birds. The melanic form is common even in rural areas today—a slightly puzzling state of affairs until it was shown that the larvae of this form are hardier than those of the normal form. The larvae do not exhibit the industrial melanism shown by the adults, but their twig-like green or brown bodies ensure that they remain well-concealed among the bushes. They feed on a wide range of trees and shrubs and are especially fond of raspberry leaves in the garden.

Among the many other kinds of moths that you may find on or near your trees, mention can be made of the buff-tip, which rests on the ground and resembles a small broken stick, and the angle shades which looks like a crumpled leaf. But perhaps the best camouflage of all is shown by the Chinese character, which looks just like a bird dropping—what better way of avoiding the attentions of birds! Keep your eyes open in summer for the eyed hawkmoth, a handsome insect with two lines of defence. It is not uncommon on apple trees, where its mottled brown front wings conceal it quite well. If disturbed, however, the front wings are lifted to expose a large eye-spot on each hind wing. At the same time the moth sways to and fro and may fall to the ground, still with the eye-spots displayed. The effect on small birds is remarkable: they back off immediately, tricked into thinking that they have come face to face with an owl or a cat. Look also for the caterpillar of this striking moth, although the chances are that you will see the nibbled apple or sallow leaves long before you spot the animal itself. It usually hangs upside-down and the clever striping and shading make it look just like a rolled leaf.

Of course, not all moths and caterpillars rely on camouflage for defence. Some make use of unpleasant taste or irritating hairs and advertise the fact with bold warning colours as we have seen with the cabbage white larvae (page 57). The tiger moths are good examples, as are the larvae of the buff-tip which will defoliate the branches of almost any deciduous tree. These larvae live gregariously for much of their life and their massed ranks of black and yellow give them total protection against birds—although not against ichneumons and other parasites. Gooseberry growers will be familiar with, although not fond of the pretty little magpie moth whose equally pretty caterpillars strip the leaves from the gooseberries as well as from many hedgerow shrubs. Birds avoid these insects, and so do spiders: a magpie moth arriving in a spider's web is usually bitten, like most other victims, but the spider quickly realizes its mistake and, repelled by the taste, cuts the moth free. The moth seems to suffer no harm and either has some immunity to spider venom or, because of its taste, never actually receives any venom.

The magpie moth larva is commonly confused with that of the gooseberry sawfly. The latter is even more destructive to the gooseberry bushes, for it lives gregariously and defoliates the branches very quickly, but it is readily distinguished by its duller coat and numerous stumpy legs. The magpie moth larva, being one of the loopers, has only two pairs of legs at the rear and it moves by stretching the front end forwards and then arching its body into a tall loop as it brings the hind end up to join the front.

The dingy little codlin moth is familiar to all apple growers, and its pinkish caterpillar is well known to all of us who eat home-grown apples, for it is one of the commonest "maggots" that we find in the fruit. Adult moths begin emerging from their pupae as the blossom fades and they carry on emerging in substantial numbers throughout June and July. Eggs are laid on the young leaves and developing fruit and the caterpillars tunnel into the young apples, often entering through the "eye" and leaving no sign of entry. They make their way to the core and feed there for a month or more before chewing their way out again, this time leaving conspicuous exit holes. Affected apples quickly decay. After leaving the fruit the grubs spin their cocoons in bark crevices. Some mature quickly and produce a second generation of adults in late summer, but most remain in their cocoons through the winter and emerge in the spring. Adults sometimes enter houses, attracted by lights at night, but most of those found indoors have probably come from infested fruit, especially from the early windfalls. The grubs will spin up in any convenient corner and, encouraged by the warmth of the house, will quickly produce adults.

Not all the maggots that tunnel into your apples belong to moths. The apple

HOW GARDEN CATERPILLARS PROTECT THEMSELVES

For birds, caterpillars are an accessible and sustaining source of food. To escape being eaten, caterpillars have evolved three principal means of defence. The first involves spoiling their flavour with distasteful chemicals which teach birds to avoid them. The second is camouflage, while the third involves bluff—making a threat which may scare away the predator.

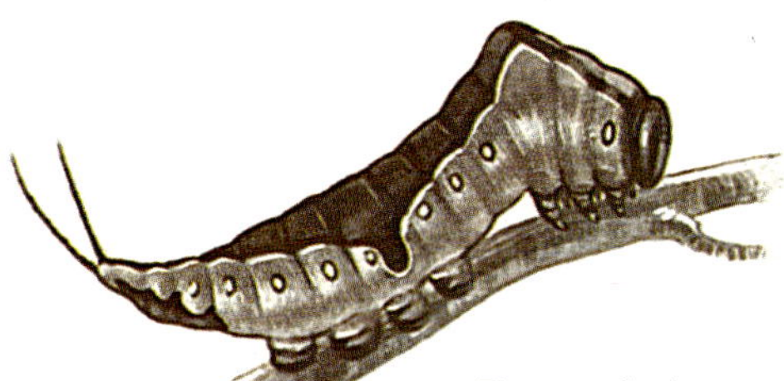

Puss moth Assumes a defensive position when disturbed. Red whip-like tails add to the effect.

Magpie moth A distasteful species which makes itself clearly visible.

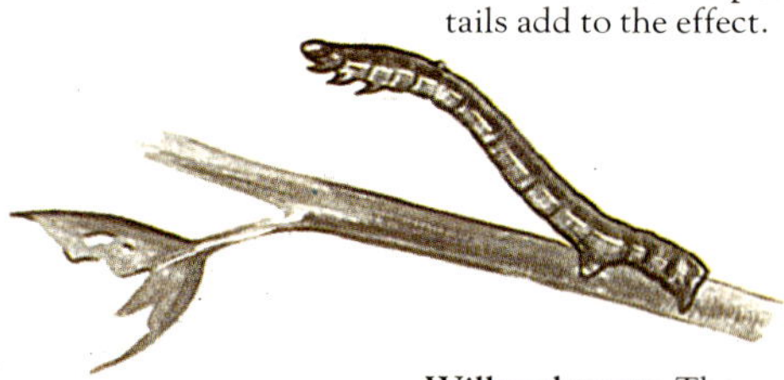

Willow beauty The slender brown caterpillar evades detection by resembling the twig it rests on.

Eyed hawkmoth At rest the caterpillar resembles a rolled leaf.

HEDGEROW SHRUBS

The plants listed here are shrubs or small trees which are especially well suited for inclusion in a wildlife hedgerow. They will all tolerate regular pruning and trimming.

BLACKTHORN or SLOE
Profuse white blossom in spring. One of several foodplants of the emperor moth and a provider of easy nectar for bumble bees. A good shrub for nesting birds.

BUCKTHORN
A shrub of poor alkaline soil. The buckthorn and the closely related alder buckthorn are both foodplants of the brimstone caterpillar.

CRAB APPLE
The ancestor of the garden apples. Foodplant of 90 insect species including the spectacular eyed hawkmoth.

DOG ROSE
The beautiful flowers produce rosehips which are a favourite food of greenfinches in winter.

FIELD MAPLE
A small tree which is the foodplant of the larva of the sycamore moth.

GUELDER ROSE
A compact shrub bearing bright red berries which are slightly poisonous to man, but popular with birds. The creamy white flowers are particularly attractive to hover-flies.

HAWTHORN
Foodplant of the striking larva of the yellow-tail moth, and the colourful hawthorn shield-bug. The blossom attracts many nectar-feeding flies. 150 insect species.

HAZEL
A small tree producing edible nuts. Host to 70 insect species including the long-snouted nut weevil.

WAYFARING TREE
A relative of the guelder rose; produces black berries which are enjoyed by birds.

sawfly is another serious pest, laying its eggs actually in the flowers. The maggots then tunnel into the young fruits, often completely destroying the core before moving on to another apple. During its month-long development, each maggot may attack three or four young apples. Most of these damaged fruits fall during the early part of summer, but if damage is not too severe the apples can recover and reach maturity, albeit showing distinct scars where the grubs had been at work.

PLANTING A WILDLIFE HEDGE

The hedges, walls, and fences with which we surround our gardens might be boundaries for us, but for our garden wildlife they are important homes and highways. A surprising amount of animal life can be found on a plain wooden fence, but nothing can rival the mature hedge in its variety of plant and animal life. If you are faced with erecting some kind of boundary, go for a good mixed hedge, one made up with *native* plants—native

Hawthorn blossom The hawthorn plays a double role as a provider of food for animals. The flowers are rich in nectar for insects, while the fruits attract winter-visiting birds like the fieldfare.

because these are going to be far more useful to your garden's wildlife than a line of exotic shrubs. You need not sacrifice colour, for many of our native shrubs produce wonderful autumn colours as well as attractive flowers and fruits. Hedges obviously need a certain amount of annual attention, but if you weigh this against the ease of erection or establishment and the joy obtained from the flowers and attendant wildlife you will know why I recommend them.

Most of the trees mentioned on pages 71–2 can be used as the basis of a wildlife hedge, but the rather open growth of birch, elder and goat willow makes these less than ideal hedgerow species. Hawthorn is excellent in every way—easily rooted from cuttings and growing rapidly to form a dense, prickly barrier ideally suited to nesting birds. As we have already seen, it supports a high insect population—some 150 species in Britain alone—and even when lightly trimmed it can produce a good crop of haws for the birds in the winter. Field maple and hornbeam produce dense hedges when regularly trimmed, but then they don't bear much in the way of seed for the birds. Guelder rose, wayfaring tree, dogwood, spindle, and wild privet all produce plenty of berries if you go carefully with the trimmer, and the privet has the added advantage of supporting the strik-

TREES FOR A WILDLIFE GARDEN

Even a single tree is worth planting for the wildlife it will attract, but you need to exercise care when deciding which species to plant. Some trees have to be discounted for size reasons, unless you want to commit yourself to constant cutting back. The species shown here are all small enough for an average garden.

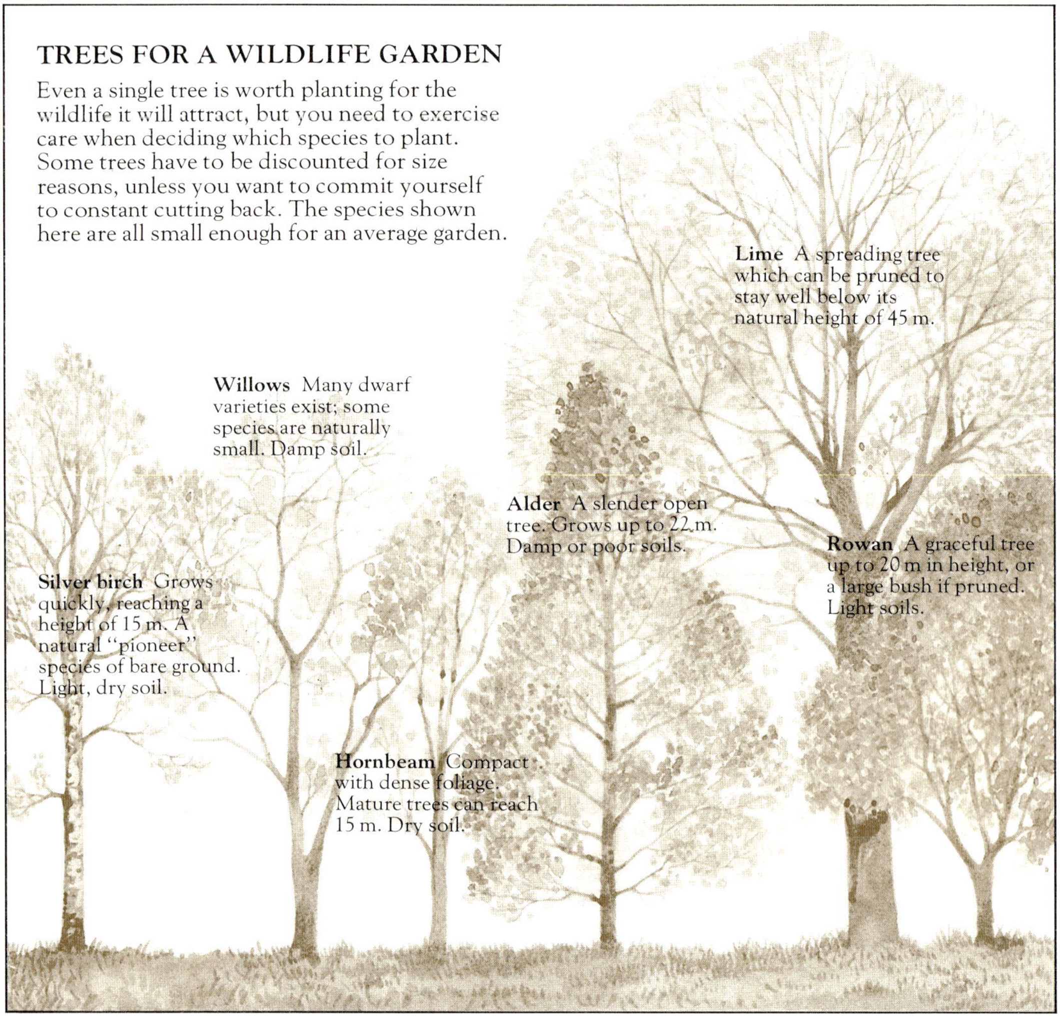

ing caterpillars of the privet hawkmoth. Blackthorn is another excellent species, providing an attractive splash with its early white blossom as well as food and shelter for numerous birds and insects. Try to include a couple of buckthorn bushes as well. Birds will nest in them and enjoy the black fruits in the autumn, but the main reason for growing this species is that it is the food plant of the caterpillar of the brimstone butterfly.

English elm is also worth including in your hedge, if only to help with restoring this fine species after the ravages of Dutch elm disease. Of course, the real loss has been that of the stately mature trees which used to be such a feature of the English landscape and your hedgerow elms are unlikely to be allowed to reach such proportions, but at least you can help to accommodate the elm-feeding insects. Your hedge might attract the comma butterfly, and in country areas you might even get the increasingly rare white-letter hairstreak, especially if there is some bramble blossom for the adults. The larvae of the large tortoiseshell and the Camberwell beauty also feed on elm, although both species are now rare in Britain and the Camberwell beauty probably doesn't breed here at all.

Evergreen species should be scattered through the hedge if possible, for they provide good protection for early nesting

SHRUBS FOR A LIVING HEDGEROW

A hedge is one of the garden's greatest wildlife attractants. Planting the right species is important. Avoid exotic evergreens and concentrate on a mixture of native shrubs. Although growth rates differ the species shown below can be pruned to form a hedge with a regular outline if this is required.

birds. Holly is the obvious choice, but the Japanese privet, so common in suburban hedges, is also useful in small doses. It retains its leaves much better than the native privet and supports much the same kinds of insect life. If allowed to flower, its sickly white blossom will bring in lots of moths and flies.

Most of these hedging species can be grown from seed collected in the wild but, as with the larger trees, it is much better to start with saplings scrounged from friends or bought from nurseries.

HEDGE CLIMBERS

Once you have planted your hedge, its shrubs will quickly be joined by a variety of woody and herbaceous plants to form a complex living community. The most conspicuous of the colonizing plants are often the climbers—weak-stemmed species that use their sturdier neighbours as supports. Brambles and wild roses use their hooked prickles to latch on to other twigs and scramble high into the hedge where they can show their flowers to the sun. If you can refrain from using your hedge trimmer or shears until the winter you will also be able to enjoy their attractive fruits. Blackberries can be used in many ways—although I think they are best eaten fresh with ice-cream—but the rose-hips are best left for the birds. They are very tough fruits and even the birds do not usually start on them until well into the winter when the flesh has softened. Other familiar climbers include the honeysuckle, the bittersweet or woody nightshade, and the cleavers or goosegrass that we have already met in the herbaceous garden. The black bryony and white bryony—quite unrelated—may also invade your hedge, although neither becomes really obvious until the shiny red fruits mature in the autumn. Those of the black bryony are among the last to be taken by the birds in the winter, for they contain very bitter substances which do not break down until they have been exposed to the winter frosts.

Great bindweed is a beautiful climber found in many garden hedges and other artificial habitats. If it were not for the plant's aggressiveness—quite as marked as that of the field bindweed (see page 28)—it would be a treasured garden species, and in fact was probably brought from southern Europe for the sake of its flowers. The hedge bindweed is a very similar plant, but it is a native of Britain and less strongly tied to human habitation.

Ivy is probably the most abundant of the climbers and the one you are most likely to encounter in your hedge. It also clothes many old walls, thus disproving the old belief that it is a parasite: it makes all its food in the normal way by photosynthesis. There is, however, a good deal of competition between ivy and the other shrubs for minerals and water in the soil and, more importantly, for light. Ivy's dense, evergreen foliage certainly denies light to much of the supporting vegetation and thereby stunts its growth. If you examine some of the ivy shoots you can see how they climb: clusters of little roots grow out from the shoots and cling tightly to the supporting branches or other surfaces. They are best seen on a plain wall. Notice also how the leaf shape changes as the plant climbs. Leaves at or near ground level where they receive little light are star-shaped and generally very dark, but those on the flowering shoots higher up are oval or diamond-shaped and often much shinier.

Although ivy can be detrimental to hedges—and also to old walls if it gets too heavy—think twice before cutting through its stems. Ivy gives food and shelter to numerous birds and insects. Its nectar-filled flowers positively buzz with wasps and flies in the late autumn sunshine, while by night they serve supper to a host of moths, including the green-brindled crescent, the swordgrass and the beaded chestnut. The developing flower buds also feed the autumn brood of larvae of the holly blue butterfly, while the leaves are a major food for the larvae of the swallowtailed moth. These caterpillars are incredibly twig-like and almost impossible to spot as they rest deep down in ivy by day. Ivy berries, black and glossy in the spring, provide a welcome change of diet for thrushes and blackbirds beginning to tire of snails and worms, while the leaves provide waterproof cover for nests. Your garden wildlife will certainly appreciate your sparing this versatile plant.

HEDGEROW INSECTS

The insect life of a hedgerow depends very much on the kind of plants that make it up, but it is always abundant. Caterpillars are everywhere, and if you put a sheet under the hedge and shake or beat the branches you will get an idea of just how many caterpillars exist there. Numbers are highest in the summer, but plenty of caterpillars will fall on to your sheet in spring and autumn and you will even find some in the winter. Many of the hedgerow larvae are cleverly camouflaged, like that of the privet hawkmoth, while others are boldly marked and very conspicuous. They rely on foul tastes or irritating hairs to protect them and the bold or warning colours ensure that birds learn to leave them alone. Examples of these brightly coloured or hairy larvae include those of the vapourer, yellow-tail, grey dagger, and buff-tip moths as well as the magpie moth caterpillar already described on page 83. These larvae all feed on a wide range of trees and shrubs. The hedgerow is also the home of the lackey moth's caterpillars. The young caterpillars are very gregarious and not at all fussy about what they eat. The eggs pass the winter freely exposed on twigs and they hatch in the spring. The young larvae stay close to each other, often sunbathing on the branches, and before long they start to spin a silken tent over the foliage. They sleep here, but wander off at all times of day and night to feed on the surrounding foliage, often completely stripping the branches. The tent is extended as the caterpillars grow and the inner part becomes filled with droppings and cast skins. You will often see the larvae sunbathing *en masse* on the outside of the tent, and their daily lives are regulated largely according to its position: if the tent gets the morning sun they will commonly sunbathe in the morning and feed afterwards, while those receiving afternoon sun will usually do just the reverse. As they approach maturity, the

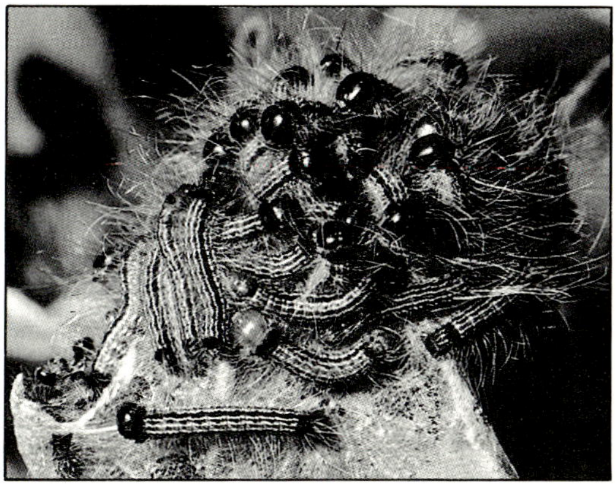

Protective clothing Hair keeps birds away from caterpillars' soft bodies. Buff-tip caterpillars (*above*) gather to form a hairy mass, while the vapourer moth caterpillar (*right*) sports long hairs and clusters of yellow bristles like minute shaving-brushes. They can cause skin rashes in humans.

larvae separate and pupate individually in silken cocoons clothed with yellow dust. Lackey larvae live on various fruit trees as well as in hedgerows and may do considerable damage in orchards.

Several other kinds of caterpillars construct silken tents in the hedgerow. They include the small eggar and various species of *Yponomeuta*, commonly known as ermels or small ermine moths. The adults all have white front wings with black dots. The webs of the ermel larvae are very extensive and, unlike the other tent caterpillars, the larvae do not leave their webs to feed.

While searching for caterpillars in the hedge you will undoubtedly disturb many adult moths but, being creatures of the night, they quickly take cover again. Try to follow the flight of the large yellow underwing moth: it is very difficult, for the moth takes an erratic course and all you really notice are flashes of yellow. The moth then quickly drops to the ground and covers its hind wings, leaving you—and any bird that tried to join the chase—hunting in vain for something yellow.

If you search your hawthorn hedge in summer you may find the plump larvae of the hawthorn sawfly. They are pale green with a shiny brown head, but they are not easy to see despite their length of about 3 cm when fully grown. It is much easier to spot the brown, sausage-shaped cocoons after leaf-fall. Cemented to the twigs, they remain apparently lifeless until May, when the adult sawflies begin to cut their way out. Powerful jaws are used to slice through the top of the cocoon, leaving just a small part as a hinge. The process is quite noisy and it is worth trying to track down the source of the sound in order to watch the adult sawfly heave up the lid and gradually drag itself out of the cocoon. Sawflies are related to bees and wasps, but they have no sting and if you look carefully you will see that they have no "waist". They get their name because the females of many species have an egg-laying tool or ovipositor which looks just like a tiny saw. It is used for cutting slits in plants and placing the eggs there. Many other sawflies live in our gardens, including several tiresome pests such as the gooseberry sawfly.

It is easy to see how the scorpion flies got their name if you look at a male: the tip of the abdomen is curled forward and looks remarkably like the sting of a scorpion. The scorpion flies, however, are completely harmless. The female abdomen is straight and pointed. Three very similar species, all with mottled wings and distinguished with certainty only by examining the tip of the abdomen, can be seen in shady hedgerows and shrubberies. They are scavenging insects, feeding on a wide range of decaying plant and animal matter, including over-ripe gooseberries and the remains of flies in spiders' webs. Reluctant to fly, they generally scuttle away when disturbed. Their larvae resemble moth caterpillars but live as scavengers in the soil.

Rural and suburban gardens in the southern half of Britain often support the dark bush cricket. It occurs in the

A hedgerow scavenger Scorpion flies use their wings only reluctantly, making it easy to catch them for a closer look. This one is a female.

herbaceous border and the shrubbery as well as in the hedge, but you are more likely to hear it than to see it. The male rubs his tiny wings together to produce short bursts of sound—*pssst-pssst-pssst*—just as if someone is trying to attract your attention from behind the hedge. Of course, the insect is merely trying to attract a mate, and if you have patience enough to watch for a while you might spot both male and female. She can be recognized by the sabre-like ovipositor with which she lays her eggs in bark crevices and rotting wood. If disturbed, the insects walk or hop deeper into the vegetation. You can find adults from July to as late as November. Dark bush crickets are most active between late afternoon and evening. Look for the brown and black nymphs low in the hedge from late April onwards. Like most bush crickets, this species takes both plant and animal food.

The speckled bush cricket occurs in the same kinds of places as the last species and is probably even more common in gardens. But it is less often noticed because it is extremely well camouflaged and the male has only a very faint chirp—inaudible to humans from more than about a metre away. On the other hand, it is more active by day and likes to sunbathe on the leaves. Flightless like the last species, the speckled bush cricket is not generally mature until August. A third species, the oak bush cricket, lives in trees and is commonly found at apple-picking time. A beautiful pale green colour, it is fully winged and commonly flies to lighted windows at night. The male lacks the normal sound-producing equipment, but can produce a soft drumming sound by tapping its hind feet on the surrounding leaves.

Asymmetric songsters The characteristic chirping of the bush crickets is produced by teeth on the left wing being rubbed over the right wing.

The neatly-trimmed garden hedge holds little interest for butterflies unless there is some ivy there to attract the holly blue (see page 36). Our other garden butterflies are interested in nectar-rich flowers and will visit your hedge only if you let it run a little wild. Early-rising tortoiseshells may visit the blackthorn bloom, and small coppers often get quite tipsy on hawthorn nectar, but for a real butterfly ball you need the bramble blossom. Gatekeepers, commas, and ringlets will find this even quite close to town centres, while in rural situations you will also find meadow browns and perhaps even silver-washed fritillaries and large tortoiseshells on your brambles. So easy with the shears and enjoy the butterflies and the blackberries that follow.

THE HEDGE'S SPIDERS

The circular spiders' webs that decorate hedges and fences in the autumn need little introduction. They are the snares of the orb-web spiders, cleverly designed and constructed to trap flying insects. In fact, they can be found at most times of the year apart from the depths of winter, but they show up best in the autumn because they are larger then and often adorned with dew or frost in the mornings. Examine a web carefully to pick out its component parts: a light dusting of talcum powder will help to make it more visible if you're not up early enough to catch the dew! There is an external framework, whose size and shape depends largely on the available supports, containing a number of radii or spokes which support the sticky spiral—the business part of the web. There may also be a non-sticky platform in the centre, which the spider may use as a resting place. But even if there is such a platform, the spider may prefer to rest under a nearby leaf or in a crevice, maintaining contact with the web by means of a signal thread. When prey arrives and disturbs the web the spider rushes out at once and, sensing the direction of the prey from the vibrations of the web, makes unerringly for it. What follows depends to some extent on the relative sizes of spider and prey, but the spider's aim is to deliver a paralysing bite just behind the prey's head, where the main nerves are concentrated. Additional strands of silk may be used to restrain the prey before the bite can be administered, and the paralysed victim may then be completely shrouded in silk before the spider begins its meal. Watch how cleverly the spider draws out the silk strands and wraps them around its victim.

Try to find a spider in the process of building or renewing its web—a process which, according to Theodore Savory's fascinating book *The Spider's Web*, should be watched and watched and watched. If you start to watch, it is difficult not to carry on, mesmerized by the spider's dexterity as it guides the sticky threads and fixes them to exactly the right points on the spokes with its legs. A web can be completed within an hour—and considerably less time if it is being rebuilt within an existing framework. Although generally described as circular, most orb-webs are asymmetrical, with the hub nearer the top than the bottom. The lower part of the web then consists of several separate arcs rather than one continuous spiral thread.

The most familiar of the orb-web spiders in the garden is the garden spider or cross spider—named after the white cross-shaped mark on the abdomen. The body colour ranges from black to bright orange. Its web is more or less vertical and usually built no more than about 2·5 m above the ground. It may reach 40 cm in diameter. The adult male is considerably smaller than the female and courtship is

The garden spider In autumn the female garden spider (*left*) stops feeding and leaves the web to lay her eggs, producing batches of up to 800. The eggs are housed in a dense yellow egg cocoon which may be found in almost any protected crevice in the garden. The spiderlings (*above*) hatch in May. When very young they crowd tightly together in a ball, but if you tap the silk, the spiderlings scatter in a spectacular defensive reflex.

a dangerous business for him. He may spend a whole day trying to seduce his intended and calm her predatory instincts long enough for mating to take place. You need patience and luck to see the process, but it is well worth watching if you get the chance. Before going courting, the male collects his semen in his swollen palps—by which you can always distinguish male spiders from the females—and then searches for a female's web. He must give just the right signals if he is to escape death, repeatedly tweaking the web in a certain way until the female ceases to attack and allows him to approach. A quick thrust of his palps into her genital opening and the deed is done: he will escape if he is lucky and live to find another female. Contrary to popular opinion, he is not always eaten, although towards the end of autumn, when his stamina has been sapped by lack of food and a string of amorous adventures, it is quite common for the female to catch and eat her mate. His body is not wasted, however, for it goes to nourish his offspring. The female later lays her eggs in small yellowish cocoons, which she glues into bark crevices and similar places. The eggs hatch in spring.

A number of other orb-web spiders are commonly seen in the garden. *Meta segmentata* is probably the commonest of them all, slinging its web at an angle in the herbaceous border as well as in hedges and shrubs. This is a very variable spider, but you can usually recognize it by the tuning-fork-shaped mark on the carapace. The sexes are of similar size and the male does not have the same problems as the male garden spider. He waits patiently at the edge of a female's web until a fly arrives and gets itself entangled, and while the female is busying herself with the meal the male gets on with his job. There may be a bit of preliminary sparring, but the male uses his very long front legs to keep the female at bay and he never seems to be in any danger. You can watch this mating process in spring as well as in autumn.

A sheltered childhood The female nursery-web spider attaches her egg-sac to a plant just as the eggs are beginning to hatch, and then stands guard as the young emerge. Before the eggs have fully developed, she carries the huge sac in her jaws.

Glance at your garden hedge on a misty autumn morning and you will see almost every branch festooned with spider silk—a good indication of the vast numbers of these animals. Closer inspection will reveal that most of the silk is not in the form of orb webs but hammocks—small sheets, essentially horizontal but now sagging with the weight of dew. They belong to spiders of the family Linyphiidae, many of which are known as money spiders (see page 125). The commonest hedgerow species is a pretty little thing called *Linyphia triangularis*, with a string of dark triangular marks on its back. Look for it hanging upside-down from the lower surface of the web. Without the dew, the latter is more or less flat or even domed. It is supported by the surrounding twigs and by an irregular maze of silken "scaffolding" rising up

GARDEN NESTS

Today bird-nesting—the practice of robbing birds of their eggs—is rightly frowned on and furthermore illegal. But you don't need eggs to identify a bird's nest. When leaf-fall reveals your garden's nests in winter, their position and the materials they contain should give strong clues to the identity of their builders.

Thrushes and blackbird Cup constructed with twigs, leaves and mud. From near ground level to about 2 m.

Finches Cup made of twigs, roots and mosses, lined with feathers, woolly seeds or hair. From about 2 m above ground level.

Wren Lichen-covered dome made of leaves and grasses, lined with feathers. From ground level to about 2 m.

from its surface. Small insects bump into these threads and fall on to the hammock. The latter is not sticky, but the insects' feet become tangled in its fine mesh and the spider bites them through the sheet.

BIRDS OF TREE AND HEDGEROW

If you have trees and shrubs in your garden, the birds will never be far away. Some species are no more than casual visitors, others arrive regularly for the summer only, but some are year-round garden animals. Any planting which you do will help to increase the total number of birds in your garden and the number of species. Providing winter food and spring nesting accommodation will help even more (you can find out about the practical side of this on pages 180–3). Even if birds do not nest in your garden they will use the trees and shrubs as hunting grounds and song posts—and what could be nicer than to be woken by a blackbird or song thrush in full song on a sunny spring morning?

The blackbird is one of the real garden birds, often nesting in the hedge or in a thick shrub or climber. Only the male is really black, the brownish female often being taken for a different species by the non-birdwatcher. The stout beak can deal with a variety of foods, but the bird is especially fond of fruit and can play havoc with soft fruit in the summer. The male blackbird is one of the first to raise the alarm when danger threatens, uttering a shrill *pink-pink-pink* as he hurries away to safety. Like most species, the blackbird is territorial during the breeding season and the male patrols his boundaries and announces his ownership with his fine song.

The song thrush is much less sociable than the blackbird and you will rarely see more than a singleton in your garden except when mother is feeding her offspring and perhaps showing them how to smash snail shells. This most fascinating piece of bird behaviour is very easy to observe in the garden, although the song thrush may be missing from the more heavily built-up areas. Listen for the loud tapping sound and you will soon find the bird's anvil—a rockery or a concrete

The gardener's companion The robin's endearing tameness makes it without doubt the best-loved of our garden birds. However, only British robins show such engaging boldness in approaching man. In continental Europe, the same species is much more retiring, frequenting gardens but often keeping out of sight.

path, or even an isolated stone on which the shells are battered to pieces. Holding the lip of the shell in its beak, the thrush brings it smartly down on the anvil. Two or three blows are usually enough to smash the shell and enable the bird to extract the snail's soft body. A few deft movements remove all traces of the shell and the snail is swallowed. But snails are not the song thrush's only food. In fact, snails constitute a major food source only when other foods are scarce—usually just after the spring caterpillar glut but before the fruits start to ripen. The birds eat a wide range of wild and cultivated fruits, although they are a little fussier in their choice than the blackbirds. Plenty of earthworms (see page 155) are eaten in the spring. The male's song can be heard throughout the year and is even more powerful—and some people say more beautiful—than that of the blackbird. It is impossible to describe the songs in words, but there are some excellent recordings available to help you identify the various bird songs that you can hear in your garden.

Few gardens, other than those in heavily built-up areas, can be without a robin—surely the most popular of all our birds. Inconspicuous during the July moult, this sprightly little chap can be seen and heard bouncing about in the trees at almost any other time of the year. It is never far away from the gardener, eyes ever alert for worms, spiders, and other tasty tit-bits.

Robins are strongly territorial and both sexes stake out their territories early in the autumn. From then until the end of the year they defend their homes with vigorous song and all-out assault on any other robins that dare to intrude. The red breast of the intruder triggers off the assault, as you can prove with a simple model fixed to a tree in your robin's territory. A life-like model without red feathers is ignored, but add the feathers—or merely some red paint—and an attack is almost certain. The resident robin will even attack a simple bunch of red feathers or wool attached to a branch. As Christmas approaches the female robins start to think about families and, somewhat cautiously, start to enter the males' territories. Although chased away at first, they persevere and are gradually tolerated and then accepted. After thoroughly exploring her new territory and learning its boundaries, each female seeks out a suitable nesting site, usually in a dense shrub, and builds her nest. Two broods of youngsters are generally reared between March and June. The young robins have no red at first, but if you are lucky enough to have one staying around in your garden after the second brood has flown you will be able to watch the gradual development of the characteristic plumage, via a very appealing speckly stage.

Close on the heels of the robin in terms of popularity comes the energetic little blue tit. One of the commonest of our garden birds, it is most noticeable during the winter months as it scours the bare trunks and branches for insects and their eggs hiding in bark crevices. You may think that you have a few resident blue tits in your garden during the winter, but careful marking and observation of birds in several places have shown that they are always on the move and that several hundred birds may pass through a typical garden in the winter. Blue tits are essentially woodland birds, nesting in small holes in trees, and, although they are more than happy to forage in gardens with the minimum of cover, they will not usually nest unless provided with suitable nest boxes (see page 182). They are among several species of birds that have learned to steal cream by pecking through the foil covers of milk bottles.

The great tit is almost as common in our gardens as the blue tit and, although a good deal larger, is often confused with it. But it is really very easy to distinguish these two species: the blue tit has a very blue cap, while the great tit has a black cap and a prominent black stripe down the belly—wider in the male than the female. The blue tit may have a slender stripe, but it is never joined to the black throat patch as in the great tit. The two birds have similar behaviour, but the great tit generally feeds a little nearer to the ground.

The coal tit also has a black cap, but it is only the size of the blue tit and can be distinguished at once by the pale patch on the nape of the neck. It is quite common in gardens, especially those containing coniferous trees or close to coniferous woodland.

GARDEN FINCHES

Several finches visit our gardens and sometimes take up residence. The male chaffinch, which non-birdwatchers sometimes confuse with the robin because of its red breast, is easily identified by its slaty-blue crown and the white shoulder-patch and wing-bar on each side. The

A TITMOUSE TRIO

Tits—or titmice as they used to be called—are woodland birds which have readily adapted to conditions created by man. The blue tit and the great tit are common in most gardens, while the coal tit will be present in gardens containing, or near, conifers. Long-tailed, marsh and willow tits are only likely to be seen in country gardens.

Coal tit The smallest tit. Hunts for food among pine needles with its narrow bill.

Blue tit The commonest species in Britain. An acrobat at the bird feeder.

Great tit The largest tit. Feeds on small animals and plant buds.

female is rather drab and sparrow-like, but still retains the white markings. Chaffinches are strongly territorial, even in the winter, and, although you might well see flocks of winter visitors in the woods and fields, you will rarely see more than one or two in your garden at any one time—unless the weather is very severe and you are putting out plenty of food. They like the shelter of trees and shrubs, and usually nest quite high up in them, but prefer to feed on the ground. Unlike other finches, which are almost wholly vegetarian, they take a high proportion of insect food, especially when feeding their youngsters.

The bullfinch is one of the few real pests in the bird world, but we still admire the rich beauty of the male's red and black plumage. His mate displays essentially the same pattern, but with much duller colours. Identifying her is not usually too difficult because the birds almost always go about in pairs or in small groups. The birds pair up during the winter, while still in the small flocks, and then gradually drift off to start their families. The bullfinch is one of the soft-billed finches and its destructiveness lies in its liking for buds in the winter and spring. Soft fruit, pears, and plums are especially liable to damage.

The greenfinch enjoys overgrown hedges and evergreen shrubs, and may well take up residence if your garden provides such cover. It is not a strongly territorial bird and several pairs may nest in close proximity, defending only a small area around each nest. This behaviour is clearly linked to the bird's seed-eating habits, which are reflected in the stout shape of the beak. Seeds are seasonal foods and the birds must be ready to move from place to place to take advantage of different crops as they ripen: defended territories have no role to play in the biology of these birds. In the winter months greenfinches band together in large or small flocks and may come to the garden in considerable numbers if you put out suitable seeds.

An avian opportunist The starling is an adaptable and intelligent bird—qualities which enable it to make the most of feeding opportunities in our gardens.

They are extremely fond of peanuts and are almost as agile as the blue tit in dealing with bags or strings of these tasty offerings. Unfortunately, they are also rather assertive and some of the smaller birds find it difficult to get to the dinner table, especially as greenfinches are unhurried in their feeding.

THE AGGRESSIVE STARLING

The starling is one of the world's most abundant birds and during the winter, when we receive millions of immigrants from the continent, it is certainly the commonest bird in Britain. It is easily recognized by its relatively long beak and its rather ungainly waddle. The plumage is essentially black, with a glossy green or purplish sheen, but in the winter months many of the feathers have pale tips and give the birds a distinctly spotted appearance. The spots tend to be larger in first-year birds, especially females. Starlings are unpopular with many bird-gardeners because of the way gangs strut around the garden and "bully" the smaller birds.

The most conspicuous facet of starling behaviour is the winter flocking and roosting, when thousands of birds come together to sleep in just a few trees or on a few buildings. Reed beds are also popular roosting sites in some areas. After a morning of feeding the birds begin to gather and become very noisy. The noise probably draws in other birds until all the starlings from a small area—perhaps an entire village—become concentrated on one tree or building, waiting for the signal to move. This signal probably involves some subtle change in light intensity, but another flock of starlings flying overhead may also serve as the signal to make for the communal roost. Other local flocks are gathered up on the way, and when the birds all reach the roost they literally darken the sky as they swoop in. A large roost may contain more than 50,000 starlings, drawn from an area of over 2,000 square kilometres.

During the breeding season the birds spread themselves out over most types of countryside and make their nests in holes in trees or buildings, among rocks, or in dense ivy and similar climbers. Parents and young probe lawns or turn over the vegetable plot in search of worms and other tasty tit-bits. The youngsters are dull brown and look rather like female blackbirds except for their longer beaks. They follow their parents around and beg for food for quite a while after leaving the nest, and this leads to numerous but erroneous reports of blackbirds being fed by starlings!

THE SOCIABLE SPARROW

Gardeners, especially those living in urban and suburban areas, probably regard the house sparrow as our commonest bird. It usually is the commonest bird in the garden, but on a national scale it comes well behind such species as the chaffinch, starling, and blackbird. The reason is the sparrow's almost total dependence on human activity: although abundant in every town, village, and farmstead, it is virtually absent from the countryside at large. This might seem surprising for a bird which is essentially a grain-eater, but it is not able to feed efficiently on the standing crop—which is a very seasonal thing—and cannot therefore exist in our extensive grain fields. It moves into the fields at harvest time, but even then rarely goes far from our buildings which are its real home. The house sparrow is nothing more than a scavenger, existing very nicely on the huge amounts of grain and other foods that we leave lying about or deliberately throw away.

House sparrows are extremely sociable birds, setting up small colonies wherever there are reasonable supplies of food. Each colony may contain a dozen or so nests, but the birds defend only the immediate vicinity of their own nests. Relationships within the colony are generally friendly, although there is the occasional squabble over food, and the birds generally forage as a unit over the surrounding area. Each colony thus has a home range, which may be a town park, a street of suburban gardens, or even a complete small village. All suitable areas are covered in this way, although the nests are concentrated in certain areas instead of being spread evenly throughout the habitat like those of the territorial species.

Although they feed mainly on the ground, the sparrows spend a lot of time sitting in trees—from where they get good views of their home ranges and soon spot re-stocked bird tables and other food sources. Their nests are occasionally built in dense shrubs or ivy-clad trees, but are usually in or very close to our buildings—in roof spaces, wedged behind drain pipes, or tucked in between the eaves and the gutter. Thatched roofs and creeper-clad walls also provide ideal nesting sites. The nests themselves are rather untidy, consisting largely of grass and straw with a cosy lining of feathers. The birds mate for life and the nest remains in the family for many years: when one partner dies the survivor retains ownership of the nest and merely acquires a new mate. Unlike most birds, house sparrows continue to use their nests as bedrooms during the winter, although unmated birds have to roost in thick hedges, barns, and other buildings.

Don't confuse the house sparrow with the dunnock, which as far as most gardens are concerned is probably *the* hedgerow bird. It is also called the hedge sparrow because of its superficial resemblance to the house sparrow. It is not a true sparrow, however, as you can see at once from its slender beak—quite unlike the heavy seed-crackers of the true sparrows. The dunnock is a rather shy and solitary bird and you will rarely see more than a pair feeding together. It doesn't like to go too far from cover and doesn't care too much for bird tables, preferring to wait for scraps falling to the ground. Insects are its main food in spring and summer, with small weed seeds taking over for the autumn and winter. Much of the food is collected in the hedge bottom. The nest is well concealed in the thickest part of the hedge and I am continually surprised by the number of nests revealed when the leaves fall from my hawthorn hedge in the autumn: three dunnock nests and a blackbird nest in a 20-metre stretch one year.

NESTS IN THE HEDGEROW

If your hedge is very tall a pair of magpies may build their bulky dome of sticks and mud in it. Cuckoos may also investigate the hedge, seeking out their favourite hairy caterpillars as well as looking for suitable foster homes for their offspring. The dunnock is a common choice as a foster parent. Older hedgerows with sizeable trunks and stumps in them may attract crevice and hole-nesting species such as the tits, robin, spotted flycatcher (see page 144), and wren. The latter is a frisky little fellow, rather like a small and very clean dunnock but easily distinguished by its cocked tail. Look for it scampering around the bottom of the hedge or exploring the bases of walls and tree trunks for insects and spiders. Its delicate beak is ideally built for probing

A diminutive songster If you have trees or shrubs in your garden, you may well hear the powerful song of the male wren (*above*) but not realize that it is being produced by such a tiny bird.

The chaffinch These colourful finches (*right*) find tall garden hedges ideal for their nests. They feed principally on small seeds but are useful predators of insects which they give to their young.

into narrow crevices. The bird's scurrying movements often cause it to be mistaken for a mouse or a vole. It rarely climbs more than about a couple of metres above ground level except when the male is advertising for a mate. He then sings from quite high in the trees, producing an extraordinarily loud and shrill song for such a small bird. Before advertising in this way, the male builds several nests in various parts of his territory, and when he manages to attract a female he takes her on a tour of inspection. She usually selects one of the nests and finishes it off with a lining of feathers before laying her eggs. A glutton for punishment, the male then goes off to advertise for another wife for another nest, and he may end up with three families. He has nothing to do with the incubation of the eggs, but returns later to help feed the nestlings.

Wrens, like the robins and flycatchers, try to tuck their nests safely away in crevices, and if your hedge cannot provide such places you can try tempting the birds with open-fronted nest-boxes (see page 182) fixed securely amongst the branches. Both robins and wrens really will accept old kettles fixed in the hedge—as long as you remember to angle them so that any rain that runs in will run out again through the spout.

Remember the birds when you start to think about hedge-trimming in the summer. Wait until they have finished nesting, or you might frighten them away. Over-zealous clipping also reduces the insect population and removes flowers and potential fruit, all of which can play a role in bird nutrition.

ARBOREAL ACROBATS

The largest mammal likely to inhabit your garden trees and hedges is the grey squirrel. This appealing but destructive animal arrived here from North America towards the end of the nineteenth century and is now common in almost all parts of England and Wales as well as in certain areas of Scotland and Ireland. A bold creature, it often comes close to the house and is frequently a problem at the bird table. Even hanging your bird food on long strings does not defeat the squirrel for long: it soon learns how to haul up the string, and will bite right through it—and even through wire—in order to carry the food away. Hanging food from the clothes line instead of from a tree is no answer, for the squirrel is a master of the tightrope and, using its bushy tail for balance, scampers easily along the line for dinner. The animal's antics are undeniably fun to watch, but this pest should not be encouraged. It does untold damage in the forests by stripping bark from the branches, and it also plays havoc with orchard fruits.

UNDER THE HEDGE

Unless it is very dry and severely shaded, the base of the hedge is soon colonized by grasses and other herbaceous plants such as dandelions, white deadnettles, stinging nettles, and cow parsley. This vegetation shelters plenty of slugs and snails, and on this pretext many gardeners will have no hesitation in removing it. On the credit side, however, it can harbour predatory beetles which can help you with pest control in the garden. The caterpillars of several moths, such as the garden tiger and the white and buff ermines, also feed on the deadnettles and dandelions, while ringlet and gatekeeper caterpillars appreciate the grasses. We have already seen that stinging nettles support the caterpillars of several other attractive butterflies, so that if you are interested in hedgerow wildlife you will not go in for wholesale destruction of this hedgerow vegetation. Even the dead leaves at the bottom of the hedge support plenty of animal life and serve as good hunting grounds for blackbirds and several small mammals.

Mice and voles, hedgehogs (see page 164), and shrews all make their homes in the bottom of the garden hedge, feeding on its plant and animal material. Two shrews live here—the common shrew and the pygmy shrew, best distinguished by the brick-red band on the flanks of the former. Both species are active by day and night, but they are rarely seen, unless the cat brings them home, because they hardly ever leave the thick cover of vegetation and dead leaves where they hunt incessantly for insects, spiders, woodlice, and other small invertebrates. Listen for their high-pitched squeaks to tell you where they are.

MAKING A LOG GARDEN

Gardeners are often too keen to clear away what are very valuable habitats for animals. If one of your garden trees dies for any reason, don't be in a hurry to cut it down and burn it—you could be denying yourself the opportunity to watch woodpeckers and nuthatches feeding and nesting. Even if a dead tree has to come down, you can make use of it by incorporating it into a log garden.

If you pile up dead branches, perhaps around an old tree stump, they will house insects and other small animals that feed on decaying wood. Mosses, lichens, fungi and nettles will soon appear, followed by animals that feed on decaying vegetation. These include woodlice and millipedes and are soon followed by their predators.

Various kinds of solitary wasps and bees may nest in the dead wood, and a wide range of wood-boring beetles may also breed there. Rotting apple stumps occasionally harbour the grubs of the handsome stag beetle (see page 171), whose male, easily recognizable by his immense antlers, is our largest beetle.

By the time your log pile has rotted away, you will be left with a rich compost which you can spread around your flowers or vegetables. By avoiding the temptation to burn your hedgerow leftovers, you will pass on the food they contain to be recycled by garden wildlife.

LOG GARDEN FUNGI

Instead of clearing away all the dead wood in your garden, try making a log garden with it. Just pile the logs and branches together, and then watch developments. The rotting wood will be ideal for fungi. Here you can see some of the commoner species. One word of warning: make sure that your log garden is away from any living trees—honey fungus can spread from a log garden and kill them.

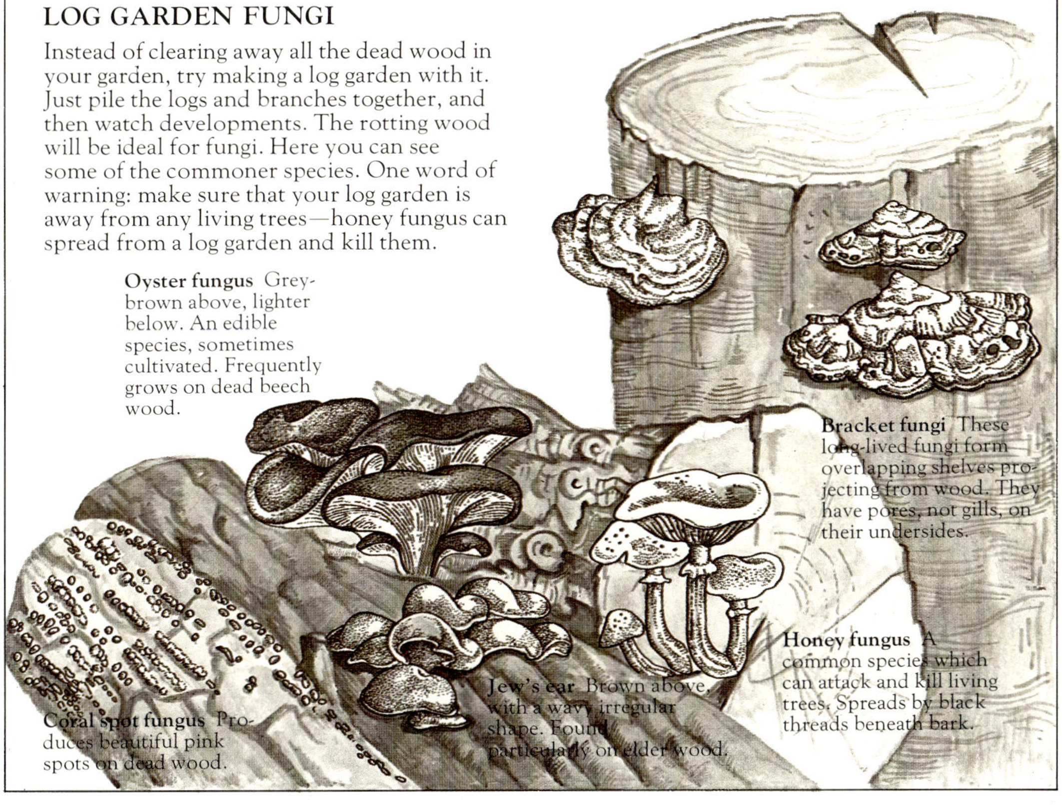

CHAPTER FIVE

PONDS · POOLS AND · STREAMS

Pond-watching is surely one of the most fascinating pastimes for anyone remotely interested in natural history, with endless activity by residents and visitors to keep you amused. At the same time it is incredibly relaxing—the aquarium in the dentist's waiting room is not purely for decoration! But there are some much bigger benefits from having a pond in the garden—benefits to the wildlife that depends on water, and at a time when many streams are suffering from pollution and ponds are disappearing from the countryside altogether this factor is of immense importance.

Few people are lucky enough to have a natural pond or a stream at the bottom of the garden, but modern materials make it very easy to install artificial ponds. The back-breaking work of mixing and laying concrete is a thing of the past and the only hard labour now is the actual digging of the hole, which can be done in leisurely stages. Modern pond liners let you create ponds of any shape or size, but the first priority must be to ensure that the pond satisfies its occupants as much as it does you. This means quite a lot of planning. Don't be tempted to pick up a spade and start digging straight away; you may end up with a pond that has to be drained and constructed all over again! You will find all the practical details about starting your pond on pages 176–9, while in the following pages, we will have a look at pond wildlife—both the plant and animal varieties—and how you can encourage it.

The kinds of plants that you put in your pond will obviously depend on personal choice, but the majority should be native species that will attract and support our native wildlife. Some can be grown from seed, but these may take rather a long time to establish themselves and you may prefer to buy plants from a nursery—or scrounge them from friends and neighbours with ponds! Many pond-owners are only too pleased to find a home for their excess vegetation. Never dig your plants up from the wild.

Water plants can be divided into four main types—surfacing plants (those rooted in soil which have leaves at the surface), submerged oxygenating plants, floating plants and emergents, which are plants of the water's edge. You should try to select plants which not only have an ornamental appearance but also have a practical value for the pond's wildlife. Water lilies fulfil both these requirements, and are great favourites with both gardeners and animals, their floating leaves acting as sun-beds for frogs, dragonflies and even small birds. The undersides of the leaves are also well used, notably by the water snails that lay their gelatinous egg masses there. The lilies should be grown in the deepest part of the pond and are best planted in polythene baskets filled with soil. Use a good loam mixed with *well-rotted* manure.

Don't use fresh manure or compost, for this will degenerate into a smelly black mess and poison the water. The use of polythene baskets, which generally come with the plants when you buy them, makes it easier to lift the lilies when necessary: some of the more vigorous kinds need lifting and dividing every few years unless growing in a very large pond.

The reeds and other tall plants that grow at the water's edge should also be planted in polythene baskets, but these must be placed on the shelves around the margins of your pond. Attractive species for such situations include water plantain, flowering rush, yellow iris, water violet, arrowhead, reedmace or bulrush, bur-reed and bogbean. Emergent plants provide food and shelter for a number of pond animals, but their main attribute is their beauty. Once your pond is set off by their flowers and graceful leaves, it will become the centrepiece of your garden.

Hornwort, water milfoil, and Canadian waterweed are all valuable oxygenating plants living totally submerged in the water and providing essential cover for your animal life. Their growth may be so vigorous in a well-lit pond that you have to drag them out by the handful several times during the summer, but don't worry about this—it merely indicates that you have a thriving living community in your pond. These water weeds provide spawning grounds for fishes and newts, and also food and shelter for other pond-dwellers. They are also the only plants to release the oxygen that they produce directly into the water, a process vital to pond animals. But perhaps one of their most important functions is in absorbing minerals from the water. These minerals, which are brought into the pond by soil run-off or excessive tap water, can act like an aquatic fertilizer, causing "blooms" of algae that clog up the pond's water and stifle its animal life.

Try also to include a few free-floating plants such as frogbit and water soldier, both of which bear attractive white flowers with three petals. But beware of grappling with the water soldier: its clustered leaves, resembling those on top of a pineapple, are armed with strong spines. Both species float at the surface during the summer, and then sink to the bottom for the winter. Floating plants can live without any contact with soil. Their suspended roots collect all the nutrients they need directly from the water. By shading the water and using up minerals they also help to keep down floating algae, leaving the water clear enough for you to be able to watch the animal life below.

One free-floating species that will probably arrive by itself is the duckweed. It's fine in small quantities, especially if it stays around the edge of the pond and provides a bit of cover for tadpoles and other animals, but it is rather good at multiplying and can completely cover a small pond in a matter of weeks. Put a few of the small green discs or thalli in a dish of pond water and have a close look at them. Notice the fine root hanging beneath each disc. Reproduction takes place mainly by new thalli sprouting from the edges of older ones and gradually separating from them. If you count the thalli in your dish every few days you can get an idea of the reproductive rate. You might also like to see how the rate is affected by the addition of a *small* amount of fertilizer or by an increase in temperature. Duckweed disappears in the autumn, but it does not die. The thalli swell with starch at this time and become heavy enough to sink to the bottom. The starch reserves are gradually used up during the winter and by the spring the thalli are light enough to float up to the surface again.

Despite its small size, the duckweed is a flowering plant, but if you've never seen its flower—and very few people ever have—you haven't missed much. The flowers are microscopic, devoid of petals, and enclosed in minute pouches on the edges of the thalli. They generally develop only on thalli which are fully exposed to the sun, but even then only a small proportion actually produce flowers.

The attractive water fern *Azolla filiculoides* is a free-floating plant which is often confused with duckweed. A native of America, it is now well established on ponds and streams in southern Britain and is particularly beautiful when its fronds turn red in autumn. The plant is sometimes offered for sale by garden centres, but my advice is to avoid it: *Azolla* spreads even more rapidly than duckweed and, although killed by hard winters, is a devil to get rid of once established.

TROUBLE WITH ALGAE

Many pond-owners are plagued with "green water", often as thick as pea soup, which makes it quite impossible to see what is going on in the pond in the summer. The green colour is produced by the presence of millions of minute green algae which swim freely in the water and multiply at an amazing rate. They don't actually harm the animal life in the pond—in fact, they provide food for many of the animals—but you need to control the algal growth for your own satisfaction. Some people recommend occasional treatment of the pond with dilute solutions of potassium permanganate to kill most of the algae. This certainly works, but it does not get to the root of the trouble, which is usually too much mineral content in the water. The minerals may be being washed in from the surrounding soil, or they may result from filling or topping-up the pond with mineral-rich tap water. The remedy in the latter case is obvious, but it is less easy to prevent run-off from the surrounding garden, especially if this is a sloping area. Biological warfare may be the answer here. Try to establish a good growth of hornwort and other submerged plants in the spring, and these will use up most of the minerals and thus slow down the growth of the algae. A couple of freshwater mussels, obtainable from aquarists and from most garden centres selling pond plants, will also help. These sedentary creatures feed by pumping a continuous stream of water through the body and extracting food particles from it—including the floating algae. A good population of water fleas and other small vegetarians will further thin the algal

OXYGENATING POND PLANTS

Oxygenators not only provide oxygen—they also compete with algae and so keep the water clear. The three plants here will all flourish in a garden pond—sometimes growing almost too profusely. Milfoil needs anchoring to the bottom but the other two can just be dropped in the water.

Hornwort

Spiked water milfoil

Canadian waterweed

soup, but you cannot maintain large numbers of these animals if you have fishes in the pond.

Blanket-weed is the other major algal problem. Its green, hair-like filaments coat the sides of the pond and much of the larger plant life, and in the summer they become so dense and matted that they form a thick green blanket over the pond. A high mineral content is again the cause of the problem, and if you can't reduce it there is little alternative to regular removal of the weed by hand. Be sure to throw back any animals which get hauled out along with the weed. Water snails can also help, by eating some of the filaments as they glide about, but too many snails can damage the larger plants as well—and without these larger plants to absorb the minerals the algae multiply even more. The reddish brown ram's-horn snails, with the shell coiled in a flat spiral, are better than the conical pond snails.

Pond snail piggyback Water snails (*above*) have a prodigious appetite for algae. Here a ram's-horn snail explores the shell of a giant pond snail for food. The ram's-horn tends to live on the bottom of ponds, while the giant pond snail often glides upside-down under the surface.

A frenzied courtship Frog breeding (*right*) is an explosive business. In early spring males gather at traditional breeding sites and attract females by their croaking. The arrival of the females is met with much splashing and grappling.

THE FROG'S LIFE-CYCLE

The metamorphosis of a tadpole into a frog involves a change not only of shape but also of diet. The speed with which these changes occur in a garden pond will depend on a number of factors including temperature, food supply and water mineral content; average times are shown below. After your tadpoles have developed into froglets, it will be three years before they return to your pond to breed.

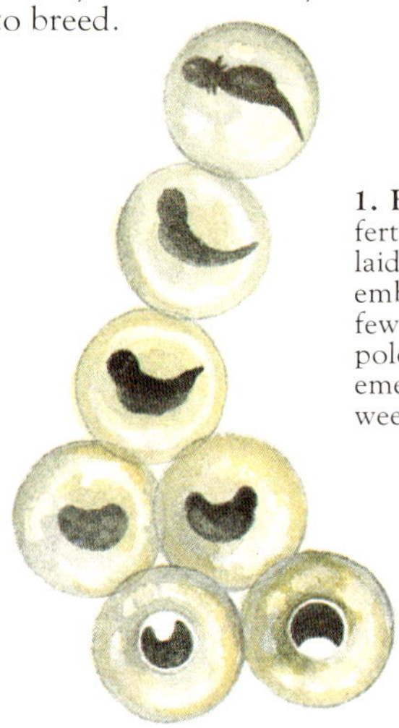

1. Frog eggs These are fertilized as they are laid. The growing embryo can be seen in a few days. A small tadpole with external gills emerges after about two weeks.

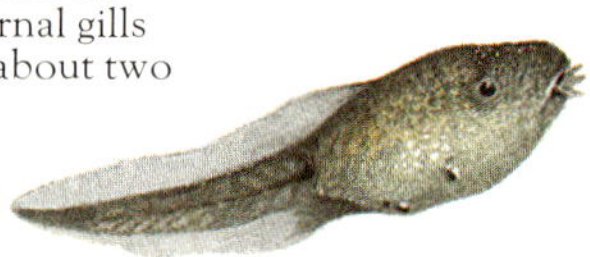

3 weeks

2. The growing tadpole Within three weeks the external gills are absorbed. At this stage, the tadpole is feeding on algae.

8 weeks

3. A change of diet As the hind legs develop, the tadpole starts to scavenge for animal food.

3 months

4. Ready for land The young frog, measuring 12 mm from nose to tail, will emerge from the pond in May or June.

It is not really necessary to introduce any animal life to your new pond: given time, most pond-dwelling species will arrive and establish themselves if conditions are suitable. Some come under their own power, others by hitching lifts on larger creatures: even fishes and water snails may arrive in the form of eggs stuck to the feet of birds coming down to drink. You will, of course, introduce many small creatures yourself on the plants that you put in, and you will really give your pond a flying start if you fill it with water from an existing pond.

Fishes, especially goldfishes, are the most popular animals for the garden pond and certainly attractive to watch, but goldfishes are not really very good from the conservation angle because they are largely carnivorous. In a small pond they will eat most of the other animals, including tadpoles, that your pond should be protecting. Keep goldfishes by all means, but limit their numbers in a small pond or else give them a separate pond to themselves. Try keeping sticklebacks instead. You can usually catch these locally and they take quite happily to garden ponds. You will be able to watch the males develop their deep red bellies at breeding time and you might even be lucky enough to see one building its nest with plant fragments. Minnows are also good for a small pond. Like the sticklebacks, these will eat a lot of mosquito larvae and smaller creatures but do little harm to larger forms of wildlife.

THE AMPHIBIANS

This group of animals includes the frogs, toads, and newts—all creatures which rely on still or slow-moving water in which to grow up and probably the animals most at risk from the loss of watery habitats in the countryside. It is quite likely that they will all find their way to your pond, for they travel considerable distances over land during the summer and autumn, but you can quite legitimately speed things up a little by collecting *small* amounts of frogspawn or toadspawn from another pond in the

A lengthy life You can't mistake the long strings of toad eggs (*left*) if you have them in your pond. If it survives the first few perilous months, an adult toad (*above*) can live to a great age—30 years is not uncommon.

spring. Tadpoles can also be introduced to your pond. The tadpoles spend about three months in the water—longer at lower temperatures—and then climb out as miniature frogs or toads. A gently sloping margin or an overlapping patch of vegetation will make things a lot easier for them. They don't return to the water until they are fully grown and ready to breed some three or four years later.

Frogs and toads like relatively large ponds for breeding because the males gather in large numbers and make a lot of noise to attract the females. There is no finesse about their courtship, the males simply grabbing the first female they can lay hands on and fertilizing her eggs as she lays them. Frogspawn is laid in shapeless masses, while toadspawn, generally laid in deeper water, forms long strings which are wrapped around the water plants. The animals return to their traditional breeding sites each year and will congregate, albeit frustratedly, even when a pond has been filled in.

Newts will breed in much smaller ponds are are much more fun to watch in the breeding season. Their courtship is silent and balletic, in vivid contrast to the raucous choruses of the frogs and toads. The males assume a bright costume for courting, and also develop a frilly crest on the back and the tail. Spend some time watching their quivering dances, during which crest and tail are fully displayed to prospective mates. The females are duller and lack crests, and are much plumper than the males until they have laid their eggs. The dancing may go on for hours, often in front of a succession of females if the first choices are unimpressed. The females are actually extremely passive during most of the display, but as long as they don't turn away the male will continue his routine. The lashing of his tail drives his scent towards the female and she eventually approaches him. Watch how he then starts to creep away, still quivering his tail excitedly. The female follows and nuzzles his tail, and he then deposits a bundle of sperm which she immediately picks up in her cloaca. The process may continue until she has gathered about half a dozen bundles of sperm, after which the newts go their separate ways. Eggs are then laid over the next few weeks, but not in large masses like those of the frogs and toads. Instead, they are laid individually, each attached to a submerged leaf which is then carefully wrapped around it for extra protection.

THE SECRETIVE SMOOTH NEWT

Newts are the least obtrusive of garden amphibians. They are secretive animals, spending most of their time underwater, and usually moving only slowly. However, once spotted, they can be caught quite easily with a dip-net. They will accept being handled for short periods, allowing you to examine them at close quarters.

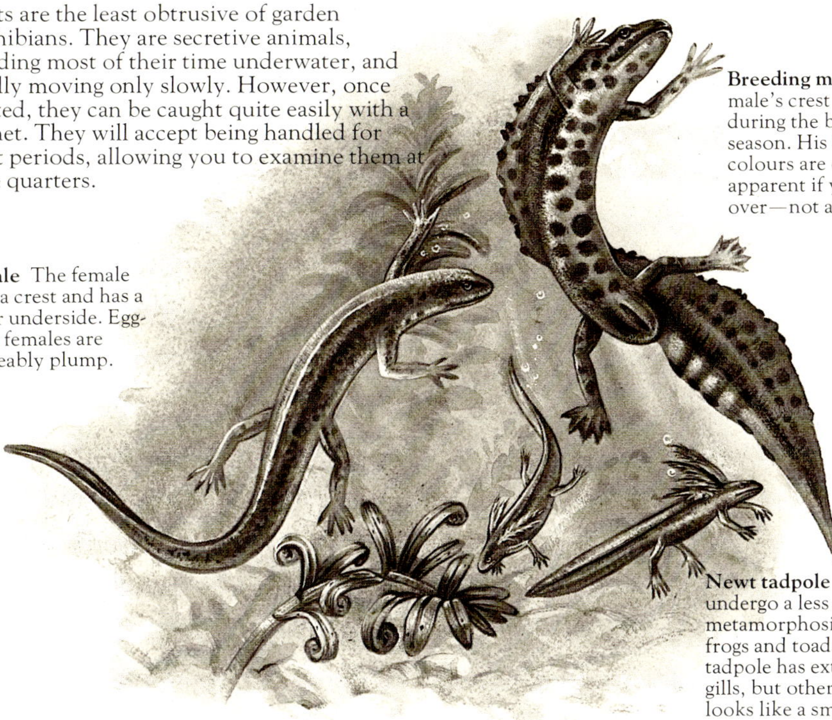

Breeding male The male's crest appears during the breeding season. His brilliant colours are only apparent if you turn him over—not always easy!

Female The female lacks a crest and has a duller underside. Egg-laden females are noticeably plump.

Newt tadpole Newts undergo a less drastic metamorphosis than frogs and toads. The tadpole has external gills, but otherwise looks like a small adult.

Both adults and young stay in the water much longer than the frogs and toads, eating a wide variety of small animals. The usual newt species breeding in garden ponds is the smooth newt. The palmate newt occurs in some places and the two species are easily confused, especially outside the breeding season. Breeding male palmate newts can be identified by their webbed hind feet and the small filament at the tip of the tail, and they also have much less of a crest than the male smooth newt. Females are much more difficult to separate, although the palmate newts generally have a much paler belly with fewer spots.

Frogs, toads, and newts all repay your hospitality by eating large numbers of slugs and other potential pests as they roam over the garden in summer and autumn. They are usually active by night, but it is not uncommon to uncover frogs and toads hiding amongst the vegetation by day. Newts are more secretive and not often seen out of the water. All three groups go into hibernation for the winter, buried deep under stones or rubbish or even in the mud at the bottom of the pond. If you have a rockery close to your pond you are quite likely to have newts sleeping under the stones. The log pile (see page 101) is another favourite spot for hibernation and if you can arrange for a few logs or a pile of brushwood and leaves to remain undisturbed for the winter the newts will appreciate it. You don't have to build it particularly close to the pond, but try to provide such a shelter in the same place each autumn.

THE POND'S INSECT RESIDENTS

Huge numbers of aquatic insects inhabit your garden pond, together with an assortment of worms, small crustaceans, mites and snails—so you are never short of something to watch. Try the gentle art pond-dipping to discover something of this fascinating underwater life. A small aquarium net or even the foot of an old nylon stocking attached to a wire frame will be quite sufficient to collect your samples: empty them into shallow pie dishes and you will have hours of enjoyment sorting out the different animals.

Many insects spend only the early part of their lives in the water and take to the air as adults. They include mayflies, caddis flies, and hordes of gnats and midges. You will find many of their young stages when pond-dipping. Most are scavengers, feeding on plant or animal debris on the bottom of the pond, or else they feed on the minute planktonic plants and animals that drift in the surface layers. They themselves are eaten by larger creatures, and all are linked together in the complex food chains and webs of the pond.

Dragonflies also spend the early stages of their lives in the water, but they are usually attracted only to the larger ponds for breeding. They also swoop to and fro after the midges that often congregate over the water, snatching them in mid-air with their large spiky legs. Their smaller and more delicate cousins, the damselflies, are much more likely to be found around our smaller garden ponds, often resting with wings closed on lily leaves and other vegetation. In flight they appear to drift lazily across the water, occasionally snatching a small fly from the air but more usually plucking their prey from the waterside vegetation. You might see them in tandem, with the male tugging the female along by the scruff of her neck. This is part of the complex mating procedure of both damselflies and dragonflies and may occur both before and after copulation. If the pair have already mated you might see the male lower his partner gently to the water surface so that her hind end just dips into the water to release an egg, but some damselflies go much further than this. You might, for example, see a pair, still in tandem, climbing down a plant stem until the female is completely submerged. In this position she lays an egg in the plant stem and, at some given signal, the male whisks her

POND PREDATORS

A garden pond contains many predatory invertebrates. The insects shown below all fly well and will arrive without any assistance. The water spider may appear if you add water from an existing pond or lake.

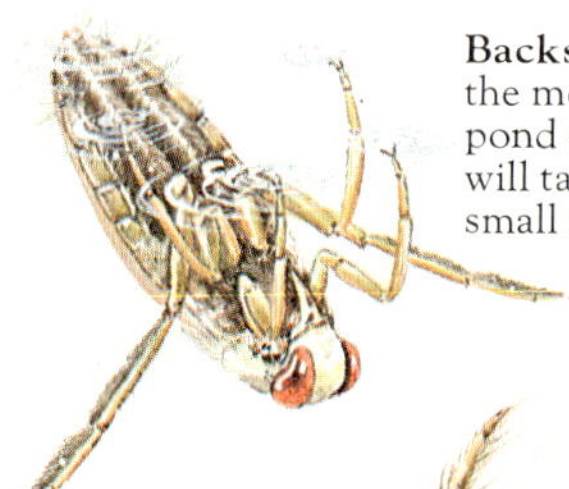

Backswimmer Among the most voracious pond carnivores, these will take tadpoles and small fishes.

Water spider This completely aquatic spider carries an air bubble. Prey is taken to an air-bell to be eaten.

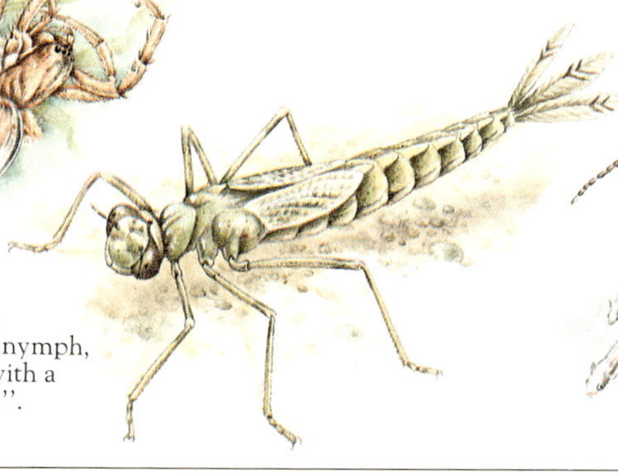

Damselfly nymph Like the dragonfly nymph, this catches prey with a protrusible "mask".

Great diving beetle This beetle will eat small fishes, such as sticklebacks, and may even tackle frogs.

A dragonfly emerges A dragonfly (*above*) may spend up to five years underwater as a nymph before emerging to take to the air. During this time, it sheds its skin about a dozen times. When the aquatic part of the life-cycle is complete, the nymph crawls up a stem for its final moult. Gradually the old skin splits, the adult dragonfly works its way out, and the wings expand and harden. About two hours after the moult begins, the dragonfly is ready for flight.

Hawkers and darters The aeshna dragonflies, like the scarce aeshna (*above*), are "hawkers", staying aloft when searching for prey. By contrast, "darter" dragonflies swoop at their prey from a prominent perch.

Damselflies in tandem Two mating common ischnura damselflies (*right*) rest on a leaf. This pair clearly shows the differences between damselflies and dragonflies: damselflies are more delicate, and rest with their wings held together over their abdomen.

A FIVE-LINK FOOD CHAIN

The sequence of predators and prey shown here indicates how complex life in a pond can be. This chain is five links long—making it fairly complicated (see page 51). Because garden ponds contain such a variety of small animals and plants, the likelihood of such long food chains occurring is higher than in most other garden habitats.

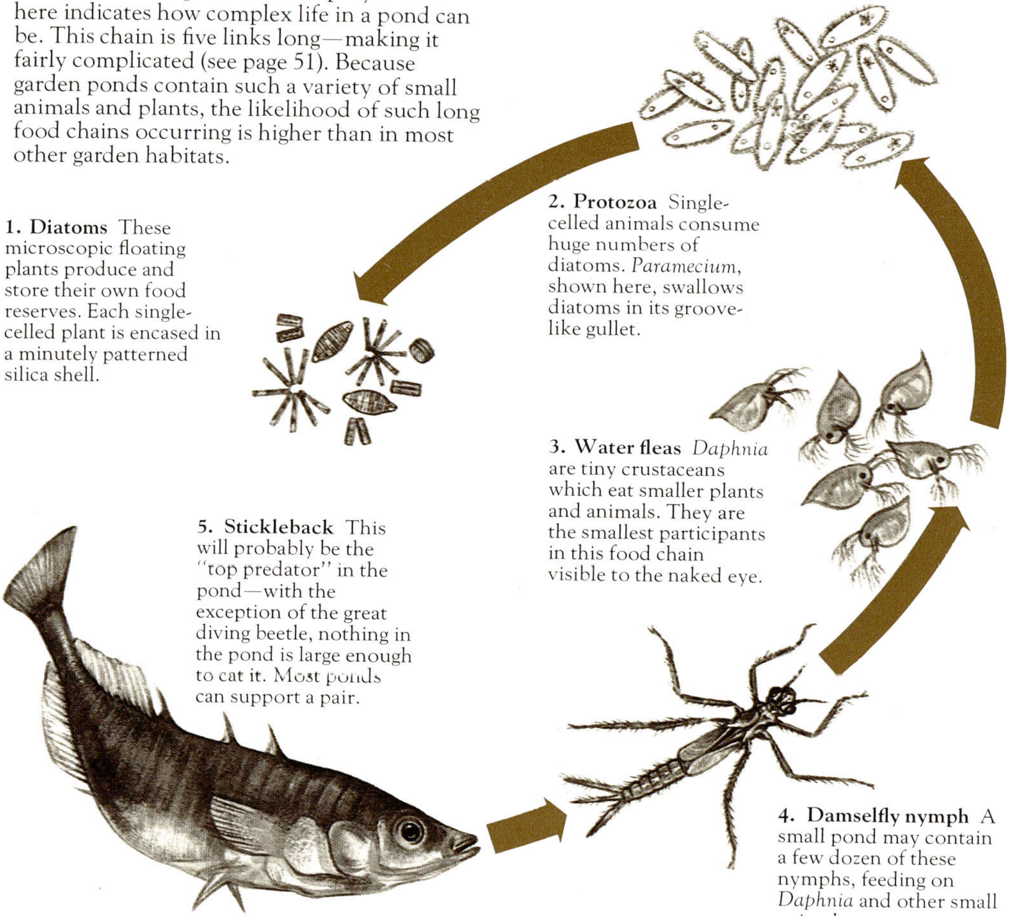

1. Diatoms These microscopic floating plants produce and store their own food reserves. Each single-celled plant is encased in a minutely patterned silica shell.

2. Protozoa Single-celled animals consume huge numbers of diatoms. *Paramecium*, shown here, swallows diatoms in its groove-like gullet.

3. Water fleas *Daphnia* are tiny crustaceans which eat smaller plants and animals. They are the smallest participants in this food chain visible to the naked eye.

4. Damselfly nymph A small pond may contain a few dozen of these nymphs, feeding on *Daphnia* and other small animals.

5. Stickleback This will probably be the "top predator" in the pond—with the exception of the great diving beetle, nothing in the pond is large enough to eat it. Most ponds can support a pair.

up and away to repeat the process on another plant.

Encourage your dragonflies and damselflies, for they are among those animals most at risk from the loss of ponds in the countryside. They will repay you with their dazzling colours and displays and also by eating many of the mosquitoes and other midges that can make gardening and garden-watching a little uncomfortable at times.

Assorted water beetles and water bugs may arrive as soon as your pond has been filled, for many of these insects fly well and seem to be attracted down again by the reflections from the surfaces of ponds. This can happen on moonlit nights as well as during the day. The beetles include both carnivorous and herbivorous species, and if the water is clear you can see them scurrying about as they look for food. Notice that most are smoothly rounded for easy passage through the water, although there are a few less streamlined species that spend their time crawling on the submerged vegetation. You won't have to watch for long before you see beetles coming to the surface and hanging there motionless for a while. They are renewing their air supplies, for despite their aquatic existence they remain air-breathing creatures. Air is drawn into the space between the body and the wing cases or elytra which acts like an aqualung and gradually supplies the insect's breathing tubes. Some beetles come up head-first, while others hang upside-down to take in their air. Most of the former group are vegetarians, while those that hang upside-down are carnivorous. The largest species you are likely to see is the great diving beetle, up to 4 cm long and olive green with yellow borders. A fierce carnivore, it is perhaps not the most welcome of residents or even temporary visitors in a small pond: anything from a small worm to a frog or a fish is fair game to this imposing streamlined predator.

Watch for the fascinating whirligig beetles that skate round and round on the water surface, but don't make any sudden movement or let your shadow fall on the insects lest they dive for cover. These shiny black beetles skate on very short, hairy legs and feed mainly on other insects that fall on to the water surface: try throwing them a dead fly. Don't confuse them with the long-legged pond skaters, which are bugs not beetles. If you can catch one—not an easy task—you can see the slender beak which distinguishes the bugs from the beetles and all other groups of insects. Like the whirligigs, pond skaters feed on any unfortunate insect that falls onto the water surface. They pick up the ripples from a struggling insect and dart after it on their long middle legs which are used like oars although they don't actually break the surface. The hind legs act as rudders, while the short front legs capture the prey. If you look carefully at a resting pond skater you will see the minute dimples caused by its feet resting on the surface film.

Many other bugs live under the water surface in much the same way as the water beetles. The best known are the backswimmers, so-called because they swim on their backs, using their long, hairy hind legs as oars. Their air supplies are carried on the belly, trapped by a dense layer of hair and giving the insects a strong silvery appearance. They are fiercely carnivorous like the great diving beetle, but don't attack quite such large prey. Don't confuse the backswimmers with the other main group of aquatic bugs, the water boatmen—although this name is often used for both groups. The water boatmen swim the right way up and feed mainly on plant debris. Some of the males produce quite a loud courtship song, not unlike that of some of the crickets, by rubbing their front legs against the head. The best way to hear this sound is to put a few specimens in a shallow dish of water.

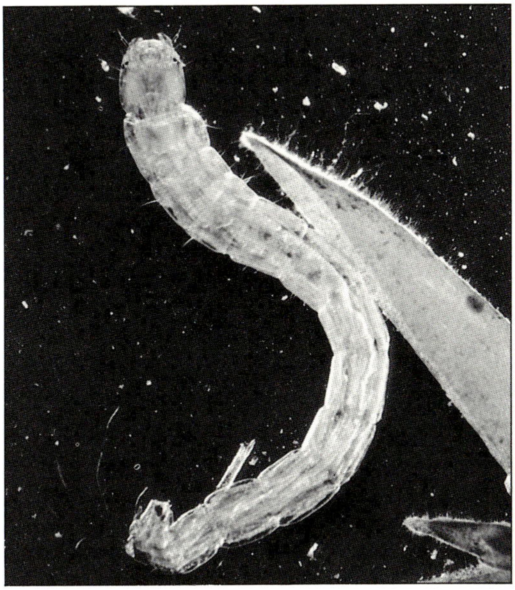

Midge larva In the first few weeks of a pond's life—especially in summer—midge larvae may become abundant. A stickleback or two will soon deal with them before they reach adulthood and take to the air.

VISITING BIRDS

Unless your pond is particularly large and well endowed with marginal vegetation, birds are likely to be no more than casual visitors, coming to drink or bathe or to feast on the swarms of gnats and midges that emerge from the water at almost any time of year. Swallows and house martins, for example, commonly swoop low over even a small pond to gather food, but my favourite is the pied wagtail. Strutting jauntily around the edge of the pond and often paddling in the shallows, it disturbs plenty of insects, most of which are snatched up before they can take flight. But the pied wagtail is no slouch in the air, chasing flies low over the water and using its long tail for instant braking and changes of direction. At times you think it must stall and crash into the pond, but no—after a moment of precarious hovering it is off again and many flights are rewarded with a capture. The pied wagtail is one of the few purely insectivorous birds to remain with us throughout the year—an achievement due entirely to its ability to capture insects both on the ground and in the air.

Ponds surrounded by thick vegetation may attract the moorhen sufficiently for it to set up home, but this rather timid bird usually demands more than the average garden pond for successful nesting. Coots and ducks require even more spacious accommodation. If you have a large enough pond it is worth constructing a small island with a pile of rocks and perhaps some pieces of turf. The birds may accept it as safe enough for nesting. A floating raft is another possibility as a nesting site: a few planks fixed together and attached to a heavy object on the bottom to keep them on station are all that is necessary, although for extra buoyancy in a really large pond you can lash some empty polythene bottles to the bottom.

From time to time one hears pond-owners complaining that their fishes have been taken by herons. I have sympathy with these people, but I also have a sneaking admiration for the heron that can seek out a small pond and poach its dinner. I don't think I would do anything to discourage a heron from visiting my own pond—as long as it posed no threat to the flexible liner and the visits did not coincide with the newts' breeding season.

A waterside insectivore Pied wagtails may be seen around ponds even in urban gardens. In winter, many of them roost in trees in city centres.

For those who feel they must protect their charges from this visitor, however—and also from the handsome kingfisher—there seems no alternative to covering the pond with netting for a while. If the birds find no food available in the area they will soon move to other more productive hunting grounds and you can uncover your pond again—until another heron finds it!

MAKING A MARSH GARDEN

Natural ponds are commonly surrounded by marshy areas, and if you can create similar conditions around your garden pond you will have an even more natural habitat—a "wild" water garden in which plants and animals which need a permanently damp environment will flourish. On pages 178–9 you can see how you go about constructing a marsh garden, either on its own or as an annexe to your pond.

The bright flowers of marsh plants will attract many insects, while the marsh itself will act as a highway for frogs, toads and newts. Unlike the pond, you can position your marsh garden either in the

Marsh garden plants The marsh marigold or kingcup (*above*) flowers well before most other marsh plants, attracting early bees. The water violet (*right*) another elegant wild flower of damp ground, comes into bloom as the marsh marigold fades. It ranges from mauve to white.

A flourishing pond The pond below shows vividly how the water's edge can be a major garden feature. The plants around the pond are a mixture of wild and cultivated, making up a dense stand brimming with animal life.

open or in the shade as there are plenty of marsh plants suitable for both locations. A self-contained marsh that is shaded will run less risk of drying out in summer months.

Good native plants for a shady marsh include bugle, yellow archangel, creeping jenny, monkshood and snowdrop. Useful imports include goatsbeard spiraea, martagon lily and the numerous varieties of shade-loving primulas. Hostas, cultivated plants grown more for the variegated foliage than their flowers, can also be planted in shady places, together with various ferns and—if you have room—the huge *Gunnera manicata*, a water plant from South America whose rhubarb-like leaves may be 3 m high and almost as much in diameter.

Native plants for a more open marsh include the wild monkeyflower and its various cultivated forms, marsh marigold, which is one of the early spring flowers, brooklime, cottongrass (planted in pots of peat), water forget-me-not and water mint. The latter is especially attractive to insects. In the less damp areas you can plant purple loosestrife—one of the most beautiful flowers of moist places—hemp agrimony, devil's bit scabious, globeflower, common comfrey, summer snowflake, meadowsweet, greater and lesser spearwort and cuckooflower.

You can obtain the seeds of most of these plants from the seed suppliers listed on page 188, or you can collect seed yourself. Do not dig up plants from the wild. This is illegal. Marshes, ponds and lakes are quite vulnerable environments. If you uproot wild waterplants, you may do considerable damage to balanced natural habitats in your efforts to help aquatic and wetland wildlife.

Exotic species for your marsh garden include the fast-growing Indian balsam, the tall and very beautiful elecampane,

POND AND MARSH PLANTS

Water plants are fairly specific about the conditions in which they will grow, requiring just the right depth of water or degree of dampness. This pond profile shows a succession of plants for the different parts of a pond. The deep section is about 60 cm deep, while the marginal shelf is about 20 cm below the surface.

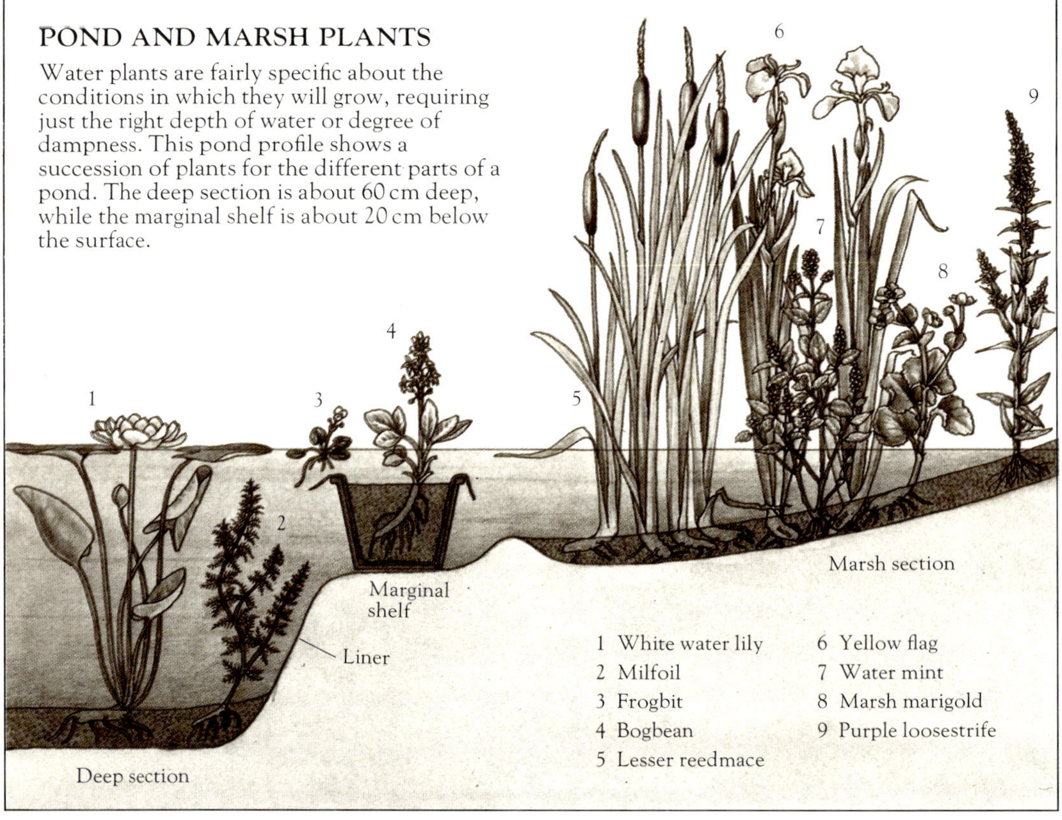

1 White water lily
2 Milfoil
3 Frogbit
4 Bogbean
5 Lesser reedmace
6 Yellow flag
7 Water mint
8 Marsh marigold
9 Purple loosestrife

and assorted irises. As well as beautifying your garden, these plants will bring in a wide range of colourful insects. The damp conditions underfoot will also encourage numerous creepy-crawlies and thus provide happy hunting grounds for frogs, toads, and hedgehogs. The latter are often attracted to the pond itself and, although they can swim, they do occasionally drown if the sides are all steep and the water level has dropped—another reason for a gently-sloping margin on at least one side of your pond.

Creating a marshy area around your pond is ideal if you have enough room for it. If you don't, you can grow plants that like really damp conditions by using flower pots of suitable sizes on the shelves around the edge of your pond. Invert a number of pots on the shelves so that they are *just* submerged and use these as pedestals for the pots in which your marsh plants are actually growing. Use a rich loam for these plants: it will soak up plenty of water and ensure a colourful display around the edge of your pond. Remember that most marsh plants, unlike swamp plants, need some air in the soil and will not thrive in completely waterlogged conditions.

STREAMS AND WATERFALLS

The fascination of water is always enhanced by movement, and the availability of reliable electric pumps—cheap to buy and inexpensive to run—makes it relatively easy to construct a small stream in your garden. If your garden is on a slope you are already halfway there. The system consists essentially of two ponds, one a little lower than the other, connected by the stream. Water flows from the upper pond into the lower one and is then pumped back to the upper one. Unless you are lucky enough to have a natural rock slope over which the stream can trickle, you will have to construct a channel with concrete or with a piece of pond liner made to look natural by the careful placing of pieces of rockery stone. The stream should not be much more than a trickle, and then you will find that mosses and liverworts will soon establish themselves in and around it. Assorted insects, including butterflies, bees, and flies, may come to drink from the edge of your stream. Watch their long tongues sucking or mopping up the moisture. Smearing an occasional handful of cow or horse dung on the rocks will make them even more attractive to the insects, as well as encouraging the growth of mosses, but don't overdo the dung or you could pollute the pond. Pollution problems should be minimal in this set-up, however, because the water trickling over the rocks will pick up more oxygen to aid the decomposition of the debris. The extra oxygen will also support a greater number of aquatic animals. Caddis flies may well be able to breed in your artificial stream. Look for their larval cases, made from fragments of sand grains, tiny shells, leaves or small twigs.

Caddis fly cases Most caddis fly larvae live in protective tubular cases. Each species uses a certain selection of materials and with them fashions a particular shape of case. The cases here are made of small stones. The adults, common over garden ponds, are moth-like.

CHAPTER SIX

LIFE · AMONG · THE GRASSBLADES

The word "lawn" originally meant an open space in woodlands, generally grazed by deer and other animals and clothed with grass. Areas of this kind still exist in places such as the New Forest, but few people would think of calling them lawns. One of the earliest documented references to lawns in the modern sense dates from late in the thirteenth century, when a lawn was laid at Westminster. The turf was obtained from a dealer, so there was obviously a certain amount of demand for turf at that time, but lawns would not have been widespread: only the nobility, who could afford to employ skilled scythemen to keep their grass in order, would have gone in for this time-consuming and non-productive facet of gardening.

It was not until Edwin Budding designed and patented a simple lawnmower in 1830 that the relatively formal lawn arrived in smaller gardens. Lawns have since become immensely popular. It was recently estimated that we have almost 13 million domestic lawns in the United Kingdom—almost one for every house—and that they cover some 90,000 hectares, an area the size of the Isle of Wight and the Isle of Man put together. Many are small and purely ornamental, although they may be useful feeding grounds for birds, but their potential for wildlife is enormous.

Many householders put large areas of their gardens down to grass for "easy management". Modern motor mowers certainly make cutting easy, and you can even treat yourself to a power-driven edge-trimmer if you wish, but you still need to spend a fair amount of time and energy to keep a lawn in good condition. If you are just after trouble-free decorative surroundings you might as well put down a patch of green concrete!

The real lawn enthusiast won't tolerate anything but grass on the lawn—fine if you play bowls, but otherwise distinctly boring. There is no need to spend hours on your hands and knees weeding out the other plants, for a lawn can fulfil its functions just as well with "weeds" among the grasses. Indeed, from the wildlife gardener's point of view, a weedy lawn is desirable because its more varied plant life is of much greater interest to animals.

If you have enough room, it is well worth setting aside part of your lawn as a garden meadow. This doesn't just mean leaving the mower in the garden shed—a garden meadow requires a fair amount of planning and seasonal maintenance. But these details must wait for a moment. First we will examine the wildlife of the traditional mown lawn, and the remarkable plants that support it—the grasses.

A close look at a regularly mown lawn will reveal that almost all the greenery consists of short vertical leaves. These grow from the base and are not really harmed by repeated cutting. Such are the powers of growth and recuperation of grasses that you can expect to remove more than 500 g of dry matter from each square metre of lawn during the growing season. For most of the year the actual grass stems remain at ground level, where they are untouched by all but the closest mowing. And if they *are* lopped by the blades they respond by sending out a new crop of side shoots, known as tillers, which knit together to form an even denser turf. Regular trampling and grazing, if not too heavy, has the same effect. No other plants can withstand regular mowing or grazing in the way that grasses can, and so without grasses we would not have our conventional lawns and playing fields. On a larger and much more important scale, we would not have grazing pastures and the herds of grazing animals would never have evolved. Despite their humble place in the garden, grasses outrank nearly all other flowering plants in order of importance.

Most grasses come into flower in June and July, scattering clouds of the pollen that is responsible for most cases of hay-fever. Mowing, of course, prevents our lawn grasses from flowering, but you have only to leave the grass for a couple of weeks at this season to see the varied

GARDEN GRASSES

Although the leaves of grasses often look very similar, it is fairly easy to tell the common species apart when they are in flower. Grass flowers are wind-pollinated. Each flower-head grows up on a long stalk and then gradually opens out to expose the tiny flowers to the breeze. The grasses here are shown with their flower-heads fully open.

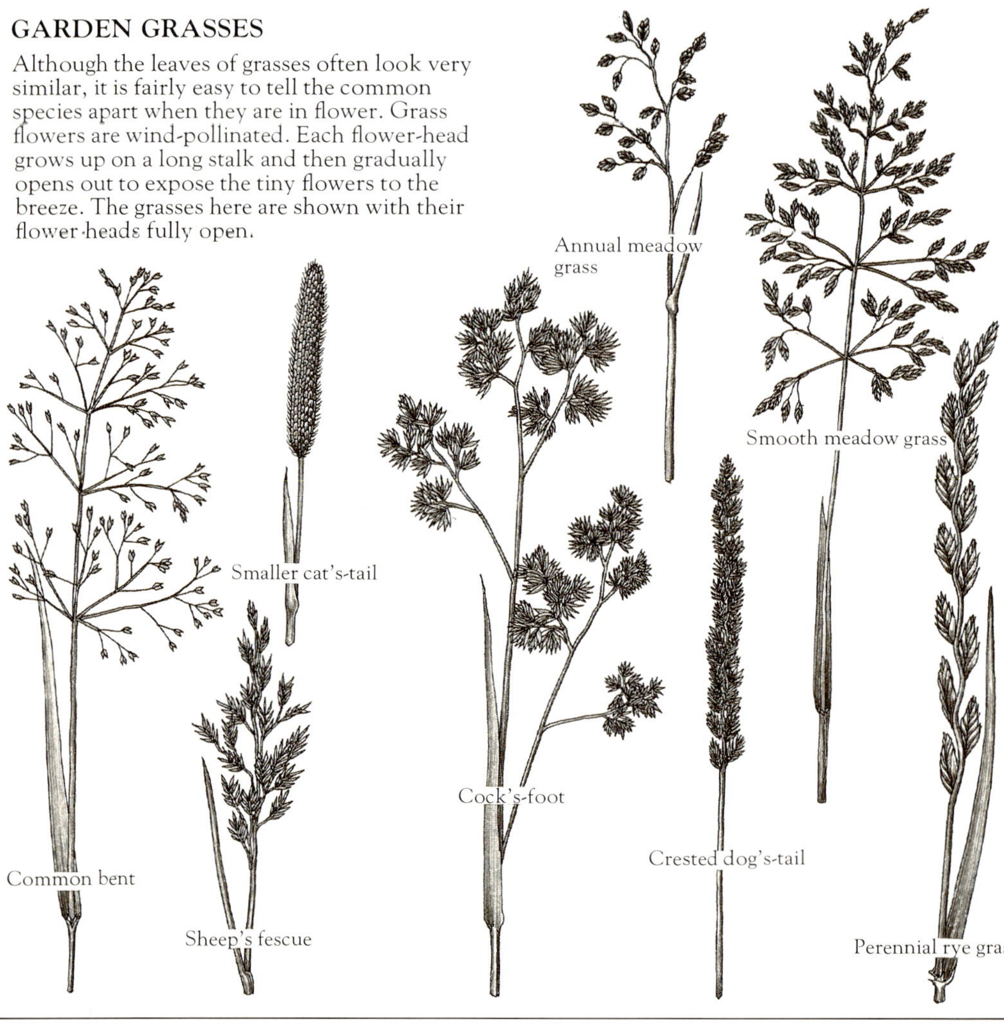

flower-heads. The flowering shoots die after scattering their seeds, but their place is taken by fresh tillers sprouting from the base—except in the annual meadow-grass, where all the shoots turn up and flower and the whole plant dies.

It is possible to create a lawn simply by levelling a piece of land, letting the vegetation spring up naturally, and then mowing it regularly to encourage the grasses at the expense of the other plants. It could take some time to achieve a presentable lawn, however, and most people prefer to start with turf or grass seed. Turf is generally grown as a field crop, using exactly the same kinds of seed mixtures that you would buy for direct sowing in your garden. It is then dug up as required. The advantage of using turf is that the ground does not need quite so much preparation. You also get an instant lawn and you can lay the turf at almost any time of year. Seed has to be sown in spring or autumn for best results and it takes quite a while to produce a good lawn, but you do have more control over the types of grasses that you grow.

Several of our native grasses are used for lawns, generally mixed in various proportions to suit different situations and different kinds of soil. Perennial rye grass is a very important constituent, with several cultivated strains. It is a fairly coarse and hard-wearing grass, ideally suited to all-purpose lawns and playing fields. It grows best on good, lime-rich soils where its vigorous growth commonly swamps the finer lawn grasses. Perennial rye grass is not therefore suitable for fine lawns and this is why seed mixtures generally state whether or not they contain this species. Its wiry flower stems commonly resist the mower and stand guard over the newly-mown sward. On sandy soils, however, the rye grass gives way to other more acid-tolerant grasses after a year or two, so there is little point in sowing rye grass in sandy areas. The fescues, with their bristle-like leaves, produce better lawns here.

Other major lawn grasses include common bent, crested dog's-tail, hard fescue, sheep's fescue, red fescue, chewings fescue, smaller cat's-tail, wood meadow-grass and smooth meadow-grass. Annual meadow-grass is sometimes sown, but more often invades the lawn of its own accord. It is one of the few annual plants regularly found on the lawn, its occurrence almost certainly being due to its year-round flowering and seeding which enables the seeds to get a foothold on the lawn in the winter and early spring before the other grasses start to move. In areas which are not cut quite so regularly—around trees, for example—the taller and coarser grasses may be able to establish themselves. Cock's-foot is a typical example. Its young shoots are very pale and flattened from side to side and, if unchecked by regular mowing, they develop into substantial clumps of grass. You will have to let a clump grow up in the summer to appreciate how the species got its name from the shape of the flower-head. In fact, if you have a suitable corner, it is worth letting a small patch of lawn grow up to the flowering stage so that you can get a full idea of the kinds of plants growing there.

WILD FLOWERS OF THE MOWN LAWN

If you have a lawn that is mown regularly, have a close look at it from time to time and keep a record of the different kinds of flowering plants growing there. You will be surprised by their numbers, and the older the lawn the more species it is likely to contain. The plants generally arrive as seeds brought in by birds and ants and even on your own feet (see page 14), and it is interesting to see how quickly a newly sown or turfed lawn acquires these unplanned but generally very welcome species.

The herbs that mingle with the grasses to produce a typical lawn—and there could well be more than 50 of them—are nearly all low-growing species forming mats or rosettes on the turf. Their stems and leaves remain below the level of the mower blades for most of the year. Like the grasses themselves, these herbs include very few annuals and many of them rely more on vegetative propagation than on seed production. Fragments broken and carried by your own activities are commonly responsible for spreading these species across the lawn. Whether you call them weeds or not depends on your personal taste, but it is a hard-hearted gardener who destroys the beautiful little daisy that decorates so many of our older lawns. Some people even mow around the clumps, but the plant can get the upper hand if allowed to seed too freely. Although some seeds are carted away by the ants, most remain close to the parent plant and gradually produce dense patches. Their leaves press tightly down on the surrounding soil and suppress the grass. Tiring hand-weeding is one way of keeping the daisies under control in a formal lawn, but with this plant you really can have your cake and eat it: admire the flowers for a few days and then mow them off before they set seed. Another crop of flowers will appear before long. If you feel you must thin out your daisies, try placing a few crystals of ammonium sulphate on each rosette. This will kill the rosettes, but the chemical will quickly break down in the soil and its products will encourage the growth of the grass again. This method is also ideal for getting rid of excess dandelions and plantains and most other unwanted plants on the lawn.

Greater plantain occurs mainly on the more heavily used parts of the lawn, where its tough, flat leaves survive trampling better than most. It is hard to believe that the flat rosettes belong to the same species as the large upright leaves growing unmolested at the base of the wall or among the kitchen garden plants but a simple transplant will convince you. Remove a couple of plants from the lawn and stick them in a shady spot in a corner of the garden where they can grow without disturbance: the leaves will gradually stand up and later leaves will also grow to much larger sizes. Try the reverse experiment as well. In good light the upper surfaces of the leaves grow slightly more quickly than the lower surfaces, thus causing the leaves to turn down and press strongly on the ground.

Surviving the mower The leathery plantain (*left*) and the daisy (*above*) are two wild flowers which are encouraged by regular mowing. They thrive when the surrounding grasses are prevented from reaching their full height. The daisy in particular cannot compete with vigorous lawn grasses if they are not mown.

This habit maintains the rosette form in mown or trampled areas and suppresses the growth of the adjacent grass. The same thing happens with the dandelion. Look for the hoary plantain if your lawn is on calcareous soil. It resembles the greater plantain but a dense coat of hairs gives the leaves a greyish colour. The flower spikes, when allowed to develop, are shorter and thicker and have a clear violet tinge. When attempting to dig any of these plants from your lawn, make sure that you remove virtually all the root. If you don't, a ring of new shoots will develop at the top of the remaining root and your problem will be even worse. Use ammonium sulphate if you really can't stand the plantains.

Yarrow or milfoil has mossy or feathery leaves containing a strong aromatic scent. It is very common on roadside verges and other rough grassland and commonly invades the lawn. But don't frown upon it: the prostrate leafy stems contribute to the density of the turf and help to maintain a rich green sward even under drought conditions, while the yarrow's root secretions have been shown to strengthen and invigorate the surrounding grasses. Many healing properties have also been attributed to this herb, which was even carried into battle for dressing

LIFE ON THE DANDELION

Dandelions can be tiresome and invasive weeds, but they are nevertheless attractive plants which are visited by innumerable bees and birds. In a lawn, their spreading rosettes can withstand both trampling and mowing. In full light the leaves are tightly pressed to the ground, smothering neighbouring grasses. However, if you leave your lawn unmown, the leaves will turn upwards to form a sturdy tuft like those of roadsides and hedges.

Colourful seed-eaters Goldfinches, greenfinches and bullfinches all relish the dandelion's seeds.

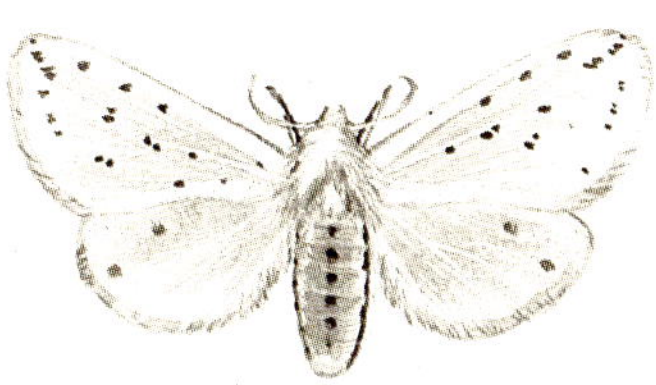

White ermine moth With speckled white wings and a furry head, this is one of the prettiest garden moths. The dark brown caterpillar feeds on dandelion and other lawn weeds in late summer, reaching adulthood the following year.

Narcissus-fly Feeds on nectar and pollen; the larva is a pest of bulbs. ($\times 1\frac{1}{4}$)

Mining bee Dandelion flowers are sought out by short-tongued bees such as *Halictus malachurus*. ($\times 1\frac{1}{4}$)

soldiers' wounds. I have never used it on my own cuts and scratches, but I do enjoy the yarrow's scent while taking tea on the lawn. The creeping shoots escape the mower's blades, but if you stop mowing they will send up tough flowering stems topped by domes of white or pink flowers.

Slender speedwell is a relative newcomer to our gardens, probably arriving in Britain from the Caucasus early in the nineteenth century. A mat-forming perennial with very slender stems, it became popular in the rock garden early in the twentieth century, but it literally outgrew its popularity and smothered many gardens. Its creeping stems grow rapidly through turf and the plant is now a troublesome weed in lawns all over Western Europe. It rarely sets seed in Britain, but even tiny fragments can grow into new plants and mowing merely propagates the plant and distributes it even more widely.

LAWN ANIMALS

A regularly mown lawn provides very little shelter even for small insects and you will find very few animals living in the short turf compared with the numbers in an unmown area. But mown turf is by no means sterile: you just have to get down on your hands and knees to appreciate most of its inhabitants. Mites and springtails are abundant, feeding largely on the decaying leaf fragments and therefore tending to be most common where the mower leaves the most debris. Aphids feed on the grasses, but rarely in sufficient numbers to cause any appreciable harm, and you might also find woodlice skulking amongst the tillers at ground level. They include *Trichoniscus pusillus* and *T. pygmaeus*, our two smallest woodlice, and *Philoscia muscorum*. The latter is up to 8 mm long and red, brown, or yellow with a dark stripe along the centre of the back. All three species feed on decaying grass and require a rather damp environment. The pill-bug woodlouse sometimes occurs on drier lawns but it prefers the longer grasses and you are more likely to find it at the base of the wall or hedge. It can survive drier atmospheres than most woodlice because it has a thicker and more waterproof coat and it can also roll into a tight ball, thus reducing evaporation from its more delicate underside. Don't confuse it with the much glossier pill millipede which you will also discover in the hedge bottom. The millipede has far more than the seven pairs of legs found in the woodlouse and also has clubbed antennae, but none of these features is visible when the animal is rolled-up and you will have to look at the skeletal plates to distinguish the animals: the woodlouse has numerous small plates at the hind end, whereas the millipede has just one large plate.

If the turf is not too lush and has the bald patches typical of the multi-purpose domestic lawn, you might well find the shiny little ground beetle *Notiophilus biguttatus*. One of the few diurnal ground beetles, it sunbathes on the bare ground and uses its bulging eyes to good effect to spot springtails and other small

A dew-soaked web Funnel-webs like this one may last for a week or more—while other types of web may have a useful life of just a day.

ANIMAL LIFE OF THE MOWN LAWN

Regular mowing will deter many invertebrate animals normally found in grassy places, but some species can live quite happily in or above grass a few centimetres high. Compare the animal variety of this habitat with that of the garden meadow on page 133.

Bee *Andrena* bees take nectar and pollen into nests below ground.

Bee-fly The bee-fly's larvae are parasitic in nests of solitary bees.

Winter gnat Males dance over lawns to attract females. Seen throughout the year. (× 2)

Sheet-web spider Traps prey in horizontal silk sheets woven over grass.

Springtails Minute wingless insects which move by jumping. (× 4)

Centipede Uses its poisonous fangs to prey on smaller lawn animals.

Ground beetle Many beetle species feed on lawn insects and slugs. (× 2)

prey. The most abundant of the lawn predators, however, are the spiders—mainly "money spiders" of the family Linyphiidae. Their little hammock webs, similar to those that we have met on the hedge, may completely cover the lawn in the autumn, turning it into a sheet of shimmering silver when clothed with the morning dew. Vast numbers of springtails and other small insects become trapped in these webs.

DANCING GNATS

Lawns often act as stages for the aerial dances of small flies. The insects gather in their thousands and dance up and down in dense swarms. The swarms remain more or less in one place by holding station over a prominent object, such as a flagstone or a flower-pot. Almost all of the dancers are males, and the swarm serves to attract the females—which are generally whisked off to mate as soon as they reach the edge of the dance. The commonest of the various flies that perform these dances are the winter gnats, so called because they are most obvious on damp afternoons in late autumn and winter. After mating, the females lay their eggs in leaf litter and other rotting vegetation on which the larvae feed.

You may also see small bees waltzing to and fro just above the grass in the spring. These are likely to be mining bees, including the tawny mining bee (see page 75). They may be females looking for suitable nesting sites, but if you see large numbers milling about more or less aimlessly they are likely to be males waiting for virgin females to emerge from their burrows. After mating, each female digs a new burrow in which to lay her eggs, and she has to be able to find it again each time she returns with provisions. She does this by performing a series of orientation flights, during which she learns the local landmarks. If you happen to mow your lawn while she is away you will destroy her landmarks—daisy heads, for example—and then you will see her searching desperately for the burrow entrance. She usually manages it after a while, and then has to set about another orientation flight.

The plump furry bee-fly may keep an eye on the mining bees as they pursue their tasks, and you might also see various hover-flies joining in the general activity. All these insects generally coexist peacefully on the lawn, although as a larva the bee-fly feeds on young bees. The bulb-fly is one that likes to sunbathe on bald patches, especially if you have bulbs growing in your grass. Like most hover-flies, it will streak away if disturbed but very soon return to its favourite perch. Look out also for the well-named *Epistrophe eligans*, a black fly with delicate yellow markings that enjoys hovering over a sunlit lawn in spring, especially near shrubs and hedges.

LAWN MOSSES

The presence of more than the occasional strand of moss in your lawn indicates bad drainage, for mosses are all moisture-loving plants and they require a certain amount of free moisture for their reproductive processes. In a mown lawn mosses may take over from grasses in really damp or shady areas and, although the lawn may still look nice and green from a distance, you have trouble on your hands. Because they have no real roots to anchor them in the ground, mosses are easily pulled out by the mower, and birds commonly take large amounts in the nesting season. The resulting bald patches are quickly invaded by weeds, including more moss, and the lawn deteriorates rapidly. Raking the moss away before it gets too thick obviously helps, and so does treatment with proprietary moss killers if you want to use them, but the only sure way of avoiding thick moss growth is to improve the drainage of your lawn.

Identification of lawn mosses requires a good lens, and even then is not easy without specialized knowledge. But you should be able to recognize the rough-stalked feather-moss. One of the commonest lawn mosses, it is bright green with a glossy yellow tinge, especially at the tips of the shoots, and it often gives shady parts of the lawn a distinctly yellow appearance. Under your lens you will be able to pick out the minute teeth on the triangular leaves. Look also for the sausage-shaped capsules, about 3 mm long, held more or less horizontally on their stalks. *Rhytidiadelphus squarrosus* may also be common on the lawn. Its irregularly branched red stems are reminiscent of minature monkey puzzle trees, with the leaves bent sharply so that their long tips stick out at right angles to the stems.

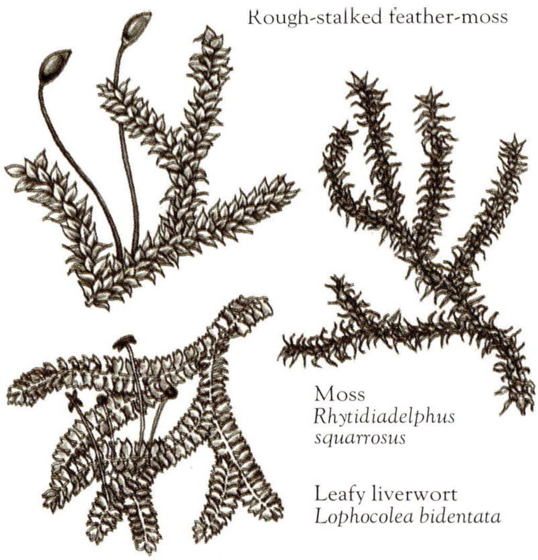

Moisture-loving plants Mosses and liverworts (*above*) are simple plants which lack flowers and which produce tiny single-celled spores instead of seeds. The moist atmosphere of damp places in the garden—especially poorly-drained lawns—is just what they require to reproduce successfully.

Fairy ring In open lawns where there are no natural obstacles, the fairy ring toadstool (*right*) can form almost perfect circles.

Lophocolea bidentata is often common where the lawn is shaded by trees. It looks like a moss, but is really one of the leafy liverworts. Notice how the thin leaves stand in two ranks on the stem and how each leaf has two prominent teeth at its tip. Like the rest of the liverworts (see page 147), *Lophocolea* has a much simpler spore capsule than that of the mosses, but *L. bidentata* in fact rarely produces spores. Broken fragments readily grow into new plants.

FAIRY RINGS AND MUSHROOM GARDENS

Many different kinds of toadstools form fairy rings, sometimes producing circles more than 10 metres in diameter. The essential requirements for the production of the rings are a plentiful supply of humus evenly distributed through the soil and the ability—not shown by all fungi—to use this soil humus. Pastures, lawns and the forest floor all provide the humus and you can find fairy rings in all these places, but they are best seen in open grassy places. The ring originates from a few spores, or maybe just a single spore, germinating at a certain point. The threads or hyphae growing from the spores spread out in all directions and may form a dense clump of toadstools after a few months, during which the threads have broken down and absorbed large quantities of humus. The threads continue to multiply, but those at the centre of the clump die because they have exhausted all the food. This leaves just a ring of fungal hyphae—the beginning of the fairy ring.

Although they continue to grow in all directions, the threads pushing inwards die through lack of food. The only sustained growth is outwards, and so the ring gradually increases in size. If you have a ring on your lawn you will be able to measure the increase in diameter from year to year, for these fairy rings are

usually very long-lived. You might notice a ring of extra dark, lush grass just outside the ring of toadstools. This is a result of the breakdown of humus by enzymes secreted by the fungal hyphae: some of the nutrients released from the humus are absorbed by the grass roots before the fungal threads soak them up. Around the actual toadstools, which generally appear only at certain times of the year, there may be a grass-free area—produced because the hyphae are so densely packed here that the grass dies. Inside the ring, however, there may be another area of lush grass, nourished by the dead and decaying fungal threads of yesteryear. The commonest fairy-ring toadstool on the lawn is *Marasmius oreades*, sometimes known as the fairy-ring champignon. It has a rather tough cap and widely spaced gills and generally crops up in late summer and autumn.

The much-loved field mushroom will also grow on your lawn if there is a good supply of humus, and it will sometimes form large rings. Why not encourage it to grow by "seeding" your lawn with mushroom spores and digging in liberal supplies of manure? You can use spores from wild mushrooms or from those bought at the shop, but best results will probably be obtained by buying a carton of mushroom compost—a good mixture of manure and mushroom spawn. The latter is a matted growth of mushroom hyphae and it will soon produce a crop. The cartons are sold for growing mushrooms indoors and I like to take an indoor crop before putting the compost into the garden. Don't forget the manure, for the original compost is soon exhausted.

UNDER THE TURF

Because the soil under your lawn is little disturbed and is well supplied with living and dead plant matter, it supports a considerable population of animals. Earthworms, for example, are more common under the lawn than in any other part of the garden and play a vital role in maintaining its fertility (see page 154). Leatherjackets (see page 158) feed eagerly on the grass roots, often in sufficient numbers to cause browning of the turf. The larvae of the common swift moth and the ghost swift moth also feed on the roots of grasses as well as those of many other plants. The female moths fly over the vegetation and jettison their eggs at random, and the resulting larvae feed on whatever roots are available. A careful look at the lawn in June and July might reveal the flimsy brown pupal cases of these moths poking out of the ground. Unlike those of most moths, the swift pupae are quite mobile and they work their way to the surface before the adult moths escape.

Look for the ghost swift adults at dusk, when the males perform their ghostly courtship flights. The upper side of the male is pure white, while the lower surface of the wings is dingy brown. In flight, all you see are flashes of white as the moth rises and falls silently over the grass, almost as if dangling at the end of a thread. The white flashes attract the yellowish brown females, and it seems

likely that the male also emits some kind of scent—an interesting reversal of roles, for among moths it is usually the female that attracts the male by scent.

Several kinds of ants may nest under the turf, but you rarely see them other than when they pour out for their marriage flights (see page 149). The only species making a visible nest is the yellow meadow ant which makes slightly elongated mounds in relatively undisturbed areas such as grassy orchards and unmown paddocks. It will also live in better tended lawns, especially on the lighter soils where its underground chambers can be warmed quite efficiently by the sun. It tries to make mounds from time to time, although the mower soon removes them, and by bringing fine soil to the surface in this way the ant plays an important role in churning up the soil and creating a fine tilth at the surface. In light soils it may be just as important as the earthworm in this respect, and is thus to be welcomed in the garden. Equally important are the ants' activities in consuming wireworms and other soil pests.

Don't confuse the ant hills with mole hills. The latter are spoil heaps pushed up at intervals by tunnelling moles. Unlike the ant hills, they appear very quickly—several in an hour sometimes—and they also disintegrate quickly. Mole hills can appear in the vegetable plot and flower garden just as easily as on the lawn, and then I regard the animals as unpaid assistant gardeners. But mole hills on a mown lawn are unsightly and need to be cleared away quickly before weed seeds establish themselves in the bare soil. Even worse are the shallow ridges which the moles push up when tunnelling just below the surface. But unless you have extensive lawns or are surrounded by woods and meadows you are unlikely to have many problems with moles. The occasional visit can, in fact, be beneficial by creating drainage channels under the lawn, although some gardeners might argue that the worms eaten by the mole would have done just as much good. Few gardeners can be lucky enough to have the "problem" mentioned to me by a friend some years ago: badgers visited his garden from time to time and created havoc as they dug for the moles! If you really are troubled by moles try planting some caper spurge in the garden: the smell of the roots really does deter the animals. But you will have to be careful that the free-seeding spurge does not smother your other plants. And don't put your deck-chair too close to a mature plant, for the hard seeds are shot out with considerable force!

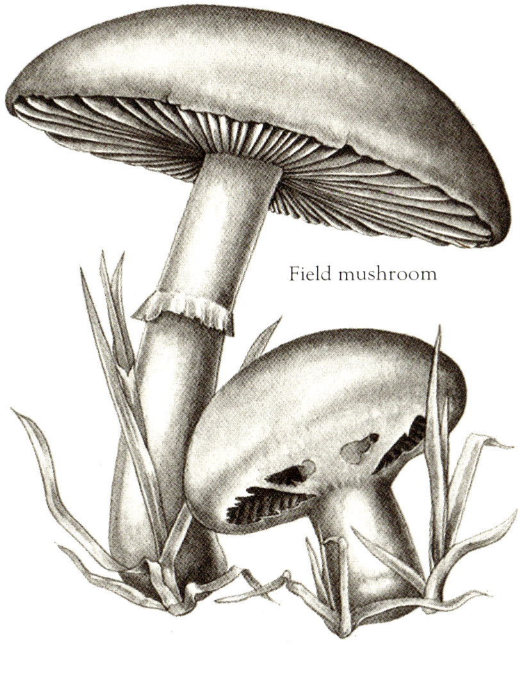

Field mushroom

LAWN BIRDS

Even the smallest lawn serves as a dining table for our garden birds, with most species willing to scour it for insects and seeds and any tit-bits that we like to put out. Even the worms and insect grubs under the turf are not safe from the birds. Watch a group of starlings waddling over the lawn and plunging their beaks in here and there for juicy leatherjackets and other grubs. They usually cover the ground very thoroughly, almost like an army of beaters at a shoot, and use their ears and eyes to detect the slightest sounds and movements on or under the surface. Blackbirds are also fun to watch, cocking their heads from side to side as they look and listen for the movements of worms. Suddenly the beak plunges into the turf and the tug-of-war begins. An earthworm is no push-over and the blackbird has to work very hard to overcome the resistance of the hundreds of tiny bristles that anchor the worm in its tunnel. In winter, when worms bury themselves deeper, these birds feed more on whatever they can find above ground.

Larger lawns, especially those surrounding garden ponds, attract the jaunty pied wagtail whose low-level aeronautics are so amusing to watch as it twists and turns after insects. Even on the ground its darting runs and constant tail-wagging command affection and admiration, while few birds can rival the delicacy with which it paddles at the edge of the pond. Encourage the bird to nest in your garden by providing an open-fronted nest-box (see page 182) on a tree or wall overlooking the lawn. Large lawns also attract the green woodpecker, which probes for ants with its stout beak and long tongue.

If you have mature trees or tall hedges in or around your garden you may well find jays and magpies on your lawn—especially if you regularly put out scraps of food. These members of the crow family like to feed on the ground. Despite their size, both are rather shy and nervous birds at first, tending to rush in and grab a piece of food and then fly off with it as quickly as possible. They get used to people after a while, however, and may eventually get quite tame—certainly bold enough to perch on the bird table in full view. They're attractive and fun to watch, but not the best visitors to have in the breeding season because of their fondness for robbing other birds'

The lawn in winter Lawns are perfect places for feeding birds in winter. Although some birds are hesitant about perching in the open, in winter hunger often overcomes this fear. Fruit and seeds on a well-stocked bird table (*above*) will attract hedge birds like the chaffinch and robin, whereas fruit on the ground (*left*) will appeal to birds like the mistle thrush. Water in a bird-bath (*below*), kept from freezing by a candle in a biscuit-tin, will be gratefully accepted by all small perching birds.

nests and eating the eggs and young—all part of nature's web, of course, but this is no consolation to the bird gardener who has been waiting patiently for a first glimpse of "home grown" fledglings.

The jackdaw is another crow that may appear on the lawn. Its habits are like those of the last two species, but it is usually less shy. It is more common than the others in built-up areas, for it is quite happy to nest on tall buildings, but all three birds occur in well-wooded suburban areas. Watch also for the jay digging holes in which to bury acorns in the autumn. The fruits serve as a winter larder.

MAKING A GARDEN MEADOW

Despite its surprising variety of flowering plants, the traditional lawn cannot be regarded as anything but an artificial habitat and, as we have seen, it supports a very limited amount of animal life. But it's not difficult to turn your lawn into a rich meadow buzzing with insects and other interesting creatures. Simply let it

A meadow in flower Wild flowers thrive in old meadows because grazing and cutting still allow them a chance to flower and set seed. In modern pastures these flowers are eliminated by frequent ploughing and re-seeding with grasses.

grow! Even mowing monthly instead of weekly will produce a significant difference, but if you can set aside a small area—perhaps only the size of an average room—which is not cut at all in the summer you will be rewarded with a really fine meadow. Don't trample it any more than you can help: mow a narrow path through it if necessary, and then you can get the feeling of being in real grassland.

Many plants will appear in your meadow without your help—some will have been present in the lawn to start with, longing for a chance to be able to grow up and flower—but you can legitimately speed up colonization by sowing or planting a range of wild species. The seeds of many wild flowers can be obtained from seed merchants (see page 188). Many suppliers sell flower or flower and grass mixtures which are made up for specific soil types. You can also collect ripe seeds from local roadsides and commons. Good flowers for your meadow include black and greater knapweed, grass vetchling, lady's bedstraw, meadow and bulbous buttercups (avoid the creeping buttercup at all costs), meadow clary, sainfoin, selfheal, and wild carrot. Most of those flowers listed on page 21 will also thrive well, but don't choose anything too large and remember that your soil will have some bearing on what you can grow. If you are on chalk or limestone you will be able to produce a richer meadow than gardeners on sand or heavy clay.

Although when the grass is allowed to grow up and flower the turf becomes less dense, seeds still find it rather difficult to get established in the meadow, so it's best to sow them in pots or boxes and to plant out the seedlings when they have reached a reasonable size and will not be swamped by the grasses. Never go out and dig up plants in the wild.

Your meadow will look after itself quite well, but you will have to do *some* mowing. Exactly when you mow will depend largely on the kinds of flowers you are growing, but the basic rule is to mow before the flowers start to poke up in the spring and again after they have scattered their seeds. If you have very early flowering species, such as snowdrops and daffodils, you may have to skip the early mowing. If the area is large enough, it might be worth borrowing a goat for a week or so in the winter! Make sure that all mowings are removed so that they do not choke the young shoots, and avoid any form of artificial fertilizer. Any such addition will stimulate the coarse grasses and cause them to overwhelm your smaller and more delicate plants. Our most colourful wild meadows are those that have never had any artificial fertilizer. But don't hesitate to scatter small amounts of farmyard manure over your meadow.

Insect life will increase dramatically when you allow your lawn to turn into a meadow. Most of the normal garden butterflies will enjoy the increased nectar supplies at the flowers, and they will be joined by typical grassland species such as the meadow brown and the common blue, and possibly, in southern Britain, the marbled white. Look for the darting flight of the large and small skippers—bright orange butterflies that often rest with their wings half open. The small heath is another likely visitor, although it is less interested in the flowers than in the long grasses on which its caterpillars feed, in company with those of the skippers and the meadow brown. Bees, beetles, and assorted flies join the butterflies at the nectar, and in their turn may attract various insectivorous birds. The spotted flycatcher, for example, will certainly benefit from the sea of insects drifting over your mini-meadow. Birds will also enjoy the seed crop later in the year. Lower down, enjoying the moisture and shelter around the bases of the stems, you will find slugs, woodlice, pill millipedes and many other creepy-crawlies—food for ground beetles and also for the slow worms and grass snakes that might take advantage of your hospitality. Field voles may also move in to your area of long grass, so by cutting down on your mowing you are doing a lot of wildlife a favour. An orchard is another ideal place for allowing the grass to grow and form a meadow habitat, and you can even produce a mini-meadow along the base of a wall or hedge.

ANIMAL LIFE OF A GARDEN MEADOW

By growing wild flowers and grasses in an undisturbed corner of your lawn, you can create on a small scale a type of habitat that has almost disappeared from our agricultural landscape. Insects, other invertebrates and even mammals like the field vole will quickly be attracted to your meadow area.

Meadow brown Commonest British butterfly. Caterpillars feed on various grasses.

24-spot ladybird Unusual in being vegetarian; feeds on pea-family plants. (× 2)

Wolf spider Actively hunts prey instead of trapping it in a web.

Meadow plant bug Lays overwintering eggs on grass stems. (× 2)

Common blue A garden visitor attracted to many pea-family plants.

Clover weevil Adults feed on leaves, larvae on flowers and seeds. (× 4)

Common field grasshopper Colour variation allows individuals to blend into a variety of backgrounds.

Field vole Creates a collection of ground-level runs in matted grass.

Pill millipede A short-bodied millipede often mistaken for a woodlouse.

CHAPTER SEVEN

WALLS · PATHS AND · PAVING

If, like me, you are lucky enough to have a garden surrounded by an old stone wall—and by that I mean one at least a hundred years old—you won't need telling that walls are superb places for watching wildlife. Their inhabitants are on show for you to inspect. The wall's faces and crevices protect small plants and animals, and the top serves as a perching place for birds—which bring more seeds and plant fragments on their feet and in their droppings. But if your garden wall was built in more recent times, there is no need to rule it out as a potential wildlife habitat. With some help from you, walls, rocks, bricks and even newly laid concrete can become important features in your wildlife garden. The process of colonization by plants and animals is one which will take place even if you make no attempt to encourage it, but you will need to be very patient. A little prudent interference can accelerate things enormously. In this chapter I will be taking a look at these "hard" habitats—walls, sheds, fences, paths and paving—and seeing what you can do to help their plants and animals to become established.

You only have to compare an old church wall with a modern brick wall to see that as far as wildlife is concerned, age and diversity go hand in hand. It has been said that a wall achieves its richest assortment of wildlife when it is between one hundred and five hundred years old, but age is not the only factor involved. Light, humidity, the chemical nature of the wall, and the cleanliness or otherwise of the air that surrounds it, are all of major importance in determining the plants and animals that take up residence. The stones or bricks of the wall may be acidic, but the mortar is generally very alkaline and, because plants take root there, the wall flora tends to consist of lime-loving plants similar to those found on limestone rocks in the wild. Modern cement is much harder than the lime mortar that was used in earlier days, but even cement softens with time. So don't think your new brick wall will be barren forever: provided that it is not permanently dry, you will probably find wildlife establishing itself within the first two years, even if you don't try to speed it up.

If you have a new wall in your garden, among the earliest forms of plant life that you can expect to see on it are the powdery green algae known as *Pleurococcus*. They require a fair amount of moisture and develop mainly on the northern faces of walls or other lightly shaded stretches. Huge areas may be covered with the greyish-green growth and, being unusually tolerant of air pollution, it can be found on city walls as well as in rural areas. The plant is extremely simple in construction and in the way it reproduces. Small pieces merely flake away from the surface and are

HOW CLEAN IS YOUR AIR?

Lichens are very hardy, flowerless plants, each composed of a fungus and an alga. The latter can live quite happily on its own, but the fungus cannot survive without its partner. Lichens grow on stable surfaces, especially rocks, walls and bark. They are very intolerant of air pollution, but to different degrees. As a result, you can use the presence of these and other simple plants to assess the quality of the air in your garden. The figures in brackets below indicate how much aerial pollution in the form of sulphur dioxide each species can stand; it is measured in parts per million (ppm).

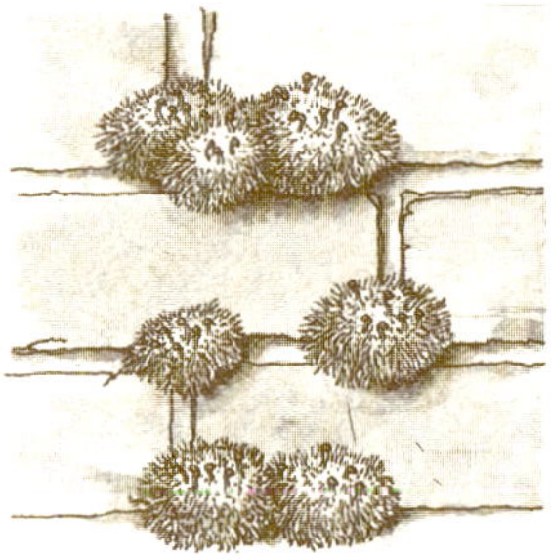

3. Lightly polluted (0.03 ppm) The grey *Parmelia saxatilis* (*above left*) appears on bricks and acidic rocks. The moss *Grimmia pulvinata* (*above*) appears on the mortar of walls.

4. Clean (0.02 ppm) Flattened leafy lichens such as *Hypogymnia physodes* (*left*) start to appear on trees—near the bases at first, but moving higher as the air gets cleaner. *Lecanora conizaeoides* is getting rarer.

1. Heavily polluted (0.05–0.055 ppm) The crusty greyish-green *Lecanora conizaeoides* (*left*) grows on walls and tree trunks.

2. Moderately polluted (0.04 ppm) The orange-yellow *Xanthoria parietina* (*below*) puts in its first appearance on concrete, mortar and trees.

5. Very clean (0.015–0.02 ppm) Shrubby lichens such as the greenish-grey *Evernia prunastri* (*right*) begin to appear on trees.

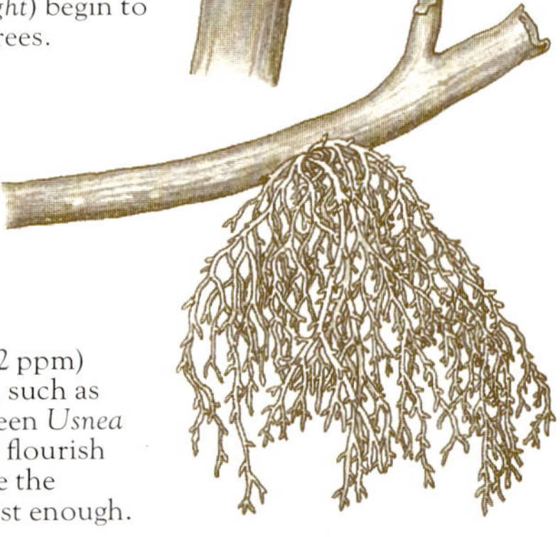

6. Pure (0.012 ppm) Beard lichens, such as the greyish-green *Usnea ceratina* (*right*) flourish on trees where the climate is moist enough.

carried away by wind or water to begin life somewhere else.

Mosses will not be far behind the algae in colonizing your wall, especially any flat tops where a certain amount of water is retained. The wall screw-moss is one of the first to appear on wall-tops, where it greatly appreciates the nitrogen-rich droppings of birds. Its spores lodge in the slightest crevices and depressions in the bricks and mortar and rapidly develop into neat little cushions—bright green when moist but distinctly grey when dry. The moss is able to withstand a surprising amount of drought on the wall top, for as the leaves lose water they become increasingly twisted, rapidly cutting down the area exposed to the dry air. This trick greatly reduces water loss, and at the same time the greyish hairs at the tips of the leaves become more obvious than the leaves themselves—hence the apparent change in the colour of the cushions. Look closely for the small, upright cylindrical spore capsules borne on reddish stalks to help you identify this moss. The capsules ripen and scatter their spores in spring and early summer, but you can find dead capsules on the cushions at any time of year.

The moss *Grimmia pulvinata* is another early colonizer of the wall, its greyish green cushions often mingling with those of the last species. *Grimmia* cushions are usually much more strongly domed, however, and if you use a lens to look at the leaves you will see that they are much more triangular than those of the wall screw-moss. The spore capsules are egg-shaped and buried in the cushions until they are ripe. Both species can be found on rockery stones and concrete paths as well as on walls, and both are quite tolerant of pollution in large towns.

Mosses do not actually attack the walls themselves, but they do assist in the assault by holding a good deal of rainwater against the stones or brickwork. Having dissolved a certain amount of carbon dioxide—some from the air and some from the simple roots of the mosses—the rainwater is slightly acidic and it can dissolve the surface of the wall. Small particles released by this action combine with plant fragments and the dust which accumulates around them to form a primitive soil in which other plants can establish themselves. Several of the larger mosses, such as the silky wall feather-moss, establish themselves in cushions of wall screw-moss in this way and eventually overpower the initial colonizers. Look for the silky wall feather-moss on the tops of older walls and also at the base of walls where dust and dirt accumulate. You can recognize it quite easily by the golden tips of its spreading branches.

FERNS AND FERN GARDENING

Although any of our terrestrial ferns, including the large species, can perch happily on old walls if they manage to get a foothold in the mortar, only three species can really be considered regular wall-dwellers. These are the maidenhair spleenwort, the wall-rue and the rustyback. In Britain all are more common in the west of the country, where the moister climate is more suitable for their method of reproduction, but they are not confined to western parts. Both the maidenhair spleenwort and the wall-rue have spores which will germinate in lighter and drier places than those of most ferns—hence their frequent association with walls, although they still prefer the damper and more shaded sides. The maidenhair spleenwort is also abundant on natural rock faces.

The rustyback is very well named, for the undersides of its fronds are clothed with scales which become rust-coloured as the fronds mature. It is better able to withstand prolonged dry spells than other ferns, with the fronds rolling inwards as they dry and exposing the scales as a protective coat. Give a curled-up plant a good drink and see how quickly the fronds uncurl.

Ferns are very easy to grow from their dust-like spores, so why not have a go at growing your own? Ripe spores can be collected in the wild by shaking mature fronds into a dry plastic bag or other container. You'll know if the spores are present because they fly everywhere like brown dust. Some of our larger ferns scatter hundreds of millions of spores each year, although very few of these ever start to grow. At home, scatter your spores onto a layer of seed compost or a mixture of sand and peat in a plastic lunch box. Keep it warm and moist, but not waterlogged, and the surface will soon turn green. Under a strong lens you will be able to see that the green carpet is composed of masses of tiny heart-shaped plates known as prothalli. The prothallus is a distinct generation of the fern's complex life cycle and it carries the microscopic sexual organs. Male cells are released and they swim to the female organs where they fertilize the female cells. This is why the ferns need a damp habitat for continued success. After fertilization, each female cell develops into a new fern plant, nourished by the prothallus at first but soon becoming independent. The prothallus then withers away. When your baby ferns have two or three leaves—usually very different from the mature fronds—you can pot them in a mixture of leaf mould and coarse sand and eventually plant them on or at the base of your wall. Don't plant them where they will be exposed to the full sun, and make sure that any planted on the wall have room to spread their roots.

Apart from the species listed above, you could try the common polypody. This species commonly grows on tree trunks and branches in the woods, and if you have no wall you could try establishing it on a well-shaded log. Grow the attractive hart's tongue fern on the ground at the base of the wall. Its undivided leaves are unlike those of other ferns, although they uncoil in typical fashion in the spring and bear spores on their underside when mature. Hard fern is another attractive species worth growing if you have sandy soil, but it can't stand lime and won't grow close to a wall that sheds much mortar. It carries its spores on special ladder-like fronds that die when the spores have escaped.

The larger species, such as the male fern

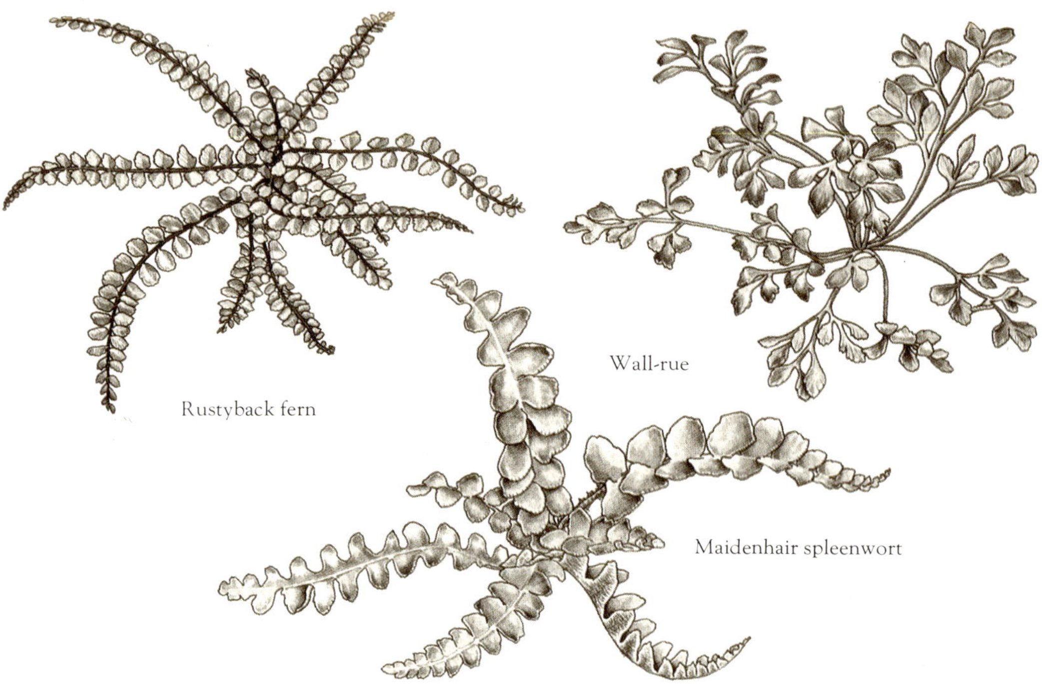

Rustyback fern

Wall-rue

Maidenhair spleenwort

and the lady fern and the various types of shield fern, grow well at the base of any wall or in any other shady area. Their large green shuttlecocks of leaves are ideal for screening dustbins and compost heaps.

Don't dig your ferns up from the wild. Many of our smaller and more delicate species became rare in Victorian times, when they were in demand as house plants, and several have never recovered. The destruction of old woodlands has also meant some of our larger species have become scarce, so by growing some from spores you are doing your bit for conservation. But don't expect much animal life on your ferns. The tough fronds are unattractive to all but a few insects.

THE WALL'S FLOWERING PLANTS

You may have seen a plant anchored high up on a wall and wondered both how it got there, and how it managed to survive in such difficult conditions. Wall plants usually reach the ledges and crevices by means of very small or feathery seeds. Procumbent pearlwort is a typical example, often taking root among the first mosses to develop on a new wall. Once established, wall plants anchor themselves with tenacious roots. It may seem odd that a plant can survive without soil, but soil only supplies minerals and water and both of these can be extracted from a wall exposed to the occasional shower. Not all wall plants are small; trees sometimes develop on them and the buddleia plant can survive and flower high up on walls in towns, bringing a feast of nectar to urban insects.

One of the prettiest and most interesting of wall plants that you can bring into your garden must be the ivy-leaved toadflax. It is a native of southern Europe and was first recorded in Britain in the seventeenth century. It is now widespread on old and not-so-old walls throughout much of the country. The plant enjoys a sunny aspect and, as you would expect, thrives especially well in good summers. But it also needs a good supply of moisture and reserves its best appearance for retaining walls with damp soil behind. In its native home it is often abundant on the terrace walls of vineyards and olive groves. After pollination, the flower stalks turn away from the light and tend to push the seed capsules into crevices—ideal places for the establishment of the new seedlings. Ants may also carry the seeds from place to place; as they do those of the yellow corydalis which grows in similar situations.

Ivy-leaved toadflax This delicate plant only needs the smallest patch of damp dust to establish itself and produce long creeping stems with cascades of tiny flowers.

Many grasses perch on wall tops or sprout from crevices, with the annual meadow-grass being one of the commonest. One of the few annuals among our native grasses, its bright green tufts spring up all over the garden and, if unchecked, soon scatter more seeds from their delicate flower-heads. The latter look like miniature Christmas trees and can be found at almost any time of the year.

The vegetation developing at the base of a wall is much the same as that associated with hedge bottoms (see page 100) but, owing to the mortar, there may well be a greater number of lime-loving plants. Wall barley is often the most abundant of the grasses, and is well known to small boys for the way in which the unripe "ears" can be picked and used as missiles to stick in other people's clothing.

ANIMAL LIFE ON WALLS

Like the plants, most wall animals are natives of cliffs and upland rocks. The habitat is essentially a dry one, although vegetation helps to maintain a moist atmosphere close to the wall, and the permanent residents are all adapted in some way to cope with the dryness. Most are nocturnal, hiding in damp crevices by day and emerging only at night, when the air is cool and moist and there is no risk of desiccation (see page 164). But the wall is certainly not deserted by day: many sun-loving insects come out to bask there, enjoying not only the direct radiation from the sun but also the warmth being reflected back from the wall. They include many flies and beetles and the aptly named wall butterfly, whose name could apply equally to its liking for sunny walls or to the brick-like pattern of its wings. Hummingbird hawkmoths also hover in front of sunny walls, for no apparent reason other than to enjoy the reflected warmth. House walls attract all these insects just as well as the garden wall. Houses close to farmland where clovers and other members of the pea family are grown are occasionally turned brown by swarms of the weevil *Sitonia lineata* flying from the crops at harvest time. Similar swarms can come from neighbouring parkland.

The devil's coach horse Although of menacing appearance, especially when threatened, this rove beetle is quite harmless. It feeds on spiders and other small animals, and often patrols paths and walls after dark. The devil's coach horse is a comparative giant among rove beetles. Most other species are just a few millimetres long, and are more likely to be encountered when they land on the skin.

Basking insects, especially small flies, are greedily gobbled up by spiders, notably the little zebra spider which is active in the sunshine. Look for it on all kinds of walls, including concrete and asbestos garage walls, but especially on those with a good growth of lichen. The black and white coloration which gives the spider its name and also helps to camouflage it among the lichens is produced by a coating of flattened hairs. The zebra spider is one of the jumping spiders, which hunt by creeping stealthily up on their prey and then leaping onto it just like a cat. The zebra spider can cover as much as 13 cm in one leap, although its body is only about 6 mm long. If you have a hand lens, try to get a good look at the front of the spider to see the huge eyes which enable it to pick out its prey and judge distance perfectly.

The other wall-dwelling spiders are active mainly at night, but if you examine your wall by torchlight you won't see a great deal of them because they lurk in holes and crevices until prey comes along. You can, however, see some of their webs quite easily. The most obvious are the untidy webs of *Amaurobius* species, forming ragged collars around holes in the mortar. These webs are made with an unusual silk and are extremely efficient traps for any insect careless enough to walk on them. The victims are quickly bitten and then dragged deep into the spider's retreat to be eaten.

The snare of *Segestria senoculata* is more subtle and much less easy to spot. There is a tubular retreat between the bricks or stones and a small silken funnel around the entrance, but there is not really anything to catch the prey. The spider relies on a system of slender trip-wires radiating from the funnel, and as soon as an insect disturbs one of these threads the spider rushes out to collect it.

Harvestmen resemble spiders and are distantly related to them, but are easily distinguished by the body shape, with no clear division into two parts. There are only two eyes instead of the spider's six or eight and they are perched on a little turret high up on the body. Harvestmen are omnivorous creatures, with no silk and no poison fangs. They overpower small insects and other invertebrates, usually by pinning them to the ground or other surfaces with two or more legs, but are just as happy to feed on carrion and fungi. They also need plenty to drink and

FLOWERING PLANTS FOR A GARDEN WALL

Many of the wild plants that live on rock faces find old garden walls an ideal habitat. They can be raised from seed, although as most are perennials they will take some years to reach maturity. Many of these plants will tolerate drought, but remember that all will need reliable moisture in order to germinate and successfully establish themselves.

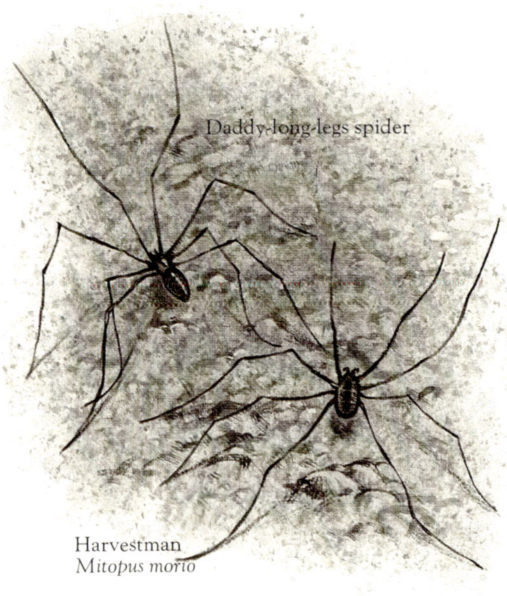

Spider or harvestman? Spiders all have bodies which are clearly divided by a waist, whereas those of harvestmen are pear-shaped, without a division. Harvestmen cannot produce silk and do not have venomous jaws. Here you can see two similar-looking animals—one a spider, the other a harvestman. (Both are shown $\frac{4}{3}$ times life-size.)

you will often see them enjoying droplets of rain or dew on the vegetation. Eggs are usually laid in the ground, after a very simple mating procedure with none of the elaborate courtship seen in the spiders. The majority of species mature in the late summer—hence the name harvestmen—and several can be found on the vegetation at the base of walls and hedges, generally resting with legs outstretched by day and roaming in search of food at night. One of the commonest species in such situations is *Mitopus morio*, usually with a distinct dark mark—the saddle—running the length of the body, shown in the picture above.

MASON BEES AND WASPS

The holes and crevices in old walls make ideal homes for several kinds of solitary bees and wasps, and if the mortar is not too hard these enterprising little insects will even excavate their own nesting burrows in quite new walls. There have been several reports of houses being seriously damaged by bees which have tunnelled into sandy mortar and loosened the brickwork. Such reports give the impression of a swarm of bees working together, but the true explanation is that numerous solitary bees have merely gathered at a suitable site. Each female works quite independently of her neighbours. *Osmia rufa* is one of the commonest bees in such situations. *Anthophora plumipes* (see page 41) also enjoys sunny walls and has resided in my chimney stack for many years.

The mason wasps that nest on and in our walls belong to the family Eumenidae and are quite closely related to the social wasps. They fold their wings longitudinally at rest. *Ancistrocerus oviventris* is called the mud-dauber because it plasters over its little mud cells to conceal their shape. The end result looks just as if a blob of mud has been thrown at the wall and stuck there. Sometimes the wasp makes its nest cells in grooves where the mortar has fallen out and the mud-daubing operation serves to "re-point" the wall. Several similar species of *Ancistrocerus* nest in deeper, tubular cavities. They excavate the holes themselves if necessary, but prefer to move in to a ready-made cavity. You can encourage them to take up residence by drilling a few narrow holes in your wall. All stock their nests with the caterpillars of butterflies and moths, which are first paralysed by the sting. *Odynerus spinipes* is a close relative whose nesting habits have been closely studied. When excavating burrows in walls, the female wasp softens the mortar with saliva and digs it out with her jaws. She also constructs a narrow tubular entrance known as the chimney, which is thought to prevent other insects from getting in and raiding the larder while she is out collecting more stores. Weevil larvae are the victims of this species. When the five or six cells of the nest have been fully stocked, the wasp dismantles the chimney and uses the material to plug the nest's mouth.

MASONS AND MUD-NESTERS

Although we tend to associate bees with wax and wasps with paper, many solitary species use other materials to make their nests. Any stretch of wall with old, crumbling mortar may be home to insect masons, while the surface of a wall is used by mud-nesters. These solitary insects prepare their nests, fill them with food (a harvest of paralysed insects or spiders in the case of the wasps) and then, having laid their eggs, leave the young to develop unassisted. All are shown $1\frac{1}{2}$ times life-size.

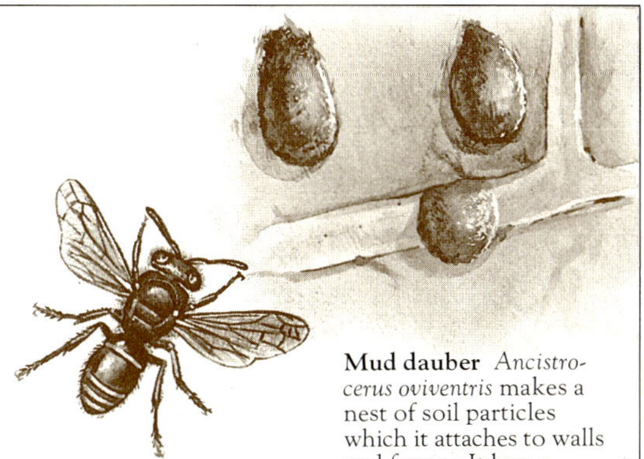

Mud dauber *Ancistrocerus oviventris* makes a nest of soil particles which it attaches to walls and fences. It lays a single egg in each nest.

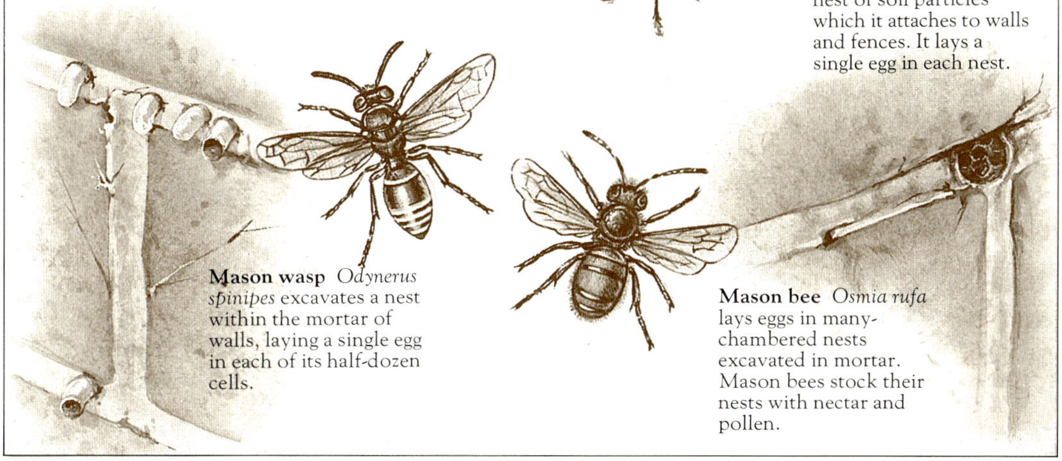

Mason wasp *Odynerus spinipes* excavates a nest within the mortar of walls, laying a single egg in each of its half-dozen cells.

Mason bee *Osmia rufa* lays eggs in many-chambered nests excavated in mortar. Mason bees stock their nests with nectar and pollen.

Old garden walls, especially stone ones, were often built with a central filling of soil and rubble. Percolating water gradually washes the soil away and leaves a cavity, and this is sometimes taken over by social wasps, including the majestic hornet, and even by honey bees. The cavity walls of modern houses can also be invaded by these insects on occasion if there is a suitable entrance hole.

BIRDS AND WALLS

Our garden walls are often used to mark the boundaries of the garden and keep out intruders, but they are not only boundaries for humans. Many garden birds are highly territorial. The garden's mosaic of walls, trees, shrubs and open spaces is ideal for bird territories. Each territory owner claims a parcel of land that will produce enough food for the one or more families to be raised that year. A wall makes a convenient boundary between adjacent lots. In late winter and early spring the daily songs and skirmishes of robins and blackbirds on the wall top all serve to deter rival birds from venturing into the "private" property on either side.

Fruit- and seed-eating birds are responsible for a great deal of natural planting on walls and in the rest of the garden. Droppings are often deposited on the top of the wall, and if the birds have been feeding on berries you might well find brambles and elder perching on your wall a few months later. Many other plants can be brought in by the birds in this way. Walls are also important feeding grounds for wrens and other small insect-eating birds, and they can also serve as nesting sites if they are reasonably well protected by vegetation. Wrens, robins, redstarts, and spotted flycatchers all nest readily in small holes, especially where bricks or stones have fallen out. The walls of old houses and outbuildings are just as acceptable as the garden wall.

The spotted flycatcher, one of our summer visitors, catches most of its food on the wing. Look for it on a favourite perch—perhaps a shrub or a fence post, or even a telephone wire or washing line: suddenly it darts off to snatch up an insect, and then just as suddenly it is back on its perch with a tasty beakful. The male redstart collects insects in just the same way. Look for its beautiful red tail feathers which it continually flicks up and down when perched—especially if trying to maintain balance on a wire or similar support. The female has similar tail feathers but is otherwise much browner than her mate. She collects most of her food on the ground. Mature gardens and orchards are most likely to attract this summer visitor.

If your garden contains trees or is near woodland, you may be able to entice a nuthatch to nest in a wall cavity. If the entrance to the nest site is too large, the parents will close it up with mud until it is narrow enough to keep out predators like crows and magpies, which eat both eggs and nestlings.

House sparrows and starlings also nest in holes in walls, but the most obvious of the wall-nesters is undoubtedly the house martin, whose mud cups are glued under the eaves of houses and other buildings all over the country. Originally confined to cliffs and other steep rock faces, its population has increased dramatically through a link with human population as more and more houses—no more than artificial rock faces—have become available for nesting. Few birds make such fascinating summer guests.

The house martin seems to ignore many seemingly suitable houses, including my own. One reason for this may be the lack of suitable building mud in the immediate area. If you can't create a marshy area around your pond (see page 114), it is worth providing some mud in an old dustbin lid or similar container to try to tempt the birds to come down and collect it. Alternatively, try one or more artificial martin nests fixed under the eaves (see page 183). Once established on a wall, the martins return to it each year and use the same nests—if they have not already been invaded by the house sparrow. On arrival, they will first repair any damage

Natural and man-made homes One artificial nest (*above*) may be the beginning of a whole house martin colony, as these birds are attracted by existing nests.

A wall nest Hole-nesters like the great tit (*left*) often make their homes in wall cavities.

SWIFTS, SWALLOWS AND MARTINS

These three aerial insect-eaters are all migrants, travelling from Africa to make use of the insect boom during the European spring and summer. The house martin and swallow arrive almost simultaneously around the end of March in the south, but the swift does not appear until the end of April. The swift leaves again in August, whereas the other two species may linger until mid-October before starting their return journeys.

Swift The largest, fastest and most aerial of the three species. Has no white patches. Makes a screaming call; often seen in groups. Nests in holes under eaves.

House martin Easily recognized by its white rump and relatively short wings. Often feeds low over lawns and ponds. Nests under eaves.

Swallow Adults have long tail streamers and a red throat. More a bird of the open countryside than the other two species. Nests in roofs of outbuildings.

which may have occurred during the winter. Martins' nests are not nearly as fragile or precariously fixed as they might appear and often survive a number of years. One can't deny that the martins make quite a mess with their droppings, but this is far outweighed by the pleasure of seeing these elegant birds swooping up to the eaves to ram yet another beakful of flies into the gaping mouths of their youngsters. If they do nest in an inconvenient spot—over a door or window for example—a wooden or thin metal ledge fixed below the nest will protect your head.

The swallow is closely related to the house martin and the two birds are commonly confused, but you can always distinguish them because the adult swallow has a chestnut throat and much longer tail feathers than the martin. Swallows commonly feed in the air-space over our gardens and often perch on overhead wires, but they rarely nest on our houses because their nests of mud and grass need some degree of support below and they can't find this, together with the necessary degree of protection, on a normal dwelling house. You are more likely to find their nests perched on rafters in church porches and permanently open barns and garages. Bridges and railway stations also provide plenty of suitable ledges.

SHEDS AND FENCES

A wooden shed wall doesn't offer much scope for plants or larger animals but is worth exploring for spiders. *Amaurobius similis* often makes its doily-web home between the overlapping boards, while the zebra spider commonly hunts on the shed in the sunshine. Look for orb-webs slung from the eaves or stretched across the corners of window frames. Many of these will belong to *Zygiella x-notata*. The webs of this and related species have a characteristic form, with the sticky spiral absent from two sectors near the top. Follow the radius running through this empty region and it will lead you to the spider's retreat, snugly tucked away in a corner or between overlapping boards. If you can persuade the spider to come out (a vibrating tuning fork touched on the web will sometimes do the trick) you will see the characteristic greyish leaf-like pattern on the abdomen, surrounded by pink or reddish brown. The female is the only one of our garden orb-web spiders to continue web building through the winter. She does quite nicely on the numerous winter gnats (see page 125) and also catches a good number of the bluebottles that come out to bask in the winter sunshine. Webs with more spiral threads above the hub than below belong to a very flat black spider called *Nuctenea umbratica*, which is only rarely tempted from its crevice in the daytime. Night-flying moths provide most of its food and you can see the spider renewing its web, often across windows and doorways, at nightfall.

Close-boarded fences support much the same kind of life as the shed wall and, unless properly maintained, both types of structure are subject to attack by both plant and animal invaders.

UP THE GARDEN PATH

Many people, more interested in appearances than in the living contents of their gardens, strive to maintain paths and drives that are completely free of weeds. But despite the claims of contractors offering permanently weed-free drives, every path, no matter what its surface, will sooner or later acquire a dusting of vegetation. Unchecked, the dusting will develop into a dense blanket. Some degree of control is obviously necessary if

SPIDERS OF WALLS, SHEDS AND FENCES

If bad weather curtails your animal-watching out of doors, you can always investigate the spiders that live in more sheltered places. Walls, outbuildings and greenhouses all house spiders in abundance. The easiest way to recognize the species around your home is by the shape of their webs—a selection of the commonest ones appears here.

Orb webs Sticky circular webs on buildings—particularly window-frames—are often the work of *Zygiella x-notata*. These webs always have a distinctive open section near the top.

Sheet webs These often belong to the house spider *Tegenaria domestica*, and are found in houses and outbuildings.

"Doily" webs A tangle of strands leads to the lair of *Amaurobius similis*, a spider particularly common in old walls. The spider lurks in a tubular hideout.

Spring-loaded seeds The moment you try to uproot an oxalis plant (*above*), its seed capsules explode, showering seeds in all directions. This plant is particularly successful on paths and in greenhouses.

Liverworts In the wild, liverworts (*right*) are found on damp rock faces and on stony streambanks. A shaded path gives them the same moist habitat and protection from more vigorous plants.

the path is to serve its purpose, but you need not destroy everything that lives on it. Why not let the path become a fully integrated component of your living garden? After all, you walk along it regularly so you might as well enjoy the wildlife that it can offer and, by the same token, allow the wildlife to thrive.

Even a concrete path, left to itself, does not remain bare for long. Green algae establish themselves in the tiniest cracks and are soon followed by the aptly named silvery thread-moss. With their minute leaves clustered tightly around them, the shoots resemble tiny silver-tipped fir cones. Tolerant of pollution and positively thriving on accumulated dust, this moss is abundant in towns, where it quickly fills the cracks between paving stones in all but the busiest streets.

Cinder paths are still found in some older gardens, and I still use cinders for packing between the bricks on some of my garden paths. It takes a while for the cinders to weather sufficiently for plants to take hold—and the cinders are thus fairly efficient for weed control—but the paths eventually support plenty of greenery. The moss *Funaria hygrometrica*, characteristic of all kinds of burnt ground, is one of the first colonizers of the cinders. Its pale green upright shoots are not very densely packed and they produce asymmetrical pear-shaped capsules which are orange-brown when ripe. The stalks are also orange and at certain seasons the plant gives the impression of a carpet of fire.

Damp paths, whatever their construction, are often clothed with the liverwort *Lunularia cruciata*, a flat and rather leathery green plant resembling a seaweed in general appearance. Spore capsules are rarely produced and the species reproduces mainly by scattering small detachable "buds" called gemmae. Look for these in crescent-shaped cups on the upper surface. You will transport many on your shoes as you walk along the path, and rain drops also splash many of the gemmae out and carry them away. *Marchantia polymorpha* is a similar species growing in the same situations, but you will always recognize it by the crown-shaped gemma-cups. Spore capsules are carried under strange umbrella-like structures. Both of these liverworts are common in greenhouses and, like the mosses above, are a nuisance when they cover the soil of flower-pots.

All the usual garden weeds may invade your path in time, although only those species able to withstand constant trampling will survive for long. Dandelions, plantains, pearlworts and various grasses are the major invaders. The purple-leaved form of *Oxalis corniculata* is a problem in many gardens. It looks attractive when small clumps flower between the paving stones, but it seeds profusely. The seed capsule explodes on touch, firing the seeds a distance of a metre or so, allowing the plant to invade your flower garden as well. Hairy bittercress is another frequent invader, its rosettes of compound leaves springing from the slightest gap between bricks or paving stones. It is also common on gravel paths and is often associated with shepherd's purse. Both weeds grow readily in flower-pots and are transported on a large scale with plants bought from nurseries.

ANTS OF PATHS AND PAVING

Brick and concrete paths absorb a good deal of heat from the sun and, as long as they are not too thick, they pass on much of this warmth to the underlying soil, making it an ideal resort for ants. The commonest species in such places is the black garden ant, which even nests under city pavements and in the foundations of our houses as long as there is suitable access to the surrounding gardens. Like most ants, this is an industrious little creature, working by night as well as by day in warm weather. The colony, generally ruled by a single queen, may produce several thousand individuals in a year, with an average of perhaps 5,000 alive at any one time, and the workers have a full-time job gathering food for the grubs. They collect thousands of small insects, many of which are garden pests, but sweet things are also high on the list of provisions. Look for the ants gathering honeydew from the aphids on your roses and other plants (see page 48). Stroking the aphids with their antennae, the ants encourage them to release droplets of sugar-rich honeydew. This gives the ants much of their energy, although it is lacking in proteins and is not a complete food. Aphids of various species may even be taken into the ants' nests and installed on roots. They can imbibe sap just as easily here, and they are better protected from their enemies. Living right inside the ants' homes, they undoubtedly play an important role in feeding the ants in the winter.

Although very numerous, ants are not usually very conspicuous because they spread themselves thinly all over the garden as they forage. You might sometimes see a small column moving along a path or even a fence rail or tree trunk. Look carefully and you will see that there is two-way traffic. This is a regular scent-trail between the nest and a rich feeding-ground. Watch how the ants "talk" to each other—about the quality of the food perhaps—by rubbing their antennae together. Follow the ants actually carrying food and you will eventually discover the nest entrance, often surrounded by a number of well-trodden tracks leading out into the surroundings. Put a slice of orange or some other ripe fruit close to the entrance and watch the ants enjoy the feast. Don't be afraid to watch closely: unlike the red ants, the black ant has no sting. If it is possible to lift the bricks or stones under which the ants disappear you may be able to see some of the nest itself—often a series of chambers excavated just under the stones so that they get the maximum amount of warmth. The larvae and pupae are stored here to speed up their development. Watch how the workers rapidly gather the youngsters and carry them deeper into the nest as soon as you expose them. You might also notice some small white woodlice; this is

Platyarthrus hoffmanseggi, which commonly lives as a scavenger in the ants' nests. Don't be tempted to destroy the nest with insecticides, or even the old-fashioned and not very efficient boiling water: the ants are useful members of the garden community.

One warm day in July or August black ants undertake their annual marriage flight. Undoubtedly stimulated by the weather, the workers open up several entrances to the nest and allow the newly-reared males and females to escape. These are the familiar flying ants and they take to the air in their thousands, sometimes looking like columns of smoke as they rise into the air. The males usually rise first and form clouds, and the females are then attracted to them. Those that escape the attentions of the birds pair up and mate in the air—although not all ant species go in for aerial mating—and may then land a considerable way from their parent nests. The male soon dies, but the female or queen, having acquired a lifetime's supply of sperm, has several years of egg-laying ahead of her. She searches for a suitable crevice in which to hibernate while her eggs are developing, and in the spring she begins a new colony. The mass mating flights, usually involving all the nests in an area, give the ants a chance to meet partners from other nests, thus preventing inbreeding and the gradual deterioration that this brings.

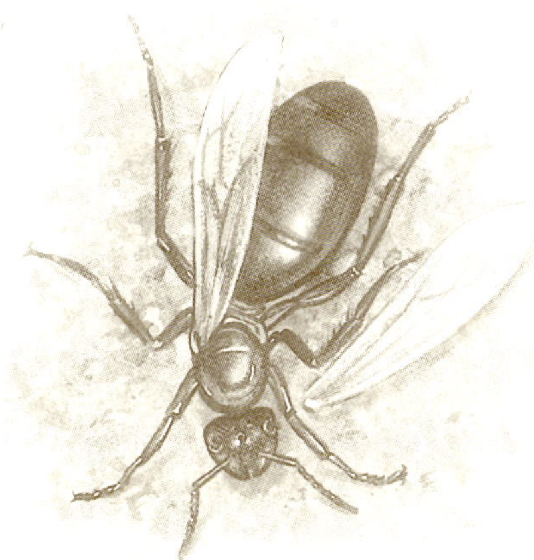

End of a maiden flight In many species, a young queen ant (*above*) has mated by the time she lands, and has no further use for her wings. They are discarded, either falling off or being detached by rubbing. The queen then hibernates before beginning a new colony. The life-cycle of ants is very similar to that of the social bees and wasps. The three groups of animals are closely related; indeed, winged ants look very similar to some of the solitary wasps.

A nest revealed This red ants' nest (*right*) has been disturbed just before the winged stages take to the air. Reacting to the sudden flood of daylight, the workers feverishly carry the larvae and pupae underground.

CHAPTER EIGHT

THE · WORLD WITHIN · THE · SOIL

The soil is the raw material of your garden and your success as a gardener depends upon your keeping the soil in good condition. Too many would-be gardeners take the soil for granted and never consider its needs, but the garden below ground is actually just as important as that above it.

In a typical soil the greatest bulk is made up by mineral particles of various sizes derived from the underlying rocks. In the upper layers of a good soil these particles become coated with an organic material known as humus. In common parlance any kind of organic compost or manure tends to be labelled humus, but true humus is amorphous and jelly-like with no visible fragments in it. A very complex material, it is produced by the complete decomposition of dead plant and animal material. Although soil may look and feel solid, up to 60 per cent of its bulk may consist of pore spaces. The total volume of these pores depends on the size of the mineral particles and the texture of the soil.

The pores are occupied by water and air and also by soil organisms—the living part of the soil. Many of these organisms, such as the bacteria and fungi that break down dead plant and animal matter to form the essential humus, cannot be seen without a microscope, but there are many other living creatures that you can see if you take the trouble to look. Examine a forkful of earth next time you are digging. The earthworms, rapidly retreating from the daylight, might be all that you notice at first, but get down on your knees and have a *good* look. Even without a lens you will see plenty of small animals creeping or scurrying about in search of fresh shelter. They include slugs, millipedes, and an assortment of insect grubs including leatherjackets, wireworms, and numerous smaller villains that attack the roots of our plants. You will also find the shiny brown pupae of various moths, especially in the winter months. Most of these belong to garden pests such as the cabbage moth and the large yellow underwing, but don't squash them: lay them on moist potting compost in a plastic box and put the box in the shed. The moths will emerge in the spring and this may be your only chance to see the adults. Other animals that you can expect to find in the soil include ants and centipedes, the latter being particularly useful in destroying many of the root-feeding pests.

Plant roots also contribute to this world underground: there are many miles of them in a typical garden. A single sunflower plant, for example, has been shown to have a total root area of 1·5 square metres and a total root length of more than 350 metres! The root systems of our garden plants break up the soil, aerate and drain it, and contribute to its organic content when they die. And don't forget that weeds can help in this way as well as our cultivated plants.

Because the bulk of the soil comes from the underlying rocks, it varies from place to place. At one end of the scale we have light, sandy soils and at the other end the heavy clays. Sandy soils contain more than 80 per cent of sand grains, with diameters that are relatively large—ranging from 0·05 mm to 2·0 mm. Such soils are easy to dig and they warm up quickly in the spring, but they drain quickly and are thus rather dry. Clay soils contain at least 40 per cent of clay particles, which are far smaller—less than 0·002 mm in diameter. Clays are much richer in nutrients than the sandy soils, but they take a long time to dry out and warm up in spring. The tiny particles stick together very tightly and the soils are very sticky when wet and rock hard when they eventually dry out. Each kind of soil has its own specialized plant life in the wild, but neither sandy nor clay soils are ideal for the garden.

The perfect soil for which all gardeners aim is a rich loam—a good mixture of sand and clay with a liberal helping of silt, whose particles are intermediate between those of sand and clay. There should also be a good supply of humus. Loams occur naturally in many areas, especially in the lowlands, but all is not lost if your garden deviates from the ideal. You can always improve your soil in either direction by adding organic material, the best being compost. The water-holding ability of compost and the humus that it generates improves both the water-holding and the fertility of sandy soils, while the reaction of humus with clay particles causes the formation of "crumbs" and increases the drainage and aeration. This crumb-structure is developed in all the best soils.

Soil also varies chemically. Acidity is the most influential of these chemical factors, with soils being on a scale that runs from acidic, through neutral, to basic (alkaline). Each plant species has its optimum position on the scale, but most species are quite tolerant and will grow in a fairly wide range of conditions. Loams are usually considered neutral, and so are many clays, but in practice almost all of our soils are slightly acidic. Only when the acidity is very high, as it usually is on sandy soils, do you have any real problems in the garden—and even then you can generally cure them by the addition of lime. Basic soils occur in chalk and limestone areas, but these cause very few problems unless you want to grow heathers and rhododendrons—all plants that are adapted to life in sandy soils.

As we saw in chapter 2, it is possible to carry out simple chemical tests to tell you whether your soil is acidic or basic, but the naturalist need have no recourse to such tests. The weeds—perhaps we really should call them uninvited guests here—will often tell you all you need to know about your soil. An abundance of henbit, sheep's sorrel and black bindweed, for example, will indicate immediately that your soil is on the acid side. Hoary plantain and field mouse-ear similarly indicate an alkaline soil. Don't be too dismayed if your garden erupts with curled dock, cleavers, and sow-thistles: these all enjoy a good rich soil and indicate that you will be able to grow a wide range of flowers and vegetables with no trouble at all.

THE IMPORTANCE OF RECYCLING

The basic food-making process of green plants — photosynthesis — involves the combination of water with carbon dioxide to make sugar. But plants cannot live on sugars alone and they need an assortment of minerals from the soil in order to grow properly. The most important elements in terms of quantities needed are nitrogen, phosphorus, and potassium. Calcium, iron, sulphur, and magnesium are also needed in smaller amounts, and then there are the trace elements, which you can regard as akin to vitamins: just minute traces are neces-

THE GHOST SWIFT MOTH

If you find that in one area of your garden the plants don't seem to be growing as well as they should, it is possible that the ghost swift moth is responsible. The moth's caterpillar is entirely subterranean, and gnaws away at the roots of grasses and many other garden plants. In the two or three years that it spends underground, a single caterpillar can cause a considerable amount of damage. Infestations of thousands are not uncommon.

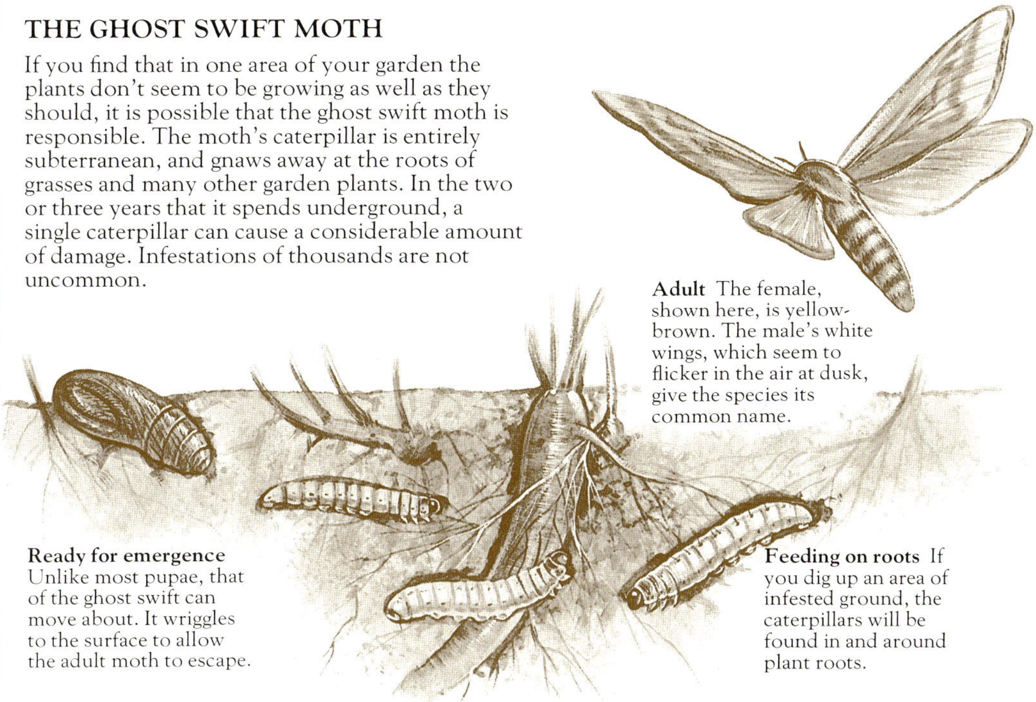

Adult The female, shown here, is yellow-brown. The male's white wings, which seem to flicker in the air at dusk, give the species its common name.

Ready for emergence Unlike most pupae, that of the ghost swift can move about. It wriggles to the surface to allow the adult moth to escape.

Feeding on roots If you dig up an area of infested ground, the caterpillars will be found in and around plant roots.

sary to keep the plant healthy. They include boron, manganese, copper, and cobalt. There are sufficient trace elements in all normal soils, especially in well-maintained garden soils, but it is occasionally necessary to add one or more of these elements and if your plants persist in showing yellowish leaves and poor growth it is worth having the soil tested.

In nature there is a continuous recycling of all the plant nutrients as leaves and whole plants die and decay, and there is always plenty of mineral food for the next season's growth. Things are rather different in the garden, however, especially in the vegetable plot where the crops are removed each year and the minerals contained in them are permanently lost to the soil. For continued success you must replace these minerals regularly. Artificial fertilizers, which you can buy by the sackful, contain all the major minerals and will certainly pep up your plants, but they must be used with care. Don't think that if a little fertilizer improves growth a lot will produce even better results: quite the reverse is usually true because when you add a lot of one mineral you upset the balance.

Although artificial fertilizers, when properly used, can maintain crop yields for many years, they have one very serious drawback—they add nothing in the way of organic material to the soil and the vital humus content gradually dwindles away. The soil structure is lost, with the result that the lighter soils blow away and the heavier ones become even more sticky and compacted. Liberal addition of garden compost or farmyard manure will prevent these problems and, because of the rich supply of nutrients contained in these organic materials, your plants will be well fed into the bargain.

Gardening books rightly recommend you to use well-rotted compost or manure for digging into the soil. Fresh compost and manure is far too acidic for many plants, notably bulbs and most root crops, because the rapid decay in the early stages releases large quantities of carbon dioxide. As well as making the soil acidic, this gas displaces much of the oxygen from the soil paces and impairs the breathing of the plant roots. You can't afford *not* to have a compost heap, tailored to the size of your garden, in which you can convert garden and household waste into valuable plant food. In fact, two compost heaps are even better: you build one while using the other, and the next year their roles are reversed.

DECOMPOSERS AND NATURAL FERTILIZERS

The decay of dead plant and animal matter and its conversion into useful plant food involves a wide range of plants and animals which are collectively known as decomposers. Some of the animals which start this process are quite large, and they include various slugs, beetles, woodlice, millipedes and the all-important earthworms. They chew and shred the remains in the soil, leaving them in a state that the real rotters—bacteria and fungi—can work on. Experiments involving the burial of leaves in nylon bags of various mesh sizes have shown very clearly that decay is very much slower when the soil animals cannot get at it.

You need a microscope to be able to see the soil bacteria and fungi, and a good knowledge of biochemistry to be able to understand how they go about their work, but the essential result is that the complex proteins and carbohydrates of the organic matter are largely converted to nitrates and ammonium compounds and to carbon dioxide. In the process, the decomposers obtain food and energy, and a good deal of surplus energy is released in the form of heat—dig into a well-made compost heap to appreciate the warmth, or merely watch the steam rising from a farmyard manure heap. The carbon dioxide eventually returns to the air, where plants can again use it for photosynthesis, while the nitrates are absorbed by the plant roots, completing a continuous cycle of the two elements carbon and nitrogen.

Nitrogen is an essential component of all proteins, and therefore of all living matter. Although it accounts for about 78 per cent of the Earth's atmosphere, plants cannot use any of this directly. They have to absorb it through their roots in the form of nitrate salts. Unless you add nitrate fertilizers, your garden plants generally rely on the soil bacteria to provide these nitrates for them.

Nitrates are all highly soluble in water and are continually being washed to lower levels in the soil, where they may be out of reach of the plant roots, but all is not lost for, as we shall see, the humble earthworm obligingly brings large quantities of the essential nitrates back to the surface levels.

Nitrogen-fixing bacteria convert huge amounts of nitrogen to nitrate salts each year. Many of these bacteria live freely in the soil, but the best known as far as the gardener is concerned are the root-nodule bacteria. Next time you dig up your old beans or peas have a good look at the roots: notice the swellings all over them. These are the nodules and they contain huge numbers of nitrogen-fixing bacteria. All plants in the pea and bean family harbour these fertilizing nodules, and this explains why they are so useful in crop rotation. Digging in the old plants after harvesting adds even more nitrate to the soil and cuts out any need for expensive supplies from outside the garden.

THE INESTIMABLE EARTHWORM

How many earthworms do you unearth during a day's digging? I doubt if you've ever thought of counting, and you probably take no notice of the worms at all. But, unless your soil is very sandy and acidic, the number will certainly be very high. Your garden's worm population depends on several factors, including the amount of disturbance suffered by the soil, but a figure of 250,000 worms per hectare is probably a reasonable estimate for herbaceous gardens.

Charles Darwin considered the earthworm to be the most important animal in the history of the world, and Gilbert White before him had concluded that "the earth without worms would soon become cold, hardbound, and void of fermentation; and consequently sterile". Clearly, Gilbert White appreciated the worms' tunnelling activities and their effect on the aeration and fertility of the soil—activities which Darwin investigated with typical patience and thoroughness many years later.

Have a good look at a large worm next time you dig one up in the garden. Notice the ringed or segmented nature of the body, and run your fingers along it to feel the tiny bristles—four pairs to each segment—on the lower surface. The worm can generate surprising strength for an animal with no skeleton: hold it in your loosely clenched fist and watch it thrust its pointed front end between your fingers. It develops the same thrust to force its way through the soil, using the bristles to anchor the hind end while pushing forward at the front and then anchoring the front while the rear end is drawn forward. (In fact, the process is more complex, with several sections of the body moving at one time, but only the anchoring role of the bristles need concern us here.) Put the worm on a sheet of paper and listen to the scratching of the bristles as they try to get a grip: some movement is possible here, but the animal is quite helpless if placed on a sheet of glass. If you have ever tried pulling a worm from its burrow, you will know just how firmly the bristles anchor it in place: and if you don't fancy trying, just watch the birds wrestling with the worms on your lawn.

Much of the worm's travelling involves forcing its way between the soil particles and leaving a narrow tunnel in its wake. Although individual tunnels soon collapse, the maze of tunnels created by your garden worms plays a most important role in aerating and draining the soil—a fact to bear in mind next time you curse the worm-casts on your lawn or, worse still, contemplate treating the lawn with worm-killer. But tunnelling between the soil particles is not the only way of travelling: the worm actually eats its

NATURE'S GARDENERS

Your garden soil contains many thousands of earthworms, constantly maintaining fertility and creating aeration and drainage channels. Accurate identification, especially when they are immature, is a matter for the specialist, but you can often recognize mature garden specimens by their colour and size.

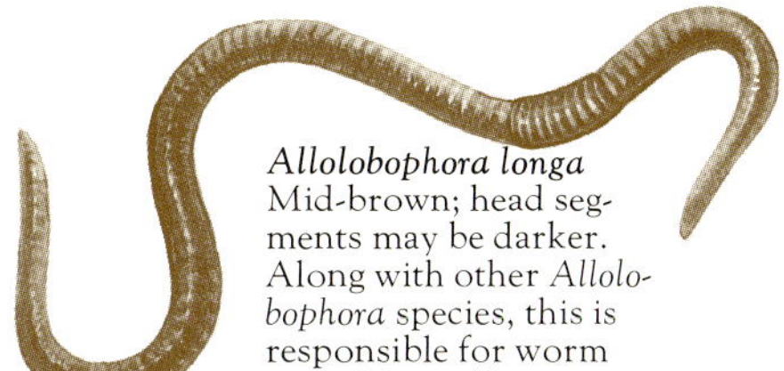

Allolobophora longa Mid-brown; head segments may be darker. Along with other *Allolobophora* species, this is responsible for worm casts. Up to 12 cm.

Brandling Easily recognized by the conspicuous yellow rings on its brown body. An inhabitant of rotting vegetation. Up to 12 cm.

Lumbricus rubellus Smaller than the common earthworm, and bright red. Up to 15 cm.

Common earthworm The largest species, found in all soil types. It is distinctly pink, often with a tinge of violet. Up to 30 cm.

way through the soil as well, swallowing soil as it goes and digesting any organic material in it. The undigested soil passes out of the worm's hind end in the form of worm casts, generally deposited on or just under the surface. It is this upward movement of the soil that is so important in countering the downward movement of dissolved nitrates, but as well as merely bringing the nitrates back to the surface layers the worms actually add extra nitrogenous material as a result of their own excretory processes. The casts also contain a higher proportion of calcium than most soils.

If you are digging in the summer, keep an eye open for tightly coiled and apparently lifeless worms. They are not actually dead, but undergoing a summer rest. Such a rest, taken in a specially built chamber often more than 30 cm below the surface, is called aestivation. Several species may rest in this way, especially during long dry summers, but the sleep is obligatory for two of our earthworms—*Allolobophora longa* and *A. nocturna*. These are the two species that eject their casts on to the surface, so you won't find worm casts on your lawn in the summer. Our other earthworm species deposit their casts in the upper parts of their tunnels.

Worms are not entirely subterranean in their habits and if you explore the garden on a warm summer night, especially after rain, you will see a good deal of activity on the surface. Carefully keeping the hind end anchored in its tunnel, so that it can withdraw instantly in case of danger, the worm explores the surrounding surface for dead leaves and other organic matter which it then drags into its tunnel. Some of the material is eaten, but a good deal is left in the upper parts of the tunnel system where it rots and helps to feed the plant roots. You must walk very carefully if you want to observe these nocturnal activities, for the worms are extremely sensitive to vibrations and will shoot back into their tunnels at the slightest provocation. Special nerves, capable of very rapid conduction, are responsible for this lightning reaction which defends worms from attack. Worm-watchers should also cover their torches with red plastic, for the earthworms are very sensitive to light and are just as likely to withdraw in the presence of a bright light as they are at the approach of heavy footsteps.

The species that you are most likely to see on the surface is *Lumbricus terrestris*. Unlike our other earthworms, it usually mates there as well. The worms are hermaphrodite creatures, meaning that each mature individual contains both male and female organs. They still have to pair up, but the system ensures that *any* mature neighbour is a suitable mate. You can easily tell whether a worm is mature or not because mature individuals have a distinct saddle or clitellum—a swelling, often slightly different in colour—somewhere in the front half of the body. The worms emerge on humid nights and, still keeping the rear end firmly anchored, cast around for potential mates. If the "vibes" are right the two worms lie side by side, still with their hind ends anchored in their tunnels, and cover themselves with mucus. If they are not disturbed they may remain like this for hours, during which time they exchange sperm. After separation, each one goes away to lay its own eggs, and this is where the saddle comes into play. It secretes a detachable membrane which surrounds the body like a collar. One or more eggs are deposited in the collar and, as the worm wriggles out of it, sperm from the other worm is added to fertilize the eggs. Once free of the front end of the worm, the two ends of the collar seal themselves up to form a globular cocoon, in which the eggs develop for up to five months.

Earthworms have many enemies both above and below ground, one of the most important being the mole. This very common, but rarely seen little mammal has an insatiable appetite for worms and can do much damage as it searches for them under the lawn. It is

An aberrant insect-eater Although the mole is a member of the group of mammals known as insectivores, or the insect-eaters, its diet probably includes more earthworms than insects. It may eat about half its weight in worms a day, and it stores surplus worms in an underground "larder", biting their heads off first to prevent their escape.

active by night and day and may consume more than 50 g of worms in a 24-hour period. Excess worms are commonly stored in an underground chamber near the nest, with the mole chewing their front ends to prevent their escaping. The mole returns for a meal from time to time, but if, for any reason, it does not return, the worms can gradually repair the damage and disperse into the soil.

Worms are also attacked by the shelled slugs of the genus *Testacella* (see page 172). These slugs taper strongly towards the front and are able to follow earthworms through their tunnels and catch them by sticking out a long tongue. As in other slugs and snails, the tongue or radula is clothed with horny teeth, but here the teeth are especially long. They stick firmly into the prey, which is then dragged slowly into the mouth like a piece of spaghetti.

POTWORMS AND ROUNDWORMS

We use the word worm for a wide variety of slender, legless creatures which are often quite unrelated. Several of them occur in the garden in addition to the earthworms. Potworms, for example, are abundant in the compost heap and, although rarely more than about 10 mm long, their gregarious habits make them quite conspicuous. Look for their pale, squirming clusters as you turn your compost heap. A lens will show you their segmented bodies, indicating that they are related to the earthworms.

Even more abundant are the nematodes or roundworms, although you need a microscope to see most of them. It has been estimated that, in some places, there may be more than 20 million of these tiny creatures on a square metre of soil surface, and as many as 90,000 have been found in a single rotting apple.

Many nematodes are parasites, living inside the bodies of other animals. These do not usually come to the notice of the gardener, but there is one notable exception—*Mermis*, the thunderworm. You are most likely to see it waving about on the soil surface or on low vegetation, looking just like a length of white or brown cotton. It may reach a length of about 50 cm and it is surprising to learn that such a lengthy creature has grown up inside a caterpillar or some other young insect. It emerges from the host when fully grown and may spend some time in the soil, but after a heavy shower it may leave the ground and roam over the rain-soaked plants for a while—hence the name thunderworm. It returns to the soil to lay its eggs, and the youngsters make their way to suitable hosts.

ATTACK BELOW GROUND

Of the larger, visible animals that live below ground, some, like the numerous fly larvae, are temporary residents, leaving for an aerial life when mature, while others, including the millipedes and many beetles, remain earthbound for life. Some of these animals are a help to the gardener, while others—the ones that live on the underground parts of plants—can be quite damaging.

Fly larvae are a particular problem in the kitchen garden. A rusty red colouration on your carrot leaves indicates the presence of the carrot-fly. The creamy white grubs of this species live in the soil and nibble the finer roots of the carrots at first, but then they start chewing their way into the tap roots and carving out snaking galleries. You will often find the grubs sticking out of the roots when you lift your carrots. They pupate in the soil when fully grown and the adults are on the wing in May and June and again in August and September. Eggs are laid in the soil around the carrot plants, to which the flies are attracted by scent. Interplanting with onions is an effective way of reducing carrot-fly attack, for the onion scent repels the adult insects so they lay their eggs elsewhere.

The cabbage root-fly is a small dark fly causing similar problems. The adults of this fly are particularly susceptible to attack by fungi in damp weather. Entering through the flies' breathing pores, the fungi multiply rapidly in their bodies and soon kill them. Hundreds or even thousands of dead flies, clothed with fluffy fungal threads, can be seen on vegetation at certain times.

Terrestrial beetles Ground beetles differ from most other garden beetles in having long legs and an angular shape. Look for them at night as they scuttle around in search of slugs and other prey.

Wireworms—not true worms but the larvae of click beetles—are insects that even the most dedicated wildlife gardener will not appreciate. They range from cream to golden brown, and are cylindrical or slightly flattened and up to about 25 mm long. They cause considerable damage to the underground parts of plants, including potato tubers, by chewing into them and often opening up the way for other pests such as slugs and millipedes. Runner bean seeds are gratefully accepted if planted in infested ground, the wireworms carving themselves neat little dining rooms right inside the seeds. Adult click beetles are distinctly shuttle-shaped. They get their name because when turned on their backs they can right themselves by springing into the air with a loud click. The beetles can be found in the summer, but larvae take up to five years to mature and they can be found in the soil at any time.

Leatherjackets also feature prominently on the list of undesirable underground insects. They are the tough, fleshy grubs of various crane-flies—the long-legged flies also known as daddy-long-legs—that rest all over walls and vegetation and buzz frantically at window-panes if they get trapped indoors. Like wireworms, leatherjackets prefer grassland and are abundant under pasture and arable land. They are common under our lawns, often causing yellow patches to develop, and also take advantages of weedy patches in the flower and vegetable gardens. They commonly chew right through young plants at soil level.

Further down on a scale of damage inflicted are the millipedes. They are mostly slender animals, commonly confused with centipedes but readily distinguished from them because most segments of the millipede body carry two pairs of legs. Millipedes are essentially consumers of decaying plant matter, so in some respects they can be beneficial—but in dry weather they will turn their attention to roots and other parts of plants—probably more for the moisture than for food. The most familiar millipedes are the cylindrical black species which curl up like watch springs when they are disturbed. They are very fond of strawberries in the kitchen garden, but are most frequent in the compost heap and in the debris under the hedge.

The subterranean predators—your allies against underground pests—are nearly all quite speedy creatures, in agreement with the "rule of thumb" which equates speed with utility (see page 17). Centipedes come first in this line-up of gardener's friends. They are primarily ground-living predators, capturing and eating a wide range of other creatures. Slugs and insect larvae, including leather jackets and many other fly grubs, form a large proportion of the centipedes' diet, although admittedly they also eat a number of useful spiders as well.

Ground beetles will also aid you in keeping pests at bay. These beetles are all fast-moving predators with relatively long, slender legs. Many are flightless and their front wings (elytra) are often fused together for added strength and protection as they roam over and through the soil. Most are active at night, and this is the best time to find them—scouring the ground for slugs and other soft-bodied animals. By day they rest under logs or stones, or simply in the soil itself, and you will often disturb them while digging or while tidying up in the greenhouse. They are likely to be more numerous in your garden if there is plenty of ground cover—which gives them added protection as well as harbouring their prey.

Many other animals, such as slugs, woodlice and some kinds of centipedes may hide in the soil or under logs and stones by day and come out to feed at night. These are not really part of the soil fauna and are covered in the next chapter.

CREATURES OF THE SOIL

A good look at your garden soil will reveal a host of animals that may not be obvious at a first glance. Many—beetles, millipedes, centipedes and ants—are permanent residents. Others, like fly grubs and moth pupae, are temporary soil-dwellers, destined eventually for adult life above ground. The plant-eating members of this underground community can cause considerable damage to roots.

Centipede A voracious predator, feeding on small soil animals, including other centipedes. (×2)

Wireworms Shiny orange beetle larvae which live for up to five years in the soil, eating roots.

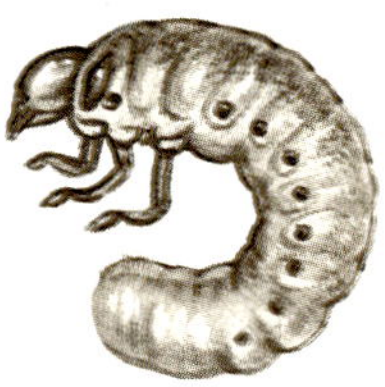

Cockchafer grub A C-shaped beetle larva which feeds on the roots of grasses. Up to 5 cm long. (Adult—page 171).

Millipede Primarily surface-dweller, but found in the upper soil during dry weather.

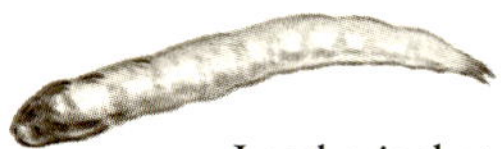

Leatherjacket The soil-dwelling larva of the crane-fly. Feeds on roots throughout the winter.

CHAPTER NINE

THE·GARDEN AT·NIGHT

As the evening light fades and the multicoloured hues of your garden dissolve into murky greys it is time to swap your gardening tools for a torch. The birds and butterflies that brightened the garden by day have gone to bed and the night shift is reporting for duty: a whole new world of wildlife awaits discovery. Moths have replaced the butterflies, bats have taken over from the birds, and a host of other animals have emerged to romp and eat their way through the hours of darkness.

Even the flowers may shut up shop for the night. The little daisy, for example, responds to both fading light and falling temperature, closing its flower heads at dusk and re-opening them in the morning if the weather is fine: it is not the "day's eye" for nothing. Our garden crocuses, like the wild celandines, respond purely to temperature and, as long as the ambient temperature is above a certain minimum, they can detect changes of less than 1°C. Watch how the crocus petals open wide as the sun warms them in the morning, and then put up a board to shade them: within minutes they start to close up. Humidity is another factor involved in the closing of some flowers at night, and falling rain drops may also have the same effect. It is not in the interests of the plants to have their pollen and nectar washed away by rain. But the opening and closing of flowers is not determined entirely by external factors: many species have internal clocks which maintain a regular rhythm of opening and closing even when the plants are kept in permanent light or permanent darkness.

Although our flowers are mostly children of the sun, some of them have adopted nocturnal habits, opening their petals as night falls and allowing their strong scents to drift on the moist night air. In fact, their scents are not necessarily any stronger than those of day-flowering species, but scent is carried more easily in damp air and you get an impression of greater strength. This will be very obvious if you have honeysuckle in your garden: go out of doors on a humid night and the fragrance will hit you immediately—the air is literally full of it—but on a drier night you will have to get much closer to the plant to pick up the scent. It all has to do with the dissolving of the scent particles in the droplets of water vapour, making them more obvious to our noses although not necessarily more easily detected by night-flying insects.

Explore your garden at night with the aid of a torch and search for moths hovering at the flowers or settling on them and plunging their tongues in to reach the nectar. Many of the nocturnal flowers have particularly deep throats and are pollinated by long-tongued moths. Searching your honeysuckle at night might reveal the beautiful elephant hawkmoth at dinner—just a blur while

FLOWERS OF THE NIGHT

Any garden intended to encourage wildlife should include at least some of the flowers listed here to bring in moths and other nocturnal insects. Their main colours are white, cream, yellow and pale pink. These stand out well in dim light, and probably play an even greater role in the initial attraction of moths than their powerful scents.

EVENING PRIMROSE
A native of North America often seen growing on waste ground. The bright yellow flowers open at dusk to release a rich perfume.

HONEYSUCKLE
The tubular flowers of this native climber contain a store of nectar which can be reached by long-tongued moths throughout its long flowering period. Grow near a window to see hovering hawkmoths after dark.

NICOTIANA
The trumpet-shaped white flowers provide food for moths in late summer and early autumn. Another flower adapted to pollination by long-tongued moths.

NIGHT-SCENTED STOCK
The small flowers provide nectar which can be reached by short-tongued moths.

PHLOX
A strongly perfumed cultivated flower which is attractive to moths and to butterflies.

RED VALERIAN
A good attractant for moths which also provides daytime food for butterflies.

SUMMER JASMINE
Another climber with nectar-rich, tubular flowers.

WHITE CAMPION
A wild plant of disturbed ground. At night the bright white flowers produce a mild perfume.

hovering, but a delicate mixture of pink and green when at rest. You might also find the even larger privet hawkmoth, mainly brown and grey but with delicate pink bands on the abdomen and the hind wings. Take a close look at the honeysuckle flowers themselves. Those that have most recently opened have the stamens standing directly out from the throat, in exactly the right position to dust a hovering moth with pollen, and the stigma bent down out of the firing line. Slightly older flowers, which have probably given up most of their pollen, have drooping stamens but the stigma has now curved up to meet the incoming moths and collect pollen from their heads. The flowers then remain in this condition for the rest of their short lives.

GARDEN MOTHS AND WAYS TO ATTRACT THEM

The hawkmoths illustrated opposite are just some of the many different moths that you can find in your garden. Quite a number come to rest on window panes, and often stay there until you put out the lights: the light tricks them into thinking that it is daytime and they drop off to sleep just as they do by day. But why should these nocturnal insects be attracted to light in the first place? Several theories have been put forward to explain this apparent paradox, the most plausible being that the moths use lights for navigation and are not strictly attracted to them. In nature, the only major source of light at night is the moon and it is thought that moths that are not actively seeking food or mates fly in straight lines by keeping the light at a fixed angle to their eyes. This works because the moon is so far away, but if the moths try the same method with a nearer light—a street lamp, for example—they have to keep changing course to maintain the angle between the light and their eyes. The result is that they gradually spiral in towards the light. You can see this happening around street lamps, and moth-hunters use the same principle in their moth traps, although the lamps here are designed to give out large amounts of ultra-violet light which is particularly stimulating to the moths' eyes. Hundreds or even thousands of moths can be drawn to a powerful lamp in one night, but you never find huge numbers on window panes because the moths can't circle around them: once past the window and out of the direct light they carry on flying. Most of the moths attracted to lights are males, as this is the sex that flies most—often emerging a few days before the females and spreading themselves all over the habitat.

Because of their liking for sweet things, it is also possible to attract moths by daubing fences and tree trunks with a mixture of molasses and beer (most moth-hunters have their favourite recipes!).

The moth-watching season, unlike the butterfly equivalent, is year-round. A cold, damp winter night may not be the most exciting time for the moth-hunter, but there *are* some moths on the wing. They include the mottled umber, and such aptly-named species as the winter moth, the November moth, and the March moth. Towards the end of the winter the spring usher puts in its welcome appearance. Male winter moths can be seen sitting on window panes all evening if the lights are left on. The females, in common with those of the mottled umber and the March moth, are wingless and sit down low on tree trunks waiting for the males to come and mate with them. After mating they climb up the branches and lay their eggs on the twigs. All three species are serious pests of fruit trees and other deciduous trees and shrubs in the garden, the caterpillars often stripping both the leaves and flowers in the spring. Grease bands around the tree trunks reduce the problem by trapping the females as they climb up from their pupation sites in the soil.

Being active in winter means that the

GARDEN HAWKMOTHS

Hawkmoths are all strongly-built powerful insects with a flight that is nothing like the fluttery or erratic progress of many other moths. Some have long tongues which enable them to reach the nectaries of tubular flowers like honeysuckle while hovering. Many of our native species are quite rare but the three shown here are quite likely to appear in gardens south of the Scottish border. All are shown $\frac{3}{4}$ times life-size.

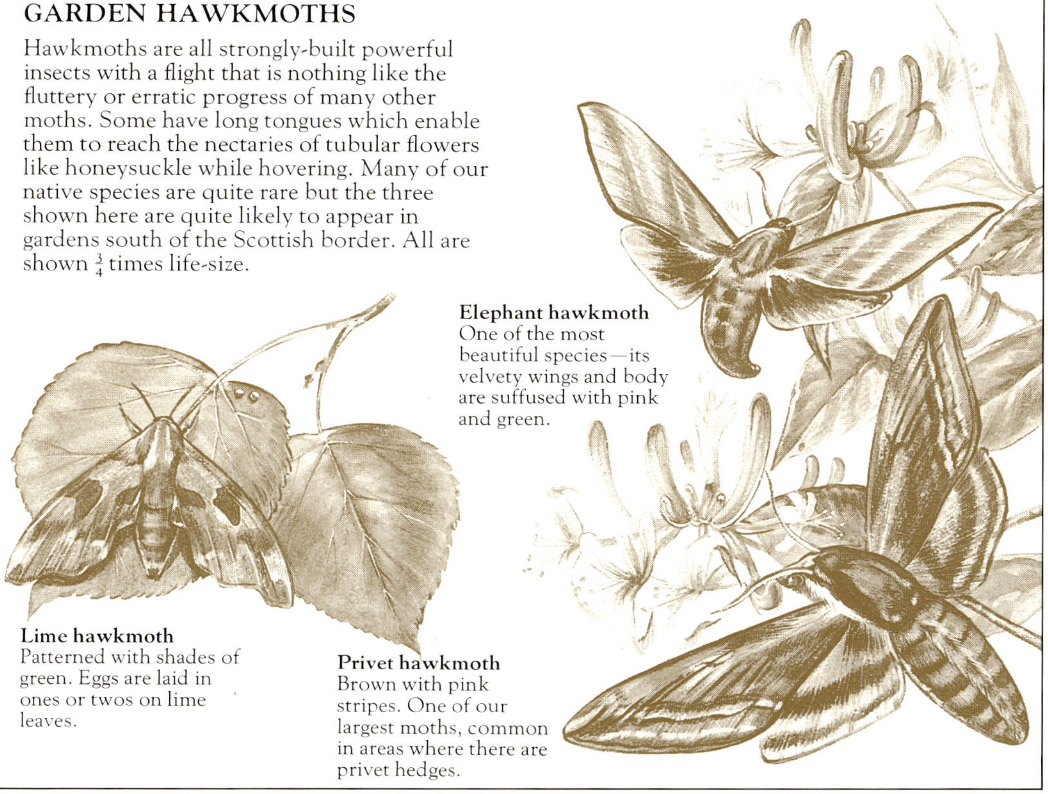

Elephant hawkmoth
One of the most beautiful species—its velvety wings and body are suffused with pink and green.

Lime hawkmoth
Patterned with shades of green. Eggs are laid in ones or twos on lime leaves.

Privet hawkmoth
Brown with pink stripes. One of our largest moths, common in areas where there are privet hedges.

moths escape the attentions of bats, which, as we shall see in a moment, are only on the wing in summer, but for cold-blooded animals winter brings energy problems. A moth cannot fly unless its flight muscles have reached a certain temperature, and this needs energy—at a time when none is available from nectar. The flightless nature of some of the female moths is clearly one answer to this, as the energy that would be needed for flight can be turned to egg production.

CREEPING THROUGH THE NIGHT

Woodlice, slugs, snails, and millipedes are largely nocturnal, but why should this be? Their food is largely vegetable and available at any time, so why should these small creatures adopt nocturnal habits? In fact, it is probably more correct to ask why so many other animals have adopted a diurnal way of life, because the earliest land animals were almost certainly nocturnal. Aquatic creatures do not need waterproof coats, and we can be sure that the first animals to creep out of the water—probably some kind of worm-like creatures—lacked any kind of waterproof covering. Presumably they could have lived happily in the swampy areas around the water, but only at night, when the air was saturated with moisture, could they venture into the open without risk of desiccation.

Many invertebrate animals have never progressed beyond this stage, being perfectly happy to creep around at night and hide by day. They include all the vegetarians and scavengers mentioned above as well as various predatory creatures like centipedes. We have also seen on page 156 that the earthworm is another nocturnal wanderer. But other animals *have* progressed: the evolution of waterproof coverings enabled them to spread over the land and occupy dry habitats as well as to indulge in daytime activity. In the struggle for existence all possible habitats gradually became colonized. Those animals able to live fully terrestrial and diurnal lives include birds, mammals, reptiles, most insects, and many spiders and scorpions. But it is not just the physical characteristics of an animal that determine whether it is nocturnal or diurnal. There is immense competition in the living world and each species has slotted into a niche where it can best find food and escape its enemies. Many animals potentially able to live by day have returned to a nocturnal life for just these reasons. The hedgehog, for example, finds far more slugs, worms and other invertebrates at night than it would in the daytime, and the same goes for the ground beetles. Earwigs are abroad at night probably because it is safer for them than sharing the daylight with the birds, and the same is true of many caterpillars. Moths may have adopted their nocturnal habits partly to avoid predation by birds and partly to avoid competing with butterflies for the flowers' nectar supplies, but they did not enjoy their new-found freedom for long: the bats were not slow to evolve nocturnal habits and exploit the banquet of the night sky. Competition for food and living space has thus been the major factor in creating nature's shift system.

THE WILDLIFE GARDENER'S NIGHT-TIME ALLY

The hedgehog is one nocturnal animal which any gardener should be delighted to accommodate. Its diet reads like a checklist of garden pests, and includes slugs, snails, beetles and a whole host of marauders of the kitchen garden. In fact, if the hedgehog has a fault, it is that it is off-duty for about five months of every year.

Although the occasional hedgehog is seen in mild weather in the depths of winter, the hedgehog-watching season generally runs from April to October. For the rest of the year the animal is usually fast asleep under a thick blanket of leaves, commonly heaped up at the bottom of the hedge, under your shed, or in a pile of brushwood. Be careful not to

CREATURES OF THE NIGHT

One of the best ways to discover the nocturnal wildlife in your garden is to leave an untidy corner—one which offers animals a range of habitats—and then watch what appears in and around it after dusk. All you need for this is a torch that throws a dim light, and some patience. The animals shown here will all be on the move after dark. Some, like the woodlice, are very common. The magnificent stag beetle, on the other hand, is a rarity which only a few gardeners will be privileged to find.

Oak bush cricket Bush crickets are active between late afternoon and early morning.

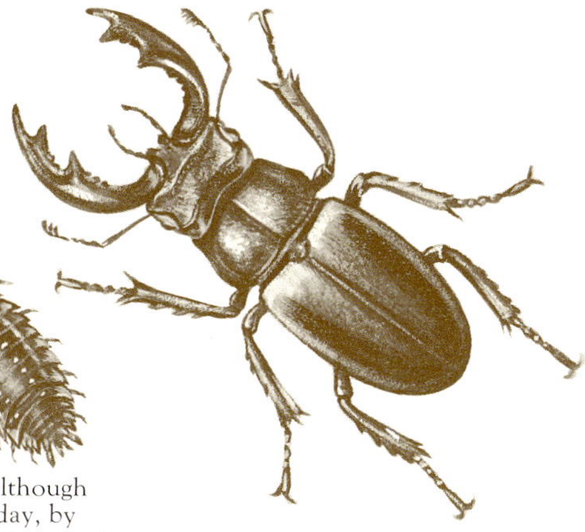

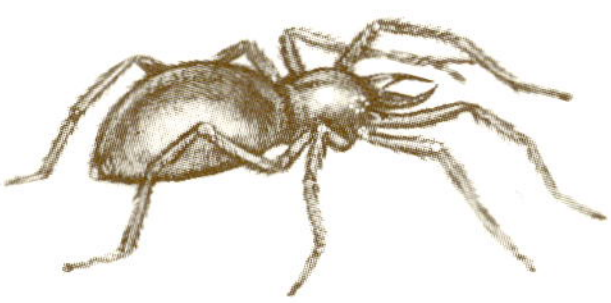

Spider *Dysdera crocata* A plump spider with a pinkish abdomen and huge jaws. Feeds on woodlice. (×2)

Woodlice Although they hide by day, by night woodlice are quite active, covering many metres as they feed.

Stag beetle This rare nocturnal insect is confined to the southern counties in Britain.

Hedgehog This is one of the noisiest nocturnal animals; it has little to fear by giving itself away.

Swallowtailed moth A pale yellow moth seen on summer nights. It lays eggs on hedgerow shrubs like elder and ivy.

House mouse A scavenger around houses and outbuildings, rarely seen in the open.

roast your hedgehog if you decide to burn up an aged pile of rubbish in the winter. This winter sleep, or hibernation, is more akin to suspended animation, with the body temperature falling to less than 10°C and all the other bodily processes slowed right down. The animal does wake occasionally and may even go for a stroll, but it cannot always wake quickly if disturbed by your activities.

Hedgehogs are strictly nocturnal and you are not likely to see them out in daylight unless they are ill or unless their beds have been flooded by a heavy shower and they emerge to forage or to look for drier homes. They are, nevertheless, among the easiest mammals to find and watch. Their long black droppings, full of shiny beetle elytra and other insect fragments, are easy to identify and will often show you where the animals wander over your lawns and flower beds. The most obvious signs of the hedgehogs' presence, however, are their continuous grunts and the rustling of the leaves as the animals rummage about for food. The name hedge*hog* or hedge*pig* is well deserved, and not just because of the grunting and snorting: when hurt, and also while courting, the hedgehogs even squeal like pigs.

Having found your hedgehog, you will have no difficulty in watching it by torchlight—even without the red filter conventionally used for watching mammals, although a really bright light may cause it to curl into a ball. As long as you don't make sudden noises, you can watch from as close as a metre: even human odour doesn't upset the animal, despite the fact that it has a very sensitive nose and finds much of its food by smell. The hedgehog's tolerance of the inquisitive gardener is undoubtedly connected with the excellent protection afforded by the spines and by the ability to roll into a prickly ball if the intruder gets too close. In the rolled-up position the hedgehog is safe from most of its enemies, although badgers and some foxes know how to get it to uncurl and the instinctive rolling-up is no defence against that unnatural enemy the motor car.

Although most often to be found in the hedgerow and undergrowth, the hedgehog will certainly come into the open in search of food and is particularly active just after dusk. It searches diligently for worms, slugs, beetles and other juicy tit-bits—including birds' eggs and nestlings if it can get at them. Fruit is readily eaten by most hedgehogs, although individuals appear to have definite likes and dislikes in this sphere: one will eat apples and ignore pears, while another animal will do just the opposite. They find plenty to interest them on the compost heap, but you can easily attract them on to the lawn with a plate of cat food or table scraps or the traditional saucer of bread and milk. Attracted in this way, the animals are superb subjects for photography, but keep your eye on them for they have an uncanny knack of trundling off when you are not looking. They can run

Degrees of defence Although the hedgehog's defensive tactic of rolling into a ball (*above*) is well known, hedgehogs are so confident about their safety that they need real provocation to roll up completely. Most threats are countered by standing still with spines erect and with the face protected by a prickly crown.

Mother and young Baby hedgehogs (*right*) are smooth-skinned at birth. Some spines appear within the first day, but the full coat takes some months to develop.

surprisingly fast—and silently, too, when they want to—and they can easily give you the slip in the flower bed or hedgerow. They are not lacking in stamina, either, and can cover at least a kilometre on their nocturnal ramblings. You may also be surprised by the animals' climbing abilities: stone walls and wire fences are no obstacle, and when the hedgehog reaches the top it merely rolls into a ball and drops down on the other side. The spines are flexible at the base and cushion the fall without digging into the animal when it hits the ground.

Outside the breeding season hedgehogs are distinctly solitary, spacing themselves out by means of their scent, but the scent signals change when the females come into breeding condition and the males enter the females' areas to begin their prolonged and very public courtship displays—well worth staying up to watch. During courtship the male runs and leaps around the female, deftly avoiding her occasional toothy lunges and generally behaving like an excited puppy. The activity may last two or three hours on a summer night and the accompanying grunting and squealing is enough to wake your neighbours, although few people complain when they discover the source of the commotion. Other hedgehogs of both sexes may be drawn to the scene and the original female may be courted by several suitors during the night before she finally accepts one of them.

Most baby hedgehogs are born in June and July, after a pregnancy lasting about 33 days, but the females may be pregnant any time from April to September and some produce two litters in a year. There are about five babies in a litter, although the mother rarely manages to rear more than two or three to the stage when they can go off on their own—usually about six weeks after birth. If you have regular visits from a hedgehog there is a chance that it has a nest nearby, and careful watching of its comings and goings may give you a clue as to the position of the nest. Look for it—probably nothing more than a deep pile of leaves and other rubbish—in hedge bottoms, hollow tree stumps, compost heaps, or any neglected corner. But don't disturb it: the young hedgehogs will come out in their own good time and you may see them following mother across the lawn to feed.

MORE MAMMALIAN VISITORS

We have already met the wood mouse and the bank vole on pages 64–5 and the shrews on page 100. Other common visitors include the house mouse and the common rat, although these rodents are likely to take up residence only if you have convenient outbuildings and a readily available supply of food—grain for poultry, for example.

Foxes may visit your garden from time to time, especially in the towns and suburbs where they have learnt that there is plenty of "easy" food in the dustbins and litter baskets. Small rodents make up most of the fox's food elsewhere and, with an abundance of these in the countryside, the foxes have less need to visit rural gardens. Although largely nocturnal, the fox is about in broad daylight in many undisturbed areas and, with voles making up a large proportion of its food, it is clearly one of those mammals that can forage equally well by day and night. It has been suggested that its nocturnal habits evolved as a way of avoiding competition with the wolf, but now that the latter has been exterminated in most areas of Europe the fox can roam about by day as well.

MASTERS OF THE NIGHT-TIME AIR

At sunset most of the swallows and martins give up chasing flies and return to their nests, and their place on the aerial stage is taken by the bats, although the latter generally catch larger prey than the birds. Moths and beetles are their main victims, caught with the aid of the bat's amazing powers of echolocation. High-pitched sounds, well above our limits of hearing, are continually emitted by the bats and the echoes bouncing back from nearby objects are picked up by the large ears. Instant interpretation of the echoes enables bats to change course to avoid obstacles or to catch insects. Watch the bats fluttering over your garden or up and down your street at dusk and notice the fantastically quick changes of direction. We don't really know how the bats distinguish between flying insects and the leaves of the trees, but they certainly don't make many mistakes, even on the darkest nights. Their eyes, much more efficient than many people think, certainly help with navigation and food-gathering before dark, but the bats can do very nicely without them. Prey is caught either in the toothy jaws or swept up in the wing or tail membranes. It is usually eaten in flight, although large prey may be taken to a perch to be dismembered and eaten.

Although 15 bat species are resident in southern England, only half a dozen are

Launching into flight The pipistrelle (*above*) is our smallest and commonest bat. Here one is taking to the air from a roost in a tree cavity. Although the bat looks sparrow-sized in flight, nearly all of this is made up by its wings. When the wings are folded the bat's true size is apparent—almost small enough to fit inside a matchbox.

The long-eared bat This bat (*below*) is one of a number of British species with large ears. These can be collapsed when the bat is resting, helping to conserve body-heat.

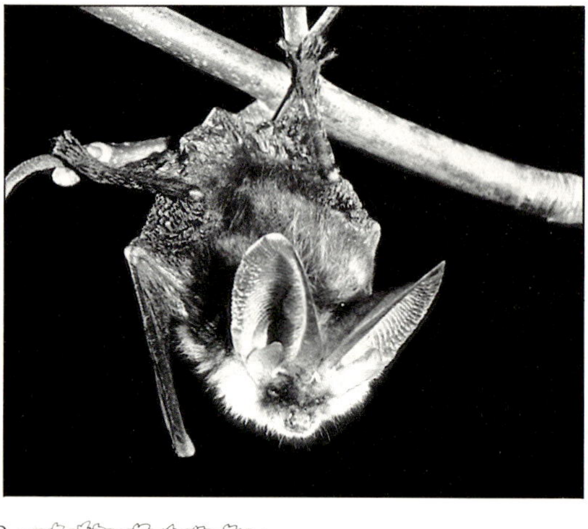

at all common over wide areas and only three reach northern Scotland. With a few exceptions, they are very difficult to identify in flight, even for the expert. The commonest species, and also the smallest, is the pipistrelle, weighing a mere six or seven grams although its wingspan may reach 25 cm. It comes out very soon after sunset and you can see it very easily as it flits high and fast over the garden. It likes to spend the daytime in narrow crevices in trees and buildings and often beds down in large numbers behind dense creepers on the house wall. If you are lucky enough to have a colony in your garden you will hear quite a commotion as the animals wake up in the evening, but don't mistake this squeaking for the much higher-pitched sounds used in echo-location.

Large gardens with plenty of trees and shrubs may support the long-eared bat, which you can easily recognize by its huge ears. This species does not usually emerge until after dark, and it has a rather weak, fluttery flight. Much of its prey is plucked from the leaves of trees and shrubs, although the bat is perfectly capable of catching insects in flight. Like the pipistrelle, the long-eared bat likes to roost in crevices, but these crevices could well be inside your roof. Several other species may roost and breed in roof cavities, and it is now illegal to disturb the animals, although no-one genuinely interested in wildlife would want to do this. You are unlikely to be plagued by furniture beetles (woodworm) in your loft if there are bats in residence, and if the bats' droppings accumulate to an inconvenient degree you can always sweep some up and use them as fertilizer on the garden! The Nature Conservancy Council will always give advice if you have a "problem" with bats in your house or other buildings. If you want to encourage bats into your garden, you can try making a bat-box. Full details are on page 184.

All our bats are insectivorous and are unable to find enough food during the winter months, so they enter hibernation towards the end of autumn. Many hibernate in buildings and hollow trees, but others prefer caves and derelict mines. The main requirement seems to be a high humidity. Like the hedgehog, bats wake from time to time in the winter and may even be seen in flight on mild days, although they probably get little food on these flights.

The town owl The tawny owl is one of those animals that lives almost unnoticed in towns and cities. Although it does not nest in many urban gardens, it frequently visits them for mice, insects and even earthworms.

GARDEN OWLS

Just as the bats take over from the insect-catching birds at nightfall, so the owls take over from the hawks and falcons and other birds of prey. Only the ghostly barn owl and the tawny owl are likely to hunt over gardens in Britain, but they are joined by the tiny scops owl in central and southern Europe. Although the barn owl's spooky white shape can often be detected as it flies close to street lights in less built-up areas, all the owls are heard much more often than they are seen. Listen for the hiss and the blood-curdling screech of the barn owl and the loud *kee-wick* of the tawny owl. The latter also gives out a trembling hoot, and when the two calls are strung together—usually by two neighbouring birds—we get the familiar *too-wit-too-woo*. The call of the scops owl is a monotonous *pew-pew-pew*, repeated in rapid succession and often for long periods. But, of course, these calls are not heard when the owls are hunting, for this is necessarily a silent occupation. Amazing eyesight and phenomenal hearing enable the owls to detect the slightest movement or noise on the ground below, even on the darkest night. Having detected prey in the form of small mammals or insects, the owl swoops rapidly down with talons at the ready, and here yet another adaptation to the hunting life plays an important part: the leading edges of the wing feathers bear fine fringes which form a soft pile over the wing surface and deaden the noise of the wing cutting through the air. Prey is thus taken completely by surprise.

If you have large barns or tall trees in the neighbourhood it is worth looking in and around them for owl pellets—the sausage-shaped masses of fur and bone which will tell you what the owls have been eating. Two or three pellets may be coughed up each day and large numbers will accumulate under a regular daytime roost. The easiest ways to attract owls are to encourage their prey to move into your garden, and to provide some roosting cover. A large box, such as a tea chest, with a large entrance hole in one side, may persuade the owls to breed if it is placed high in a tree.

WOODLICE AND THEIR ENEMIES

Woodlice are our only truly terrestrial crustaceans, more closely related to the crabs and lobsters than to the insects and spiders amongst which they live in our gardens. The existence of so many local or "pet" names for them—including bibble-bugs and tiggy-hogs—shows that these fascinating creatures attract a good deal of attention. By day they squeeze themselves into an assortment of damp crevices, often under logs and stones, and they emerge to browse at night. Rotting wood and other dead vegetation form their staple diet and they are abundant in compost heaps, but they will nibble tender plants from time to time, especially in greenhouses, and they also browse on the algae on walls and tree trunks. The commonest species on these vertical surfaces is usually *Porcellio scaber*, a slaty grey and rather pimply species which can withstand drier conditions than most other garden woodlice although still very much dependent on a moist atmosphere. On humid nights you can find it high on your wall or tree trunks, but in drier weather it keeps to the debris at the base. The animals also dislike light, and you will find few of them roaming openly on a moonlight night.

Other common garden woodlice include the rather flat and shiny *Oniscus asellus*, which is abundant under logs and rotting timber as well as in compost heaps, and the somewhat smaller *Philoscia muscorum*. The latter may be brown, yellow, or red but always has a dark line along the middle of the back. You can also recognize it by the abrupt narrowing of the body about three-quarters of the way back: our other common species have a much more regular outline. The pill woodlouse, which rolls into a ball when disturbed, needs lime-rich soils from which to build its relatively thick chalky coat. Look for it at the base of walls, where the mortar provides the necessary lime. It is about the size of *Oniscus*, but greyer and more strongly domed, and resembles the pill millipede. Look for the tiny *Trichoniscus pusillus* and *T. pygmaeus* in the compost heap. They rarely leave cover even at night.

Although you obviously won't want too many woodlice in your greenhouse, they are basically useful creatures in that they speed up the return of minerals and organic matter to the soil.

Woodlice have many enemies, both vertebrate and invertebrate, although they are protected to some extent by glands which produce repellent fluids. Shrews eat them with impunity, but hedgehogs take surprisingly few. Among the invertebrate predators, the most important are ground beetles, centipedes, and a number of spiders. Search woodlouse haunts, especially log piles, for the spider *Dysdera*, one of numerous nocturnal hunting spiders but one which specializes in woodlice. Its rust-coloured carapace and pinkish abdomen readily identify it, but the most striking thing about this spider is the immense size of its jaws. These open wide enough to hold a woodlouse firmly, usually speared through the back and the belly, and they inject a powerful poison which kills the victim in seconds: the spider has no need to immobilize its prey with silk like many other hunters.

BEETLES OF THE NIGHT

Many beetles, both predatory and vegetarian, come out at night. Most of us are familiar with the cockchafer or maybug, a large rust-coloured beetle that flies at dusk in early summer and often crashes into car windscreens and lighted windows. The adult males have huge fan-like antennae with which they smell out the females. The beetles feed on the young shoots of trees and bushes but, although serious pests in forest plantations, they are not usually common enough in the garden to do much harm. Their fat C-shaped white grubs live in the soil and damage the roots of various agricultural crops. The stag beetle, our largest species, still visits some gardens at nightfall, but it has become rare in recent years as a result of the loss of its breeding habitat. Its fat white larvae, very similar to those of the cockchafer, live for three or four years in rotting timber, especially old oak stumps, and modern forest management does not leave many such stumps around. Oak gateposts also serve as suitable breeding sites, but these are rarely used now, and when they are used they are treated with preservatives which make them unsuitable for the beetle grubs. Suburban gardens probably see more stag beetles than most places, the most likely reason being that suburban parks contain plenty of old trees which are suitable for the grubs. They may also live in a specially made log garden. The sight of two adult males wrestling with their "antlers"—which are really overgrown jaws—is something which is rarely seen but certainly never to be forgotten. The adults feed on sap oozing from damaged trees.

Other beetles that might zoom noisily past your ears at night include various dung beetles and burying or sexton beetles, several of which may end up in the moth-hunter's trap although their real targets are dung and the carcases of small animals. If you find a dead bird or small mammal it is worth covering it with a piece of wire netting (to prevent cats from removing it) and looking for burying beetles in the morning. In the breeding season they actually work in pairs to bury the carcase and the female lays her eggs on or near it. At other times the beetles merely eat the carrion *in situ*. You can try to attract the beetles with a

Airborne cockchafer These heavy-bodied beetles often fly noisily through windows at dusk in late spring, frequently causing panic. They are quite harmless to us, but damaging to shrubs.

piece of ordinary meat. In warm weather they may also be attracted to your dustbin if you have any form of rotting meat or fish there.

Don't ignore the ground when searching for beetles at night, because many can't fly. This applies especially to the large group of carnivorous species known as ground beetles. Most are rather dark, but some have beautiful metallic sheens. By day you will often find them hiding under logs and stones. They eat slugs and a wide range of other invertebrate animals.

SLUGS AND SNAILS

Unlikely though it may seem, it is possible to develop a grudging admiration for slugs. Constantly in danger of drying out, being eaten by birds, hedgehogs, shrews and foxes, or being poisoned by slug pellets, they nevertheless manage to survive and regularly demolish tender plants in flower bed and kitchen garden alike on their nocturnal excursions.

Slugs can be controlled very easily with metaldehyde-containing baits, but as usual these chemical controls don't only harm the animals they are intended to deal with. Poisoned slugs die very quickly and can be a danger to birds and hedgehogs which eat them. If you do use slug baits, cover them with little domes of wire netting, and remove all dead slugs (and snails) each morning. If you prefer not to use poisons in the garden, try laying a few old planks or pieces of sacking between your vegetable rows. The slugs will hide under these during the daytime and you can collect and destroy them each morning. Encouraging birds and hedgehogs will also help to keep slugs under control.

Slugs are commonly—and rightly—described as snails without shells. They have evolved from several families of snails and the shells have gradually disappeared during the process. But there are some slugs in which the shell has not entirely disappeared. Three of these shelled slugs, all belonging to the genus *Testacella*, occur in Britain and elsewhere in northern Europe and can be recognized immediately by the tiny conical shell perched on the rear of the body. Usually associated with well-manured cultivated land, they are largely subterranean and not often seen. Unlike our other slugs, they are carnivorous creatures, feeding on earthworms which they follow through the soil. Look for the shelled slugs in your compost heap as well as in the soil.

The most damaging of our garden slugs is the netted slug. Up to about 5 cm long when extended, it ranges from pale cream to mid-brown or slaty grey, usually with darker spots. There is a distinct keel along the back in the hind part of the body, and the animal exudes a rather milky mucus when disturbed. One of the commonest European slugs, it is one of the few that habitually eat green leaves and it attacks a wide range of crops and ornamental plants. This is the usual slug found in lettuces and cabbages. The only other species causing serious damage above the ground is the garden slug. Up to 4 cm long, it ranges from brown to bluish black with an orange or yellow sole and orange-yellow mucus. Belonging to the group known as round-backed slugs, it has no keel on the back. It can devastate rows of seedlings in the kitchen garden and play havoc with strawberry fruits, as well as removing many tender young shoots in the herbaceous border.

Potatoes and root crops are commonly damaged by Sowerby's slug and the Budapest slug, both of which are largely subterranean and especially common on cultivated land. Reaching about 6 cm in length, both are generally brownish grey with a yellow or orange keel running the full length of the back from the mantle to the tip of the tail. Sowerby's slug has a pale sole and very sticky, yellowish mucus, while the Budapest slug has a dark stripe along the centre of the pale and colourless mucus.

Snails—like slugs—are usually condemned as greedy pests. It is true that their eating habits have little to commend them. But looked at in the broader perspective of wildlife gardening, snails definitely have their good side. They are sought after as food by many other animals, so for the sake of hedgehogs, thrushes, glow-worms and many others, you should not be too zealous in removing snails from your garden.

Take your torch to the vegetable patch or the flower garden at night, especially after rain, and you will find snails hard at work in all but the coldest weather. You might find several different kinds, but the dominant species is generally the garden snail. Its mottled brown shell can be seen gliding over paths and walls as well as the vegetation, and if you could peer under the snail's head you would see its slender tongue, just like a ribbon of sandpaper, rasping away at the juicy leaves. In fact, you can see this by putting a snail into a jam jar lined with lettuce leaves: watch for a hole to appear in one of the leaves and then use a magnifying glass to examine the tongue or radula. Like slugs, snails will readily cut off young plants at ground level and, in my experience, they are particularly hard on French and African marigolds, but with established plants it is usually the outer and older leaves, less useful to us, that are damaged. A few old leaves left around the rows of lettuce and cabbage will help to divert them from the growing plants.

By day the garden snails hide themselves away, often in small colonies, under logs and stones or in dense clumps of vegetation. Empty flower-pots are also favourite resting sites, and so are walls well protected by vegetation. If I want to find snails in my own garden in the daytime I have only to look behind a clump of irises to find dozens glued to the wall. The animals commonly mate in these retreats as well, although they wait until nightfall to begin. Like slugs, they are hermaphrodite animals with both male and female organs in one individual, but they need to pair up and often crawl all over each other during courtship. Each snail fires a chalky love dart into its partner, and then they mate in a mass of mucus. They remain paired for several hours, and may still be together as dawn breaks.

GARDEN SNAILS

How many snails you have in your garden will largely depend on two factors—the availability of moist cover, and the amount of calcium present in the soil. You can't do much about calcium, but if you want to minimize snail damage without using pellets, keep your tender plants away from any damp areas in which the snails can shelter.

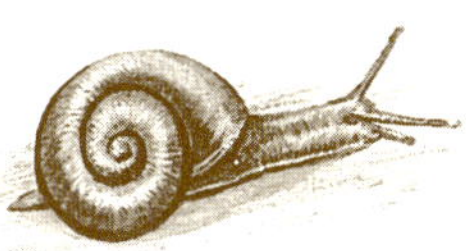

Garlic glass snail Feeds on plants and dead animal matter; smells of garlic when handled. (× 2)

Door snail One of a number of cylindrically-shelled species. (× 2)

Garden snail The commonest garden species; often shelters in the same place every day.

White-lipped banded snail Very similar to brown-lipped species, and equally variable.

Brown-lipped banded snail Highly variable in colour and banding; found on damp vegetation—sometimes quite high up.

PRACTICAL · WILDLIFE GARDENING

Designing a pond • Pond construction Feeding garden birds • Bird nest boxes Making minihabitats

The following twelve pages give you some ideas about the practical ways in which you can improve your garden for wildlife. This section is mainly about habitats—how you can make a collection of environments which will appeal to animals. As we have seen throughout this book, the key to a garden which is rich in wildlife is diversity—having as many different types of habitat as possible.

You can go a long way towards achieving this diversity by careful planting, using flowers, trees and shrubs which provide food or cover. However, you can add still more habitats by the use of artificial structures. An artificial habitat doesn't have to be complex, obtrusive or unnatural-looking; the smallest pond will attract frogs, damselflies and pond skaters, and even something as simple as a flower-pot embedded upside-down in the ground will make a perfect home for bumble bees.

Don't think that you have to live in the country or own a large garden for these practical steps to be worthwhile. Wild animals are constantly on the lookout for new places in which they can feed and breed, and this is especially true in built-up areas where their original habitats have vanished. Here parks and gardens are the only areas left for them to occupy. If you have a town or city garden, making a pond, putting up some bird boxes and then adding a few "minihabitats" can create a living garden with wildlife that can rival that in country areas.

An artificial nest site Many birds can be encouraged into gardens by specially made nesting habitats. This dunnock has set up home in an artificial hedge made of brushwood.

Designing a pond

Small might be beautiful, but where your garden pond is concerned, the bigger you can make it the better. This does not mean that small ponds have no value: any pond is better than no pond at all—I used to have a thriving colony of smooth newts in a pond a mere 60 cm × 30 cm—but larger ponds clearly attract and support more wildlife. It's like the household fridge or freezer: as soon as it's installed you wish you had a larger one! Depth is very important. At least one area of the pond should have a minimum depth of 60 cm. If it is less than this there is a danger that the pond could freeze solid in a really cold winter. Shallow ponds are also more likely to dry up in the summer.

What material?

It is possible to have a truly instant pond by buying a pre-formed fibreglass shell and dropping it into a hole dug to the same size and shape. The sizes are relatively small, however, and there is a limit to the shapes available. For greater flexibility—in more ways than one—I recommend a butyl rubber or PVC liner. Thick black polythene can be used, but its life-expectancy is no more than about 15 years and it must be protected from direct sunlight at all times. A butyl rubber liner is well worth the extra money.

Selecting a site

Choose an open site which receives plenty of sunlight, although it doesn't matter if the pond is shaded for part of the day. If, like me, you enjoy your pond-watching at lunch-time, try to select a spot which is in the sun at that time. Avoid really shady spots, for shady pools attract relatively little wildlife. Keep right away from deciduous trees or your pond will fill up with leaves in autumn.

Rockery area A dry area for plants like aubretia, thyme and saxifrages, and a hibernation refuge for frogs and toads.

Flowering rush

DESIGNS FOR FORMAL PONDS

Raised ponds A pond above ground level is ideal for town gardens. Its wildlife is easily watched.

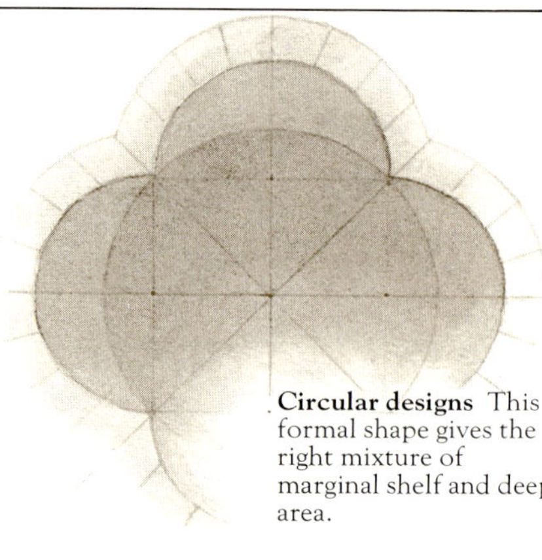

Circular designs This formal shape gives the right mixture of marginal shelf and deep area.

A COMPLETE WILDLIFE POND

In this impression of one pond design and planting scheme, you can see the results of about two seasons' growth. When designing your pond, it is important to remember that some pond plants can grow very rapidly. Here, the tallest plants are arranged on the north side of the pond so they do not cast shade over the water's surface. In the foreground, flagstones form an observation point. The thick vegetation near them will attract animals like damselflies, allowing their egg-laying activities to be watched at close quarters.

Pond construction

Creating a pond using a flexible liner requires some careful preparation to ensure that the operation is a success. When you are satisfied with the design of your pond, dig out the hole to the desired shape, making sure that the rims are at the same level—unless you want to create a marsh at one end (see opposite). Unless the soil is heavy clay, you can use it as the basis of a rockery along the northern margin of the pond—but don't pile it so close to the pond that the soil gradually tumbles into the water. Line the hole with peat, soft sand, or a layer of newspaper to give the pond a smooth bottom—and also cover any sharp stones that might puncture the liner—and then you are ready for the liner itself.

Make sure that you buy a liner large enough. Measure the maximum length and width and add twice the maximum depth to each dimension to give you the minimum size of the liner required. Lay the liner over the hole with at least 15 cm overlapping each edge and hold it in place with some large stones or bricks. As you add the water, the liner will stretch and mould itself to the shape of the hole. When the pond is full you can trim off any excess overlap of the liner and start the permanent edging. It can be

METHODS OF CONSTRUCTION

A pond profile This cross-section of the pond on pages 176–7 shows the three main zones—the marginal shelf, the deep area and the shallow area, which grades into a marsh. It is important not to make the marginal shelf too narrow; deep water is needed, but leave sufficient area around it for large plants in containers.

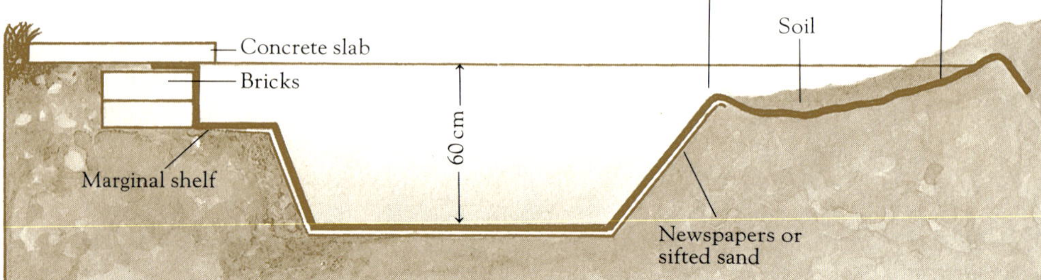

EDGING AND PLANTING

A natural stone edge Weathered rocks and old quarried stones make a good edge to a pond. Avoid soft or newly cut stone—this can fracture after severe frosts and may fall into the pond, possibly damaging the liner.

Container planting Water plants will quickly become established if you grow them in plastic baskets. These prevent the plants from spreading where they are not wanted, and also allow you to remove them prior to cleaning the pond.

A MARSH GARDEN

If you don't have room for a pond, you can grow marsh plants by "waterproofing" part of your garden. You don't need to use expensive butyl—heavy duty polythene is quite satisfactory. The deeper the liner is buried, the less frequently the marsh will need watering.

Planting the marsh The ideal way to produce a good variety of marsh plants is to sow a damp ground seed mixture (see page 188). Autumn is the best time for this.

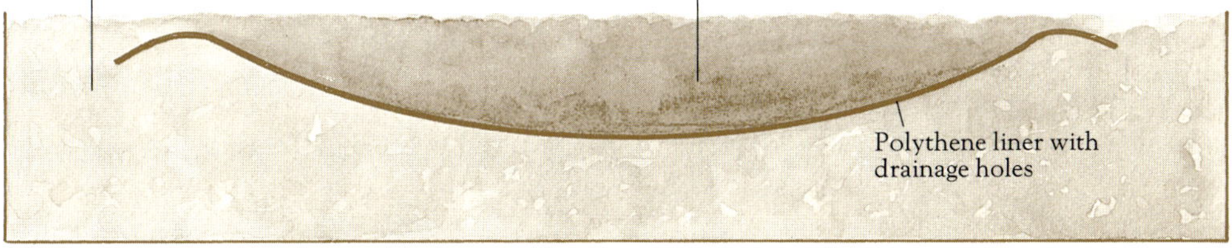

as formal or informal as you like—the animals won't mind as long as they have a pond to swim in.

If your pond is on your lawn you can run turf right to the water's edge for the most natural look. Simply take off about 15 cm of turf all around the hole before installing the liner, then re-lay it on top of the liner when the pond is full. It is a good plan to lay a couple of paving slabs on each side, especially if you are an ardent pond-watcher, and then you won't damage the turf by constant use. The slabs will also allow you to lay a ladder or a strong plank across the pond when it needs maintenance. You can, of course, lay slabs or crazy paving all round the pond, and this can look most attractive if rock plants are allowed to grow between the crevices.

What water?

Contrary to popular opinion, tap water is not actually harmful to pond life, but it is certainly not the best water for filling your pond. It is very rich in minerals, especially in limestone districts, and this can lead to excessive growth of algae (see page 105). The best source of water for your pond is another pond, but this could involve a lot of hard work. The next best source is rainwater from a barrel, especially if it has been standing for some time and is rich in microscopic life. If you find the pond turns green after a few weeks, don't be in too much of a hurry to deal with it: the algae may die away spontaneously as they use up the minerals, but otherwise you can simply siphon off part of the water and top it up with rainwater. Always use rainwater for topping up the pond in summer.

Cleaning the pond

A well-planned pond with a good balance of plant and animal life should not need frequent cleaning, but you can't leave it to its own devices for ever. Soil and debris gradually build up on the bottom and allow reeds and other emergent vegetation to take root. Eventually, this process of succession converts the pond into a swamp and then into a marsh with no open water at all. So you must carry out some maintenance in the form of dredging and removal of excess vegetation. This is best done in autumn, so that dead leaves are removed before decay sets in and fouls the water. Lift and re-pot the emergent plants when necessary to prevent their growing together and forming a solid mass of roots around the margin. It is a good idea to leave the debris close to the edge of the pond for a few days to allow the animal life it contains to find its way back to water.

Feeding garden birds

Winter is the most important time for feeding garden birds, for their natural food is often scarce—especially towards the end of winter—and sometimes covered with snow and ice. Regularity is crucial once you have started winter feeding as your birds will quickly come to depend on you.

Feeding should be tailed off as the breeding season gets under way, for the birds will then be able to collect natural foods which are much better for the nestlings.

The dinner table

Birds don't mind foraging for their food on the ground, and some, like the dunnock and the blackbird, actually prefer to dine on the floor. But ground-feeding has its drawbacks: cats and dogs and various wild animals will be able to get at the food and may even catch the birds as well, and you cannot watch the birds so easily from your window.

A bird table is the answer to these problems. Buy one by all means, but ensure that it is cat-proof and, as far as possible, squirrel-proof. Don't be tempted by the rustic ornaments you see for sale in many places. They are too easy for cats and squirrels to climb.

The post should be smooth and unclimbable and at least 150 cm high to prevent cats from leaping on to it. Some kind of baffle near the top should prevent even the most agile of squirrels from getting at the food. A simple roof may help to keep the birds dry, but it may restrict your vision from certain angles

A MENU FOR BIRDS

Our garden birds, when hungry, will eat almost anything you care to give them, but remember that each species has its preferred diet and that the greater variety of food you offer the more bird species you are likely to attract.

Vegetables

Cooked potato will be eaten, but carrots and green vegetables are usually low in popularity.

Fruit

Blackbirds, thrushes, redwings and fieldfares will appreciate most fruits, but especially apples.

Nuts

Peanuts are probably the most popular offerings put out for the birds and, with a high content of both fat and protein, they are among the most nutritious. But avoid salted peanuts at all costs: in fact, never give birds any strongly salted foods because salt can be fatal to many small birds. Coconut is another favourite, but it *must* be fresh, never desiccated.

Seeds

These will attract all garden finches. Commercial seed mixtures contain a wide range of seeds of all sizes—suitable for all seed-eating species. Oatflakes and other crushed seeds will be taken by robins and blackbirds—species which have difficulty with hard seeds.

Insect larvae

Maggots or gentles sold as angling bait have a limited popularity. However, the tastiest insects seem to be mealworms—the grubs of the beetle *Tenebrio molitor*. Robins are especially fond of these and, with a little patience on your side, will readily take them from your hand. Pet shops sometimes stock mealworms, but once you have got hold of a supply it is not difficult to keep a culture going in an earthenware jar filled with bran, flour and dry bread.

Meat

Eaten by insectivores like tits and nuthatches, and also starlings, magpies, crows and other omnivores. Offer it in the form of mince or hanging bones with scraps of meat attached.

Fats

Bacon rind and other fats provide much-needed energy, and are popular with tits and starlings.

Bird pudding

The ideal way to use up kitchen scraps. Almost any kind of kitchen and table scraps apart from uncooked vegetables and salted foods can be used, and for extra appeal add dried fruit, some grated cheese, and some breakfast cereal. Mix the ingredients in a bowl with melted dripping or cooking fat. Allow the mixture to set and then turn it out on the bird table.

and it certainly makes photography much more difficult. You can make a perfectly adequate bird table in minutes with a plank of wood measuring 60 cm × 30 cm. Put some beading around the edge to stop food from rolling straight off (leave a couple of gaps for rainwater to run away) and fix the board to the top of a suitable post.

Other feeding methods

If you have a convenient tree, visible from the window, you might prefer to put your food out on a hanging tray, which is simply a bird table without a post. But don't stop at a simple table: there are many other interesting ways of dishing up bird food. Apart from the familiar net bags and wire cages used for holding peanuts, you may buy cunningly designed containers on which your birds virtually have to perform circus tricks before they can reach the seeds or other foods. One big advantage of the various containers is that the birds have to feed in front of you: when food is scattered loosely on the table it is all too easy for a bird to grab a beakful and then fly off out of sight. You can prevent this by cutting food into small pieces.

Bird pudding can also be served in a small log hung from a tree or bird table. Drill holes up to 3 cm deep and of various diameters in the wood and fill these with the mixture. Tits, nuthatches and even woodpeckers may come along to feed—all birds which have no trouble gripping vertical surfaces. Greenfinches also manage to feed, somewhat precariously, from the log: watch their frantic and ungainly flapping as they struggle to keep a foothold.

TABLES AND FEEDERS

Although you can buy some very elaborate structures for bird feeding, the simplest tables and feeders are often the best. For small birds, security is the most important factor when feeding, so make sure that your table is at least 150 cm high and in the open. Birds do not mind getting wet; you will be able to watch them better if your table does not have a roof.

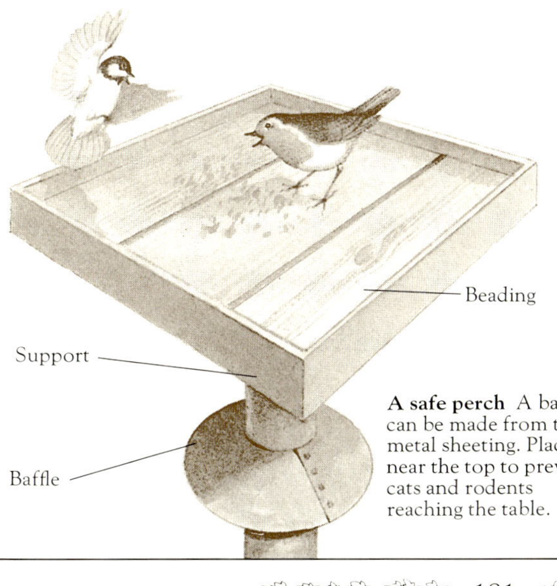

A safe perch A baffle can be made from thin metal sheeting. Place near the top to prevent cats and rodents reaching the table.

Feeding log Woodpeckers are not often tempted to bird tables, but they may visit a log drilled with holes which are then filled with food.

Bird nest boxes

Many birds will nest in the artificial surroundings of our homes and gardens. You can encourage them even further by erecting specially designed boxes. They are fairly simple to construct, although if you want to save time you can buy them ready assembled.

Enclosed boxes

The most popular kind of nest box is the tit box, which is completely enclosed apart from a small entrance hole. Sparrows and nuthatches will also use this type of box. If you prefer a more natural-looking tit box you can make one from a log or rustic pole. This is simply cut in two, hollowed out and then reassembled to form the completed box shown below.

Open-fronted boxes

Robins and spotted flycatchers will nest in your garden if you provide a less claustrophobic nest box. The open-fronted box is very similar to a tit box but instead of having a restricted entrance, the top half of the front is left open. The floor must be at least 10 cm square. Wrens, redstarts and pied wagtails may also use such boxes, as will blackbirds if the floor area is increased to 20 cm square.

Houses for house martins

Despite the mess they make beneath their nests, house martins are fascinating birds, and many people, myself included,

TWO TYPES OF NEST BOX

Tit boxes Position 2 m or more above the ground, making sure that the box cannot be reached by cats. A metal plate around the entrance hole will help to prevent woodpecker attack. A log box has a more natural look than ordinary plywood boxes, although birds will use either.

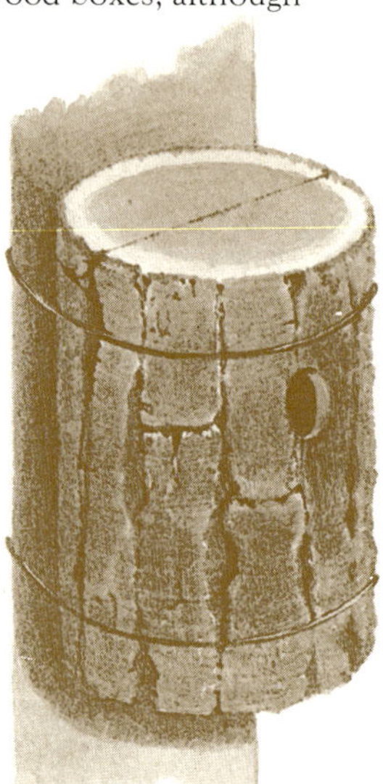

Entrance diameters
You can choose your tenants to some extent by the size of the entrance hole you provide. The following is a list of minimum entrance diameters for a selection of garden birds.

29 mm
Tit family, wrens and tree sparrows.

30 mm
House sparrows.

32 mm
Nuthatches.

5 cm
Starlings, woodpeckers.

15 cm
Jackdaws.

Hinged lid for inspection and cleaning

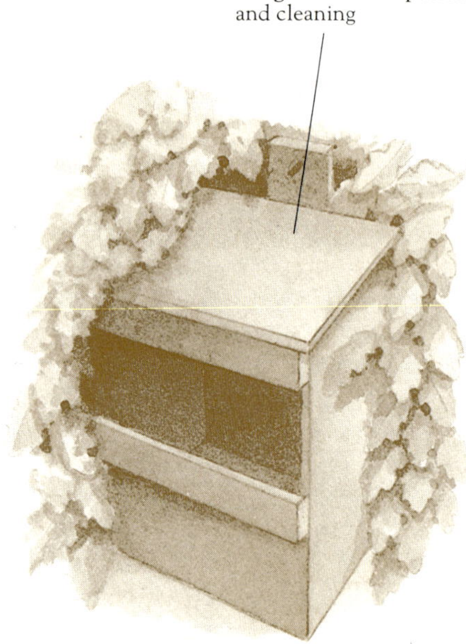

Open-fronted boxes Because they are open, these boxes must be well concealed to prevent cat attack. The best sites are against walls where there is plenty of vegetation, but not too near any roof or windowsill. These boxes will also be gratefully occupied if you can fix them inside old sheds or garages with permanently open doors or windows.

SPECIAL HOMES AND HABITATS

House martin nest The nest can be made with papier mâché. This will need varnishing when complete and attaching to a backing board as shown. Remember that the life of the nestlings depends on the nest being very well secured to the wall.

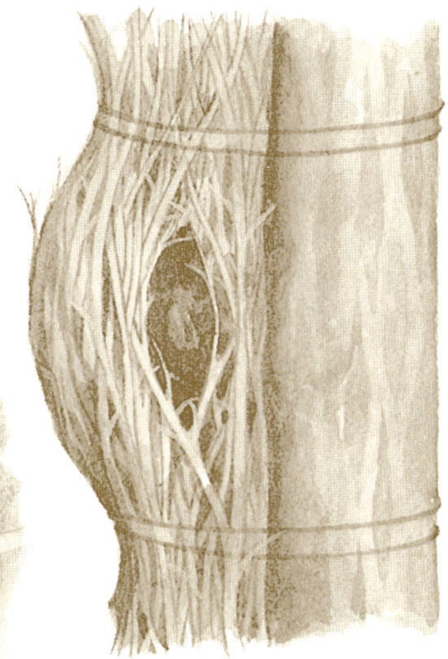

Nesting pole Brushwood mixed with straw can be tied around a pole or tree trunk to make an ideal nesting site for small garden birds. It needs to be well secured with wire or wire netting with a large mesh size.

would be happy to have them as summer lodgers. Encouraging the birds is not easy, however, as they tend to return to the same site each year. It is, nevertheless, worth trying a few artificial nests on a suitable wall. These nests can be bought from the RSPB—alternatively, you might like to try making one.

Siting your boxes

Get your boxes into position well before the nesting season, so that the birds have plenty of chance to explore them. Remember that most of the species are strongly territorial when nesting so that you are unlikely to get more than one pair of each species breeding in a small garden.

The birds attracted to tit boxes are those that generally nest in holes in tree trunks, and a tree trunk is the ideal site for the box. You can also fix it to a wall or fence, but make sure it is out of the reach of cats and away from the full heat of the sun. North-facing and east-facing sites are best: west-facing sites may be fine as long as the entrance hole does not face into the prevailing, often wet westerly winds. Open-fronted nest boxes must be better concealed than the tit box. Place the boxes in fairly dense climbers on walls or fences, and remember that the cat problem is even more acute with this kind of nest box.

Keep your distance

It is very tempting to have a peep at your nest boxes to see how the lodgers are getting on. If you are sure that *both* parents are away, you can have a quick look, but it is best to keep right away. Remember that many of our small birds produce two broods each summer, so don't interfere with the box until the autumn. You can then clean out old nesting material and carry out any repairs necessary for the next season. Watch out for flea bites.

Making minihabitats 1

Sometimes a particular animal is uncommon in or absent from a garden because one specific kind of habitat is missing. For example, your garden may not have places offering exactly the right degree of shelter or humidity for certain species even if their food is present. You can create specific conditions on a small scale quite easily; some suggestions appear on the following four pages.

Bat boxes

Bats have been declining rapidly over the past few years, largely through interference with their breeding and hibernation sites. A bat box gives the right degree of shelter combined with a rough surface for the bats to cling to. You can make a suitable box in much the same way as you make a tit box for your garden birds. Untenanted boxes may be used as hibernation quarters by moths and butterflies.

Nests for bumble bees

Our bumble bees generally nest on or under the ground, commonly taking over abandoned mouse holes in well-drained banks. The scent of mice seems to be a major factor in attracting hole-nesting species, and it is possible to persuade some of these insects to take up residence by furnishing artificial chambers with mouse-scented bedding—scrounged from a pet shop or from anyone keeping pet mice. I have had limited success with medium-sized flower-pots buried in the ground as shown opposite.

Bee logs

Many of our solitary bees nest in dead wood, often excavating their own burrows but generally more than happy to move into existing accommodation. All you have to do to encourage these

BUILDING A BAT BOX

A bat box resembles a tit box but has a slit between the floor and the back wall instead of an entrance hole near the top. They are not generally available, but by following the design here, you should have little trouble making one. Always use rough, unplaned wood, and don't apply any preservative. Bats are colonial nesters; a box this size may accommodate several individuals.

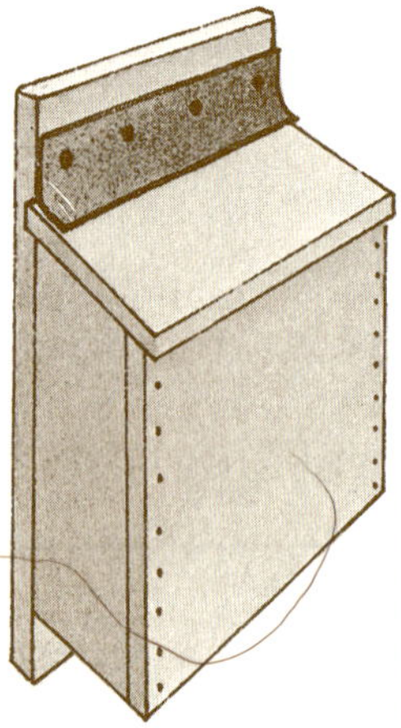

Built to last Screw the box together to ensure that it will last.

Positioning the box The box should be at least 2 m above the ground. South-facing positions protected from the full sun are preferred for summer roosting, while north-facing boxes are better for hibernation.

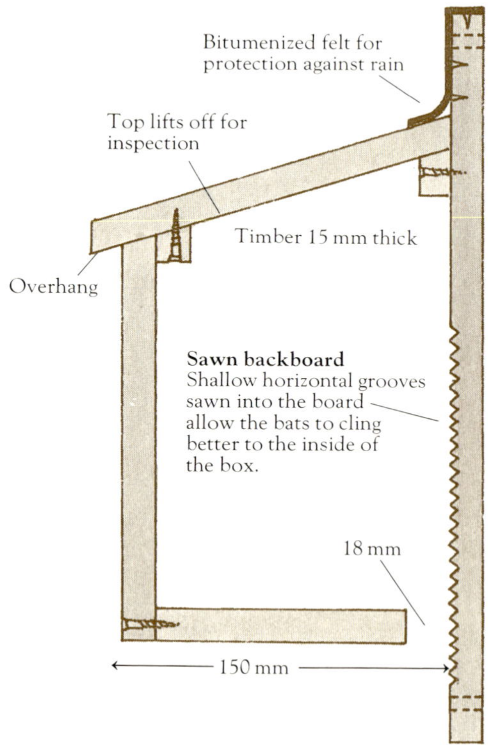

Sawn backboard Shallow horizontal grooves sawn into the board allow the bats to cling better to the inside of the box.

HOMES FOR BEES AND WASPS

The artificial homes shown here are designed to attract bumble bees together with solitary bees and wasps. As long as you don't stand in the way of a nest entrance hole, it is quite safe to watch its owner at close quarters. A glass nesting tube allows you to inspect the contents of a nest as it develops.

Hollow stems and straws These will attract solitary bees and wasps. Seal at one end, glue together to form a bundle and fix under windowsill.

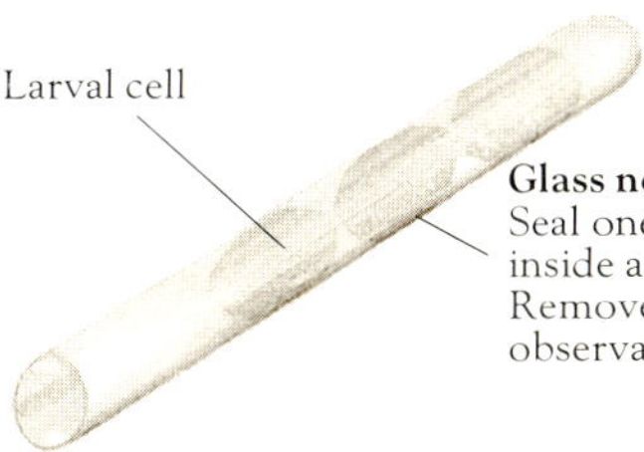

Glass nesting tube Seal one end and place inside a drilled hole. Remove carefully for observation.

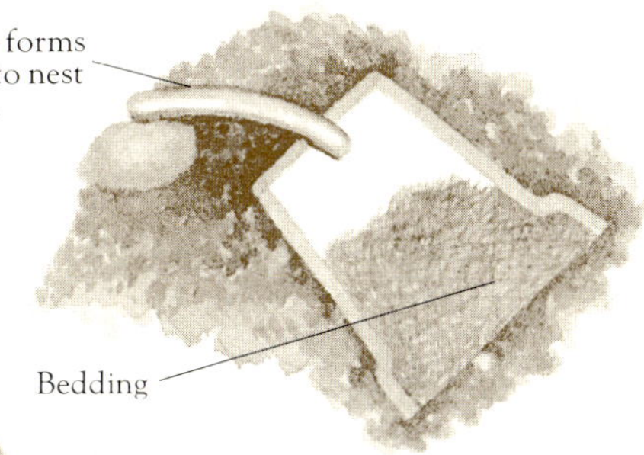

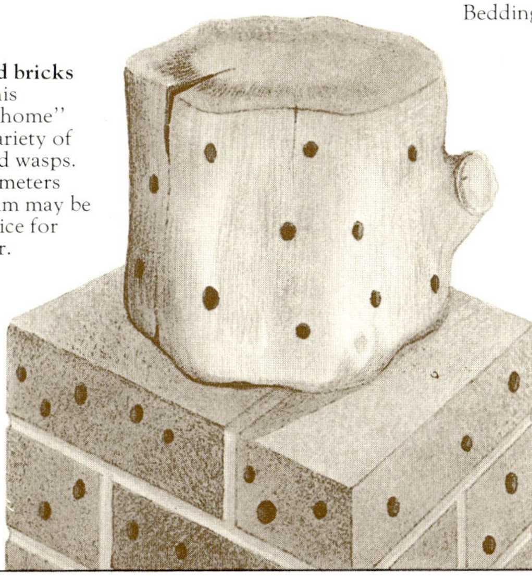

Drilled log and bricks The holes in this "combination home" will attract a variety of mason bees and wasps. Holes with diameters larger than 8 mm may be used by woodlice for daytime shelter.

Bumble bee nest The flower-pot buried in the bank (*above*) contains material from a mouse's nest. A slate (*below*) keeps the rain out of pots which are not angled in a bank.

useful and interesting insects is to leave a few logs or tree stumps lying about in your garden. Bee-watching is easier if you put your logs in a prominent position—even raised on bricks and made into distinct features in the garden by decorating them with trailing or climbing plants such as nasturtiums.

Straws and glass tubes

If you make holes in wood, brick or mortar, try lining some of them with glass or plastic tubing, or even with clear drinking straws. If a bee takes up residence in one of these tubes, watch for it to leave one day and then gently pull out the tube to see what building operations have been going on inside. The inner end of the tube should always be plugged with clay or similar material before you put it in position to prevent the bees from attaching their nests to the inner end of the burrow itself. Some of the tubes should be a little longer than the burrows so that they stand out from the surface. This may encourage those bees that normally nest in hollow stems. When examining a nest, be brief about it so that the nest is back in position by the time the parent bee returns.

Making minihabitats 2

Helping garden wildlife is an all-year-round activity. Many tidy gardens lack places where animals can hide in winter, while in summer, they may be short of areas that, for example, are reliably damp. You can easily correct this without turning your garden into an eyesore. With the right sort of minihabitats, you can persuade many species to stay in your garden all through the year.

Heaps and woodpiles

In most gardens dead branches and leaves are cleared away and burned. But if you make a heap out of these garden leftovers, it can make a good hibernation habitat for hedgehogs. It will also be of interest to rodents like the woodmouse and bank vole, although these species do not hibernate.

As well as serving as a winter retreat, the woodpile will become a centre of activity in spring as birds carry off twigs for nest-building and search among its branches for spiders.

More hibernation refuges

Hibernation refuges do not have to be complicated. A short wooden plank attached to a wall under some cover, like the eaves of a house, is an ideal hibernation site for butterflies. Alternatively, it may be used by bats if you do not have purpose-built bat boxes. Attach the plank facing the wall, but with about 2 cm gap between the wood and the wall.

If you are planning to grow climbing plants against a trellis, leave a 2 cm gap between the trellis and the wall. The space behind will make a good winter sanctuary for insects—particularly if the climber is an evergreen. Small birds like the wren may find the climber of interest

MAKING A HEDGEHOG NEST

You can encourage hedgehogs to take up permanent residence in your garden by providing a hibernation chamber like the one shown here. Hedgehogs will hibernate in something as simple as a pile of dead leaves, but an artificial chamber which is insulated and waterproofed may also be used as breeding quarters.

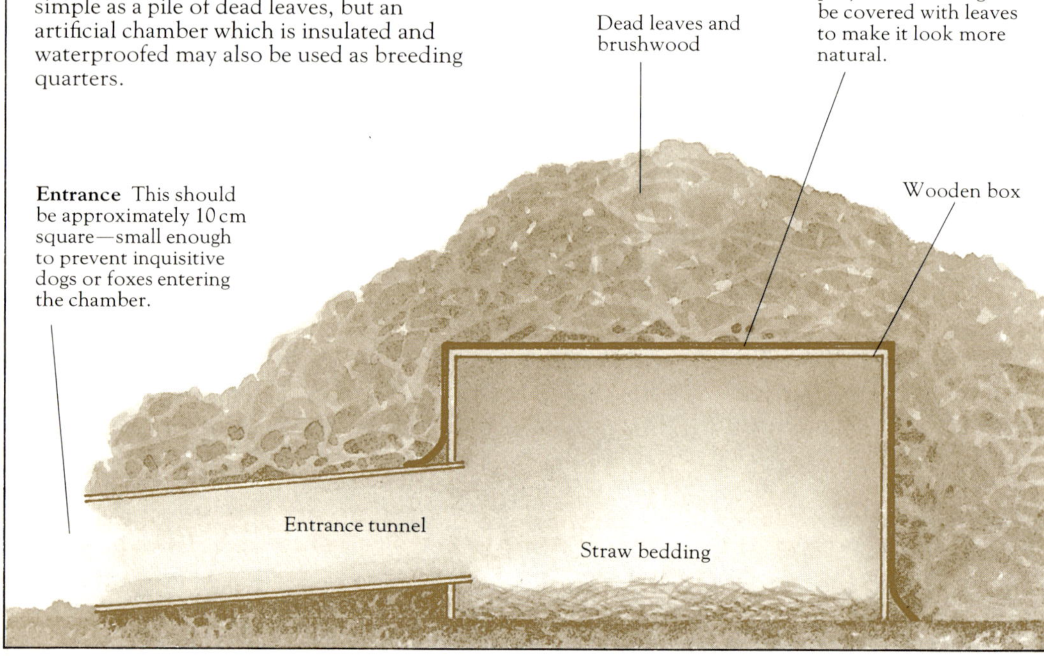

WINTER QUARTERS AND SUMMER RETREATS

Sometimes the simplest materials in the garden provide the most interesting habitats for wildlife. Many garden animals need cover to conceal themselves during the winter or when breeding. You can easily arrange this by creating special habitats in lawns and against walls.

Behind a trellis
Climbers growing up trellises offer cover for a wide range of animals, from hibernating insects to birds looking for nest sites.

Amphibian winter quarters A thick stone slab laid over a small depression in the ground provides a secure winter retreat for frogs and toads.

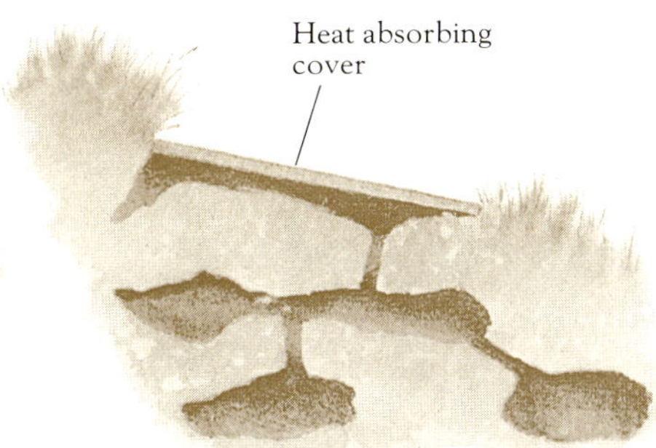

Summer suntrap Ants will often build a nest under a heat-absorbing surface. A slate is ideal, and can easily be lifted for nest observation.

as a nest site.

Don't take your nest boxes down in winter because they may be occupied by birds seeking shelter. Not many species do this, but the wren is well known for this habit. A raised shed will allow larger animals to shelter in the space beneath it. Mice and voles are the usual occupants, but foxes may move in if the space is high enough.

Heat and humidity traps

In summer many garden animals will congregate in warm, humid areas. This sort of microhabitat is very easy to arrange—all you have to do is place a waterproof, heat-absorbing material over the ground so that the animals can crawl under it. Corrugated iron is one of the best materials. It doesn't look very attractive, so hide it away at the bottom of the garden in a sunny spot. Gently lift it from time to time to see what it conceals. Invertebrates like centipedes, woodlice and slugs will enjoy the damp atmosphere, and the space also makes an ideal retreat for voles, slow-worms and grass snakes. Similarly, a slab of stone (slate is ideal) will enable you to get a good look at garden ants.

Stone slabs can also be used for hibernation refuges, particularly for toads and frogs. To make this kind of winter retreat, first dig out a saucer-shaped depression about 3 cm deep in a damp grassy area, making a passage that leads outwards to the surface. Then select a fairly thick slab and lay it over the depression, leaving the entrance visible. By all means look to see if the site is occupied in winter, but replace the stone very carefully.

Useful addresses

The list below gives a selection of sources which may be helpful if you cannot obtain wildflower seeds, plants or garden equipment near your home. The organizations that follow them are all concerned with the protection and conservation of our native plants and animals, either just in gardens or throughout the country.

WILDLIFE GARDEN SUPPLIES

Native trees and shrubs

Bernhard's Rugby, Bilton Road, Rugby.

Buckingham Nurseries and Garden Centre, Tingewick Road, Buckingham.

Kingsfield Tree Nursery, Broadenham Lane, Winsham, Chard, Somerset.

Oakover Nurseries Ltd, Potters Corner, Ashford, Kent.

Wildflower seeds and plants

John Chambers, 15 Westleigh Road, Barton Seagrave, Kettering, Northants.

Cowley Wood Conservation Centre, Cowley Wood, Parracombe, Devon.

Emorsgate Seeds, Emorsgate, Terrington St. Clement, Kings Lynn, Norfolk.

Fothergill's Seeds, Gazeley Road, Kentford, Newmarket, Suffolk.

Iden Croft Herbs, Frittenden Road, Staplehurst, Kent.

Oak Cottage Herb Farm, Nesscliffe, Shrewbury, Salop.

Unwin's Seeds Ltd, Histon, Cambridge.

Water plants and pond supplies

Robb of St Ives Ltd, 18 East Street, St Ives, Huntingdon.

Stapeley Water Gardens, London Road, Stapeley, Nantwich, Cheshire.

Bird feeders and nesting boxes

Sales Department, RSPB, The Lodge, Sandy, Bedfordshire.

ORGANIZATIONS

The British Butterfly Conservation Society, Tudor House, 102 Chaveney Road, Quorn, Loughborough, Leicestershire.

The Cottage Garden Society, 15 Faenol Avenue, Abergele, Clwyd.

The Royal Society for Nature Conservation, 22 The Green, Nettleham, Lincoln.

The Royal Society for the Protection of Birds, The Lodge, Sandy, Bedfordshire.

The Urban Wildlife Group, 11 Albert Street, Birmingham.

The Wild Flower Society, 68 Outwoods Road, Loughborough, Leicestershire.

Further reading

The Back Garden Wildlife Sanctuary Book Ron Wilson, Penguin 1981

Discovering Garden Insects and Other Invertebrates Anthony Wootton, Shire Publications 1975

Ecology of Walls Arnold Darlington, Heinemann Educational Books 1981

The Gardener's Book of Weeds Mea Allen, Macdonald and Jane's 1978

Garden Wildlife Ebury Press 1981

The Natural History of the Garden Michael Chinery, Collins 1977

Towns and Gardens Denis Owen, Hodder and Stoughton 1978

Wildlife Begins at Home Tony Soper, David and Charles 1975

INDEX

Page numbers in *italic* refer to illustrations

N

O

P

R

S

Acknowledgments

Photographers

Abbreviations: b bottom, c centre, l left, r right, t top (BC—Bruce Coleman)

Frontispiece Andrew Butler/DK **7** Michael Chinery **8** Adrian Williams **9** Adrian Williams **10** Andrew Butler **12** Paul Denis **14** Harry Smith **15** Andrew Butler/DK **18** Andrew Butler/DK **22** Michael Chinery **23l** Harry Smith **23l** K Wothe/BC **25** Michael Chinery **26** Tania Midgley **27b** Pekka Helo/BC **34t** Frank Lane Agency **34b** Michael Chinery **35l** Robin Fletcher **35r** Heather Angel **38** Robin Fletcher **39l** Heather Angel **39r** Jane Burton/BC **40** Michael Chinery **42** Michael Chinery **46** Heather Angel **47** Michael Chinery **50** Hans Reinhard/BC **57** Mark Boulton/BC **58l** R and C Foord **58r** Heather Angel **59l** Robin Fletcher **59r** R and C Foord **63** Michael Chinery **66** R and C Foord **67** Eric Crichton/BC **70** Andrew Butler/DK **75** Heather Angel **76–82** R and C Foord **83** Geoff Doré/BC **85** Robin Fletcher **89–93** R and C Foord **95** Roger Wilmshurst/BC **97** Roger Wilmshurst/BC **99l** K Wothe/BC **99r** Roger Wilmshurst/BC **102** Heather Angel **106t** Heather Angel **107** Heather Angel **108l** Jane Burton/BC **108r** Michael Chinery **111t** Martin Dohrn/BC **111bl** R and C Foord **111br** Michael Chinery **113** Kim Taylor/BC **115tl** R and C Foord **115tr** Michael Chinery **115b** Robin Fletcher **117** Hans Reinhard/BC **118** Andrew Butler **122l** Hans Reinhard/BC **122r** Heather Angel **124** R and C Foord **127** Heather Angel **130** Brian Hawkes **131t** Brian Hawkes **131b** Brian Hawkes **132** Vincent Page **134** John Wilson **139** Michael Chinery **144l** Roger Wilmshurst/BC **144r** Brian Hawkes **147l and r** Michael Chinery **149** R and C Foord **150** John Wilson **157** B E Watts/Oxford Scientific Films **158** Geoff Doré/BC **160** Stephen Dalton/Natural History Photographic Agency **166** Hans Reinhard/BC **167** Hans Reinhard/BC **168t** Jane Burton/BC **168b** Stephen Dalton/Natural History Photographic Agency **169** R P Lawrence/Frank Lane Agency **171** Kim Taylor/BC **174** Brian Hawkes

Artists

(LA—Linden Artists)

3 Sandra Pond **12** Adrian Williams **13** Vana Haggerty **17** David Thompson/LA **27** Sandra Pond **29** David Thompson/LA **30** Sandra Pond **31** Sandra Pond **32** David Thompson/LA **37** David Thompson/LA **41** David Thompson/LA **43** Sandra Pond **44** David Thompson/LA **47** Sandra Pond **49** David Thompson/LA **52** Jane Pickering/LA **53** Jane Pickering/LA **55** Sandra Pond **56** Vana Haggerty **61** David Thompson/LA **62** Sandra Pond **64** Michael Woods **65** Michael Woods **69** Adrian Williams **73–84** David Thompson/LA **86** Adrian Williams **87** Adrian Williams **94** Vana Haggerty **96** Michael Woods **101** Vana Haggerty **105** Jane Pickering/LA **106** Adrian Williams **109** David Thompson/LA **110** Sandra Pond **112** David Thompson/LA **114** Sandra Pond **116** Vanessa Luff **120** Vanessa Luff **123** David Thompson/LA **125** Adrian Williams **126–9** Vanessa Luff **133** Adrian Williams **136** Vanessa Luff **138** Vanessa Luff **140** David Thompson/LA **141** Vana Haggerty **142** David Thompson/LA **143** David Thompson/LA **145** Michael Woods **146–173** David Thompson/LA **176–187** Adrian Williams

Dorling Kindersley would especially like to thank the following for their help during the preparation of this book: Andrew Butler, Richard Bird, John Wilson, John Chambers and the Urban Wildlife Group.

Jean-Pierre Cuzin est conservateur en chef du département des Peintures du musée du Louvre.
Il est l'auteur de plusieurs ouvrages, articles et catalogues d'exposition concernant la peinture française des XVIIe et XVIIIe siècles (Valentin, Vouet, Le Nain, Fragonard, Vincent), et plus particulièrement les rapports entre les peintures italienne et française.
Il est avec Pierre Rosenberg commissaire de l'exposition «Georges de La Tour» du Grand Palais en 1997.

Dimitri Salmon prépare une thèse à l'Ecole des hautes études en sciences sociales sous la direction de Daniel Arasse, consacrée à l'iconographie de l'Annonciation.
Collaborateur scientifique au département des Peintures du musée du Louvre, il assiste les commissaires de l'exposition «Georges de La Tour» du Grand Palais en 1997.

Premier dépôt légal : septembre 1997
Dépôt légal : novembre 1997
Numéro d'édition : 84 976
ISBN : 2-07-053425-1
ISBN (RMN) : 2-7118-3639-8
Imprimé en Italie
par Editoriale Libraria

GEORGES DE LA TOUR
HISTOIRE D'UNE REDÉCOUVERTE

Jean-Pierre Cuzin et Dimitri Salmon

DÉCOUVERTES GALLIMARD
RÉUNION DES MUSÉES NATIONAUX
PEINTURE

Découvertes, redécouvertes : peut-être hantée par la peur d'être «passée à côté» de certains artistes, l'histoire de la peinture a voulu la réévaluation de quelques immenses créateurs. Piero della Francesca, Caravage et Vermeer n'avaient pas, il y a cent ans, la place que chacun leur reconnaît aujourd'hui. Mais au moins existaient-ils, et leur œuvre était-il regroupé sous leur nom. De La Tour, le nom était oublié et l'œuvre anéanti.

CHAPITRE PREMIER
1915-1934 : RENDRE SES ŒUVRES À L'HOMME ET SA VIE AU PEINTRE

“Nous appelons l'attention des chercheurs et des érudits sur l'auteur de ces deux tableaux [détails du *Songe de saint Joseph*, à gauche, et du *Reniement de saint Pierre*, ci-contre]. Il serait curieux en effet, et intéressant, de découvrir quelque chose concernant un artiste de valeur, et resté cependant tellement ignoré, qu'on ne rencontre son nom nulle part, ni sur le livret d'un autre musée, ni dans aucun ouvrage biographique.”

Olivier Merson, 1883

En 1915, tandis que l'Europe s'embrase de la Champagne aux Dardanelles, l'historien de l'art Hermann Voss (1884-1969), grand spécialiste de la Renaissance allemande et du Baroque romain, publie à Leipzig dans la revue *Archiv für Kunstgeschichte* un article d'une page consacré à trois mystérieux tableaux du XVIIe siècle conservés dans des musées français et donnant à voir, cadrées à mi-corps et plongées dans une obscurité saisissante, des figures subtilement éclairées à la lumière d'une chandelle.

ARCHIV FÜR KUNSTGESCHICHTE
HERAUSGEBER: DETLEV V. HADELN, HERMANN VOSS, MORTON BERNATH
VERLAG VON E. A. SEEMANN IN LEIPZIG. — II. JAHRGANG, LIEFERUNG 3–4. TAFEL 121–160

121–122. GEORGES DU MESNIL DE LA TOUR. Der Engel erscheint dem hl. Joseph. – Petrus und die Magd.
Leinwand, hoch 93 cm, breit 81 cm und hoch 120 cm, breit 160 cm.
Nantes, Museum.

123. DERSELBE. Geburt Christi.
Leinwand, hoch 76 cm., breit 91 cm.
Rennes, Museum.

Die beiden aus der Sammlung Cacault (1810) stammenden Nachtstücke in Nantes tragen rechts oben bzw. unten die Signatur G. de La Tour, auf Tafel 122 mit dem Zusatz: in. et fec. und dem Datum 1650. Als der Urheber wurde im Katalog von 1854 der Pastellmaler Maurice Quentin de La Tour (geb. 1704!) genannt, während der Katalog von 1913 einen Künstler G. de La Tour als nicht nachweisbar ansieht. – Über Georges de La Tour (fälschlich öfter als Claude d. L. T. aufgeführt) lassen sich aus den Urkunden von Lunéville folgende Notizen zusammenstellen: Heirat vor dem Jahre 1621, demgemäß sind als Zeit der Geburt die letzten Jahre des 16. Jahrhunderts anzusehen; Tod 30. Januar 1652. Eine Geburt Christi ist von 1644 datiert, ein hl. Alexis 1648 für den Gouverneur von Nancy gemalt; von mehreren Darstellungen des hl. Sebastian eine im Jahre 1649 entstanden. Auch eine Verleugnung Petri wird erwähnt, und durchweg findet sich als stilistisches Kennzeichen die Nachtbeleuchtung hervorgehoben („Dans une nuit" oder „dans un clair-obscur"). Seine Meisterschaft in dieser Darstellungsweise verschaffte ihm Aufträge von seiten des Herzogs Karl IV. von Lothringen und Ludwigs XIII.

Die Übereinstimmung dieser Angaben mit den Gegenständen, der Signatur, dem Datum und der Kunstweise der Bilder in Nantes erlaubt uns, den Lunéviller La Tour als ihren Urheber zu bestimmen. Wir lernen in ihm einen Künstler kennen, der die Tradition der Helldunkelstücke des Caravaggio-Kreises, besonders des Gerard Honthorst und seiner Schule, in etwas provinzieller, aber eigenartiger und persönlicher Weise fortführt. Die starre Behandlung der Linie und die harte Zeichnung der Glieder seiner Figuren findet ihren Ausgleich in einem ganz wundervollen, obgleich ebenfalls herben und eigenwilligen Kolorit, in dem ein Zinnober und Lila dominieren. An die Bilder von Nantes schließt sich die Geburt Christi in Rennes als in allen Stücken stilverwandt an. Sie war 1793 Schalcken zugeschrieben und trägt seit 1854 den Namen Le Nain. Trotz kleiner Ähnlichkeiten mit manchen Arbeiten der 3 Brüder weicht sie doch in den entscheidenden Stilmerkmalen von diesen ab, was L. Gonse, der an Le Nains Autorschaft festhält, durch Annahme verschiedener Stilphasen im Schaffen dieses Künstlers erklären möchte. Um so schlagender ist in jedem Punkte die Verwandtschaft mit den Arbeiten La Tours, von dem überdies überliefert ist, daß er die „Nativité" öfter als Helldunkelstück dargestellt hat. Eine verwandte Kompo-

sition, die zweifellos ebenfalls auf ein Bild La Tours zurückgeht, ist mir durch einen Stich bekannt geworden, der den Namen des Jacques Callot, allerdings fälschlich, trug, aber der ganzen Behandlung nach doch aus seinem Kreise herrühren muß. (Siehe Textabbildung.) Der am Herzogshofe in Nancy tätige Stecher und unser Lunéviller Maler waren als Lothringer engere Landsleute und zudem Zeitgenossen. Auch bei Callot finden wir hier und da Versuche, Nachtstimmungen zu geben (M. 65 und 666), deren Zusammenhang mit Italien von mir im Repert. für Kunstwissenschaft XXIII, S. 217 dargelegt worden ist. Es ist denkbar und selbst wahrscheinlich, daß La Tour von dieser Seite Anregungen erhalten hat, oder daß Wechselwirkungen bestanden haben.

Literatur: Réunion des Sociétés des Beaux-Arts, Vol. IX, 126, XXIII, 493, XXVII, 680. – M. A. Joly, Dumesnil-La-Tour, peintre. Nancy 1863. – Kataloge

Le « Nouveau-Né » de Rennes

L'un de ces tableaux, le *Nouveau-Né*, attribué d'abord au peintre hollandais Godfried Schalcken (1643-1706) puis aux frères Le Nain, a depuis son entrée au musée de Rennes, en 1794, toujours suscité l'admiration des amateurs avertis. Clément de Ris, par exemple, lui dédie en 1859 un paragraphe particulièrement frappant de ses *Musées de province* : « Voici un tableau très curieux, très original, d'un caractère étrange, mais après tout d'une impression persistante. [...] Tout cela peint avec une grande sûreté, par une main élégante et rompue aux difficultés du métier. » Le tableau est ensuite remarqué par le critique, philosophe et historien Hippolyte Taine (1828-1893) qui lui consacre en 1863 quelques-unes des plus belles pages de ses *Carnets*

Le *Nouveau-Né* (page de droite) a frappé certains artistes, avant même qu'Hermann Voss n'identifie son auteur. Maurice Denis ne manquait pas d'aller voir à Rennes son « cher Le Nain » et en a peint une délicieuse petite dérivation vers 1897 (à gauche).
A l'époque, la toile de La Tour était accrochée parmi des œuvres de tous ordres (page de droite, en haut, vue d'une salle du musée peinte par l'Anglais E. Hulton vers 1900).
L'article de 1915 de Voss reproduit la gravure des *Veilleuses*, d'après un La Tour disparu (ci-dessus).

de voyage : « Ce qui est absolument sublime, c'est un tableau hollandais, le *Nouveau-Né*, attribué à Le Nain : deux femmes regardant un petit enfant de huit jours, endormi. » Louis Gonse, en 1900, s'enthousiasme également, dans ses *Chefs-d'Œuvre des musées de France*, pour le *Nouveau-Né* qu'il rapproche, avec une clairvoyance alors insoupçonnée, d'une peinture sans attribution du musée d'Epinal représentant une femme tenant une chandelle et visitant un prisonnier dans son cachot : « Connaissez-vous [...] l'étrange et délicieux tableau du musée de Rennes, cette Nativité noyée d'ombre, où d'humbles, tendres et douces silhouettes s'éclairent de reflets d'une si mystérieuse lumière ? Cette œuvre me hante [...]. C'est une merveille de sentiment, de candeur et d'originalité. »

“C'est le mystère de toute naissance, celle du dieu incarné comme celle de tout enfant, qui se propose ici dans son évidence de mystère, hors de toute circonstance, hors de toute explication : lumière et nuit.”
Jacques Thuillier, 1992

Le *Reniement de saint Pierre* (ci-contre), signé et daté 1650 (ci-dessous) – c'est l'un des derniers tableaux de La Tour – associe deux groupes, celui, à droite, des soldats jouant aux dés et celui, à gauche, de saint Pierre avec la servante qui l'interroge. Ce type de composition est voisin de celui de peintres nordiques tels que Gérard Honthorst, Gérard Seghers ou Adam de Coster.

Les deux peintures de Nantes

Les deux autres tableaux commentés par Hermann Voss en 1915, un *Reniement de saint Pierre* et un *Vieillard endormi réveillé par une jeune fille*, sont attribués au peintre anversois Gérard Seghers (1591-1651) après avoir été acquis par la ville de Nantes en 1810 avec la collection du diplomate François Cacault (1742-1805). Très vite, cependant, le premier est paresseusement donné à l'Ecole flamande, sans autre précision, puis à un artiste dont à l'époque on ignore tout, tout sauf le nom : sur la toile en effet, énigmatique et arrogante, abstraite, une signature à la déconcertante lisibilité résiste aux érudits et connaisseurs.

Le second tableau – que Clément de Ris, toujours en 1859, propose d'attribuer à «quelque médiocre imitateur de Rembrandt», croyant y reconnaître «un mélange de Honthorst et de Valentin» – se voit absurdement donné au pastelliste du XVIIIe siècle Maurice Quentin de La Tour (1708-1788), puis à un obscur artiste bordelais, Antoine Leblond de La Tour : c'est que le *Vieillard endormi* porte lui aussi la belle

Le sujet du «Vieillard endormi réveillé par une jeune fille» (page de droite) a été très discuté : saint Pierre en prison délivré par l'ange, saint Matthieu, son évangile sur les genoux, Elie et Samuel? Dès 1915, Voss identifie le tableau avec le *Songe de saint Joseph*. C'est peut-être le plus beau nocturne de La Tour. La force et la délicatesse de l'effet lumineux expriment le mystère sacré dans une magnifique ambiguïté : la figure du vieillard assoupi paraît dialoguer dans un rêve avec celle de l'ange sans ailes.

signature calligraphiée qui figure sur l'autre tableau, *G. De La Tour*. Signature qu'il faut bien tenter d'expliquer, faute d'être capable d'en identifier l'auteur!

Hermann Voss (ci-contre), un des plus grands historiens d'art allemands, s'est d'abord intéressé à l'école du Danube, avant de se consacrer rapidement à l'époque baroque : il devient un fameux connaisseur de la peinture italienne des XVIIe et XVIIIe siècles.

Les signatures du *Reniement de saint Pierre* (page de gauche) et du *Songe de saint Joseph* (ci-dessous) frappent par l'élégance curviligne de leur graphisme qui, avec ses pleins et ses déliés, rappelle celui d'une écriture à la plume.

Hermann Voss, «découvreur – unique et incontestable – de Georges de La Tour» (Isarlo)

En rapprochant dans sa note de 1915 les mystérieuses signatures de Nantes et certaines notices biographiques, passées jusqu'alors inaperçues, qu'avaient consacrées quelques archivistes lorrains de la seconde moitié du XIXe siècle à un peintre sans tableaux et, d'autre part, en mettant en relation les toiles de Nantes, le *Nouveau-Né* de Rennes et une gravure – les *Veilleuses* – jusque-là donnée à Jacques Callot (1592-1635), Hermann Voss, génialement inspiré, ressuscite d'un coup Georges de La Tour, «génie rare et profond, tout à coup surgi des ténèbres dont un inexplicable oubli l'avait enveloppé pendant près de trois siècles» (Jamot).

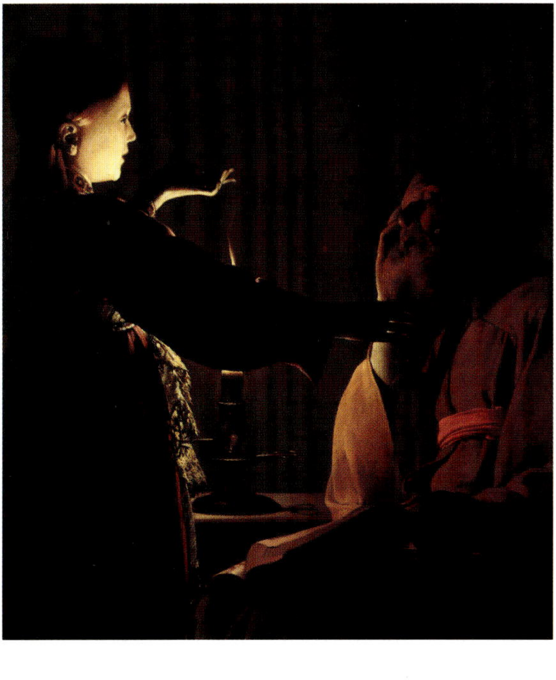

Voss est du même coup le premier à situer l'artiste dans un contexte international et à donner une définition de son style : « Nous rencontrons en lui un artiste qui maintient, de façon quelque peu provinciale mais originale et personnelle, la tradition du clair-obscur propre aux peintres caravagesques, et surtout à Gérard Honthorst et son école. Le traitement rigide de la ligne et le dessin dur des membres de ses personnages est compensé par d'admirables couleurs, quoique également âpres et personnelles, où dominent le cinabre et le violet. »

TOUR (Claude du Ménil de la) natif de Lunéville, excelloit dans les Peintures des nuits. Il préſenta au Roi Loüis XIII. un Tableau de ſa façon, qui repréſentoit un ſaint Sébaſtien dans une nuit ; cette Piéce étoit d'un goût ſi parfait, que le Roi fit ôter de ſa chambre tous les autres Tableaux, pour n'y laiſſer que celui-là. La Tour en avoit déja préſenté un pareil au Duc Charles IV. Ce Tableau eſt aujourd'hui dans le Château de Houdemont, près Nancy.

Dom Calmet : c'est à lui que La Tour doit sa survie. Son petit texte de 1751 (ci-contre) comporte des erreurs : La Tour, qui a certes fait la plus grande partie de sa carrière à Lunéville (plan ci-dessous), n'y est pas né. Mais l'information donnée sur le *Saint Sébastien* de Louis XIII est capitale : il s'agit du tableau « en largeur » dont on va retrouver de nombreuses copies.

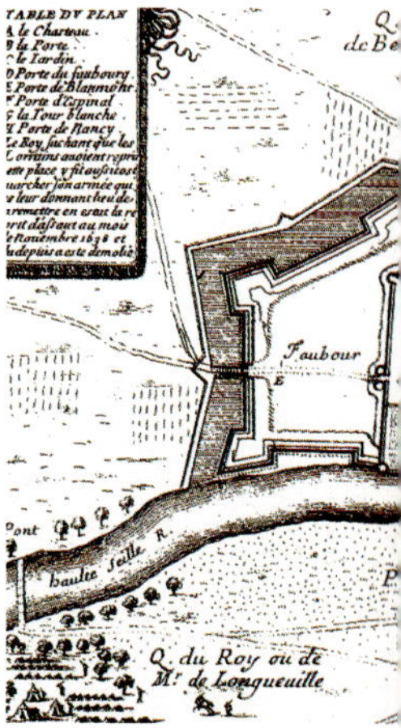

Les indispensables érudits

La découverte de Voss n'aurait bien sûr pu se faire si quelque ancien document imprimé n'avait attiré son attention sur un simple nom, « de La Tour », qu'il avait déjà certainement repéré sur les toiles de Nantes. Une sorte de miracle voulut qu'une *Bibliothèque Lorraine ou Histoire des hommes illustres qui ont fleuri en Lorraine*, parue à Nancy en 1751 sous la plume du savant bénédictin dom Augustin Calmet (1672-1757), comprît une courte notice consacrée à « Claude du Menil de la Tour ». En partie erroné mais empêchant désormais que le nom même de La Tour ne sombrât dans l'oubli le plus complet, ce paragraphe fut pendant un siècle et demi repris fidèlement par les quelques érudits lorrains qui choisirent de « mentionner »

La Tour : indépendamment de la confusion faite sur le prénom «Claude» et le titre «du Menil», la note de dom Calmet, particulièrement élogieuse, rappelle l'accueil exceptionnel réservé par Louis XIII à un *Saint Sébastien* peint par ce La Tour, qui «excelloit dans les Peintures des nuits».

En 1803, pour la première fois, le nom de La Tour figure ailleurs que dans un recueil biographique lorrain puisque le passage de dom Calmet est repris alors dans la *Geschichte der Künste und Wissenschaften* de Johann-Dominicus Fiorillo, avant de l'être à nouveau en 1849 dans le fameux *Neues Allgemeines Künstlerlexikon* que Georg-Kaspar Nagler fait paraître à Munich et dont la diffusion, à l'époque, est suffisamment large pour que l'on puisse supposer qu'Hermann Voss l'a consulté.

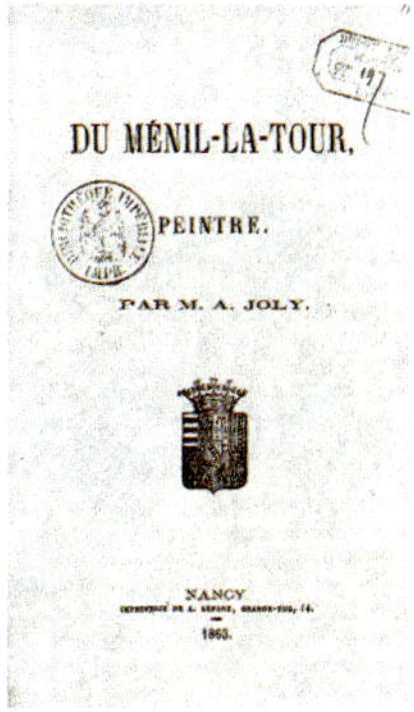
DU MÉNIL-LA-TOUR,
PEINTRE.
PAR M. A. JOLY.
NANCY
1863.

Plagiée par Pierre Larousse en 1870, la «notice» de l'architecte lunévillois Alexandre Joly (ci-dessous, caricaturé lorsqu'il était à l'Ecole des beaux-arts) marque les débuts de l'étude de La Tour : elle date de 1863.

Alexandre Joly, modeste et inspiré

Sans rien vouloir enlever à l'admirable perspicacité avec laquelle Hermann Voss sortit La Tour de l'ombre, il faut noter que de tels documents ont indubitablement «préparé le terrain» de sa découverte. Le plus important d'entre eux est certainement, avec celui de dom Calmet, l'article intitulé «Du Ménil-La-Tour, peintre», publié en 1863 par l'architecte Alexandre Joly dans le *Journal de la Société d'Archéologie lorraine* : en six pages, l'auteur récapitule ce qu'à l'époque on sait de l'artiste. D'emblée, il rend son prénom au peintre qui, depuis la notice de dom Calmet, se voyait appeler Claude au lieu de Georges. Aussi modeste que précis, l'auteur fait remarquer dans son analyse que rien n'assure, comme l'affirme dom Calmet, que La Tour soit né à Lunéville et propose de dater sa naissance «vers la fin du XVIe siècle».

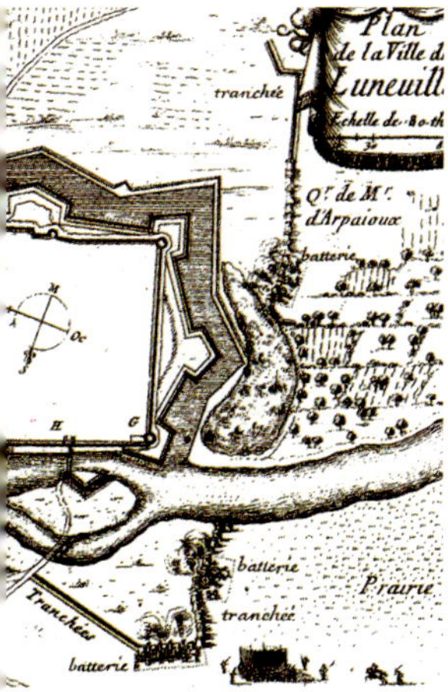

D'autre part Joly signale, «dans leur simplicité native», toute une série de documents anciens concernant l'artiste : parmi ces derniers, l'acte de baptême d'un fils, Etienne, en 1621, dont la mère, Diane le Nerf, eut avec le peintre neuf autres enfants; le contrat d'apprentissage chez le maître d'un certain Claude Nardoyen en 1636, «trouvé chargé de pourpre, mené hors sur la charette et enterré par les happechards» la même année;

dans des comptes municipaux de Lunéville, un passage apprenant que fut «payé à Drouin Bastien 10 fr. pour l'indemniser de la cure des blessures par lui reçues, des coups de baston à lui donnés par Me Georges de La Tour [en 1648]».

Dans son texte, la première étude consacrée à l'artiste, Joly indique l'existence d'autres documents encore, tout aussi précieux et inédits, telles cette mention où La Tour est qualifié de «peintre fameux»

Dans sa publication de 1863, Joly indique les titres des tableaux offerts par la ville de Lunéville en étrennes au gouverneur La Ferté : parmi eux, un *Reniement de saint Pierre*, qui a souvent été identifié avec la toile de Nantes, datée de 1650. Un détail de ce tableau (ci-dessus) permet d'apprécier les formes simplifiées et le coloris chaleureux et contrasté, caractéristiques des dernières années du peintre.

ou ces pièces d'archives qui révèlent qu'entre 1644 et 1651 des tableaux de la main du maître représentant une *Nativité Nostre Seigneur*, un *Saint Alexis*, un *Saint Sébastien* et un *Reniement de saint Pierre* furent offerts au gouverneur de la Lorraine,

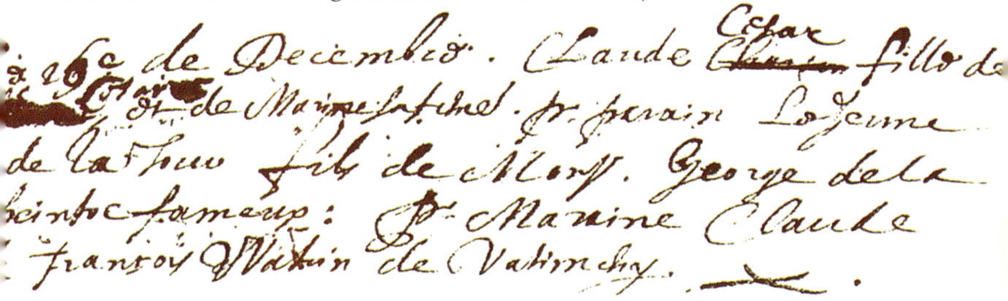

En décembre 1644, La Tour est appelé «peintre fameux» dans un registre des baptêmes où Etienne, son fils, est parrain d'une petite fille, Claude César. Une telle mention montre la réputation acquise par La Tour, qui possède aussi le titre de «peintre ordinaire du roi».

Henri de La Ferté-Senneterre (1600-1680).

Joly attire enfin l'attention du lecteur sur les registres paroissiaux de Lunéville qui rapportent succinctement que «Le sieur Georges de la Tour mourut d'une pleurésie» le 30 janvier 1652, quelques jours après que sa femme fut morte «de fiebvre accompagnée d'un battement de cœur». L'auteur conclut, avec une magnifique et prémonitoire humilité : «Il ne reste, à ma connaissance, dans le pays, rien de l'œuvre de Du Ménil-la-Tour [...]. Nous avons posé simplement les bases d'une biographie; un jour ou l'autre, on découvrira peut-être, sur les parois de quelque église de campagne, une toile délabrée de cet artiste, qui suffira, je l'espère, pour combler cette lacune. C'est un avantage de l'association, en matière d'étude, de rencontrer des collaborateurs inconnus qui veulent bien s'intéresser à l'œuvre commune; attendons.»

C'est à Vic, sur la Seille, que La Tour voit le jour, et non à Lunéville comme l'affirmait dom Calmet (ci-dessous, détail d'une carte de la Lorraine, 1648).

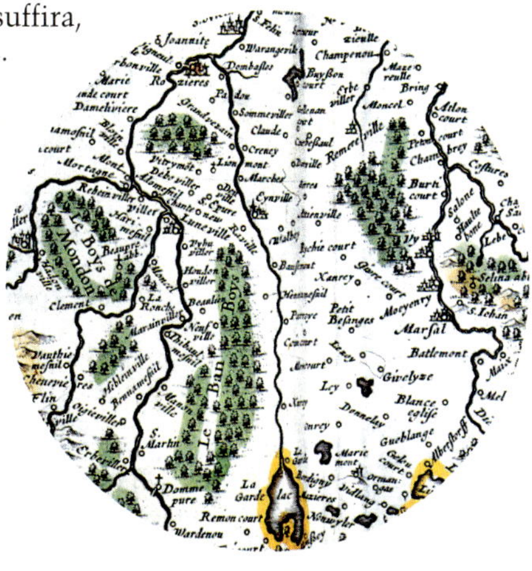

Les Français découvrent La Tour par l'entremise de Louis Demonts

En même temps que quatre de ses créations, Hermann Voss rend à La Tour, en 1915, sa qualité de peintre. En le faisant connaître, il le fait renaître. Il le fait exister.

Rare parmi les Italiens, Roberto Longhi (à gauche) s'est très tôt passionné pour La Tour. Il est le premier à voir dans le *Saint Sébastien* de Rouen (à droite) une œuvre du peintre.

Publié au beau milieu de la guerre, tandis qu'en France règne évidemment un climat nettement anti-allemand, l'article de Voss est remarqué pour la première fois par Roberto Longhi (1890-1970), spécialiste génial du Quattrocento, qui le signale à un conservateur du Louvre, Louis Demonts (1882-1954).

Georges du Ménil de La Tour, peintre lorrain au début du XVIIe siècle

Nous croyons devoir signaler au public français un court article de M. Hermann Voss, paru, pendant la guerre (1), et ayant trait au peintre lorrain des premières années du XVIIe siècle, Georges du Ménil de La Tour. Cet article intéresse la France plus que tout autre pays, et nous remercions M. Roberto Longhi de nous l'avoir indiqué.

Ce dernier, dans une brève note parue en avril de la même année dans la *Chronique des arts et de la curiosité*, attire l'attention du lecteur sur les attributions proposées par Voss et rappelle le rapprochement inspiré effectué par Louis Gonse en 1900, qui disait avoir « gardé aussi la mémoire d'un tableau de facture fruste, mais de style original; il représente une femme tenant une lumière et visitant un prisonnier dans son cachot [...]. Je n'ose risquer un nom. C'est autour des énigmatiques et troublants Le Nain que ma pensée se porte; je rapproche malgré moi le tableau d'Epinal de l'admirable *Nativité* de Rennes. Je signale l'analogie, sans aller plus loin. »

Louis Demonts, pourtant fin connaisseur de peinture

(ci-dessus dans son bureau du Louvre), donne à La Tour ce *Reniement de saint Pierre* (en bas), bavard et anecdotique, sans être suivi : c'est plutôt l'œuvre d'un peintre nordique secondaire.

Demonts, sans véritablement prendre position, semble – implicitement seulement! – accepter l'idée de Gonse et introduire la toile d'Epinal dans le tout jeune corpus de La Tour. Il rapporte enfin dans sa note une suggestion de Longhi selon lequel un *Saint Sébastien* attribué à Honthorst au musée de Rouen serait du peintre; de façon moins heureuse, il «n'hésite pas» à donner à La Tour un très médiocre *Reniement de saint Pierre* conservé au Louvre, sans autre rapport avec l'artiste qu'un éclairage à la chandelle : il s'agit là de la première attribution erronée à La Tour. Et loin d'être la dernière.

Le grand mérite de Louis Demonts est incontestablement d'avoir attiré l'attention de quelques amateurs français sur le nom – et l'œuvre à reconstruire – de La Tour. La valeur de son article vient aussi, notons-le, de la précision qu'il introduit en citant la notice d'Albert Jacquot tirée de l'*Essai de répertoire des artistes lorrains* de 1899 : «Dom Calmet, Dom Pelletier et Durival le nomment à tort Ménil la Tour et Claude.» Alexandre Joly, en effet, avait déjà rendu au peintre son prénom en 1863, mais continuait de l'appeler «Du-Ménil-La-Tour».

Jusqu'alors tenu pour une «jeune femme visitant un prisonnier» ou un «saint Pierre délivré par l'ange», le sujet du tableau d'Epinal est identifié par Jean Lafond en 1935 : il s'agit d'une représentation de *Job et sa femme*. La critique moderne accepte depuis son hypothèse, excepté George Isarlo qui, en 1972, croit reconnaître dans le *Job* un «vieillard malade soigné par une magicienne affublée d'atours de prêtresse».

Vite adoptée par un large public, souvent utilisée dans l'imagerie religieuse, célèbre au point d'inspirer des caricatures ou des publicités, consacrée en 1979 par le *Journal du Dimanche* «la plus célèbre Nativité de France», l'*Adoration des bergers* (ci-contre) pourrait être le tableau offert au gouverneur de la Lorraine, La Ferté-Senneterre, à la fin de 1644. Une copie (ci-dessous) montre que l'original a été coupé dans la partie inférieure.
En bas, le registre d'inventaire du département des Peintures du musée du Louvre [mai 1926].
Page de droite, le *Saint Sébastien* en largeur entré au musée d'Orléans en 1825.

La Tour au Louvre!

Sensibilisés les premiers, quelques «initiés» – historiens de l'art réputés ou amateurs avertis – vont se passionner pour La Tour et, parfois, presque s'accaparer l'artiste : bientôt découvertes et publications se multiplient à un rythme effréné. Pendant un temps au moins, plus une année ne s'écoulera sans qu'une composition inédite soit découverte, sans qu'une attribution nouvelle soit proposée, sans qu'un article pertinent paraisse ou qu'un musée se porte acquéreur d'un tableau du maître lorrain.

L'achat par le Louvre en 1926 de l'*Adoration des bergers*, un tableau jusqu'alors inconnu, donné anciennement à Gérard Honthorst (1590-1656) puis

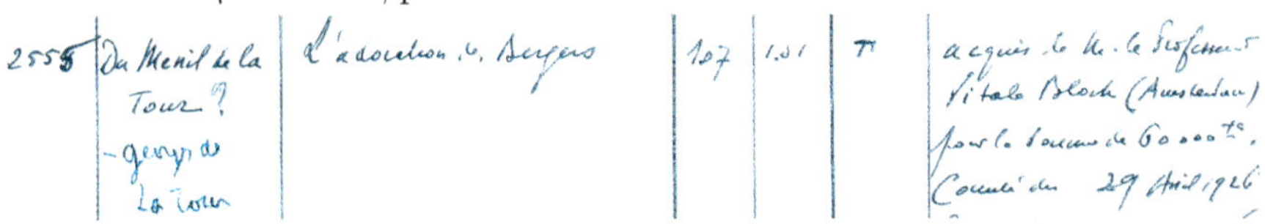

2555	Du Menil de la Tour ? – Georges de La Tour	L'adoration des Bergers	107	1.31	T	acquis de M. le Professeur Vitale Bloch (Amsterdam) pour la somme de 60.000 fr. Comité du 29 Avril 1926

attribué à La Tour par Hermann Voss, peut être considéré comme la première manifestation de ce soudain engouement pour un artiste tout juste ressuscité. Le tableau, payé la somme de 60 000 francs au collectionneur, marchand et fin connaisseur Vitale Bloch (1900-1975), va très rapidement devenir populaire.

«Personne n'y avait reconnu un La Tour» (Isarlo)

Au début du mois de décembre 1927, une composition monumentale de l'Ecole hollandaise, aussi admirable de simplicité que de complexité, est mise aux enchères à New York. Le tableau, provenant des collections du Dr John E. Stillwell, représente un *Saint Sébastien soigné par les saintes femmes*. Contrairement à la toile du même thème qui comprend trois figures horizontalement réparties, signalée à Rouen par Demonts en 1922 comme étant de La Tour, et à la copie de ce tableau, découverte par Roberto Longhi au musée d'Orléans et publiée par lui en juin 1927 dans un article consacré au peintre d'Utrecht Hendrick Ter Brugghen (1588-1629), l'œuvre vendue en Amérique, de format vertical, compte cinq personnages en pied. Acheté par la galerie Matthiessen de Berlin, le tableau, absolu chef-d'œuvre que personne ou presque ne sut reconnaître, est offert l'année

Le catalogue de la vente Stillwell (ci-dessous) donne le *Saint Sébastien soigné par les saintes femmes* à un peintre hollandais «influencé par Vermeer de Delft, si même il n'est pas une œuvre de jeunesse de ce maître, comme l'ont suggéré plusieurs experts européens. Le traitement angulaire des ombres annonce à près de trois siècles de distance certains des arrangements de plans des peintres d'avant-garde actuels.»

suivante au Kaiser-Friedrich Museum, après avoir été rendu par le fin connaisseur hollandais Abraham Bredius et par Hermann Voss lui-même au grand Georges de La Tour…

Les premiers catalogues

En 1928 toujours, Voss signe la colonne consacrée à La Tour dans l'*Allgemeines Künstlerlexikon*, le célèbre dictionnaire allemand de Thieme et Becker, ainsi qu'un article en anglais publié dans la revue *Art in America*. Le catalogue du peintre qu'il récapitule à cette occasion compte alors six tableaux : le *Songe de Saint Joseph* et le *Reniement de saint Pierre* de Nantes,

le *Nouveau-Né* de Rennes, la *Femme visitant un prisonnier* d'Epinal, l'*Adoration des bergers* du Louvre et le *Saint Sébastien* de Berlin. Deux ans plus tard, Vitale Bloch, qui avait vendu au Louvre en 1926 l'*Adoration des bergers*, reprend dans la revue *Formes* la liste des tableaux connus de La Tour établie par son ami Hermann Voss et lui ajoute – tout en rappelant que d'après Roberto Longhi le *Saint Sébastien* du musée de Rouen est un original – une composition jusque-là inconnue représentant une *Tête de femme de profil*, un fragment conservé à l'époque dans la collection Fischmann de Munich et provenant *a priori* d'une composition comparable à celle du Louvre. La mise au point de Bloch, précise, intelligente et magnifiquement illustrée, s'achève par une note

Vitale Bloch (en haut, peint par Chris de Moor), marchand, collectionneur au goût exigeant, fin lettré, passionné de peinture hollandaise (Vermeer, Sweerts), ami de Roberto Longhi et du peintre Giorgio Morandi, joua un beau rôle dans la redécouverte de La Tour. Il publia sur le peintre plusieurs articles et un livre en 1950.

La *Tête de femme de profil* (à gauche) entrera dans la collection Landry vers 1942. Fragmentaire et très restaurée, cette figure calme, au doux coloris, rend très certainement compte d'une composition plus large, telle une *Nativité*, une *Adoration des bergers* ou une *Education de la Vierge*.

énigmatique dont seule l'importance latente rivalise avec la discrétion : « Au moment où j'écris ces lignes, Hermann Voss m'apprend que maintenant il croit pouvoir envisager l'œuvre de Georges La Tour sous un jour totalement nouveau. »

La Tour n'excellait pas seulement dans les « nuits »

Les quelques érudits qui à l'époque connaissent Georges de La Tour commencent tout juste à avoir, en partie grâce à l'article de Bloch, une image représentative et cohérente de son œuvre : les huit compositions qu'on lui a jusqu'ici attribuées représentent, en effet, toutes des scènes nocturnes à connotation religieuse, dans lesquelles un éclairage à la chandelle ou à la lanterne dicte une belle harmonie de tons chauds où les rouges prédominent.

Cependant, un peu plus de quinze ans après avoir rendu au peintre un œuvre, Hermann Voss, dans un nouvel article capital qu'il publie dans *Formes* en juin 1931, bouleverse irrémédiablement l'idée que l'on se fait de La Tour en lui attribuant, avec un aplomb prodigieux et une impressionnante sûreté, quatre tableaux diurnes. Ce qui lui permet « de réfuter

PICTURES TOUR

Que le même peintre pût être l'auteur – comme l'affirme Voss en 1931 – des chefs-d'œuvre nocturnes, déjà célèbres et admirés, et de tableaux diurnes parut inconcevable à beaucoup, tant conceptions et exécutions semblaient différentes. Le traitement des formes, la gamme colorée, la touche… tout paraissait désigner deux mains. La tête du *Saint Jérôme* de Grenoble (ci-dessous, à gauche) et celle du *Saint Joseph* de Nantes (à droite) montrent bien cette opposition. Lumière froide d'un côté, gamme argentée, virtuosité d'une écriture agile qui décrit, à la pointe du pinceau, les rides, les cheveux et la barbe. Lumière chaude de l'autre, modelé doux et arrondi, facture fondue : un seul peintre !

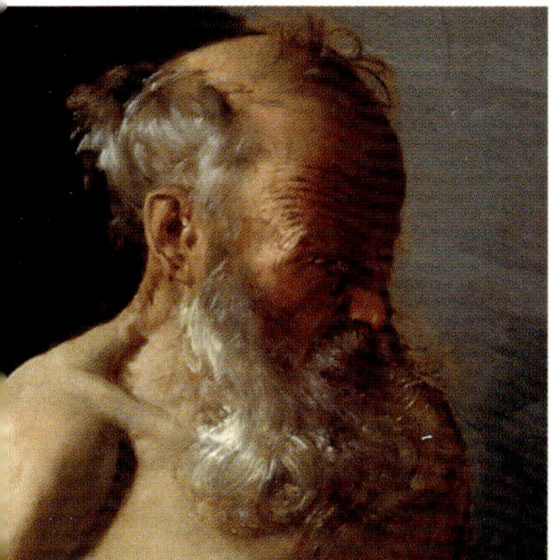

l'opinion qui se plaît à voir dans ce peintre un spécialiste local de la peinture des éclairages aux chandelles, et à le considérer comme une sorte de Honthorst lorrain».

L'article de Voss, qui porte à douze le nombre des peintures retrouvées de La Tour, perturbe, scandalise même. Il faut avouer que les arguments de l'historien allemand sont aussi séduisants que déconcertants. Pragmatique, il tire déjà les enseignements de cette révélation : «La différence de style entre le groupe des tableaux à clair-obscur nocturne, et celui des peintures à éclairage diurne [...] suppose une évolution artistique d'une durée relativement

La signature latinisée du *Tricheur* (page de droite) déploie ses élégants paraphes dans la pénombre du tapis vert qui recouvre la table de jeu. Le tableau a été anciennement agrandi dans la partie supérieure, et l'aigrette qui orne le turban de la servante est le rajout d'un restaurateur.

longue.» Il propose de regrouper les nocturnes dans la seconde moitié de la carrière, autour du *Reniement de saint Pierre* de 1650, et les diurnes dans une phase plus précoce. L'historien d'art formule par ailleurs l'hypothèse d'un voyage de La Tour à Rome dans sa jeunesse : ces prises de position et ces intuitions marqueront durablement les chercheurs qui lui succéderont.

Un «Tricheur», un «Vielleur» et deux «Saint Jérôme»

Rien à première vue, ni la lumière froide, ni l'exécution variée insistant sur les aspects graphiques, ni le réalisme accusé de la scène, ne pouvait permettre de rattacher l'extravagant *Tricheur* appartenant à une collection privée parisienne au groupe de nocturnes d'un style si différent, qui jusqu'en 1930 constituait le corpus de La Tour. Rien, sinon la magnifique signature distinctement calligraphiée dans l'ombre du plateau de la table à laquelle officient les filous : *Georgius De La Tour Fecit*. Le second tableau diurne à être spectaculairement rattaché par Voss en 1931 à l'œuvre de La Tour est une des peintures les plus admirées du musée de Nantes. Dans les murs même qui abritaient

Le thème du *Tricheur* est pessimiste : c'est bien «la leçon mélancolique du triomphe des habiles et des blasés sur l'innocence gourmande de la jeunesse» (Rosenberg-Thuillier, 1972). S'agit-il, comme on l'a souvent dit, d'une allusion à la parabole du Fils prodigue qui gaspille son argent chez les courtisanes? Trois complices, la femme emperlée du centre, la servante à l'œil vif et l'homme au visage ombreux qui tire l'as de carreau de sa ceinture, se sont entendus pour gruger le tout jeune homme de droite. Le spectacle est éclatant, insolite, cocasse : les regards glissent d'une figure à l'autre, les mains opèrent un étrange ballet. Le fond noir fait chanter les couleurs, les ornements, les broderies et les plumes dans un jeu de fins graphismes, enlevés d'un pinceau virtuose, tandis qu'une mise en place autoritaire découpe les formes d'une façon quasi géométrique.

le *Reniement de saint Pierre* et l'*Ange apparaissant à saint Joseph* de l'ancienne collection Cacault, une impressionnante composition, de même provenance, représentait un *Vielleur*. L'attribution de cette toile à La Tour mit longtemps à convaincre. Elle avait jusque-là toujours oscillé entre quelques grands maîtres espagnols ou italiens tels que Zurbaran, Herrera le Vieux, Juan-Bautista Maino, Juan Rizzi ou Bernardo Strozzi. Prosper Mérimée, en 1836, écrivait même que « le livret [du musée] attribue à Murillo un *Aveugle jouant de la vielle* d'une ignoble et effroyable vérité. Il conviendrait mieux, ce me semble, à Vélasquez ». L'année suivante, en visitant les collections de Nantes, Stendhal faisait aussi remarquer, en reprenant Mérimée, que le musicien était peut-être de Vélasquez, « qui, à son début, s'essaya dans des sujets vulgaires » D'après Clément de Ris, qui avait déjà commenté les deux autres La Tour de Nantes, le « Vieil aveugle chantant » était un Murillo « bien authentique » mais, précisait-il, « sans la sûreté, la franchise avec lesquelles il est enlevé, on ne remarquerait pas ce tableau que son aspect grisâtre, quasi monochrome, ne contribue pas à rendre agréable »...

Des quatre gravures connues du *Vielleur* (page de droite, détail), la plus ancienne, une caricature attendrissante, a paru en 1842 dans *Le Magasin pittoresque* (ci-dessous). Aujourd'hui, les attributions données au chef-d'œuvre font sourire (en haut : Rizzi, Zurbaran et Murillo).

Louis Gonse, qui avait aussi commenté les deux nocturnes du même musée, déclarait quant à lui : « Nous voici devant une des réalisations exceptionnelles de l'art de peindre : [...] Une gamme fauve, monocorde, d'une délicatesse extraordinaire, à peine rompue par l'orange de la culotte et le rose grenade des rubans, enveloppe une ambiance tranquille toute baignée d'air et de lumière... Tableau saisissant, ferme, expressif, naturel en toutes ses intentions. La nouvelle installation [du musée] devra réserver une place à part et isolée au *Joueur de vielle*; il en devra une aussi à Mme de Sennones. A de telles œuvres il faut une véritable chapelle. »

Subtil, André Chastel analyse en 1972 « la coulée de miel et de vieux rose du *Vielleur* : prodige de substance picturale, préservée par miracle, et propre à faire pâlir de jalousie Bonnard, Braque et tous les peintres purs de l'univers ».

De conceptions proches, les deux derniers tableaux attribués à La Tour par Voss dans son article de 1931, des *Saint Jérôme pénitent*, avaient été donnés en 1920 à Maino par le spécialiste de peinture espagnole August Mayer.
Le premier mentionné dans l'article avait été offert en 1799 par l'administration centrale du département de l'Isère au musée de Grenoble, tandis que le second, provenant peut-être des collections de la reine Christine de Suède (1626-1689), avait fait l'objet d'un don au musée national de Stockholm en 1917. Les deux *Saint Jérôme*, eux non plus, ne paraissaient pas pouvoir être rapprochés des paisibles nocturnes aux formes arrondies et saturés de couleurs chaudes : découpes anguleuses, éclairage blafard et cru, facture vive à la pointe du pinceau semblaient, en effet, comme l'impitoyable naturalisme, désigner une main tout autre.

L'exécution des deux *Saint Jérôme* (pages suivantes) se distingue par un modelé plus dur et une gamme plus froide dans celui de Grenoble (à gauche), sans doute le premier en date. Le chapeau de cardinal de l'exemplaire de Stockholm (à droite) fait penser qu'il s'agit du La Tour que possédait Richelieu.

Figure énigmatique du petit monde de l'art, redécouvreur inspiré de Georges de La Tour, Pierre Landry posséda le *Tricheur*, la *Tête de femme de profil* et une copie médiocre d'après un original perdu des *Soldats jouant aux cartes* (ci-contre). Il était aussi, à la fin des années vingt, un redoutable joueur de tennis; il fut même classé n° 10 mondial (à gauche, opposé à l'Américain Tilden en 1929 à Wimbledon).

L'*Annonciation* de Caravage (page de droite, en haut) fut donnée par Henri II, duc de Lorraine, pour le maître-autel de la primatiale de Nancy, ouverte au culte en 1609 : le jeune La Tour ne peut pas ne pas l'avoir vue!

Pierre Landry, as du tennis

L'histoire de l'art, une nouvelle fois, voulut que le mérite de Voss, à qui revint l'honneur d'opérer cette seconde «révolution» relative à La Tour, fût partagé, un peu comme il l'avait été avec les vieux archivistes lorrains en 1915. Il était partagé, cette fois, avec le connaisseur de la première heure qui avait acquis chez un antiquaire de l'île Saint-Louis dès 1926 le fameux *Tricheur*, celui-là même qui, dès 1923, avait proposé d'attribuer le *Vielleur* de Nantes à La Tour : un jeune et talentueux joueur de tennis, Pierre Landry (1899-1990). En soumettant sa toile signée à l'œil expert d'Hermann Voss et en lui faisant part de ses convictions concernant le tableau nantais qu'il pensait de La Tour, Pierre Landry, d'ailleurs chaleureusement remercié dans l'article de 1931, n'eut aucun mal à convaincre l'historien allemand, comme il s'en était persuadé lui-même, que La Tour, peintre des nuits, avait aussi été l'auteur de tableaux à éclairage diurne et à sujets profanes.

La Tour à la Royal Academy

En 1931-1932, le «petit peintre de Lunéville», comme se plaît à l'appeler le critique André Dezarrois, participe pour la première fois à une exposition. L'occasion est la monumentale rétrospective d'art français organisée à la Royal Academy of

Art de Londres. Présentés aux côtés d'œuvres de Le Sueur, de Poussin et des frères Le Nain, son *Nouveau-Né* et son *Tricheur* sont admirés par un public large et international. Au sein du petit cercle des initiés, cependant, les réactions sont contradictoires : enchanté, le critique Waldemar Georges, par exemple, proclame son admiration tout en essayant d'analyser objectivement l'originalité stylistique du nouveau venu : « Georges (Dumesnil) de La Tour allie spontanément l'écriture d'un gothique au clair-obscur qui désagrège les formes. Le coloris et la lumière d'un peintre issu du Caravage coexistent dans son œuvre avec un dessin rigide et archaïque. » Au contraire George Isarlo, franc-tireur de l'histoire de l'art, comme irrité par le « phénomène La Tour » alors seulement naissant, témoigne catégoriquement sa désapprobation : « Le caravagisme est représenté par deux tableaux de G. Dumesnil de la Tour, une Nativité (Rennes) – amusante, mais inférieure au tableau de Berlin, et le Tricheur (à M. P. Landry) – lourd, mal coloré et de mauvais goût. Je ne comprends pas le bruit que l'on a voulu faire, ces derniers temps, autour de ce caravagiste moins important que Terbrugghen, Manfredi et le Valentin... »

La Tour est-il un peintre caravagesque ? Caravage n'eut pas d'élève direct mais déclencha un mouvement qui révolutionna la peinture européenne. Les Français venus à Rome comme Valentin (le *Tricheur*, ci-contre) ont été marqués par les scènes réalistes à mi-corps – directement inspirées par Caravage – de Manfredi (*La Diseuse de bonne aventure*, page de gauche). La Tour reprend ce goût des compositions à mi-corps et celui de la description naturaliste des figures populaires mais introduit une vivacité des couleurs, une netteté des formes qui éloignent du caravagisme *stricto sensu*, plus attaché au clair-obscur et au drame.

L'importance de La Tour est, quoi qu'il en soit, de plus en plus largement reconnue, et en 1932 Werner Weisbach, professeur à l'université de Berlin, publie sa *Französische Malerei des XVII Jhts im Rahmen von Kultur und Gesellschaft*, le premier ouvrage portant sur l'histoire de la peinture française à prendre en compte l'artiste lorrain. L'année suivante, pour la première fois, la peinture de La Tour est étudiée à la Sorbonne, dans le cours professé par René Schneider, et à l'école du Louvre, en raison de l'intérêt que portent au peintre des conservateurs comme Gaston Brière et René Huyghe.

Charles Sterling fut le principal responsable scientifique des « Peintres de la Réalité ». Conservateur au Louvre, puis Senior Research Fellow au Metropolitan Museum de New York, il se consacre aux œuvres des primitifs français, après avoir été l'un des pionniers dans l'étude des peintres du XVIIe siècle. On lui doit une quinzaine d'articles sur La Tour.

La Tour vole la vedette aux frères Le Nain!

De novembre 1934 à février 1935 se tient à l'Orangerie des Tuileries une exposition qui fera date : « Les Peintres de la Réalité en France au XVIIe siècle ». Organisée par Paul Jamot et pourvue d'un catalogue scientifique rédigé par Charles Sterling, impressionnant de concision et remarquablement documenté, l'exposition présente au public environ cent cinquante tableaux qui donnent de la peinture française du XVIIe siècle une idée nouvelle.
Le visiteur, qui jusqu'à cette date ne connaissait de ce siècle que la « grande peinture », peut y admirer, pour la première fois à Paris, un ensemble de peintres caravagesques actifs à Rome (Valentin, Régnier, Vignon), de peintres de nature morte (Baugin, Moillon,

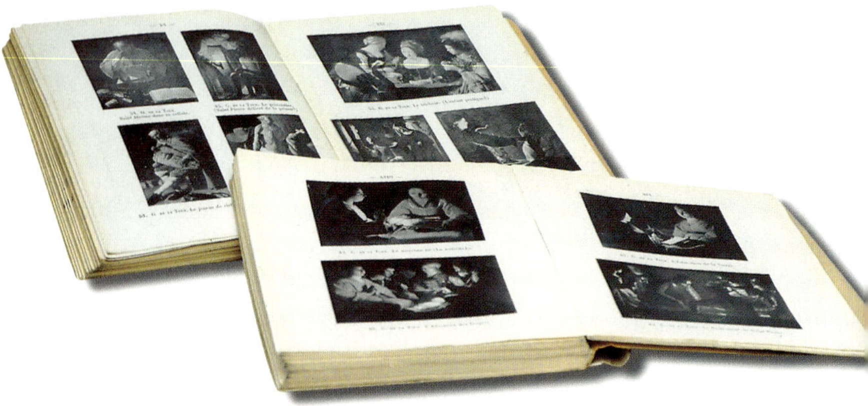

Linard) ou de «provinciaux» (Tassel, Tournier, Guy François); Champaigne et Bourdon y participent aussi largement, comme Vouet, Blanchard, Le Lorrain, Dughet, Le Sueur et Poussin, dont l'*Autoportrait* du Louvre est exposé. Les frères Le Nain, chers à Paul Jamot, sont évidemment très bien représentés (dix-sept tableaux). Ils sont alors au centre des recherches des historiens de l'art : Jamot à publié sa monographie en 1929 et réuni, cette même année 1934, soixante-trois tableaux des trois frères pour une importante exposition au Petit Palais.

La Tour est certainement, avec les Le Nain, le centre et la justification de l'exposition de l'Orangerie. A l'exception du *Saint Jérôme* de Grenoble, du *Saint Sébastien* de Rouen – qui est relégué par Sterling au rang de «copie» – et de la *Tête de femme de profil* publiée par Vitale Bloch en 1930, tous les tableaux alors attribués à l'artiste sont présentés sur les cimaises de l'Orangerie. Aux côtés de ces chefs-d'œuvre, pour le bonheur des connaisseurs mais aussi du public qui s'est déplacé en nombre afin de «découvrir Georges de La Tour», cinq compositions inédites du maître lorrain ont pris place : un *Saint Jérôme lisant* et une *Education de la Vierge* jugés authentiques, respectivement découverts à Nice et à Paris, et trois tableaux considérés par les organisateurs de l'exposition comme des «répliques d'atelier», réalisées d'après des originaux de La Tour aujourd'hui disparus.

Archéologue de formation mais passionné de peinture et grand collectionneur, Paul Jamot fut nommé conservateur des Peintures du Louvre en 1934, l'année même de l'exposition des «Peintres de la Réalité» qu'il organisa (ci-contre, couverture du catalogue et page de gauche, planches reproduisant onze des treize La Tour exposés). Jamot réalisa plusieurs études sur les frères Le Nain. A sa mort, sa nièce recueillit ses écrits sur La Tour qui parurent en 1942.

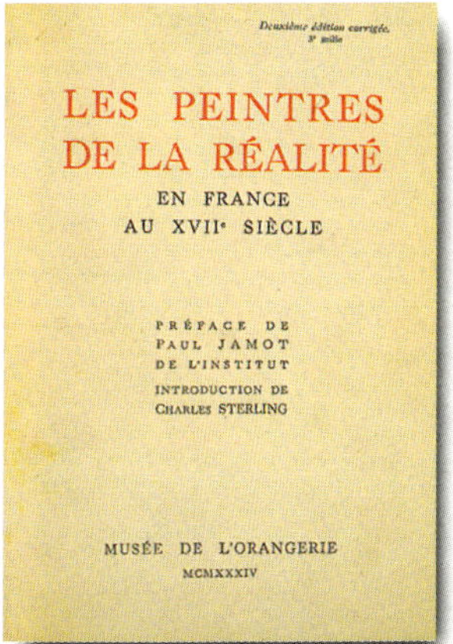

Le « Vielleur au chien »

Monumental et presque terrifiant dans sa démarche incertaine qui le fait basculer vers l'avant, durement éclairé par une lumière qui projette au sol des ombres à la découpe acérée, le *Vielleur* du musée de Bergues compte parmi les premières œuvres conservées du peintre. Sous la Révolution, il est donné à Carrache et même à Michel-Ange (pour Caravage!).

Le petit chien au regard brillant est là pour guider son maître, aveugle comme les autres *Vielleur* (en bas à gauche, détail d'un Brueghel le Jeune montrant un vielleur conduit par son chien dans un village). Le thème du joueur de vielle est cher à la Lorraine du XVIIe siècle. Ses deux plus grands graveurs en ont laissé de fortes images : Jacques Bellange, un *Mendiant à la vielle* d'esprit maniériste (en haut à droite), Jacques Callot, le *Vielleur debout*, figure de la série des *Gueux* (en haut à gauche). Par ailleurs, un tableau d'une telle autorité plastique n'est pas sans conséquences chez les artistes du XXe siècle : le *Fumeur* de Jean Hélion (ci-contre), découpé en formes simples, a récemment été comparé à de semblables figures de La Tour.

Le «Vielleur Waidmann»

Ce *Vielleur* (page de gauche) appartenait à l'artiste Pierre Waidmann – d'où le titre donné à l'œuvre – lors de sa découverte en 1935. Il le tenait de Charles Friry son grand-père (ci-dessous), qui en avait réalisé une gravure en 1877 (en bas à gauche). Il appartint ensuite à Colette Dussaux, la fille de Waidmann. Ci-contre, le *Vielleur* chez cette dernière à Remiremont, dans l'atelier de son père, au début des années 1970, avant que la demeure de la famille Friry et les richesses qu'elle abrite ne soient transformées en musée. En janvier 1974, la toile est classée monument historique.

L'un de ces tableaux, anciennement attribué aux frères Le Nain, provient du musée de Chambéry. Il représente une *Rixe de musiciens et de mendiants* : vus à mi-corps, alignés et comprimés dans un format en largeur, cinq sinistres vieillards grimaçants, analysés avec un réalisme sans pitié, gesticulent et s'empoignent.

Les deux autres toiles se rattachent, ne serait-ce que par leur iconographie, au *Vielleur* attribué à La Tour par Voss dans son article de 1931. Elles donnent en effet à voir le même musicien, mais campé dans des postures différentes : tandis que le *Vielleur* remarqué cette année 1934 par Landry au musée de Bergues se tient debout, en pied et face au spectateur, son homologue, découvert en cours d'exposition dans la collection d'origine lorraine de Pierre Waidmann, est assis de côté, la tête de profil, dans une position plutôt comparable à celle du musicien de Nantes... Si à l'époque le *Vielleur Waidmann* n'est pas donné à La Tour, il accrédite cependant l'attribution au peintre du *Vielleur* de Nantes, génialement proposée par Voss et Landry trois années auparavant, et qui ne semble toujours pas avoir convaincu l'ensemble des spécialistes.

Avec treize tableaux de La Tour exposés et deux autres, énigmatiques et inédits, signalés par Sterling dans son fondamental catalogue – un fragment d'une *Education de la Vierge* appartenant, comme un des trois *Vielleur* exposés, à Pierre Waidmann, et une «réplique» conservée en Suisse du *Tricheur* qui semble à peine retenir l'attention de l'auteur – l'exposition des «Peintres de la Réalité», deux fois prolongée, révèle définitivement l'artiste au grand public et le glorifie de manière inattendue. L'immense succès remporté par la manifestation propulse La Tour au rang de «frère de Poussin et de Claude» (Sterling).

La *Rixe* de Chambéry (ci-dessous) est, en 1935, rapprochée par le Dr Ronot d'un pastel de Quentin Delatour (en bas). Il semble, en fait, que le modèle du pastelliste ait plutôt été l'original de cette *Rixe*, découvert en 1972 et que l'artiste aurait pu copier en France ou en Angleterre.

❝Nous ne reculons plus devant l'attribution à La Tour d'une toile [le *Vielleur* de Nantes, page de gauche] qui du coup devient son chef-d'œuvre parmi les tableaux à éclairage diurne, en même temps qu'un chef-d'œuvre de la peinture française du XVIIe siècle.❞
Ch. Sterling, 1934

Il y a La Tour avant l'exposition de 1934, et La Tour après. Charles Sterling le raconte bien : «La Tour était une surprise pour tout le monde. Nous étions peut-être sept, peut-être huit personnes au monde à connaître La Tour [...]. La Tour est devenu connu dans toute la France et [...] j'ai commencé à recevoir des lettres, des photographies, des gens qui disaient : "J'ai un La Tour, j'ai un La Tour."»

CHAPITRE II

1934-1947 : DE «L'INCONNU DES MANUELS D'HISTOIRE DE L'ART» AU «PEINTRE LORRAIN TRÈS À LA MODE»

"D'une part, cette effigie, lumineuse, intelligente, dominatrice qui entoure et découvre Job comme pour l'étouffer. De l'autre, Job épuisé, gêné, humilié. Mais dans sa misère, il est le plus fort."

F.-G. Pariset, 1949

«Les enseignements d'une exposition» (Sterling)

En 1934-1935, amateurs, connaisseurs et spécialistes de La Tour ne manquent pas d'exprimer leur avis : tandis que la plupart manifestent sans réserve leur enthousiasme à l'égard du peintre lorrain – Paul Jamot, à leur tête, n'hésitant pas à proclamer, malgré sa passion pour les Le Nain, qu'à l'Orangerie Georges de La Tour «dispute presque le sceptre à Louis Le Nain» – d'autres, comme Vitale Bloch, se demandent si l'engouement n'est pas excessif et invitent à la prudence : «L'art de Delatour est frappant parce qu'il contient un mélange bizarre du primitif et du recherché, de formes maniéristes et de formes naturalistes, de sérieux et de grotesque, de «direct» et d'extrêmement stylisé. Presque toutes ses œuvres impressionnent, mais quelques-unes seulement resteront...»

Pour une fois, Bloch est mauvais prophète! Son analyse, belle et forte, contredit en tout celle de Roberto Longhi, lequel, absolument conquis, place finement La Tour dans un contexte international tout en refusant l'hypothèse du voyage en Italie défendue par Voss quelques années plus tôt : «Vous devriez le voir! C'est un peintre étonnant. Nous n'avons pas d'instruments pour mesurer le génie, mais j'ai le sentiment que le talent de La Tour ferait éclater plus d'un manomètre [...]. Bien que sa signature soit latinisée, il est probable qu'il n'a jamais fait le voyage de Rome. Et c'est peut-être pour cette raison qu'il sait donner des principes caravagesques une interprétation tellement à part, en rien servile [...].

André Lhote, peintre et théoricien, enseigne à ses élèves le culte de La Tour et expose en 1943 plusieurs huiles ou gouaches qu'il baptise «Hommage à La Tour». Dans un tableau daté de 1950 (ci-dessous), il représente encore, dans sa manière cubiste un peu scolaire, par découpes de vives couleurs méditées et bien tranchées, une femme à la lumière d'une lampe, en se référant manifestement aux *Madeleine* du maître lorrain.

Le Nantais Gabriel Robin – «fidèle à sa prédilection pour un XVIIe siècle français provincial et artisanal» – exécute lui aussi un *Hommage à La Tour* (ci-contre), où figure, «mise en abîme», l'*Education de la Vierge* montrée à l'Orangerie.

Le groupe Forces nouvelles, avec notamment Héraut, Humblot, Jannot, Lasne et Rohner, expose entre 1935 et 1939 et se réclame explicitement des «Peintres de la Réalité», sur un fond de radical pessimisme : Elie Faure parlait en 1931 d'«agonie de la peinture française». Georges Rohner peint alors plusieurs natures mortes d'un esprit très «XVIIe siècle» et Robert Humblot exécute en 1935 des *Joueurs de cartes* (ci-dessous) dont les formes découpées, le jeu des mains et des regards évoquent le *Tricheur* de La Tour.

Je le vois comme un gentilhomme masqué du caravagisme, un mystérieux dilettante.»

En 1935, Charles Sterling rédige lui-même un article pour tirer les enseignements de l'exposition qu'il a organisée avec Jamot et faire le point sur les attributions proposées. Dans la partie qu'il consacre à La Tour, il tente une chronologie de son œuvre en assignant une date précoce au *Saint Sébastien* de Berlin qu'il juge trop éloigné de conception du *Reniement de saint Pierre*, daté de 1650, pour le placer à la fin de sa carrière. Avec une intelligence qui nous semble prémonitoire, et tout en précisant que dans ses dernières années La Tour privilégie les «nuits», il évite de faire correspondre les deux groupes d'œuvres, diurnes et nocturnes, à des moments successifs de l'évolution du peintre : «Les tableaux nocturnes et diurnes étaient sans doute exécutés concurremment.»

En 1935 Longhi s'extasie devant la hardiesse formelle du *Tricheur* et le visage en «œuf d'autruche» de la courtisane, disant que le tableau «rendrait jaloux notre Casorati». Felice Casorati (1886-1963) peignait en effet en 1926 *Madame Wolf* (ci-dessous) avec un souci de simplification comparable. N'est-ce pas aussi le moment où chacun regarde la peinture en se souvenant de Cézanne (en bas, *Madame Cézanne*)?

De précieux documents réapparaissent

L'attention des historiens de l'art est dès lors en éveil et les chercheurs rivalisent pour apporter des précisions. Plusieurs pièces d'archives importantes sont retrouvées pendant cette période : l'historien de l'art Pierre du Colombier fait ainsi état de l'*Inventaire des registres de l'état civil de Lunéville*, rédigé en 1899 par Charles Denis, qui recense quinze mentions directement liées à La Tour ou à sa famille. Henri Baderou, marchand et grand connaisseur, signale pour sa part divers documents anciens ayant trait à des tableaux attribués à La Tour, notamment l'inventaire après décès d'André Le Nôtre, le dessinateur du parc de Versailles, qui mentionne «dans le petit cabinet au bout de la chambre où led. feu s. le Nostre est décéddé

[...] un tableau peint par La Tour, représentant Une nuit, avec sa bordure, prisé... 15 l. t.» Cela fait réfléchir! Cette on ne peut plus prestigieuse provenance – Le Nôtre était un des plus grands collectionneurs de Paris – semble contredire l'illusoire idée selon laquelle La Tour était un peintre effacé, isolé, demeuré dans sa province par détachement.

Nancéien, Pariset se consacre à La Tour : outre son livre de 1949, il publiera sur le peintre près de quarante articles. Assistant à la Sorbonne puis professeur à la faculté de Bordeaux, il se voue aussi à l'étude du néoclassicisme. Les gravures (ci-dessous) qu'il publie en 1935, comme de Jean Le Clerc d'après La Tour, ne sont pas de l'artiste lorrain – ainsi que le montrera plus tard J. Thuillier. Elles datent quoiqu'il en soit d'une période où La Tour souhaite faire connaître – à Paris? – sa peinture.

Pariset, «biographe de beaucoup le plus important» (Sterling)

François-Georges Pariset (1904-1980), alors professeur au lycée de Strasbourg, qui attachera définitivement son nom à celui de Georges de La Tour, commence à faire paraître le fruit de ses recherches sur le peintre : en 1935, il réunit dans un article la suite des mentions – qu'Alexandre Joly, en 1863, s'était contenté de signaler – concernant les tableaux commandés à l'artiste par Lunéville entre 1644 et 1651 pour le gouverneur La Ferté. La même année, exactement comme Voss avait rapproché en 1915 ses *Veilleuses* d'une peinture disparue de La Tour, Pariset publie deux gravures découvertes à la Bibliothèque nationale, exécutées selon lui par le Lorrain Jean Le Clerc (1585-1633) et qui rendraient compte de compositions perdues de La Tour : l'une d'entre elles représente *Deux moines*, reconnus plus tard comme une *Extase de saint François*, l'autre une *Madeleine pénitente*.

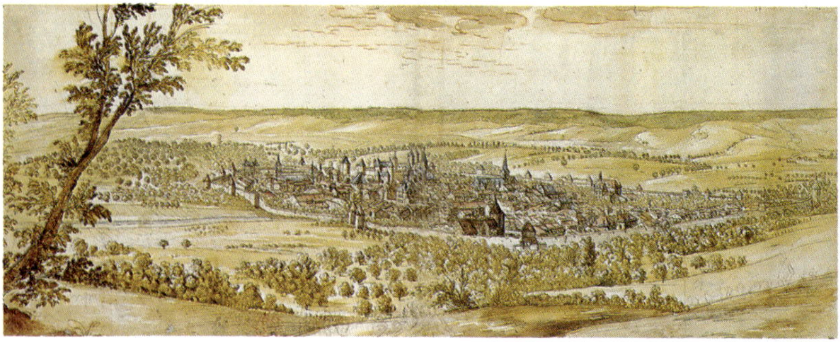

Cette aquarelle d'Israël Sylvestre (ci-dessus) donne un panorama de Vic-sur-Seille au XVIIe siècle.

En 1935 toujours, presque trois quarts de siècle après qu'Alexandre Joly a fait allusion au malheureux sergent Drouin Bastien bâtonné par La Tour, Pariset signale une pétition adressée en 1646 au duc de Lorraine par les habitants de Lunéville où le peintre, présenté comme un hobereau provincial profitant égoïstement de ses privilèges en ces temps de misère, «se rend odieus au peuple par la quantité de chiens qu'il nourit tant levriers, qu'espagneus, comme s'il estoit Seigneur du lieu, pousse les lievres dans les grains, les gaste, et foule». Publié pour la première fois en 1900 par Baumont dans son *Histoire de Lunéville*, ce texte, resté inaperçu jusqu'en 1935, va dérouter et même scandaliser les premiers admirateurs de La Tour, décontenancés semble-t-il par les détestables et lacunaires indices qu'il livre d'un caractère, d'une personnalité, d'une psychologie correspondant si peu à l'image que, bien légitimement il est vrai, ils avaient pu se forger de l'auteur de l'*Adoration des bergers*.

Publié en 1935 par Yvonne Lamiray comme étant l'original peint pour Louis XIII, le *Saint Sébastien* légué en 1910 au musée d'Evreux n'est qu'une copie... d'une faiblesse presque amusante (page de droite, en haut).

Pariset, en 1935 encore, mentionne une donnée d'importance, sans publier toutefois les pièces d'archives correspondantes : Georges de La Tour n'est pas né à Lunéville comme l'indiquait dom Calmet en 1751, mais dans une cité voisine, Vic-sur-Seille. Dans le même article, l'auteur indique aussi la date du baptême : 19 mars 1593.

Notons, comme il sera remarqué presque quarante ans plus tard, que la date correcte de la cérémonie est le 14 mars.

Acquisitions, attributions, expositions... Georges de La Tour est bel et bien lancé!

Cette même année 1935, le Louvre achète pour la somme de 20 000 francs ce qu'il croit être son deuxième Georges de La Tour, le *Saint Jérôme lisant* qui vient d'être exposé à l'Orangerie. Deux œuvres reprenant une même composition inédite, un *Souffleur à la pipe*, sont aussi découvertes et reproduites à quelques mois d'intervalle par Vitale Bloch et André Philippe, le conservateur du musée d'Epinal : l'une d'elles appartient à Mme Dorr, de Versailles, l'autre à M. Tulpain, de Vaudoncourt dans les Vosges. En 1935 toujours, une troisième version du *Saint Sébastien* dit «en largeur» – pour le distinguer de celui entré au musée de Berlin en 1928 – est découverte au musée d'Evreux et donnée comme l'original disparu : la très faible qualité du tableau ne permet pas hélas! d'accorder quelque crédit à l'autographie proposée... L'année suivante, en 1936, George Isarlo publie une peinture inconnue jusqu'alors appartenant à un collectionneur parisien : une *Fillette au brasero*.

Le *Souffleur à la pipe* fait partie des compositions que La Tour et son atelier durent multiplier à la fin des années 1640 à l'intention d'une assez large clientèle. Un dessin anguleux, un modelé durci et une certaine sécheresse d'exécution caractérisent la plupart de ces versions. Celle de la collection Dorr (page de gauche, en bas) passa dans la collection Néger, puis fut achetée par les Allemands pour le maréchal Goering; récupérée après la guerre, elle a été déposée au Musée lorrain de Nancy. La *Fillette au brasero* (ci-contre, l'exemplaire de la collection Michel, passé dans des collections portugaise puis suisse) présente des traits proches, avec des formes plus arrondies. Certains exemplaires ont été associés à un *Souffleur*, mais il n'est pas sûr qu'ils aient été conçus comme tels.

A NEW PICTURE B
BY CHARLES STERLING

En 1936-1937, La Tour participe pour la première fois à une exposition outre-Atlantique. Presque une décennie après qu'Hermann Voss a publié son article dans *Art in America* pour sensibiliser les amateurs d'art des Etats-Unis à l'extraordinaire réhabilitation qui est en train de s'opérer en Europe, l'Amérique consacre au peintre lorrain, ainsi qu'à ceux dont il est presque devenu l'égal, une exposition itinérante sans précédent intitulée «Georges de La Tour and the Brothers Le Nain». La venue à New York, Chicago, Detroit et Saint Louis de l'*Adoration des bergers* et du *Saint Jérôme lisant* du Louvre, du *Nouveau-Né* de Rennes et d'une copie ancienne inédite de ce tableau, du *Tricheur* Landry, du *Souffleur à la pipe* Dorr et du *Saint Sébastien* de Berlin est une splendide réussite : impressionnés, le public le plus large, les collectionneurs avertis et les responsables de musées commencent à apprécier Georges de La Tour. Suffisamment pour qu'un jour on puisse compter sur le territoire américain seize compositions du maître, dont la moitié au moins sont des chefs-d'œuvre incontestés...

Sur le catalogue de l'exposition «Georges de La Tour and the Brothers Le Nain» (ci-contre) est reproduit pour la première fois en couleurs le *Nouveau-Né*. Le *Saint Jérôme* du Louvre (ci-dessus) participe aussi à cette grande «tournée» en Amérique : d'un parti formel rigoureux mais d'une facture plutôt modeste, il sera cependant assez vite déclassé au rang de copie ancienne «d'après un original perdu».

Madeleine, François, Alexis et Joseph... cinq nouveaux venus en trois ans

En juillet 1937, tout en signalant dans le commerce new-yorkais l'existence d'une quatrième version du *Saint Sébastien* en largeur, Charles Sterling publie et reproduit dans le *Burlington Magazine* une *Madeleine repentante* de la main de La Tour : l'image est saisissante d'intense ferveur, et l'effet nocturne contribue à une émotion religieuse poignante. Appartenant au grand antiquaire parisien André Fabius, le tableau séduit immédiatement et figure l'année même aux côtés du *Job* d'Epinal, du *Saint Sébastien* de Berlin et du *Saint Jérôme* de Grenoble, dans une présentation spectaculaire des «Chefs-d'Œuvre de l'art français» organisée à l'occasion de l'Exposition universelle qui se tient à Paris. En mai 1938, moins d'un an après la révélation de la *Madeleine Fabius*, Charles Sterling récidive :

Publiée en 1937, la quatrième version du *Saint Sébastien* en largeur (ci-dessus) est mise aux enchères à Londres et passe entre les mains de quatre marchands différents avant d'entrer en 1948 dans les collections du Detroit Institute of Arts.

GEORGES DE LA TOUR

La beauté retenue, les yeux dans le vague, à demi plongée dans une obscurité audacieuse, la *Madeleine* dite *Fabius* (détail, ci-contre) subjugue... Ineffable émotion que celle de l'image inédite!

TWO NEW PAINTINGS BY GE TOUR

BY C

il publie cette fois d'un coup deux peintures inconnues de La Tour. La première, remarquée au musée du Mans dès 1925 par Pierre Landry, représente un *Moine mort*, reconnu plus tard comme une *Extase de saint François*. La seconde, portant la mention *La Tour fect*, est la quatrième toile signée de l'artiste retrouvée jusqu'alors. Conservée à Paris chez le collectionneur Camille Terff, elle donne à voir, comme le tableau Fabius mais dans une manière assez différente, plus simplifiée et austère, une *Madeleine pénitente* qu'on ne tardera pas à baptiser *Madeleine à la veilleuse* pour la distinguer, justement, de sa sœur désormais surnommée *Madeleine au miroir*.

En 1938 encore, François-Georges Pariset publie une *Découverte du corps de saint Alexis* retrouvée dans un grenier de Nancy. Unanimement accepté comme un original, et notamment par Paul Jamot et Vitale Bloch, le tableau est cédé l'année même par

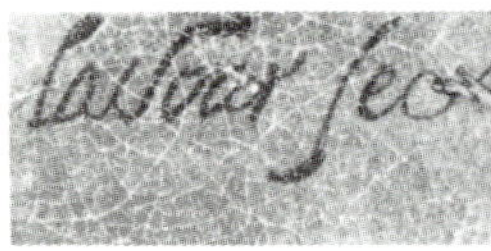

D'une austérité frappante, la *Madeleine Terff*, signée (ci-dessus), montre la pécheresse repentante, la main appuyée sur le crâne, regardant les livres sacrés, la croix de bois et la flamme de la veilleuse. La discipline posée sur la croix et la chemise baissée montrent que la pénitence peut être plus violente.

Le page du *Saint Alexis* (ci-contre, détail) fascine par la réserve rêveuse de son visage et le doux coloris de son beau costume, révélé par la flamme de la torche.

GES DE LA

RLES STERLING

son propriétaire au Musée historique lorrain de la ville. C'est une des créations les plus poétiques de La Tour : s'approchant du corps d'Alexis qui vient de mourir, un jeune page s'apprête à découvrir, en lisant le billet que le futur saint tient entre ses doigts, la secrète vie d'ascèse qu'il a menée. L'œuvre est bien sûr à rapprocher de la mention, publiée en 1935 par Pariset, de «l'image Saint Alexis» commandée par Lunéville à La Tour pour le gouverneur La Ferté en 1648.

En 1939, juste avant la guerre et peu avant sa mort, Paul Jamot publie dans la *Gazette des beaux-arts* une synthèse essentielle des recherches conduites sur La Tour depuis sa redécouverte. Il propose en particulier une chronologie des quinze tableaux et trois gravures qu'il mentionne et reproduit, et publie un *Saint Joseph charpentier* inédit, découvert en Angleterre par le célèbre marchand Percy Moore Turner (v. 1877-1950). Cet article, «soutenu à la fois par une longue expérience et par une admirable élévation de pensée, fixe définitivement l'image d'un La Tour lié aux plus hautes ambitions du génie français» (J. Thuillier).

Donné longtemps à l'Ecole espagnole, l'*Extase de saint François* du Mans (ci-dessus), est aujourd'hui reconnue comme une fidèle copie d'un original disparu. Elle apporte, avec la gravure dite des *Deux moines* publiée par Pariset en 1935 et le legs fait par La Tour en 1652 aux Frères mineurs, un indice sur ses liens avec les Franciscains.

Le *Saint Joseph charpentier* (à gauche) confronte de façon saisissante l'enfant Jésus et son père nourricier qu'il éclaire de la lumière d'une chandelle. La pièce de bois que travaille Joseph évoque la forme de la croix du sacrifice. L'opposition de l'enfant et du vieillard est un des ressorts constants des peintres caravagesques.

En Amérique, pendant ce temps...

Il semble que l'exposition «Georges de La Tour and the Brothers Le Nain», qui circule de novembre 1936 à mars 1937 aux Etats-Unis, donne des idées à certains responsables de musées américains. Dès février 1938, le fragment de l'*Education de la Vierge* signalé quatre ans auparavant par Sterling dans le catalogue de l'exposition de l'Orangerie est acquis par le Detroit Institute of Arts, qui devient ainsi le premier musée à posséder un La Tour outre-Atlantique! Deux ans plus tard, une seconde institution, le Wadsworth Atheneum d'Hartford, dans le Connecticut, croit acquérir à son tour une peinture de Georges de La Tour : il s'agit d'un *Saint François en extase* ayant appartenu à Vitale Bloch, considéré alors comme une variante de la toile de même sujet conservée au musée du Mans. Le catalogue de l'exposition «Night Scenes» (Hartford, 1940), où l'œuvre est mentionnée et reproduite pour la première fois, précise que «d'après Hermann Voss, le tableau est indubitablement de la main de l'artiste».

L'*Education de la Vierge à la broderie*, appelée aussi *Fillette au rat de cave* (ci-dessous), appartient en 1934 à Pierre Waidmann. Ce dernier la tient, comme le *Vielleur* qui porte son nom, de son grand-père Charles Friry.
En 1937, avant de mourir, il la cède aux marchands Belay et Carré qui la revendent en 1938 à Detroit.
En bas, inventaire dressé par Waidmann de ses collections, annoté par sa fille, Colette Dussaux après la vente de la toile.

Le premier livre sur La Tour

Après la mort de Paul Jamot survenue en 1939, sa nièce Thérèse Bertin-Mourot réunit ses textes sur La Tour restés inédits et les publie en mai 1942 chez Floury sous la forme d'un petit livre d'une soixantaine de pages

Petit Salon
bibliothèque.

— Jeune fille s'éclairant par une mèche — (portion d'une toile importante) par George de La Tour — aujourd'hui au musée de Detroit (Amérique).

richement illustrées. S'y trouvent reproduits tous les originaux «acceptés» par le conservateur ainsi que deux copies anciennes de tableaux disparus : la *Rixe de musiciens* de Chambéry et le *Saint Sébastien* de Rouen. Ce premier ouvrage consacré à La Tour connaîtra une importante diffusion et donnera même lieu à une réédition «complétée» en 1948. Grâce à Mgr Rhodain, alors aumônier volontaire dans les camps, il sera distribué aux prisonniers français en Allemagne : en ces temps de détresse, le *Job* d'Epinal, longtemps connu sous le nom du *Prisonnier*, revêt sa dimension symbolique la plus haute, celle de l'homme éprouvé, accablé par le destin mais confiant, qui continue de croire. On dit qu'une photographie du tableau était fixée sur le mur du local de Céreste où le poète René Char dirigeait un maquis de la Résistance.

Le *Saint François* d'Hartford (ci-contre) est semblable à la figure du saint de droite du tableau du Mans. La variante introduite dans le candélabre laisse cependant penser que ces deux copies anciennes reflètent en fait deux compositions différentes.

La confrontation des deux *Saint Sébastien* en hauteur permet de mieux apprécier ce qui distingue les toiles (pages suivantes). Le tableau de Berlin (à gauche), en meilleur état, est plus net, plus contrasté mais un peu plus froidement peint. Celui de Bois-Anzeray (à droite), usé en certaines parties et très craquelé, est plus délicat de facture, plus fin de coloris, avec une unité rose que vient rompre le bleu du voile, au centre. Ce morceau diffère dans le tableau de Berlin, où le même voile est noir : le pigment employé était un bleu bon marché, qui a noirci avec le temps, alors que le lapis-lazuli du tableau français a gardé son éclat. On conclura que la toile de Berlin n'est qu'une fine et précise copie, exécutée dans l'atelier de La Tour, certains supposant qu'Etienne, le fils du peintre, en est l'auteur.

Les découvertes s'accélèrent...

De nouvelles œuvres, souvent secondaires il est vrai, continuent régulièrement de réapparaître. Ainsi Pierre Quarré, conservateur du musée des Beaux-Arts de Dijon, identifie-t-il en 1943 dans les réserves de son musée une *Education de la Vierge* proche mais, malgré tout, sensiblement différente de celle qui avait figuré à l'exposition des «Peintres de la Réalité». Les historiens de l'art restent à l'affût et, en 1945, deux saisissantes peintures sont découvertes en province dans des églises de campagne : l'une d'elles, un *Saint Sébastien* en hauteur à cinq figures, semblable en tout, ou presque, à la toile entrée dans les collections berlinoises en 1928, est remarquée par l'architecte Jean Philippot à Bois-Anzeray près d'Evreux et signalée par lui à Jacques Dupont, inspecteur des Monuments historiques. L'autre peinture, un spectaculaire *Christ aux outrages*, est retrouvée à Chancelade (Dordogne) et publiée par Maurice Jardot comme un authentique La Tour. A l'heure même où l'Europe découvre en Allemagne l'abomination des camps de concentration, on parle, devant cette image de l'*Homme de douleurs*, du «déporté».

L'année suivante, dans sa revue *L'Amour de l'art*, René Huyghe, conservateur en chef des Peintures

Le *Saint Sébastien* de Rouen et le *Saint Pierre* de Cleveland, comme l'*Adoration des bergers*, la *Puce* et l'*Argent versé*, furent donnés à Honthorst avant d'être rendus à La Tour. Le *Christ* de Chancelade (à gauche), fut en revanche, lui, considéré comme un chef-d'œuvre de La Tour, avant d'être retiré de son catalogue par Vitale Bloch. C'est en fait une copie partielle d'un Honthorst (en bas), découvert en 1990 et acquis par le musée Getty.

En 1943, dans le catalogue d'une exposition organisée à New York par la galerie Wildenstein, est publiée une composition inédite de La Tour : le fragment d'un *Nouveau-Né* (ci-dessus) semblant correspondre à l'œuvre à partir de laquelle a été réalisée la gravure publiée par Voss en 1915. Le tableau sera légué anonymement en 1991 à l'Art Gallery of Ontario de Toronto.

du Louvre, reconnaît le premier que le *Saint François* acquis en 1940 par le musée d'Hartford est une œuvre issue «de l'atelier du maître» et non de sa main.
Il reproduit par ailleurs dix des douze tableaux qu'il a remarqués quelques années plus tôt au musée d'Albi : indépendamment d'une réplique d'assez mauvaise qualité de l'*Adoration des bergers* du Louvre, onze tableaux – des copies, selon R. Huyghe, plus ou moins anciennes réalisées d'après des originaux perdus de La Tour – formaient originellement une série du *Christ* et des douze *Apôtres*, dont hélas! deux manquent, comparable aux *Apostolados* peints en Espagne par le Greco et dans les Flandres par Rubens et Van Dyck.
La même année, le California Palace of the Legion of

René Huyghe (ci-dessus), responsable à trente et un ans des Peintures du Louvre, professeur au Collège de France à partir de 1950 et élu à l'Académie française en 1960, considère en 1946 tous les *Apôtres* du musée Toulouse-Lautrec d'Albi comme des copies. Onze tableaux constituent cette série, si l'on ajoute aux neuf, reproduits dans l'article que R. Huyghe publie dans l'*Amour de l'art* (planche ci-contre), le *Christ* et un *Saint Jacques le Mineur* – l'un des plus beaux et l'un des deux seuls originaux. On identifie (de gauche à droite et de haut en bas), *Saint André, Saint Pierre, Saint Thomas, Saint Jude Thaddée* (le second original) *Saint Philippe, Saint Matthias, Saint Simon, Saint Jacques le Majeur* et *Saint Paul.*

Honor de San Francisco acquiert une étrange *Petite fille au turban chantant à la lumière d'une lampe* comme un Georges de La Tour et une cinquième version du *Saint Sébastien* en largeur est signalée à la chapelle Notre-Dame-de-Grâce d'Honfleur.

... et se multiplient

Dans l'effervescence de l'après-guerre, les découvertes – pas moins de sept – se succèdent à un rythme accéléré. En 1947, Vitale Bloch reproduit deux nouveaux tableaux montrant chacun un vieillard vu de face, la tête penchée, qu'il donne très justement à La Tour : un *Saint Jérôme lisant* des collections royales anglaises conservé à Hampton Court et qu'Horst Gerson, le grand spécialiste de Rembrandt, avait dès 1942 rapproché du maître lorrain, et d'autre part un «Pèlerin» appartenant au restaurateur parisien Nicolas Czinober, que Pariset ne tardera pas à identifier comme l'original d'un des *Apôtres* d'Albi – le *Saint Philippe* – tout juste publiés par René Huyghe. George Isarlo signale de son côté deux œuvres inédites : la première, à Paris dans la collection de Jean Néger, représente une *Fillette au brasero* de même composition que celle qu'il avait déjà publiée en 1936. La seconde, qui vient de quitter le territoire français, est une autre version de l'*Education de la Vierge* exposée en 1934 à l'Orangerie.

Grâce à François Mathey, alors inspecteur des Monuments historiques, et Marie-Lucie Cornillot, la conservatrice du musée, trois autres tableaux sont retrouvés cette année-là dans les réserves du musée de Besançon : une belle version du *Saint Joseph charpentier*, très voisine de celle

Découverte en 1945 dans une chapelle d'Honfleur et déposée en 1972 au musée Eugène-Boudin de la même ville, la cinquième copie du *Saint Sébastien* en largeur (page de droite, en haut) est à la fois la plus repeinte, la plus mal conservée et la plus faible d'exécution.

Le *Saint Jérôme lisant* des collections royales britanniques (à gauche) fut acquis en 1662 par Charles II comme «à la manière de Dürer». Très usé mais de qualité sûre, il ne sera reconnu comme un La Tour qu'en 1972, après avoir été restauré. La *Madeleine pénitente* du musée de Besançon (ci-dessus) est, elle, une copie ancienne.

appartenant à Percy Moore Turner publiée par Jamot en 1939, un *Souffleur à la pipe* analogue aux deux tableaux découverts en 1935 par Vitale Bloch et André Philippe, ainsi qu'une *Madeleine repentante* de format horizontal, apparemment proche de la gravure publiée par François-Georges Pariset en 1935 et de la magnifique *Madeleine au miroir* de la collection Fabius mais dotée, entre autres dissemblances, d'un nimbe – rarissime dans l'œuvre de La Tour – comparable à celui du *Saint Jérôme pénitent* de Grenoble.

En dépit de ces découvertes nombreuses et d'importance inégale, l'événement marquant de l'année 1947 reste la soutenance à la Sorbonne, le 21 juin 1947, sous la direction de Pierre Lavedan et devant un jury composé des professeurs Zeller, Réau, Souriau et Gouhier, de la thèse de François-Georges Pariset sur Georges de La Tour. Résultat de longues années de recherches, « trésor profus de faits et documents nouveaux » (J. Thuillier), elle marque une étape décisive dans la connaissance du peintre lorrain.

Ces copies de l'*Education de la Vierge* (ci-dessous) ont été publiées en 1934 (à gauche) et en 1947 (à droite) : parfois suspectée d'être un ajout, la signature de la seconde (en haut), a fait dire qu'elle pouvait être d'Etienne de La Tour, le fils de Georges. On a également avancé qu'il s'agissait d'un original ruiné et cruellement restauré… La médiocre copie de Dijon (page de gauche) diffère : rendrait-elle compte d'un autre original du maître ?

La gloire de La Tour est désormais installée : le peintre a pris sa place parmi les grands du XVIIe siècle, à l'instar de Poussin et des Le Nain, avant Le Sueur, avant Le Brun. On veut voir en lui l'artiste «bien français», attaché à une humanité simple, celle de «province». Celui qui sait exprimer les valeurs chrétiennes, celles de la famille et du travail...

CHAPITRE III

1947-1972 : DE L'INÉLUCTABLE HÉMORRAGIE DES CHEFS-D'ŒUVRE À L'IMPOSSIBLE CHRONOLOGIE

"Est-il exclu que le *Règlement des comptes* [à gauche, détail], œuvre de la plus haute qualité, étrange, imparfaite mais ambitieuse et hardie, soit le témoignage des premières recherches de La Tour?"

Pierre Rosenberg, 1992

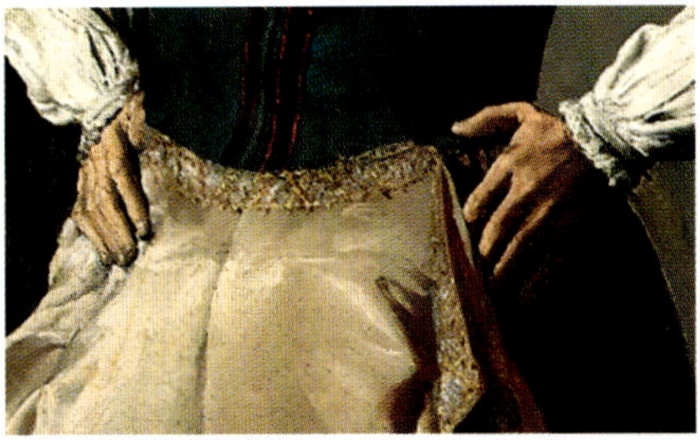

Pendant que l'on expose l'art lorrain au pavillon de Marsan…

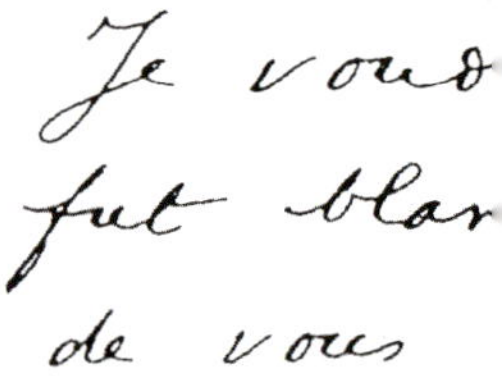

En 1948, quatorze tableaux de La Tour, ou d'après lui, conservés dans des musées français sont présentés au pavillon de Marsan à l'occasion de l'exposition des «Chefs-d'œuvre de l'art alsacien et de l'art lorrain». Le *Christ* de Chancelade est exposé comme un authentique La Tour et deux compositions sont montrées pour la première fois : la *Fillette au brasero* signalée l'année précédente par Isarlo dans la collection de Jean Néger et un *Fumeur*, considéré comme une copie d'après La Tour, appartenant à un

Entré au Louvre, le *Saint Joseph charpentier* est étudié scientifiquement : la radiographie (ci-dessous) montre que dans un premier temps La Tour a peint le visage de l'enfant de trois quarts, tourné vers le spectateur. Le coloris brun, ocre et violine, l'effet lumineux avec les doigts de Jésus rougis par la transparence devant la flamme,

l'efficace simplicité du message qui associe les valeurs du travail, de la famille et de la foi chrétienne ont valu à la toile une durable notoriété. La version de Besançon (page de droite), d'un cadrage plus resserré dans la partie supérieure, n'est, malgré sa belle qualité, qu'une copie.

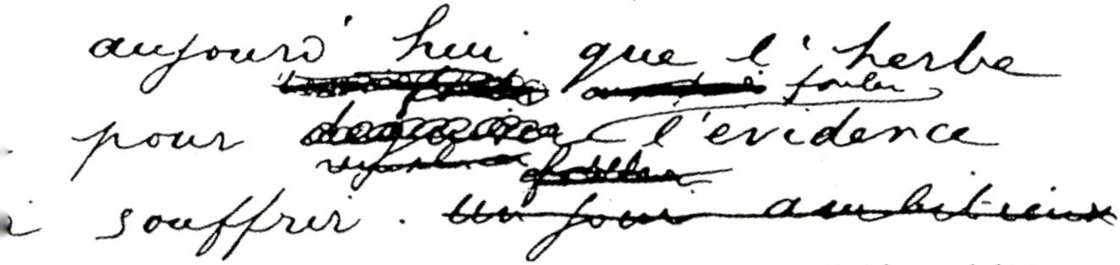

collectionneur anonyme. Le *Saint Joseph charpentier* de Besançon peut être comparé à celui que Percy Moore Turner vient de donner au Louvre en souvenir de son ami Paul Jamot. La confrontation confirme que ce dernier est le seul original.

... l'Amérique achète deux La Tour de plus

Cette même année 1948, alors que Bernard Dorival professe un cours sur Georges de La Tour à l'école du Louvre, deux nouveaux tableaux entrent dans des musées américains : le premier, acquis par la Frick Collection de New York le 12 mai, est l'*Education de la Vierge* signalée par George Isarlo en 1947.

Le second est acheté par le Detroit Institute of Arts le 24 septembre : il s'agit de la version du *Saint Sébastien* en largeur qu'avait mentionnée Sterling en 1937. Le musée le publie comme authentique mais la qualité médiocre ne trompe pas : le fameux original de La Tour reste à retrouver.

❝ J'observe de biais la jeune femme : "Comment vous appelez-vous mon petit? – Madeleine." A vrai dire, son nom ne m'a pas surpris. J'ai terminé dans l'après-midi *Madeleine à la veilleuse*, inspiré par le tableau de Georges de La Tour dont l'interrogation est si actuelle. Ce poème m'a coûté.❞

René Char, *Recherche de la base et du sommet*, 1948

❝ Je voudrais aujourd'hui
que l'herbe fût blanche
pour fouler l'évidence
de vous voir souffrir :
je ne regarderais pas
sous votre main
si jeune la forme dure,
sans crépi de la mort.
Un jour discrétionnaire,
d'autres pourtant
moins avides que moi,
retireront votre
chemise de toile,
occuperont votre
alcôve. Mais ils
oublieront en partant
de noyer la veilleuse
et un peu d'huile
se répandra par le
poignard de la flamme
sur l'impossible
solution.❞

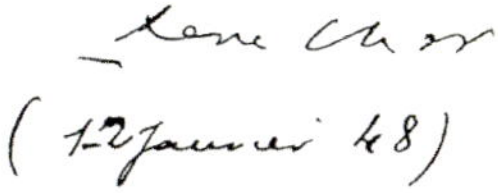

La «bible» Pariset

En avril 1949, la thèse de François-Georges Pariset est publiée. L'éditeur a demandé certaines suppressions que l'on regrette aujourd'hui. Tel que, le livre est très riche mais parfois difficile de consultation : l'absence d'un index se fait cruellement sentir. Le plan de Pariset comprend trois chapitres principaux. Celui sur «La Vie» regorge de

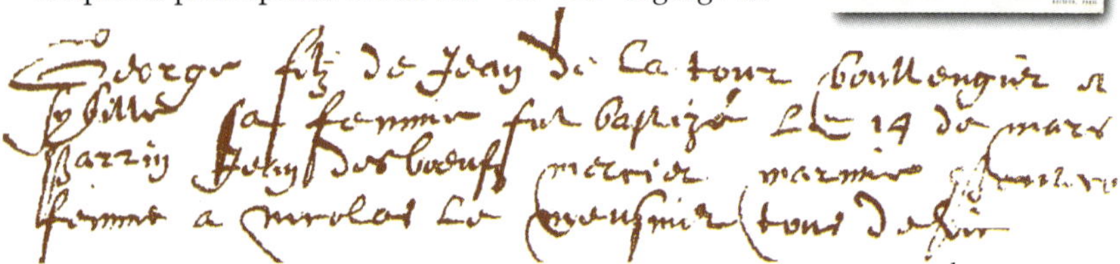

documents, souvent nouveaux, et qui tous ne concernent pas directement La Tour. Le second, sur «La Formation», envisage successivement Vic, Nancy, l'Italie et le caravagisme, parle d'un «laboratoire lorrain des nuits», donne d'utiles aperçus sur les caravagesques du Nord avec Honthorst et Ter Brugghen, Seghers et Adam de Coster, et aborde enfin la notion un peu floue de «réalisme populaire français». Le dernier chapitre, le plus nourri, traite des «Œuvres», groupées par thèmes. Le *Christ* de Chancelade est accepté comme une création de La Tour, un *Saint Ambroise taillant sa plume* est «proposé» et une sixième version du *Saint Sébastien* en largeur – plus petite que les cinq autres – est signalée à Paris dans la mystérieuse collection de «Monsieur S.» qui se révélera être Léon Salavin, le prince du chocolat.

Des documents de la plus grande importance sont également publiés par Pariset : l'acte de baptême de l'artiste à Vic-sur-Seille le 19 mars 1593 [en fait le 14] et les contrats d'apprentissage de ses aides, Claude Baccarat (1620), Charles Roynet (1626) et Chrétien Georges (1643); le texte de 1626 où il est dit qu'on a

De nombreux documents essentiels sur la vie et la carrière du peintre apparaissent dans le *Georges de La Tour* de Pariset. En particulier son acte de baptême qui indique : «George, filz de Jean De la tour boullengier et Sybille sa femme fut baptizé le 14 de mars [1593]. Parrin Jean desbœufs mercier. Marinne Pentecoste femme a Nicolas Le meusnier, tous de Vic.»

Anthony Blunt (à gauche), directeur du Courtauld Institute et professeur à l'université de Londres, laissa de magnifiques publications sur l'art italien et français, notamment sur Poussin. Ses activités d'espion pendant la Seconde Guerre mondiale, au profit de l'Union soviétique, ne furent révélées qu'à la fin de sa carrière et causèrent un beau scandale.

«arraché la serrure du sieur [en fait «du grenier»] La Tour pour faire livrer les grains [...] aux pauvres» et qui a fait penser, peut-être à tort, que l'artiste spéculait en temps de disette; l'acte étonnant de 1650 d'où il ressort que La Tour a corrigé si sévèrement Florent Louys, un laboureur surpris sur ses terres, que ce dernier dut faire appel à un chirurgien; enfin, les actes de décès à Lunéville, en janvier 1652, du peintre, de sa femme et de son valet.

Avec ses imperfections, le livre de Pariset reste, «pour qui saura le lire» (Sterling), un monument à La Tour. George Isarlo proclamera même que «ses 438 pages font de ce livre une sorte de *bible* La Tour»! Il fait l'objet de plusieurs importants comptes rendus, souvent publiés en 1950 seulement, tel celui d'Anthony Blunt (1907-1983), grand «dix-septiémiste», conservateur des collections royales anglaises, qui discute dans le *Burlington Magazine* la chronologie de l'œuvre du peintre proposée par Pariset.

La même année est édité à Londres le premier ouvrage consacré à l'artiste par un auteur étranger, S. M. M. Furness, *Georges de La Tour of Lorraine 1593-1652*. Le titre est significatif du point de vue adopté, qu'auraient réprouvé certains historiens français. Achevé dès 1946, le livre de miss Furness ne tient pas compte des apports de Pariset; ignoré en France, il aura une influence considérable dans les pays anglo-saxons.

Deux nouveaux originaux dont un... daté!

En 1949, un quatrième *Vielleur* est découvert en Belgique chez le collectionneur François Thoen, à Boisfort. Le tableau, qui porte la signature *G. de La Tour f.*, est alors publié par Edith Greindl et aussitôt acquis par les Musées royaux des beaux-arts de Bruxelles.

Une sixième version du *Saint Sébastien* en largeur (ci-dessous) est mentionnée en 1949 par Pariset comme ayant été acquise à Caen par le fin collectionneur et chocolatier Léon Salavin, à une date indéterminée : son exécution, bien qu'assez sommaire, n'est pas dépourvue de force; ses dimensions, très réduites par rapport aux autres copies, déconcertent cependant.

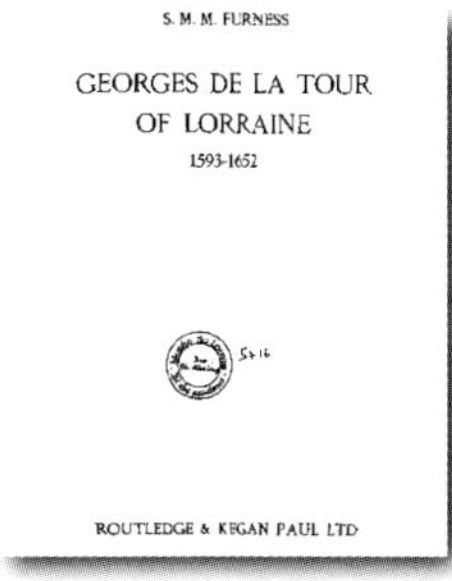
S. M. M. FURNESS

GEORGES DE LA TOUR
OF LORRAINE
1593-1652

ROUTLEDGE & KEGAN PAUL LTD

La radiographie (à gauche) du *Vielleur* de Bruxelles (ci-dessus; signature en haut à gauche) indique clairement qu'il ne s'agit que d'un fragment : on distingue sur la gauche ce qui reste d'un violoniste. C'est la partie droite, très restaurée (les yeux sont probablement repris puisque les joueurs de vielle sont généralement aveugles), d'un tableau qui était peut-être voisin de la *Rixe de musiciens*.

Des analyses de laboratoire montreront plus tard que ce *Vielleur*, très repeint, est en fait la partie droite d'un plus grand tableau qui représentait probablement une réunion de musiciens : à en juger, du moins, par la radiographie du fragment qui laisse apercevoir, à gauche du joueur de vielle, une main tenant un archet posé sur les cordes d'un violon.

Dans le compte rendu qu'il publie de la monographie de miss Furness en octobre de la même année 1949, Anthony Blunt signale l'apparition dans le commerce anglais d'une toile signée *Georg*^{s} *de La Tour Inve et Pinx* représentant les *Larmes de saint Pierre* et portant la date *1645*. Ce dernier point est d'une importance considérable : cette date est, et restera jusqu'à nos jours, la seule clairement visible portée sur un La Tour avec celle du *Reniement de saint Pierre* de Nantes daté 1650. Deux ans plus tard, le tableau sera acheté par le musée de Cleveland, devenant ainsi la troisième composition authentique du maître lorrain à entrer dans les collections publiques américaines.

La «Madeleine à la veilleuse» entre au Louvre

Après l'*Adoration des bergers* de Vitale Bloch, le *Saint Jérôme lisant* de Louis Delclève et le *Saint Joseph charpentier* de Percy Moore Turner, un quatrième La Tour entre au Louvre en 1949 contre le paiement de 30 000 francs par rétrocession de l'administration des Douanes : c'est la *Madeleine à la veilleuse* publiée par Sterling en 1938 alors qu'elle appartenait à Camille Terff.

Le tableau avait été acquis par Terff à Paris vers 1914

Etrange tableau que le *Repentir de saint Pierre*, dit aussi les *Larmes de saint Pierre* (ci-dessous) : le parti pris dramatique du personnage qui pleure et se tord les mains, la double source d'éclairage – celle de la lanterne au sol qui éclaire les jambes et les pieds du saint, celle venant du haut (naturelle, surnaturelle?) qui illumine son visage et ses mains – sont exceptionnels chez La Tour, peintre de l'immobilité et de la concentration. Le coq, celui qui a chanté trois fois et dont le stupide petit œil noir rappelle à Pierre sa faute, fait partie des rares animaux peints par le maître lorrain. Enfin, la date *1645* (ci-dessus) ancre précisément la toile dans la chronologie si difficile du peintre. C'est le moment, marqué par un certain «sentimentalisme» – peut-être sous l'influence d'Honthorst ou de certains peintres italiens –, qui précède les œuvres ultimes, simplifiées, géométrisées et silencieuses.

LA "MADELEINE A LA VEILLEUSE" RAPPORTE A SON VENDEUR UNE BELLE COMMISSION

... et une condamnation bien plus forte

pour environ 350 francs. Son propriétaire, malade et à cours d'argent, l'avait confié en 1941 à un intermédiaire peu scrupuleux, avec la mission de le vendre au moins 700 000 francs. Celui-ci, refusant le million de francs proposé par la Société des Amis du Louvre, préféra vendre la toile au musée de Cologne, gardant ainsi pour lui à titre de commission la moitié du million et demi obtenu. Avant de mourir, Terff intenta un procès pour grivèlerie contre son intermédiaire qui fut finalement sévèrement condamné, le musée de Cologne refusant cependant de restituer la *Madeleine*. Il fallut alors attendre 1944 pour que la toile soit retrouvée dans une mine de sel en Allemagne où elle avait été, dit-on, mise à l'abri des bombardements alliés, puis 1949 pour que sa vente à la ville de Cologne soit officiellement cassée et que la sainte pénitente puisse, selon le vœu exprimé par Paul Jamot, rejoindre les autres La Tour du Louvre.

"La Tour n'est pas un peintre de la réalité comme l'a été de son côté, c'est vrai, un Louis Le Nain. Au contraire, il tend à un "style" qui adopte avec prédilection des formes cubiques. Ses figures, surtout ses figures féminines sont délicates et songeuses. Il n'a pas un sens fort de la réalité; et au jour il préfère la nuit. A l'obscurité, à la lumière d'une chandelle, tout prend un aspect fantastique, et c'est pour cela que souvent nous ne comprenons pas la signification d'une scène."

Vitale Bloch, 1950-1953

Les synthèses de Bloch et de Sterling

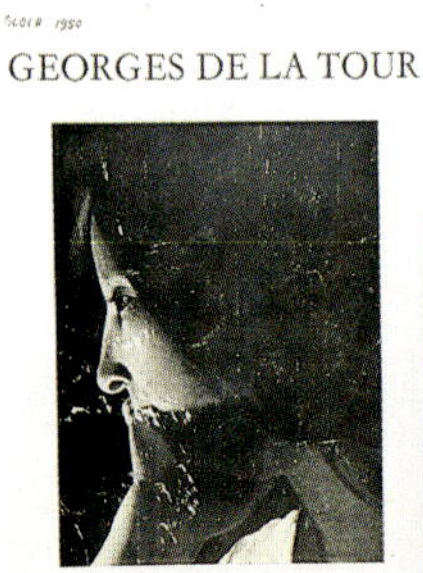

En 1950 Vitale Bloch, artisan de la première heure de la découverte de La Tour, publie à Amsterdam, en néerlandais, la quatrième étude monographique consacrée au peintre. Le livre sera traduit en italien et publié à Milan en 1953 avec une préface de Roberto Longhi. Il présente un catalogue richement illustré de vingt tableaux originaux et de presque autant d'œuvres d'atelier. Bloch mentionne et reproduit un septième *Saint Sébastien* en largeur qui se trouve à l'époque dans le commerce hollandais, refuse l'attribution à La Tour du *Christ* de Chancelade découvert cinq ans plus tôt et signale au dernier paragraphe de son étude, avec une insolite et stupéfiante discrétion, l'existence d'un tableau diurne de l'artiste, signé, qui n'a encore jamais été mentionné ni reproduit; de cette nouvelle composition de La Tour, Bloch ne fait qu'indiquer le titre si évocateur, aux riches consonances caravagesques : la *Diseuse de bonne aventure*.

Ce septième *Saint Sébastien* en largeur, peut-être la meilleure version conservée, proviendrait d'un couvent de la région de Marseille.

La même année, une autre importante composition diurne inconnue de La Tour est révélée dans la revue *Arts* : il s'agit d'un *Evangéliste* à mi-corps signé *Georguis de La Tour fecit*, découvert par l'historienne Madeleine Pré dans la Sarthe, au château de Gallerande.

UN NOUVEAU
Georges de la Tour
par Madeleine PRÉ

GEORGES DE LA TOUR — Evangéliste (?) (peinture signée)

Magnifiquement signé (en bas), le tableau découvert dans la Sarthe au château de Gallerande à Luché-Pringé (ci-contre) et désigné plus tard comme le *Saint Thomas à la pique* (à gauche), d'une prodigieuse qualité dans son alliance de réalisme féroce et de rigoureux formalisme, restera hélas! longtemps inaccessible aux amateurs, du fait de sa propriétaire.

Ce détail du *Saint Thomas à la pique* fascine par le jeu formel de l'épais petit bouquin, minutieusement décrit mais étrangement tordu dans un espace déformé, gauchi, tenu comme s'il était pesé, par une main ridée et contorsionnée.

Charles Sterling publie dans la *Revue des arts* en septembre 1951 ses «Observations sur Georges de La Tour». En commentant le livre de Bloch, il fait le point sur les connaissances, dénonce l'abondance de la littérature sur le peintre, devenu depuis 1934 «très à la mode», et les «appréciations littéraires, hâtives, exagérées, parfois presque hystériques de l'art de La Tour, [...] torrent de fausse philosophie et de lyrisme rarement juste». Tout en rendant hommage au livre de Pariset, il lui reproche de n'avoir pas réussi à «faire émerger d'une jungle d'hypothèses la période de jeunesse et la formation de La Tour, à expliquer la singularité de son iconographie, à proposer une chronologie persuasive de ses œuvres». Sterling tente en fait de dégager une image cohérente de la production de l'artiste. Il remet par ailleurs en cause

Observations sur
GEORGES DE LA TOUR
à propos d'un livre récent

l'autographie de certains tableaux dans lesquels il propose de ne plus voir que des «répliques d'atelier» réalisées d'après des originaux disparus : le *Saint Jérôme* du Louvre, les *Education de la Vierge* de la Frick Collection et de la collection Deffins, le *Saint Joseph charpentier* de Besançon déjà déconsidéré depuis sa présentation en 1948 au pavillon de Marsan, le *Saint Alexis* de Nancy, les *Deux moines* du Mans pour lesquels il propose le titre d'*Extase de saint François*, le *Saint Sébastien* de Bois-Anzeray, le *Vielleur* de Bergues et le *Saint Philippe* de la collection Czinober.

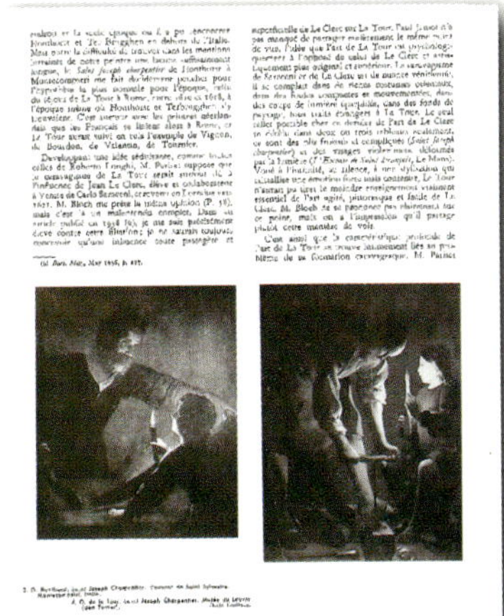

Si l'on met à part les deux derniers tableaux, en très mauvais état, et le *Saint Sébastien* normand au sujet desquels Sterling se trompe, l'apport est de premier ordre : on exigera désormais des tableaux «candidats» au catalogue de La Tour la plus haute qualité d'exécution, et non seulement de conception. Sterling, d'autre part, prend fermement position sur le voyage de La Tour en Italie, qu'il estime certain, et fait remarquer des analogies stylistiques fortes entre les toiles romaines d'Honthorst et celles de La Tour. Il dit toutes les difficultés à établir une chronologie de l'œuvre et semble admettre, après Bloch, que le groupe

En 1951, Sterling tente de prouver (ci-dessous) que La Tour a vu les tableaux d'Honthorst faits à Rome : «Il suffit de comparer le *Saint Joseph charpentier* de celui-ci [...] au tableau du même sujet peint par La Tour pour constater aussitôt que la coïncidence de la composition, de l'éclairage, de l'atmosphère morale ne peut pas être due au hasard; l'analogie s'étend jusqu'à la robe de l'enfant Jésus, rouge dans les deux tableaux.»

des tableaux diurnes précède «la plupart des tableaux nocturnes». Contrairement à Bloch cependant, qui continue de situer le *Saint Sébastien* de Berlin vers 1633, Sterling le pense maintenant de la maturité. Il donne toute son importance au *Saint Pierre* daté 1645 récemment publié par Blunt et en rapproche justement l'*Adoration des bergers* du Louvre, de style comparable, qui pourrait donc bien être, comme il l'avait suggéré en 1934, la *Nativité* offerte par Lunéville au gouverneur La Ferté en 1644.

Au printemps 1951, à Milan, l'exposition «Caravaggio e Caravaggeschi» présentait sous le nom de La Tour le *Saint Sébastien* de Berlin, la *Madeleine* de la collection Fabius et le *Saint Jérôme* du Louvre. C'était la première fois que l'artiste était exposé en Italie où, Longhi mis à part, on ne voyait encore dans La Tour qu'un peintre caravagesque secondaire.

<u>Quatre La Tour de plus en Amérique : l'hémorragie continue!</u>

En 1954, la William Rockhill Nelson Gallery of Art de Kansas City s'offre la version du *Saint Sébastien* en largeur publiée par Vitale Bloch quatre ans plus tôt comme authentique.

La même année, le même Bloch reproduit pour la première fois, en les donnant à La Tour, un *Vieillard* et une *Vieille Femme*, deux tableaux découverts en 1949 dans une collection privée de Meilen en Suisse qui, à l'époque, avaient été signalés par Maria Marzola dans sa thèse sur le peintre Jean Le Clerc et malheureusement attribués à cet autre artiste lorrain plutôt qu'à La Tour. Deux ans plus tard, ces deux toiles seront achetées par un couple de

En 1953, Marcel Arland et Anna Marsan publient aux éditions du Dimanche, dans la collection «Les Demi-Dieux» qui privilégie d'admirables détails photographiques en noir et blanc, le cinquième ouvrage entièrement consacré à Georges de La Tour. Ils indiquent à cette occasion que la *Fillette au brasero* publiée par George Isarlo en 1947

est signée *D. Tour* (en haut) et qu'elle peut, par conséquent, être considérée comme un original.

Le *Vieillard* et la *Vieille Femme* (page de droite) sont peints à petite échelle (c'est rare chez les peintres caravagesques!), dans un beau réalisme accentué par la crudité de l'éclairage latéral qui revèle le rouge, le jaune citron, le beige rosé et le bleu canard des vêtements.

collectionneurs de San Francisco, Margaret et Roscoe Oakes qui, l'année même, déposeront leurs nouveaux La Tour au M. H. de Young Memorial Museum de la ville. *Le Souffleur à la pipe* découvert en 1935 par André Philippe, en fait une œuvre d'atelier, quitte également l'Europe pour l'Amérique en 1956. Il est acquis comme un original par le musée de Saint Louis.

Deux descriptions réalistes de paysans endimanchés, ou deux figures en pleine action sur la scène d'un théâtre? Le sujet des *Vieillards* reste discuté. Isarlo y voyait deux fragments découpés «dans un rideau forain [...] ou une enseigne foraine». Plus sérieusement, Blunt les rapproche d'une représentation théâtrale du XVIe siècle (ci-contre, détail d'une gravure de Jean Gourmont le Jeune). Le couple paraît bien dialoguer et même s'invectiver. Un dessin de Callot (page de gauche) montre une jeune Lorraine dans une pose comparable.

Le sujet de la *Femme à la puce* continue d'intriguer. Une pécheresse repentie? Une Madeleine? La Vierge enceinte? Ou la simple représentation d'une femme, enceinte ou non, écrasant une puce entre ses ongles? Le thème existe ailleurs au XVIIe siècle, avec des sous-entendus érotiques (ci-dessous, tableau d'Honthorst).

Deux belles copies du *Saint Alexis* sont conservées (à droite, en haut, à Nancy; en bas, à Dublin). Alexis, Romain vertueux, quitte sa famille le soir de ses noces pour la Terre sainte. Revenu chez son père comme valet, il meurt dans la soupente d'un escalier. Un jeune page découvre le corps sans vie. «Une fois de plus, un dialogue silencieux s'établit entre l'homme qui a vécu et l'enfant au visage de lumière. Mais, cette fois, l'ignorance et l'inquiétude sont du côté de celui qui entre dans la vie, et la vérité, cruelle mais apaisée, du côté de celui qui en sort.» (J. Thuillier)

Un tableau stupéfiant... et quelques précisions supplémentaires

En 1955, François-Georges Pariset publie deux nouvelles peintures. La première est un chef-d'œuvre : découverte par Marie Berhaut, alors conservateur du musée de Rennes, la *Femme à la puce* est présentée à la Société de l'Histoire de l'art français par Pariset comme un authentique La Tour et acquis l'année même par le Musée historique lorrain. Le tableau stupéfie : une femme en chemise, assise, éclairée par une chandelle, semble écraser une puce entre ses deux pouces. Le réalisme est saisissant, l'effet coloré somptueux. La seconde peinture, une nouvelle version de la *Découverte du corps de saint Alexis* conservée au Musée lorrain, est retrouvée en Belgique chez un collectionneur de Liège, R. Crommelynck. Publié par Pariset comme un original, le tableau présente un cadrage des figures très différent de celui de Nancy dont la partie inférieure a été diminuée et la partie supérieure agrandie. Il entrera en 1968 dans les collections de la National Gallery de Dublin par l'intermédiaire du marchand parisien François Heim. La même année, Henri Tribout de Morembert, archiviste de la ville de Metz, publie et commente dans *Le Figaro littéraire* du 6 août un bel ensemble de nouveaux documents comprenant notamment le contrat de mariage de l'artiste avec Diane Le Nerf le 11 juillet 1617 ainsi que celui – dans lequel La Tour est qualifié de «peintre et pensionnaire du Roy» – de leur fils, Etienne, avec Anne-Catherine Friot en février 1647. Tribout de Morembert signale également le contrat de septembre 1648 liant le peintre à son apprenti Jean-Nicolas Didelot.

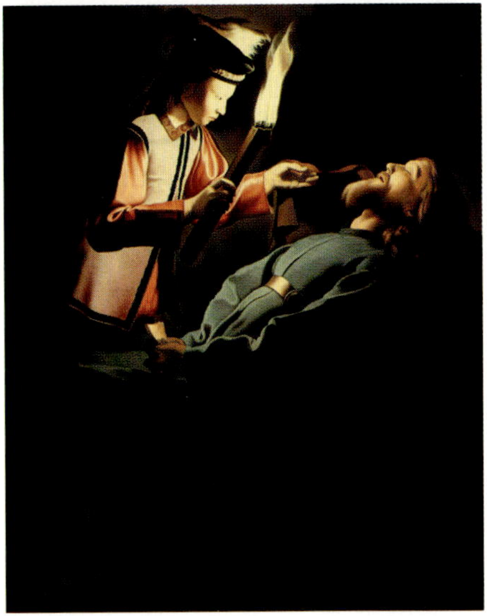

La réhabilitation empirique d'un chef-d'œuvre ruiné

En 1958, Michel Laclotte, conservateur à l'Inspection des musées de province, présente à

Londres puis à Paris un ensemble de peintures françaises du XVIIe siècle provenant de musées français et prend l'audacieux parti d'exposer aux côtés des principaux originaux de La Tour le *Vielleur* de Bergues qui, depuis son prêt en 1934 à l'exposition des «Peintres de la Réalité», a toujours été considéré comme une «œuvre d'atelier». Bien que le tableau figure dans le catalogue de Laclotte sous la mention «atelier», sa confrontation avec les autres toiles autographes pendant l'exposition, son étude en laboratoire et sa restauration attentive permettent à partir de cette date de voir dans le *Vielleur au chien* une peinture en mauvais état, certes, mais de la main même du maître.

C'était courageux de la part de Michel Laclotte de reproduire le visage «beuglant» du *Vielleur* de Nantes en couverture de catalogue (ci-dessous, l'exposition de la Royal Academy de 1958), courageux encore

d'exposer à Londres et à Paris un autre *Vielleur*, celui de Bergues, jusque-là peu considéré. Michel Laclotte (en haut), grand spécialiste de primitifs français et italiens, sera conservateur en chef des Peintures du Louvre en 1966 puis directeur du musée de 1987 à 1994.

Tapi au sol, le sympathique petit chien au regard vif et inquiet, chargé de la difficle mission de conduire le *Vielleur* de Bergues, a été confondu parfois avec une marmotte! Il s'agirait en fait, selon Pariset, d'un bouledogue bordelais.

La même année, Fritz Grossmann publie une «mezzotinte» datée 1730 représentant les *Larmes de saint Pierre*. Portant une lettre erronée qui attribue à Guido Reni le tableau qu'elle traduit, cette gravure rend en fait compte d'une peinture de Georges de La Tour mentionnée en 1659 dans la collection de l'archiduc Léopold-Guillaume, puis dans les collections impériales autrichiennes et disparue depuis. La retrouvera-t-on un jour? Ce saint Pierre repentant, d'esprit très réaliste, les mains tordues de douleur, paraît avoir été bien proche des créations de peintres caravagesques du Nord comme Ter Brugghen. Toujours en 1958, Pariset signale discrètement l'existence, en Angleterre, de l'original de la *Rixe de musiciens* du musée de Chambéry.

Un La Tour impressionnant par son pedigree – les collections impériales autrichiennes – mais perdu. Toutes les recherches pour retrouver le *Saint Pierre* gravé au XVIIIe siècle (sous le nom de Guido Reni, ci-dessous) ont été vaines.

«La Diseuse de bonne aventure : Comment ce La Tour a-t-il quitté la France?» («Le Figaro Littéraire»)

Le 8 juin 1960, la *Diseuse de bonne aventure*, signalée si discrètement par Vitale Bloch en 1950, est exposée en Amérique, fraîchement accrochée aux cimaises du Metropolitan Museum of Art de New York. C'est une révélation autant qu'un scandale : comment un tel chef-d'œuvre a-t-il pu quitter la France? Conservé dans la même famille sarthoise depuis plusieurs générations, le tableau, signé *G. De La Tour Fecit Lunevillæ Lothar*, avait été attribué au peintre lorrain en mai 1945 par Jacques Célier, le petit-neveu de son propriétaire le général de Gastines. Célier connaissait l'œuvre pour l'avoir vue, depuis sa plus tendre enfance, sur les murs des propriétés familiales. Il en avait en fait identifié l'auteur dès 1943, alors qu'il était retenu prisonnier

Peut-être le tableau le plus extravagant de tout le XVIIe siècle, la *Diseuse de bonne aventure* (deux doubles pages suivantes) fut vite célébrée. Œuvre étonnante de réalisme où compte la part du rêve, brutale et raffinée, où les regards s'échangent, où les mains courent d'une extrémité à l'autre de la toile. Tableau où les délicatesses d'écriture viennent précieusement broder sur une mise en place nette et géométrique.

de guerre en Westphalie, en découvrant dans la monographie de Jamot, distribuée dans les camps allemands sur l'initiative de Mgr Rhodain, une reproduction du *Tricheur* appartenant à Pierre Landry. Laissé en indivision entre les héritiers du général

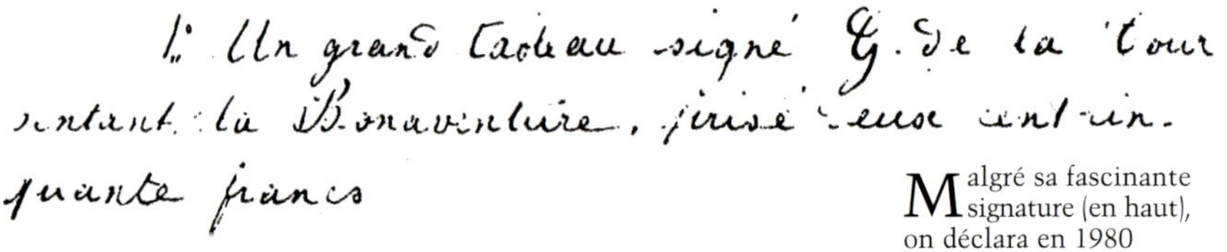
1° Un grand tableau signé G. de la Tour, représentant la Bonaventure, prisé deux cent cinquante francs

de Gastines, le tableau fut signalé en 1948 aux responsables des musées nationaux de l'époque. Alors que le Louvre avait négocié son acquisition pendant l'été 1949, il semble que des surenchères inattendues proposées aux cohéritiers par Georges Wildenstein aient mis un terme aux pourparlers : devenu la propriété du célèbre marchand, le tableau sortit de France dans des conditions qui restent, aujourd'hui encore, peu claires. Il fut ensuite tenu presque secret pendant plus de dix années et très rares furent les spécialistes qui eurent la chance de l'étudier. Après avoir été proposée à la National Gallery de Washington, la *Bonne Aventure* fut achetée de la galerie Wildenstein par le Metropolitan Museum de New

Malgré sa fascinante signature (en haut), on déclara en 1980 que la *Bonne Aventure* (double page suivante) était un faux, les costumes des personnages étant jugés « impossibles » à l'époque de La Tour. La découverte du mot « merde » (page de droite, en bas) sur le châle de la jeune bohémienne brune de profil à gauche, attisa les suspicions. Il s'agissait en fait de la facétie d'un restaurateur, et il revint à Pierre Rosenberg, alors conservateur au département des Peintures du musée du Louvre, de démontrer, dans un article de 1981, que le tableau était mentionné sur un inventaire de 1879 (ci-dessus), à un moment où personne ne connaissait Georges de La Tour. A gauche, André Malraux, alors ministre des Affaires culturelles au moment de l'affaire.

York sur le Rogers Fund en mars 1960. Pas une fois elle n'avait été reproduite : l'étrange et délicieuse image, qui reste unique dans l'œuvre de La Tour par l'éclat et la délicatesse de son coloris, par son incongruité et sa poésie, n'était ainsi connue de quasiment personne, et le choc fut absolu. Très vite, une violente campagne de presse se déchaîna en France. André Malraux, ministre des Affaires culturelles, dut se défendre à la tribune de l'Assemblée nationale d'avoir accordé le visa d'exportation.

The Fortune-teller, by Georges de La Tour (1593-1652), French. Oil on canvas, about 1630. Signed upper right: G. de La Tour Fecit Lunevilla Lothar. [illegible] Rogers Fund, 1960

Notes The Fortune-teller is the Museum's proudest purchase of the current year. Our October Bulletin will show it in the full color that alone can do justice to its brilliance, and we will publish an article about it in that or a subsequent issue. Meanwhile, for the benefit of our summer visitors, the painting will be displayed in the Recent Accessions Room, beginning June 8.

340

Jacques Celier, qui identifia l'auteur de la *Bonne Aventure* (ci-contre, la douloureuse «page 340» du bulletin de juin 1960 du Metropolitan Museum, reproduisant pour la première fois le chef-d'œuvre inconnu), se souvient : «Souvent j'étais conduit pour faire la sieste dans une chambre où se trouvait accrochée une toile qui m'impressionna beaucoup : c'était la *Diseuse de bonne aventure*. Le profil grimaçant de la vieille bohémienne me faisait terriblement peur, la face lunaire de sa jeune complice ajoutait à mon inquiétude, et l'action même des voleuses me scandalisait affreusement.»

A la suite de Caravage, dont *La Diseuse de bonne aventure* (vers 1594; page suivante, en haut à gauche) montre une bohémienne distrayant un jeune homme pour lui voler sa bague, les peintres caravagesques français renchérissent sur le thème du vol. Chez Simon Vouet (au centre) comme chez Valentin (en bas), c'est la bohémienne qui se fait voler. Vouet raconte l'histoire sur le ton de la farce; Valentin est, comme à son habitude, plus grave. Dans tous les cas, et peut-être plus encore dans la *Diseuse* de La Tour, le jeu des regards et des mains captive l'attention.

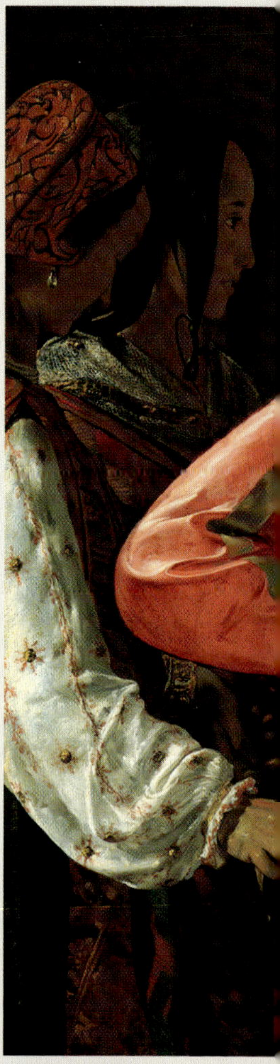

«La Madeleine aux deux flammes : un nouveau La Tour?» (Pariset)

Le 7 décembre 1961 François Georges Pariset présente à la Société de l'Histoire de l'art français un tableau découvert l'année même dans une collection particulière par Hubert Comte : une *Madeleine* au miroir, rapidement surnommée la *Madeleine aux deux flammes*. Les réactions sont partagées : certains parlent de chef-d'œuvre, d'autres, à cause des motifs du cadre ouvragé qui leur semblent trop tardifs, doutent de l'originalité même de l'œuvre. Deux ans plus tard, en 1963, cet authentique chef-d'œuvre quittera la France. Vendu par François Heim aux collectionneurs new-yorkais Jayne et Charles Wrightsman, il deviendra, en même temps que la onzième composition de La Tour conservée sur le territoire américain, la *Madeleine Wrightsman*.

Double consécration populaire en 1966 : pour la première fois, un tableau de La Tour, le *Nouveau-Né* de Rennes, est reproduit sur un timbre-poste (page de droite). Cette même année, l'historienne de l'art Anna Ottani Cavina (ci-dessous) publie aux éditions Fratelli Fabbri, dans la collection «I Maestri del colore», le septième ouvrage sur La Tour : un album de grand format, peu coûteux, très largement diffusé et richement illustré de seize planches en couleurs (en bas). Plus encore que le livre de Jamot paru en 1942, cette édition, d'un beau niveau scientifique, s'adresse au grand public et contribue, un demi-siècle après la résurrection du peintre, à faire connaître ses compositions les plus célèbres. Il s'agit là d'une belle initiative de l'Italie qui semblait continuer de bouder l'artiste.

L'année de cet exil, sœur Annette-Marie Bougier fait paraître à Paris *Georges de La Tour. Introduction à la mystique de Georges de La Tour* et Pariset rédige pour l'*Enciclopedia universale dell'arte* une longue notice sur La Tour qui lui permet de préciser la chronologie qu'il revendique : il suppose que le voyage en Italie pourrait se placer entre 1614 et 1616, juxtapose nocturnes et diurnes d'une façon qui paraît aujourd'hui confuse (le *Souffleur à la pipe* se trouve contemporain des *Apôtres* et de la *Rixe*!) et place tout à la fin de l'œuvre, à côté du *Reniement de saint Pierre* de Nantes, le *Job* d'Epinal et le *Saint Sébastien* de Berlin.

Abandonné sur la table (page de gauche, détails de la *Madeleine Wrightsman*), un collier de perles. Jetées à terre, «deux gourmettes faites de tresses de perles avec des fermoirs et un joyau ovale noirâtre, cerné de rouge-brun, éclairé par une tache citron, prolongée par une perle ovale». (F.-G. Pariset, 1961)

Les découvertes continuent...

En 1967, une nouvelle copie ancienne d'après un original perdu est publiée par François-Georges Pariset. Il s'agit d'une variante sur le thème, déjà traité par le peintre dans la toile de Cleveland, des *Larmes de saint Pierre* montrant aussi le saint éclairé par une lanterne mais cadré de plus près, et sans le coq.

Les *Larmes de saint Pierre* (ci-dessus) est une belle copie d'un La Tour perdu.

L'année suivante, la notice du catalogue de la Frick Collection consacrée à son *Education de la Vierge* fait allusion à une quatrième version de ce tableau représentant cette fois les deux protagonistes de la scène en pied : il n'est pas impossible que cette copie rende compte d'une composition en hauteur peinte par La Tour – comparable alors, dans ses rapports de proportions, à la *Madeleine Fabius* – mais on ne peut toutefois exclure l'hypothèse d'une pure invention dont un copiste, capricieux et inspiré, serait le responsable.

L'*Enfant à la torche*, composition inédite et indubitablement de la main du maître, est signalé un an plus tard par Hidemichi Tanaka à l'occasion de sa thèse de doctorat d'université. En 1972, les collectionneurs Pierre et Kathleen Granville acquerront le tableau, entre-temps devenu le *Souffleur à la lampe* et le donneront ensuite, avec le reste de leurs œuvres, au musée de Dijon. La même année, à partir de la thèse qu'il a soutenue en 1969 à la faculté des Lettres de Strasbourg, Tanaka

Dans un livre sur La Tour (en bas, à gauche), «intelligent, documenté et bien illustré» (J. Thuillier), Agnès Szigheti insiste à raison sur la forte parenté de construction entre la *Femme à la puce* et la *Madeleine Wrightsman.*

Formé à l'université de Tokyo, Hidemichi Tanaka (ci-contre) soutient en 1969, sous la direction de Louis Grodecki, une thèse sur Georges de La Tour. Le livre (ci-dessous) ainsi que les articles qu'il consacre à l'artiste dans les années soixante-dix, représentent une précieuse contribution à la connaissance du peintre.
En haut à gauche, la version «en hauteur» de l'*Education de la Vierge.*

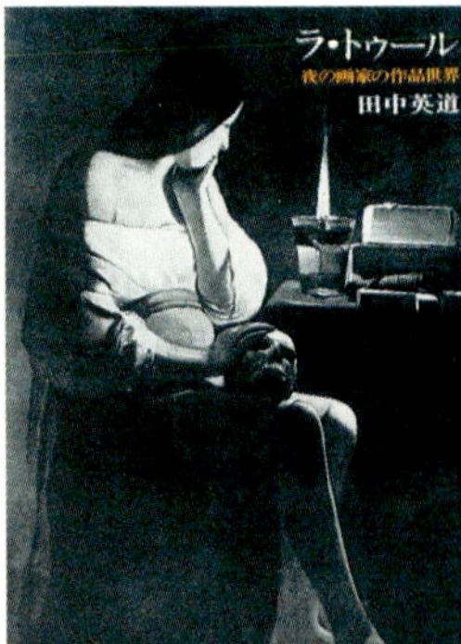

Signé *De La Tour f*, le *Souffleur à la lampe*, dit le *Souffleur Granville* (ci-contre et signature à gauche), montre un petit garçon, le visage déformé par l'effort, allumant sa lampe à huile avec les braises d'une bûche sur lesquelles il souffle. Le tableau fut découvert à Semur-en-Auxois (Côte-d'Or) en 1960 par le marchand d'art parisien Clément Altariba, chez la bibliothécaire de la ville qui le tenait de sa famille, originaire de Nancy. Il s'agit d'un exemple de petit tableau destiné, comme le *Souffleur à la pipe* ou la *Fillette au brasero*, à une clientèle assez large et dont les inventaires après décès lorrains regorgent.

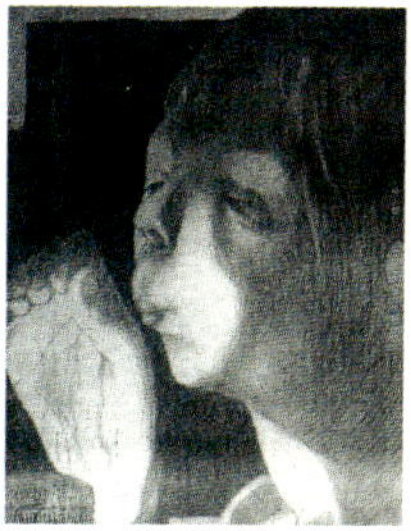

Le Hambourgeois Horst Janssen, un représentant du réalisme fantastique allemand, qui affectionne les paraphrases dessinées, aquarellées ou gravées d'après les maîtres du passé, laisse en 1972 un savoureux dessin (ci-dessus) inspiré du *Souffleur Granville*.

publie en japonais, avec un résumé en français, *L'Œuvre de Georges de La Tour*. Paru un an après le petit livre en hongrois d'Agnès Szigheti, conservateur au Musée national des beaux-arts de Budapest, l'étude de Tanaka est la neuvième entièrement consacrée à l'artiste.

... de l'Ukraine au comté de Durham

En 1970 Maria Tcherbatchova publie sous le nom de La Tour un étrange et magnifique tableau qu'elle a attribué à l'artiste dès les années cinquante. L'œuvre, montrant dans une vue plongeante six hommes autour d'une table éclairée par une bougie, appartient au musée de Lviv, en Ukraine.

On hésite sur le titre à lui donner : l'*Argent versé*? le *Règlement des comptes*? le *Paiement de l'impôt*? l'*Usurier*? Vitale Bloch, dès 1971, approuve l'attribution. Mais le tableau reste inconnu des autres spécialistes.

Deux ans plus tard, en février 1972, Christopher Wood, spécialiste de chez Christie's, découvre en Angleterre, à Preston Hall, dépendance du musée de Teesside dans le comté de Durham, une nouvelle peinture inédite de La Tour : les *Joueurs de dés*. Les historiens d'art britanniques Benedict Nicolson et Christopher Wright étudient et authentifient immédiatement l'œuvre. Le 11 février, plusieurs dizaines de quotidiens à travers le monde consacrent leurs gros titres à l'annonce de cette découverte... On ne connaissait pas jusqu'ici de composition « à la chandelle » montrant plusieurs figures qui ne soit pas un sujet religieux. Le tableau représente trois jeunes soldats jouant aux dés, avec deux spectateurs dont l'un semble détrousser un des joueurs; le style, avec les formes simplifiées, est celui des derniers La Tour, comme le *Reniement de saint Pierre* de 1650 à Nantes. Certains remarquent que la qualité des morceaux est très inégale et soupçonnent une collaboration : celle d'Etienne de La Tour, le fils du peintre?

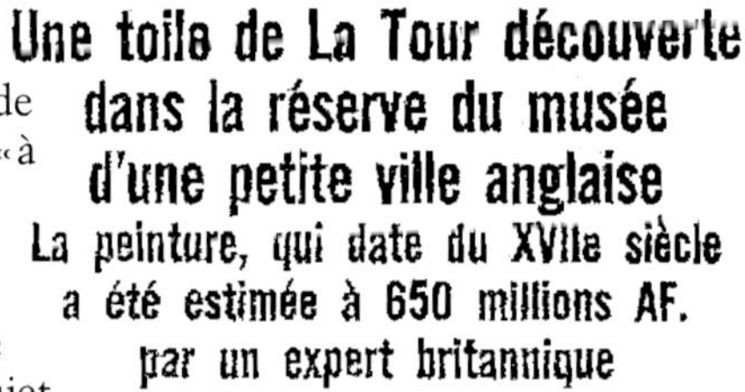
Une toile de La Tour découverte
dans la réserve du musée
d'une petite ville anglaise
La peinture, qui date du XVIIe siècle
a été estimée à 650 millions AF.
par un expert britannique

Georges de La Tour à l'Orangerie

Organisée à l'Orangerie des Tuileries, là même où s'était tenue l'exposition des « Peintres de la Réalité » trente-huit ans plus tôt, la rétrospective La Tour est un événement considérable.

L'*Argent versé* (en haut) et les *Joueurs de dés*, révélés à un large public en 1972, montrent comment La Tour, aux deux extrêmes de sa carrière, traite des scènes de genre en nocturne – « à la chandelle ». Sur le premier, signé mais à la date illisible (ci-dessus), le plateau de la table est rabattu vers le spectateur et accueille une étonnante nature morte où livre de compte, bourse, pièces de monnaie sont vus par en haut, comme sur les tableaux flamands et hollandais du XVIe siècle. La lumière découpe des ombres portées dans tout le tableau. S'il n'est pas un des tout premiers La Tour, le tableau date des débuts du peintre. Les *Joueurs de dés*, également signé (ci-dessous), présentent, eux, un éclairage très contrasté, avec des ombres noires. Les formes nettes et presque dures caractérisent le style du La Tour des dernières années, vers 1650.

La *Madeleine aux deux flammes* (les œuvres sont citées dans l'ordre du dépliant) montre la pêcheresse dans son cadre de vie luxueux, qui renonce au monde : elle a abandonné ses bijoux, au sol et sur la table. Celles dites *à la flamme filante* et *à la veilleuse* représentent la jeune femme pénitente, contemplant les livres sacrés, la croix et la discipline avec laquelle elle se flagelle. Ces deux tableaux sont très proches de conception : pourtant, le premier, avec ses formes plus rondes, son éclairage plus dispersé et sa facture plus riche, doit être bien antérieur au second, plus rigide et simplifié. Sans doute, La Tour reprenait-il ses compositions à des dates assez éloignées. La *Madeleine au miroir*, la plus dépouillée, est figurée, elle, comme en extase, à demi noyée dans un climat de profond mysticisme. Celle *aux deux flammes* est, des quatre, la plus humaine et la plus sensuelle, tout à la fois tendue par une sourde géométrie et magnifiquement présente. (Ci-contre, détail du *Tricheur à l'as de carreau* et en regard, le *Tricheur à l'as de trèfle*).

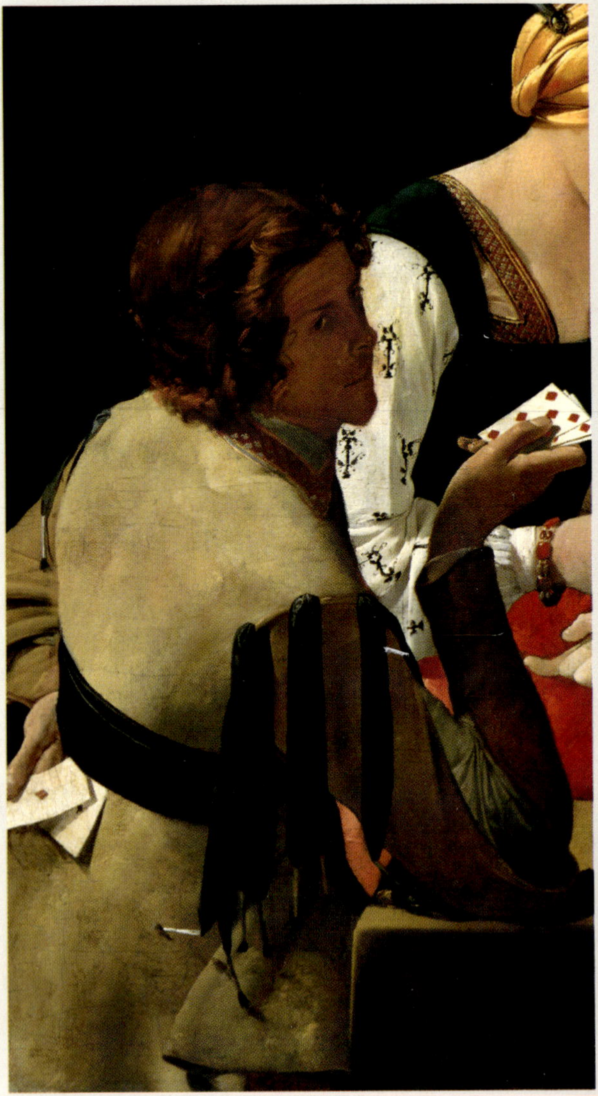

Le catalogue, rédigé en grande partie par Jacques Thuillier, professeur à la Sorbonne – les notices des tableaux étant écrites en collaboration avec Pierre Rosenberg –, représente une somme admirable de connaissances et d'analyses. Dans cet ouvrage de référence, comme dans les espaces d'exposition, la partition des œuvres en trois groupes est stricte : après «La Tour peintre de tableaux diurnes» et «La Tour peintre des nuits», une «Section d'étude» regroupe les tableaux «discutés» à côté des copies. Cette dernière partie, qui juxtapose des œuvres de qualités manifestement très différentes, trouble quelque peu le public.

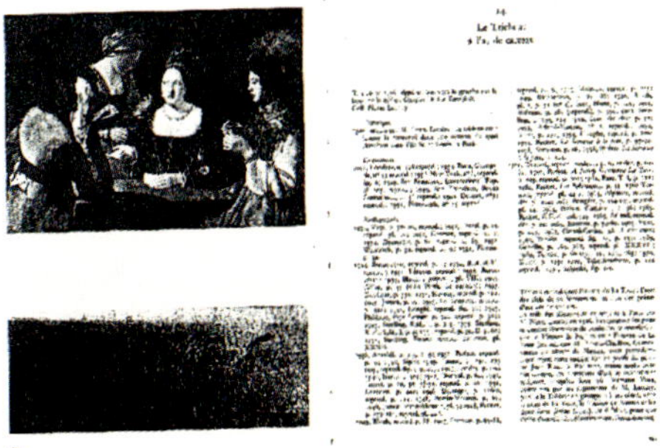

Toutes les œuvres identifiées à l'époque ont pu être réunies, à l'exception du *Saint Thomas* que Mlle de Ruillé, sa propriétaire, refuse de montrer comme de prêter; manque aussi une toile moins importante, l'original de la *Fillette au brasero* publié en 1947, que remplace une version inconnue jusque-là, appartenant au collectionneur parisien Henri Cuvet. Parmi les grandes nouveautés figure le *Tricheur* signalé en Suisse par Sterling en 1934, confronté à cette occasion pour la première fois au *Tricheur* Landry qui devient le *Tricheur à l'as de carreau*, tandis que le premier est surnommé le *Tricheur à l'as de trèfle*.

Les auteurs du catalogue de 1972 (ci-contre) réagissent bien sûr contre la chronologie passablement embrouillée proposée par Pariset neuf ans plus tôt. Le parti est clair : d'abord les diurnes, ensuite les nocturnes. Mais l'enchaînement est subtil et logique, qui va des tableaux «réalistes», profanes ou religieux, aux compositions plus élaborées comme les *Tricheurs* ou la *Bonne Aventure*, et des nocturnes aux formes pleines et sensuellement peintes à ceux plus géométrisés et de moindre matière.

On doit à Jacques Thuillier (ci-dessous), merveilleux spécialiste du XVIIe siècle français, des écrits

fondamentaux sur Le Nain, Vouet, Poussin et maints artistes. Il s'est particulièrement attaché à l'étude de La Tour à qui il a consacré plusieurs articles et trois livres.

Très admirée, la *Rixe de musiciens* britannique, publiée en 1958 par Pariset comme l'original du tableau de Chambéry, bénéficie également d'un remarquable accueil, de même que la sulfureuse *Diseuse de bonne aventure*, revenue pour quelques mois en France et que chacun regarde avec une émotion non dissimulée. Deux des *Apôtres* de la série d'Albi publiée en 1946 par René Huyghe comme un ensemble de «copies» anciennes réalisées d'après des originaux perdus, le *Saint Jacques le Mineur* et le *Saint Jude Thaddée*, se voient définitivement reconnus comme des originaux. Un nouvel arrivé est, par ailleurs, très commenté : l'extraordinaire et si problématique *Argent versé* du musée de Lviv, encore jamais vu en Occident, que le catalogue inclut dans la «Section d'étude». Deux copies d'après La Tour, une *Madeleine au livre* et une *Education de la Vierge* dite *à la broderie*, apportent encore de nouveaux et précieux documents.

LE PETIT JOURNAL DES GRANDES EXPOSITIONS

G. de La T

Accrochée chronologiquement (vue d'une salle, ci-dessus), l'exposition de 1972 bénéficiait d'un *Petit Journal* qui eut grand succès.
A la clôture, les commissaires mirent les tableaux sur le palier de l'escalier de l'Orangerie pour les comparer en bonne lumière. Ils se livrèrent là à un véritable petit ballet... déplaçant les œuvres, les juxtaposant, les éloignant, tout en échangeant leurs points de vue.

La consécration

L'exposition, qui accueille environ 350 000 visiteurs, remporte un succès triomphal. La presse ne tarit pas d'éloges et rares sont les articles dont les titres craignent l'hyperbole : «Notre Vermeer», «La Tour perdu et retrouvé», «Georges de La Tour redécouvert après trois siècles», «Un peintre de génie enfin tiré de l'ombre après trois siècles d'oubli», «La belle aventure de Georges de La Tour», «Le mythe La Tour»,

L'*Education de la Vierge* dite *à la broderie* (ci-dessous), exposée à l'Orangerie et publiée pour la première fois, rend compte d'une composition du maître dont on ne connaît plus que le fragment acquis en 1938 par le musée de Detroit (ci-dessus). En 1977, elle sera léguée à l'ordre de Malte par le marquis de Balestrino, Luigi Rolandi Ricci del Carretto. Double page suivante, la *Rixe des musiciens* (détail), également exposée.

«Consécration d'un grand peintre : Georges de La Tour», «Le mystérieux Georges de La Tour»… Le critique André Fermigier intitule son article du *Nouvel Observateur* «Un dieu de la peinture pure» et analyse finement l'ambition du peintre : «A travers le regard de la *Madeleine aux deux flammes*, à travers le geste d'une bizarrerie exquise de l'*Ange apparaissant à saint Joseph*, à travers celui de la femme de Job, à travers son grand manteau rouge et son visage de lune, quelque chose est dit, dans le silence, la nuit, l'obscure rencontre du malheur et de la pitié, qui n'est dit nulle part ailleurs, ni dans un autre siècle, ni dans un autre pays.»

Un La Tour avant La Tour

Le bénéfice scientifique de l'exposition est considérable, et la confrontation des tableaux se révèle bien utile : le *Saint Sébastien* de Berlin est assez généralement déprécié et celui de Bois-Anzeray loué au point d'être regardé comme l'original des deux; le *Tricheur* de Genève, jugé favorablement, est estimé par la plupart des spécialistes antérieur à l'exemplaire parisien; le *Vielleur Waidmann* est considéré assez positivement et se voit octroyé le statut d'original; l'*Argent versé* venu d'Ukraine suscite l'admiration autant que la perplexité : il faut bien dire que ce tableau, dont l'exécution rappelle les *Vieillards* de San Francisco ou le *Tricheur* du Louvre, est complètement à part : c'est un nocturne éclairé à la lumière d'une chandelle, peint avec le mélange de brutalité et de raffinement qui caractérise les tableaux diurnes, et qui donne à voir d'étranges personnages, des rustres et des élégants,

— Notre vielleur est connu, paraît-il, sous le nom de "Vielleur-Waidmann" —!....

Peu après l'inauguration de l'exposition de 1972 – à laquelle figure «son» *Vielleur* – Colette Dussaux témoigne sa surprise et sa fierté (ci-dessous).

dans un espace qui chavire.

Voici d'un coup mis à bas l'axiome qui régit l'exposition et son catalogue : un La Tour nocturne contemporain des diurnes, peut-être même son premier tableau! Mais avons-nous seulement affaire à une œuvre du Lorrain? Jacques Thuillier est prudent, François-Georges Pariset pense à Le Clerc. Deux historiens d'art russes, Youri Zolotov en 1974 puis S. Vsevolozhskaya en 1975, feront connaître la signature et la date découvertes sur l'*Argent versé*. Si la signature confirme une attribution dont la plupart des spécialistes ne doutaient plus, la date, lacunaire et difficilement lisible, suscite interrogations et irritation : elle est lue «1641» ou «1642» par Zolotov, «1634» par Vsevolozhskaya, ou encore «1621» par l'historien de l'art Ferdinando Bologna. Elle semble en fait parfaitement illisible, hélas!

Un prix honnête pour le «Tricheur»

Le comité d'organisation de l'exposition était formé de Michel Laclotte, Pierre Rosenberg et Jacques Thuillier. Pierre Landry était le commissaire général : c'était une façon de rendre hommage à son rôle de pionnier dans la découverte de La Tour. Le Louvre souhaitait lui acheter son illustre *Tricheur*, et Landry n'était pas un homme facile. Le tableau eut les honneurs de la couverture du catalogue, et l'achat du chef-d'œuvre pour la somme de 10 millions de francs fut annoncé au cours de l'exposition. Dix millions, c'était un beau prix! Le prix à payer pour faire entrer le chef-d'œuvre dans les collections nationales, et la seule façon pour les conservateurs de réparer, sinon d'oublier, le désastre et l'humiliation qu'avait représentés le départ en Amérique de la *Diseuse de bonne aventure* une vingtaine d'années plus tôt.

L'affiche pas mal

Georges de La Tour

A l'Orangerie
Entre cour
Et jardin des Tuileries
Georges de La Tour
N'est pas de ces peintres
Dont on a vite fait le tour.

L'œuvre tourne autour
Du jour, de la nuit :
« Tricheur » au grand jour,
« Le Vielleur » de nuit...

C'est comme un voyage
Au goût de la nuit
Du grand Caravage.
C'est comme un bonjour
Que ferait Vermeer
D'un autre rivage.

Visiteur de La Tour,
Prends garde !
C'est l'homme du jour
Sortant de la nuit
Noire de l'oubli.
La nuit sans ses toiles.

Le Petit Lettré.

Les «retombées» de l'exposition de l'Orangerie furent de tous ordres : *Le Canard enchaîné*, par exemple, publie un poème sur le peintre signé du «Petit Lettré» (ci-dessus) et la République du Dahomey consacre deux timbres-poste au *Vielleur* de Nantes (page de gauche) et au *Nouveau-Né* (en haut). (Page de gauche, détail de l'*Argent versé*.)

UN MILLIARD POUR « LE TRICHEUR »

Georges de La Tour,
peintre en devenir.
Peintre anonyme, peintre fameux,
Georges de La Tour peintre prisé,
peintre célébré, reconnu puis oublié.
Sans racines, sans postérité,
Georges de La Tour, peintre réhabilité,
peintre redécouvert.
Redécouvert, qui peut le dire ?

CHAPITRE IV

1972-1997 : SI L'ŒUVRE EST MIEUX CONNU, LE PEINTRE ÉCHAPPE ENCORE

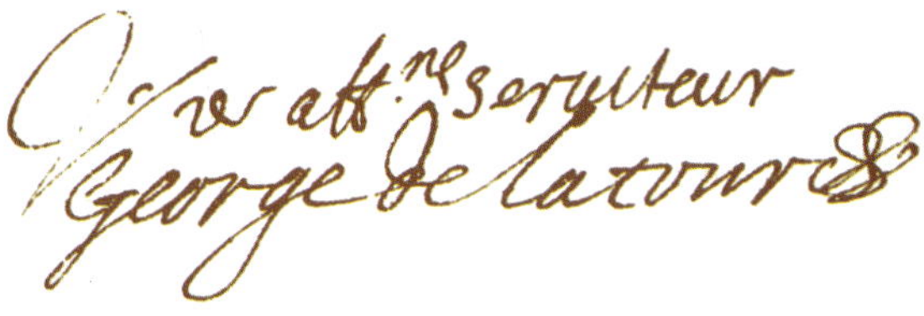

“ Il est retourné à une méditation étrangère au rythme des vies ordinaires. Il n'agit pas. Il songe. Les yeux à demi clos, il voit l'invisible.”

J. Thuillier, 1995

D'après La Tour ou pas? Le *Joueur de cornet* gravé (à gauche) est proche de son style mais évoque aussi l'art des caravagesques d'Utrecht, tels Honthorst et Ter Brugghen.

Un bilan assurément positif

L'exposition de l'Orangerie donne évidemment lieu à une quantité considérable de comptes rendus. Parmi les plus savants, celui qu'Anthony Blunt fait paraître dans le *Burlington Magazine*, remarquablement érudit et complet, rapproche stylistiquement La Tour des peintres nordiques et affirme sa complète autonomie à l'égard du caravagisme italien. Celui qu'Anna Ottani Cavina publie dans la revue *Paragone* attire l'attention du lecteur sur une gravure anonyme, un *Joueur de cornet* à mi-corps éclairé à la chandelle, qui présente avec l'art du Lorrain des affinités troublantes et fait pencher, au contraire, vers l'hypothèse d'un voyage du jeune La Tour à Rome.

Irrespectueux passionné, George Isarlo (ci-dessus) distillait chaque mois dans *Combat-Art* sa verve de polémiste et ses talents d'amateur de peinture. En 1925, il avait écrit un roman au titre prometteur, *L'Annonciation*.

Dans ses articles de la *Gazette des beaux-arts* puis du *Pays lorrain*, François-Georges Pariset propose quant à lui d'attribuer à Jean Le Clerc les *Vieillards* de San Francisco en même temps que l'*Argent versé* de Lviv et affirme que les *Saint Sébastien* de Berlin et de Bois-Anzeray sont tous deux originaux. Dans la *Revue de l'art*, enfin, Jacques Thuillier publie lui-même en 1973, sous le titre «Georges de La Tour : un an après», un article-bilan sur l'exposition de l'Orangerie. Il analyse de près les différentes copies des *Madeleine*, arrive à la conclusion que sept versions existent ou ont existé, et insiste sur

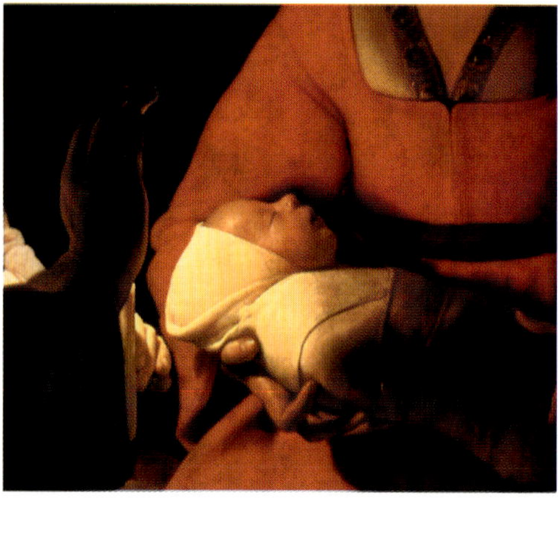

l'importance chez l'artiste des répétitions qui pourraient traduire «une forme d'esprit et une méthode de travail»; il étudie d'autre part en les comparant les signatures de La Tour découvertes sur des documents d'archives et celles de ses tableaux, et conclut à la vraisemblance d'une «chronologie tardive» des œuvres du maître : une très forte majorité des tableaux conservés daterait, selon lui, des quinze dernières années de sa carrière (1636-1652).

Plutôt ferme et libre, la huitième copie (ci-dessous) du *Saint Sébastien* disparu est une des plus belles versions. Signalée dans une collection privée américaine en 1972, elle vient du marché anglais et changera de mains en 1987, par l'entremise de la galerie Wildenstein.

Georges de La Tour : «Un désaxé sexuel, un sorcier et un hérétique»? (Tribout de Morambert)

Parmi les commentateurs de La Tour, George Isarlo se distingue par son originalité, sa virulence, son anticonformisme et sa mauvaise foi. Dans un des articles publiés par lui dans la revue *Combat-Art* à l'occasion de l'exposition de 1972, il mentionne chez un collectionneur américain une huitième version du *Saint Sébastien* en largeur et salue «l'effort documentaire» des organisateurs de la rétrospective.

Sorte d'odieux et malgré tout sympathique écorché vif, Isarlo propose des peintures du maître les interprétations les plus déconcertantes – d'après lui, par exemple, les deux *Vieillards* de San Francisco, qu'il refuse au peintre lorrain, seraient les fragments d'un rideau de théâtre forain – mais aussi les plus cruellement morbides ou salaces : reconnaissant en La Tour «un peintre de mœurs et de clandestinité», il décèle en effet dans plusieurs de ses toiles – celles de Lviv, de Stockton et même dans le *Reniement de saint Pierre* – des «mauvais lieux» remplis de «jeunes gens équivoques»; il identifie la *Diseuse de bonne aventure* à une «vieille maquerelle vantant à un client trois filles à louer». La Tour, toujours d'après Isarlo, «analyse froidement les mœurs de la cité : vol,

George Isarlo croit voir dans les *Madeleine* des «sorcières», celles «qui venaient certainement chez le peintre pour soigner ses enfants mourant», ou parle à propos du *Nouveau-Né* (page de gauche, détail) du «cycle de l'enfant mort». «Des femmes érudites souvent très jeunes, procèdent à des incantations : par des gestes magiques, lourds de suggestion, de décision, de détermination.» Il avance aussi que l'*Argent versé* se déroule dans un «poste de police»!

prostitution aussi bien féminine que masculine, abus policier, chantage, etc. C'est du Lautrec avant Lautrec.» En fait, Isarlo «rejette catégoriquement les sobriquets religieux dont la propagande a affublé les tableaux de La Tour qui appartiennent bel et bien à la Libre Recherche, à la Résistance, à la Clandestinité»! Vision forte, mais vision d'un solitaire qui refuse l'adage d'Alexandre Joly, énoncé tout au début de cette histoire : le travail des savants est «œuvre commune».

"La flamme qui monte et charbonne au point de se terminer en deux filets de fumée est généralement associée à l'espérance et à l'élan pathétique de l'âme vers le divin."
Paulette Choné, 1996

Pour un tableau révélé, deux changent de mains

L'impressionnant «battage» médiatique déployé à l'occasion de la rétrospective de 1972 a pour écho l'identification d'une magnifique *Madeleine*, parfaitement conservée et jusqu'alors attribuée à Le Nain, dans une collection privée près de Bordeaux. Le tableau, dont on découvrira plus tard la signature *G. de La Tour*, est voisin de la *Madeleine* du Louvre mais d'une facture tout autre, plus sensuelle et plus «crémeuse», avec un effet lumineux plus dispersé. Par ailleurs, juste après la clôture de l'exposition, on retrouve la trace de l'original de la *Fillette au brasero* publié par Isarlo en 1947 et qui n'avait pu être présenté à l'Orangerie : le tableau avait changé plusieurs fois de mains après différents passages en vente publique et se trouvait en fait, depuis 1968, dans une collection particulière américaine.

Si l'exposition permet à ses organisateurs de localiser et découvrir plusieurs œuvres perdues ou inconnues, elle est également l'occasion pour

quelques propriétaires privés de se défaire de leur La Tour, profitant de ce que leur toile était «sous les feux de la rampe» : Nicolas Czinober cède son *Apôtre* à un collectionneur américain en plein milieu de l'exposition et lord Trevor, à qui la *Rixe de musiciens* appartient, charge la maison Christie's de mettre son tableau aux enchères à Londres le 8 décembre 1972 : le plus beau La Tour alors «disponible» quitte le Royaume-Uni, sans que la National Gallery réagisse, acquis 380 000 guinées par le milliardaire Jean-Paul Getty pour son musée de Malibu.

Le sujet de la *Rixe* (ci-dessus) paraît clair : deux musiciens, un vielleur et un flûtiste s'empoignent. Une vieille femme se lamente, un violoniste et un cornemuseux se moquent. Dans son poing levé, le flûtiste semble tenir un citron dont il projette le jus dans l'œil du vielleur, pour démasquer en lui un «faux» aveugle. Le thème de la *Rixe* a été traité par Bellange dans une gravure célèbre (ci-contre). La composition en frise et le ton sarcastique, celui des proverbes, rappellent des tableaux nordiques (*La Bouillie du chat*, Ecole hollandaise, vers 1610-1620, à gauche). Le violoniste est, lui, proche d'une figure de Ter Brugghen (page de gauche, *Violoniste au verre de vin* gravé – ici inversé – par Matham).

Cinq «La Tour» en librairie

En deux ans, après la parution en 1972 des réflexions d'Ulysse Moussalli, critique et collectionneur, intitulées *A la recherche de Georges de La Tour*, quatre solides monographies paraissent sur le peintre lorrain, comprenant chacune un catalogue de l'œuvre, qui vont devenir des classiques : en 1973 le *Tout l'œuvre peint de Georges de La Tour* de Jacques Thuillier (en italien, puis immédiatement en français), qui signale sans la reproduire la *Madeleine La Haye* découverte au cours de la rétrospective de 1972; la même année, le *Georges de La Tour. Vie et œuvre* par Pierre Rosenberg et François Macé de Lépinay, qui cataloguent et reproduisent la *Madeleine* tout juste réapparue, mentionnent une neuvième version du *Saint Sébastien* en largeur, cette fois conservée en France, et publient un exemplaire signé *La Tour fec* du *Souffleur à la pipe* dont la composition était connue par les deux tableaux publiés en 1935 par Vitale Bloch et André Philippe et par celui découvert en 1947 au musée de Besançon; en 1973 encore, le *Georges de La Tour* de François Solesmes, préfacé par

Benedict Nicolson (en haut), érudit et plein d'humour, a publié un corpus des peintres caravagesques, des monographies sur Ter Brugghen et Wright of Derby. Christopher Wright (ci-dessus) est l'auteur de plusieurs publications sur La Tour où il accorde une place importante à Etienne, le fils du maître.

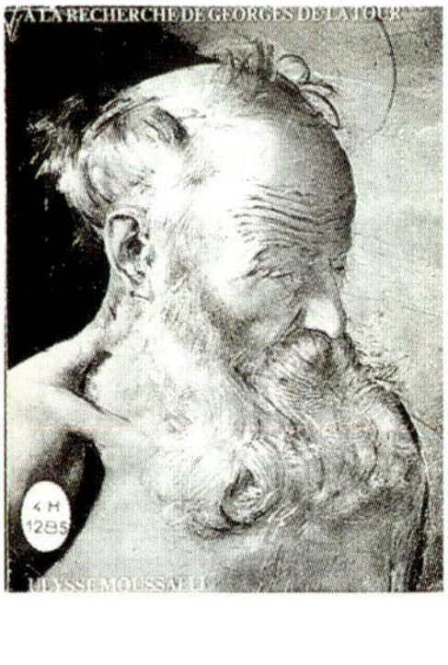

Marcel Arland et richement illustré de planches en couleurs; en 1974, enfin, le *Georges de La Tour* annoncé en 1972, et depuis tellement attendu, des Britanniques Benedict Nicolson – l'«editor» du *Burlington Magazine* et grand spécialiste du caravagisme – et Christopher Wright, d'une information sûre et complète, analysant parfaitement les tableaux originaux ainsi que leurs répliques, versions, variantes et autres copies, et privilégiant les peintres du Nord du XVIe et du XVIIe siècle comme source d'inspiration du peintre. Traduit en italien et en français, le livre fait l'objet de plusieurs comptes rendus. Les auteurs y publient une composition inédite, conservée dans une collection suisse, représentant un *Saint* non identifié, vu de face, tenant un livre et un bâton, et mentionnent par ailleurs, dans le commerce romain, la dixième et dernière version aujourd'hui connue du *Saint Sébastien* en largeur. Ils font en fait aussi allusion à une information donnée par Charles Sterling d'après laquelle un *Saint Sébastien* de petites dimensions se trouverait à Pontoise. Aura-t-on la chance de découvrir un jour une onzième version du *Saint Sébastien*?

D'assez bonne qualité, les neuvième et dixième versions du *Saint Sébastien* en largeur à être parvenues ont été respectivement découvertes au château de Launay dans l'Eure (en haut) et à Holywood, en Irlande du Nord (ci-dessus). La première passera chez un particulier parisien, tandis que l'autre sera acquise par le marchand romain Ottavio Poggi.

Deux miséreux pour Berlin

Un tableau spectaculaire est publié en 1975 par Ferdinando Bologna : il représente un couple de misérables vieillards vus à mi-corps, occupés à manger des pois chiches, d'un réalisme terrible, accusé par un glacial éclairage latéral. Bologna avait découvert l'œuvre quatre ans plus tôt dans une collection de Lugano, coupée verticalement de sorte que les deux figures étaient séparées et mises en pendant. Ces *Mangeurs de pois* seront achetés en 1976 par les Staatliche Museen de Berlin, dont le *Saint Sébastien* si longtemps universellement admiré n'est plus considéré généralement que comme une œuvre d'atelier. Voici au moins un tableau qui reste en Europe.

«Adieu Madeleine!» (Crespelle)

Grâce aux sommes d'argent considérables dont ils disposent, grâce aussi à l'extraordinaire générosité d'amateurs privés ou organisés en association, les musées américains s'enrichissent en cinq ans de cinq inestimables La Tour. L'émouvante *Madeleine au miroir* de la collection Fabius entre ainsi en 1974 dans les collections de la National Gallery de Washington.

Pierre Rosenberg publie en 1976 dans la revue *Art Bulletin* une *Madeleine au crucifix* – un sein découvert, une main sur un crâne – qui est une copie ancienne d'après un La Tour perdu, conservée dans une collection privée française. (Ci-dessous, détail de la *Madeleine Fabius*.)

VISA POUR WASHINGTON

Ce Georges de La Tour, la « Madeleine Fabius », entrerait prochainement à la National Gallery de Washington.

Image grandiose et crue de la misère, les *Mangeurs de pois* de Berlin (page de droite) se rattachent au groupe des premiers tableaux conservés de La Tour, peut-être après la *Rixe de musiciens*. Il semble s'agir d'une simple représentation réaliste : un inventaire nancéien de 1643 mentionne un *Mangeur de pois et sa femme*.

Les musées français, qui viennent d'acquérir le *Tricheur*, ne peuvent réagir. Le baron Bich (la pointe…) renonce à l'acquérir, comme on l'espérait. C'est la sortie de France d'un des plus hauts chefs-d'œuvre de l'artiste, peut-être celui où l'émotion religieuse est la plus intense. Margaret et Roscoe Oakes offrent en 1975 aux musées de San Francisco la *Vieille Femme et le Vieillard* qu'ils ont acquis en 1956. En 1977, le grand collectionneur Walter P. Chrysler donne à son musée de Norfolk en Virginie le *Saint Philippe Czinober* qu'il avait acheté deux ans plus tôt. La même année, la *Madeleine* dite *à la flamme filante*, découverte près de Bordeaux pendant la rétrospective de l'Orangerie, est offerte par l'Ahmanson Foundation au Los Angeles County Museum et, l'année suivante, Jayne et Charles Wrightsman se séparent au profit du Metropolitan Museum de la superbe *Madeleine aux deux flammes* qu'ils avaient achetée à Paris en 1963.

La Tour en colère : en 1976 Marie-Thérèse Aubry et l'abbé Jacques Choux publient dans *Le Pays lorrain* des pièces d'archives, de nouveaux témoignages du caractère difficile de La Tour. Celui-ci, en 1641, engage des poursuites au sujet d'une *Madeleine* qui ne lui a pas été complètement payée. L'année suivante, il donne «un grand coup de pied» au sergent qui vient à son domicile réclamer les taxes qu'il doit, et promet «un coup de pistolet» à celui qui voudrait entrer chez lui.

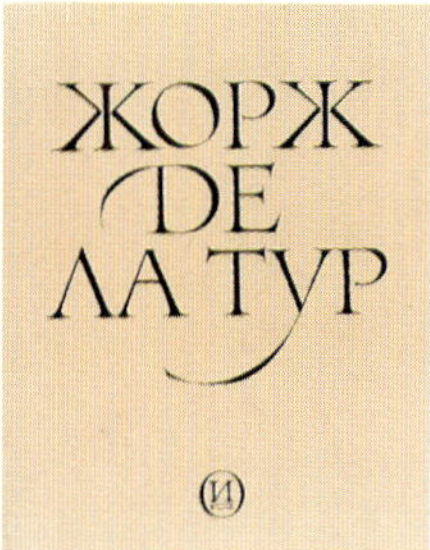

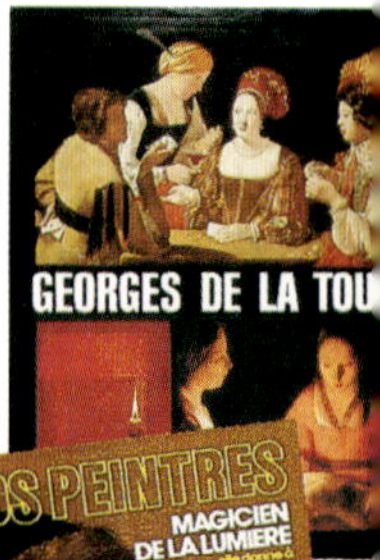

La Tour était à Paris en 1639!

Un événement considérable remue en 1979 la petite communauté des chercheurs latouriens. Le professeur Michel Antoine publie dans les *Annales de l'Est* un document attestant un séjour du peintre en 1639 à Paris : un paiement de 1 000 livres lui est fait «pour affaires concernans le service de Sa Maiesté». C'est une somme énorme. Est-ce le moment où La Tour reçoit de Louis XIII son brevet de «peintre ordinaire du roi», titre qui lui sera donné dans les documents lorrains à partir de 1639? Est-ce le moment où est livré le *Saint Sébastien* dont parle dom Calmet en 1751? Publié aussi par M. Antoine, un autre document daté de l'année suivante donne à un certain Baptiste Quarin le titre de «facteur de monsieur La Tour peintre ordinaire du Roy résident aux galleries du Louvre» qui semble prouver que l'artiste avait à Paris un «correspondant» chargé de ses intérêts et qu'un logement au Louvre lui avait été attribué.

Les indices s'accumulent prouvant que des La Tour figuraient dans de grandes collections parisiennes : un *Saint Jérôme* chez Richelieu, une *Nuit avec musiciens* chez la duchesse d'Aiguillon sa nièce, un *Reniement de saint Pierre* chez Claude de Bullion, le surintendant des Finances. On connaissait déjà l'inventaire de Le Nôtre signalé par Henri Baderou après l'exposition des «Peintres de la Réalité».

Un chef-d'œuvre quitte la Normandie pour le Louvre : le *Saint Sébastien* de Bois-Anzeray (détail, page de droite), classé monument historique en 1945 et déposé en 1951 à l'église de Broglie, est acquis après de longues négociations par la Société des Amis du Louvre en 1979, grâce à Jacques Dupont, président de la Société, qui avait été en 1945 un des «découvreurs» de cette toile maîtresse.

LES CHOSES DE LA VIE

FRANCE-SO

23. XII.

155 Normands végètent sur u
trésor (un tableau de De La Tou
estimé à 6 millions de F)

Celui du collectionneur parisien Jean-Baptiste de Bretagne que publiera en 1984 Claude Mignot, alors maître de conférences à Paris-IV, ne mentionne, en 1650, pas moins de cinq La Tour : *Deux capucins en méditation au clere de la chandelle*, *Un religieu endormi*, *Une norrisse avecq un enffant*, *Des diseuses de bonnaventure* et *Des fluteurs* [...] *jouant à la chandelle*. Ces liens avec Paris sont un des apports les plus importants de la recherche de ces années. Ils confirment que l'artiste est alors connu et apprécié de la capitale et que peut-être il a pensé s'y établir. On est loin du La Tour «enfermé dans son petit bastion caravagesque de Lunéville» qu'imaginait Longhi en 1935!

Un «Tricheur» pour le Texas

En 1981, le Kimbell Art Museum de Fort Worth, un des musées américains qui a les moyens financiers les plus étendus, achète le *Tricheur à l'as de trèfle*

Surnommé par la presse le «Sherlock Holmes de l'art», Alain Jaubert diffuse pour la première fois sur la chaîne FR3, le 20 avril 1990 à minuit, *Le Dessous des cartes*, son film de vingt-six minutes sur le *Tricheur* du Louvre (détail, ci-dessous).

Les ouvrages sur La Tour se multiplient (page de gauche) : en 1977, Christopher Wright publie à Oxford et New York une étude sur La Tour illustrée de quarante-huit planches en couleurs dans une collection largement diffusée. Puis paraît en 1979, à Moscou, la monographie en russe de Youri Zolotov, livre ambitieux et bien documenté, qui s'attarde sur les sources nordiques. L'année suivante sont édités les ouvrages de Victor Ieronim Stoichita à Bucarest, en langue anglaise et de Julia Vleva à Sofia, en bulgare. En 1985, paraît la monographie de Thierry Bajou, préfacée par Pierre Rosenberg, bonne synthèse faisant le point des recherches récentes. De 1988 enfin date un fascicule des *Grands Peintres*, économique et bien illustré.

signalé en Suisse en 1934 et présenté en 1972 à la rétrospective de l'Orangerie : soigneusement restauré avec l'assistance de John Brealey, le restaurateur du Metropolitan Museum qui s'était déjà quelques années plus tôt penché sur les *Mangeurs de pois*, remis dans ses proportions d'origine après l'enlèvement de l'agrandissement d'une bande dans sa partie supérieure, il va devenir, inquiétant et cocasse dans sa belle palette de couleurs fruitées, un des La Tour les plus célèbres des Etats-Unis et le rival de la *Bonne Aventure* de New York.

La Tour arriviste?

D'importants documents d'archives sont à nouveau découverts, qui éclairent des aspects mal connus de la vie du peintre : Michel Sylvestre, chercheur et professeur à Nancy, révèle notamment en 1983 à la Société de l'Art français que La Tour est témoin en 1617 à l'occasion d'une reconnaissance de dettes de Claude Lisseras, un gentilhomme de la cour du duc de Lorraine : ce qui démontre que le peintre a, très jeune, de fort belles relations. Anne Reinbold, chargée de recherche au CNRS, montre l'année suivante dans le *Pays lorrain* que «noble Georges de La Tour» a prêté serment de fidélité à Louis XIII parmi les autres notables de Lunéville : il a donc clairement adopté le «parti français» au moment des guerres terribles à l'issue desquelles le roi de France va prendre possession du duché de Lorraine et y installer un nouveau gouverneur, Henri de La Ferté. En 1985, M. Sylvestre publie un acte du 20 avril 1646

Ce La Tour n'a pas trouvé preneur

Sa vente, hier soir à Drouot, devait être l'événement de la saison.

En décembre 1985, le *Souffleur à la pipe* signé *La Tour Fec*, publié en 1973 par Pierre Rosenberg et François Macé de Lépinay comme une «réplique originale» qualifiée de «tardive», est mis aux enchères à Paris (ci-dessus). *Paris-Match* indique dans un article : «Ce tableau, gardé par trois hommes – dont deux armés de fusil à pompe – accompagnés d'un chien policier [...] pourrait frôler les deux milliards anciens.» Malgré une formidable campagne de presse, la vente est un échec : le tableau ne trouve pas d'acquéreur. Il entrera en 1990 au Fuji Museum de Tokyo.

où Etienne, fils du peintre, est parrain à Nancy au nom de son père : « noble Estienne de La Tour au nom de noble Georges de La Tour peintre ordinaire du Roy ». Ni Etienne ni Georges ne sont en réalité anoblis (Etienne le sera après la mort de son père) : on a probablement ici la claire manifestation du désir d'ascension sociale des La Tour, père et fils.

Georges ou Etienne ?

A la fin de 1983 est acquis pour le musée de Leicester le *Jeune Chanteur* en buste éclairé par une chandelle que Christopher Wright avait authentifié dès 1981 et qu'il publiera en 1984 comme une composition jusqu'alors inconnue de Georges de La Tour. Il s'agit manifestement d'un tableau tardif, proche par son style du *Reniement de saint Pierre* de Nantes et des *Joueurs de dés* de Stockton. Mais le style un peu figé, l'exécution un peu froide, ne convainquent pas tous les spécialistes : Etienne n'en serait-il pas l'auteur ?

Le *Jeune Chanteur* entré en 1983 au musée de Leicester est proche par son parti lumineux d'œuvres du Malinois Adam de Coster (à gauche, en haut, *Jeune Chanteur*).

En 1982 le public parisien a l'occasion d'apprécier la richesse en La Tour des musées des Etats-Unis grâce à l'exposition « Peintures françaises du XVIIe siècle dans les collections américaines » organisée par Pierre Rosenberg.

Ce portrait, non découvert dans un grenier, je l'ai connu toute mon enfance dans une pièce du rez de chaussé, il était là... bon... personne n'y prêtait grande attention

Le « Saint Thomas » : mobilisation nationale

1988 marque un des temps forts de l'aventure La Tour. En effet l'*Evangéliste* signé qu'avait publié en 1950 Madeleine Pré et qui depuis avait été jalousement gardé dans un château de la Sarthe par son possesseur, Mlle de Ruillé, accède cette année à une médiatique notoriété : sa suspicieuse propriétaire vient de mourir et le tableau se voit légué aux œuvres hospitalières de l'ordre de Malte. Dilemme pour les responsables des musées français : la toile, identifiée depuis longtemps déjà comme un *Saint Thomas*, est un chef-d'œuvre qu'il faut absolument garder sur le territoire national, mais il ne peut être question que l'ordre de Malte ne reçoive pas une somme correspondant à sa valeur réelle. En dépit des 7 millions de dollars que lui propose un marchand étranger, le bienveillant

Grand spécialiste de la peinture et du dessin français et italien des XVIIe et XVIIIe siècles, auteur d'innombrables publications, Pierre Rosenberg est entré en 1961 au département des Peintures du Louvre dont il devient responsable en 1987 (ci-dessus, au Jeu de Paume devant le *Saint Thomas*). Nommé directeur du musée en 1994, il a été élu à l'Académie française en 1995.

ordre de Malte s'entend avec le Louvre sur un montant de 32 millions de francs. Pour réunir cette somme impressionnante, il est décidé d'organiser une souscription publique. Olivier Chevrillon, directeur des Musées de France, et Pierre Rosenberg, conservateur en chef des Peintures du musée du Louvre, supervisent l'opération : une exposition du La Tour au musée parisien du Jeu de Paume

est organisée ainsi qu'un tour de France dans quelques-uns des principaux musées de l'Hexagone. On se presse ainsi à Nantes, Bordeaux, Lyon, Marseille, Saint-Etienne, Nancy, Roubaix, Lille et Toulouse pour admirer le chef-d'œuvre et participer, à la hauteur de ses moyens, à l'acquisition par le Louvre du *Saint à la pique*.

Les médias, dans toute leur diversité, se font l'écho de l'événement qu'est la souscription publique pour le *Saint Thomas* (ci-contre) et, grâce à l'addition des générosités grandes et petites, humblement

discrètes ou spectaculaires, toutes infiniment touchantes, le tableau vient rejoindre au Louvre l'*Adoration des bergers*, le *Saint Joseph charpentier*, la *Madeleine à la veilleuse*, le *Tricheur*, le *Saint Sébastien*, ainsi que les copies anciennes du *Saint Jérôme lisant* et de l'*Education de la Vierge Deffins* offerte au musée en 1974. Inconnu la veille (page de gauche, en haut extrait d'une lettre d'Anne Ruillé parlant de son *Saint Thomas*), le tableau est désormais célèbre : le prix est parfois jugé élevé et un journaliste parle du centimètre carré le plus cher de Paris; les caricaturistes des quotidiens s'en emparent (page de gauche, en bas).

1989 : le cinquième «Vielleur»

L'année suivante, Vic-sur-Seille, la petite ville natale de l'artiste, consacre, sous la direction d'Anne Reinbold, un colloque à son glorieux fils, comportant diverses communications savantes, notamment de Paulette Choné, professeur à l'université de Bourgogne, Pierre Rosenberg et Michel Sylvestre : *A la rencontre de Georges de La Tour*. Pierre Rosenberg publie cette année un nouveau La Tour : un *Vielleur*, encore un! Découvert et restauré à Londres en 1986, le tableau dont il ne reste, semble-t-il, que la partie supérieure, fait alors partie de l'Ishizuka Collection à Tokyo. Deux ans plus tard, le même Pierre Rosenberg, décidément le grand redécouvreur de La Tour depuis les années soixante-dix, publie la copie d'une étonnante *Joueuse de triangle* d'une collection privée d'Anvers, peinte dans un style comparable à la *Rixe de musiciens* et à la *Diseuse de bonne aventure*.

La qualité du cinquième *Vielleur* apparu (ci-dessous) et son état de conservation, malgré la mutilation qu'il a anciennement subie, sont admirables : la force des volumes décrits avec réalisme va de pair avec le traitement raffiné du coloris et une touche délicate et variée. Le musée du Prado organisera en 1994 une exposition consacrée aux *Musiciens* de La Tour, confrontant à sa nouvelle acquisition les autres *Vielleurs*. En haut, à gauche, la copie de la *Joueuse de triangle*.

Trois La Tour en six mois!

L'année 1991 voit trois authentiques La Tour passer aux enchères publiques : à Monaco d'abord, deux peintures disparues jusqu'alors sont

mises en vente le 22 juin : il s'agit des originaux des *Saint Thomas* et *Saint André* connus jusqu'alors par les médiocres copies du musée Toulouse-Lautrec d'Albi. Christie's vend le premier à l'Ishizuka Tokyo Collection pour près de 5 millions de francs tandis que Sotheby's cède le second à un collectionneur suisse pour presque 3 millions. Ces deux toiles retrouvées portent à cinq le nombre des *Apôtres* originaux conservés de la série d'Albi : *Saint Jude Thaddée* et *Saint Jaques le Mineur* à Albi, *Saint Philippe* à Norfolk, *Saint Thomas* à Tokyo et *Saint André* en Suisse.

La troisième composition à s'être vendue en 1991 (Christie's, Londres, 13 décembre) est le *Vielleur* publié deux ans plus tôt par Pierre Rosenberg. L'acheteur, pour 19 millions de francs, est le musée du Prado à Madrid, qui enrichit ainsi ses collections de peintures françaises d'un tableau qu'on aurait, au début du siècle, considéré immanquablement comme espagnol…

Parmi les cinq originaux retrouvés des *Apôtres*, on reconnaît (de gauche à droite et de haut en bas) *Saint Jude Thaddée, Saint Jacques le Mineur, Saint Philippe, Saint Thomas* et *Saint André*. Les tableaux se trouvaient à la fin du XVIIe siècle dans une chapelle de la cathédrale Sainte-Cécile d'Albi, légués par le chanoine Nualart qui les tenait d'un collectionneur parisien, l'abbé de Camps. Ce sont peut-être les plus anciens tableaux identifiés de La Tour.

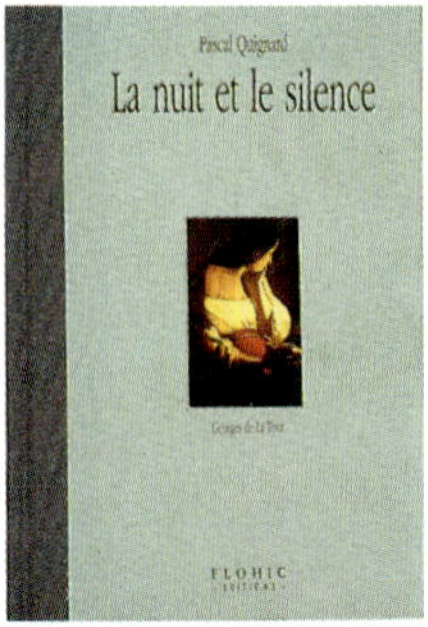

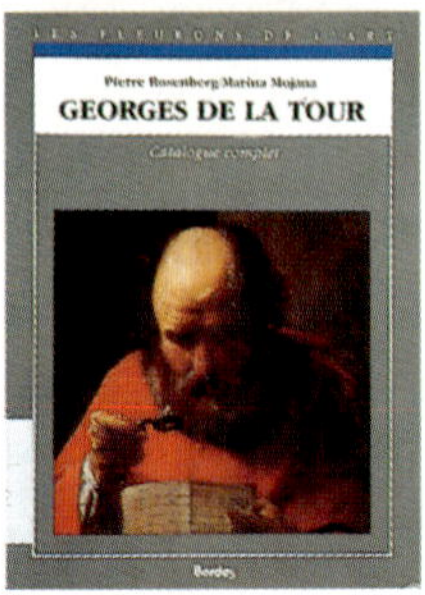

En deux ans cinq nouveaux ouvrages sur La Tour

1991 voit aussi paraître à Paris deux livres de plus sur La Tour : une très personnelle méditation sur la nuit et la lumière par Pascal Quignard, érudite et sensible, et, d'Anne Reinbold, une biographie comprenant d'utiles précisions sur la famille de l'artiste. L'année suivante, un très commode « catalogue complet » de l'œuvre, préfacé par Pierre Rosenberg, est rédigé par une spécialiste italienne, Marina Mojana. L'historienne de l'art Agnès Lacau St Guilly, dans son *La Tour, une lumière dans la nuit*, analyse pour sa part le message religieux des tableaux. En 1992 enfin, sous le simple titre *Georges de La Tour*, est publiée la somme superbement illustrée des recherches de l'incontesté maître des études sur l'artiste, Jacques Thuillier, maintenant professeur au Collège de France. L'auteur y donne, scrupuleusement revus et mis à jour, tous les documents retrouvés sur le peintre, en même temps qu'il livre une réflexion profonde et juste sur l'itinéraire de l'artiste.

Dans le catalogue annexé à son livre, J. Thuillier intègre une nouvelle *Madeleine pénitente*,

Représentée audacieusement, le buste nu, un large casque de cheveux sombres cachant presque entièrement son visage, cette *Madeleine* (page de droite) médite en regardant le crâne qu'elle tient des deux mains; la flamme éclaire par transparence une page du grand livre ouvert. Le tableau, dans un état de conservation imparfait, porte la signature *G.s de La Tour f* […]; il ajoute à la série des *Madeleine* une image impressionnante par son dépouillement et sa concentration.

Il n'était connu avant sa publication en 1992 que par une mauvaise copie qui figurait à l'exposition de l'Orangerie en 1972.

Jacques Thuillier (page de gauche, à droite, son livre paru en 1992) continue de croire fermement au voyage outre-monts du jeune La Tour : « Le silence des archives romaines ne nous semble pas suffisant pour mettre en doute ce séjour italien. » Il commente un *Atelier de saint Joseph* conservé dans l'église de Serrone en Ombrie (ci-dessous), où il est tenté de voir une œuvre de La Tour, au moment d'une formation en Italie; sans franchir le pas, cependant. « La surprise, c'est que tout cela, archaïsmes, caravagisme, singularités soigneusement cultivées, compose un tableau, compose un poème, et que le tableau retient l'œil, et que le poème a quelque chose du calme, de la grandeur, de ce mélange de vérité et de noblesse qui appartient à La Tour. »

ou *Madeleine au livre*, en mains privées, dont une mauvaise copie figurait à l'exposition de 1972. Il modifie sensiblement la chronologie des débuts de l'œuvre – comme il l'avait déjà fait dans la réédition de 1985 de son *Tout l'œuvre peint* de 1973. Ainsi l'*Argent versé* de Lviv, premier numéro en 1973, devient-il le numéro 23 du catalogue de 1992. Etablissant un bilan complet tout en fourmillant d'hypothèses, rigoureux et subtil, le livre de 1992, réédité en 1997, marque un aboutissement.

Un authentique Etienne de La Tour?

Un beau nocturne signé *La Tour fec* représentant un *Saint Jérôme lisant*, découvert en 1992, est acquis pour la somme de 245 000 francs par le Musée historique lorrain de Nancy en juin de la même année, lors de sa mise aux enchères à Poitiers. S'agit-il d'un tableau d'atelier ou d'un original? La signature est indiscutablement ancienne mais l'exécution n'a pas la force ni la finesse que l'on attendrait. Est-ce l'œuvre d'Etienne? Déjà posée par F.-G. Pariset et J. Thuillier, la question de la part de l'atelier, et particulièrement celle d'Etienne de La Tour, aux toiles de la fin de la carrière du maître est

cette fois posée en termes clairs : il semble bien qu'à partir de 1646 Etienne travaille de plus en plus assidûment aux côtés de son père, participe à l'exécution de ses tableaux, en peigne peut-être lui-même dans sa manière, les signant – mais rien n'est sûr! – *La Tour* sans prénom : on a ainsi suggéré sa participation au *Reniement de saint Pierre* de Nantes ou au *Souffleur à la pipe* de Tokyo, ou voulu reconnaître sa main dans le *Saint Sébastien* de Berlin, l'*Education de la Vierge* de la Frick Collection ou le *Jeune Chanteur* de Leicester.

Quatre cents ans!

1993 est l'année du quatrième centenaire de la naissance de Georges de La Tour. Vic-sur-Seille fête l'événement par un colloque dont les actes, publiés en 1994 à Metz par Anne Reinbold sous le titre *Georges de La Tour ou la Nuit traversée*, contiennent d'importantes communications, notamment la publication par Francine Roze, conservateur au Musée historique lorrain de Nancy, de son nouveau *Saint Jérôme lisant* et une étude par Jean-Claude Boyer, attaché de recherche au CNRS, sur la série des *Apôtres* d'Albi qui prouve que les tableaux proviennent de Paris. A Vic-sur-Seille encore, l'exposition de photographies et de radiographies «Georges de La Tour ou

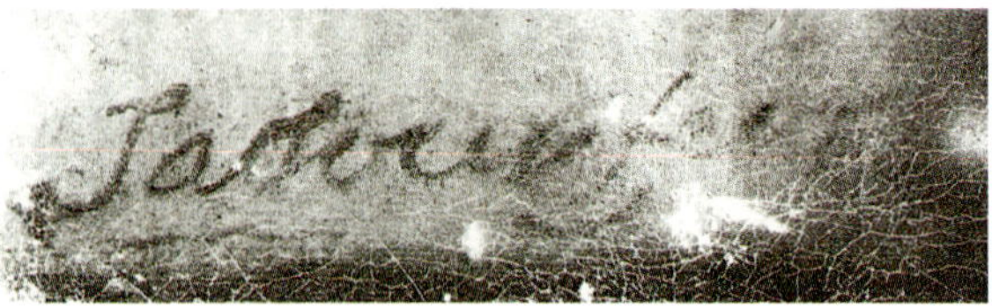

Par sa mise en page comme par son sujet, le *Saint Jérôme lisant* de Nancy (ci-dessus; signature ci-contre) peut être rapproché des tableaux d'Hampton Court – un original – et du Louvre – une copie d'atelier. Mais il s'agit d'un nocturne, datable des années 1648-1650. Malgré sa signature, sans prénom, ce tableau n'est qu'une œuvre d'atelier : inspirée, ou non, d'un original de la main de Georges de La Tour? Ou bien a-t-on affaire à une création d'Etienne?

les chefs-d'œuvre révélés», organisée par le Laboratoire des musées de France, commémore aussi la naissance de La Tour et donne lieu à un catalogue illustré. Le clou de la présentation est certainement la confrontation, pour permettre leur étude, des deux *Saint Sébastien* en hauteur du Louvre et de Berlin exceptionnellement réunis pour l'occasion. A Lunéville, une autre exposition rend alors hommage au peintre : «Un saint Sébastien dans une nuit», qui montre la belle copie du musée d'Orléans, signalée en premier par Roberto Longhi en 1927.

Cette même année, le musée de Kansas City décide de se défaire de sa version du *Saint Sébastien*, celle qu'avait publiée Bloch en 1950 : le tableau passe en vente publique chez Sotheby's à New York le 15 janvier 1993 et est acheté pour l'équivalent de 330 000 francs… par un autre musée américain. Un musée prestigieux s'il en est, puisqu'il s'agit du Kimbell Art Museum de Fort Worth, possesseur déjà du *Tricheur à l'as de trèfle*. Les conservateurs de Kansas City auraient-ils commis une grave erreur?

Toujours pour célébrer la naissance de La Tour, les postes française et monégasque réalisent chacune un timbre reproduisant respectivement le *Saint Thomas à la pique* et le *Saint Joseph charpentier*, et France-Télécom, associé à la Réunion des musées nationaux, édite une télécarte reprenant un détail du *Tricheur* du Louvre. Deux livres pour enfant, l'un de Caroline Blanc, l'autre de Catherine et Kimihito Okuyama, sont également publiés, et l'exposition «Grand Siècle» montre cinq des plus beaux tableaux du peintre conservés en France.

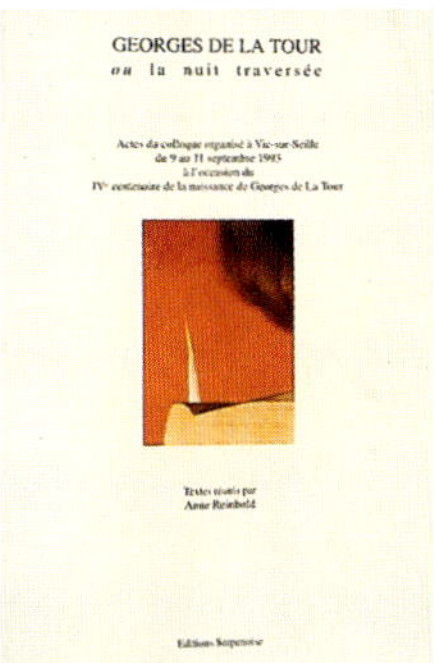

«La traversée du désert du Saint Jean-Baptiste» (Bellet)

Ce quatre-centième anniversaire de la naissance de Georges de La Tour va être de plus marqué par l'apparition d'un nouveau tableau, un chef-d'œuvre. Une fois de plus, l'histoire a tout du roman et ses rebondissements vont être abondamment relatés par la presse.

Une toile plutôt terne appartenant à la succession d'un particulier parisien, jugée dépourvue d'intérêt, doit être vendue à Drouot-Nord, là où sont dispersés en général véhicules et objets d'usage courant. Les ayants droit se ravisent au dernier moment et décident de la faire passer dans une vente à l'hôtel Drouot, sans catalogue, prévue pour le 22 octobre. La peinture, exposée au public la veille de la vente, est aussitôt remarquée par Pierre Rosenberg, conservateur en chef des Peintures du Louvre, et par plusieurs experts. En quelques heures, tous les

La Tou

Tout surprend dans le nouveau *Saint Jean-Baptiste* : le sujet, que l'on ne connaissait pas chez La Tour, la mise en page, dans un format en largeur, qui évoque certains précédents de Caravage, la lumière et le coloris assourdis, sans la note de rouge attendue. La lumière tombe sur l'épaule de l'adolescent qui, appuyé sur une croix de bois, donne quelques herbes à un agneau. Les tonalités sont presque tristes, de cendre et de terre, sans qu'intervienne chandelle ni lanterne. Un tableau de pure émotion et de silence.

connaisseurs de la place de Paris se retrouvent dans l'agitation de la rue Drouot. Les rumeurs les plus folles circulent : on murmure que des marchands américains arrivent en Concorde spécialement pour juger *de visu* de la qualité d'un tableau qui pourrait être un nouveau Georges de La Tour! La toile, encore couverte de poussière, est examinée par l'expert Eric Turquin à la demande de ses propriétaires : le lendemain, elle est finalement retirée de la vente. Différents spécialistes voient ensuite le tableau, confronté aux six La Tour du Louvre, et confirment son attribution au maître lorrain.

Après que les héritiers ont refusé une procédure de dation, ceux-ci décident de confier à la maison Sotheby's la vente aux enchères de l'œuvre : bel échec – et largement commenté comme on l'imagine – des commissaires-priseurs français. En septembre 1994 le tableau se voit refuser son «certificat de libre

ou pas La Tour ?

exportation» par le ministre de la Culture et se trouve par conséquent interdit de sortie du territoire national pour trois ans. Le 2 décembre suivant, à Monaco, il est adjugé un peu plus de 11 millions, frais compris, et préempté par l'Etat au profit du département de la Moselle.

M. Philippe Leroy, président du conseil général de la Moselle et maire de Vic-sur-Seille, organisateur du récent colloque La Tour, n'avait en effet qu'un souhait : qu'un tableau du maître de Vic fût montré dans sa ville. Le chef-d'œuvre constituera à Vic le centre d'un petit musée, qu'il faudra aménager.

Il s'agit bien d'un chef-d'œuvre : un *Saint Jean-Baptiste* adolescent, tout frêle, cadré en largeur, qui s'appuie sur une croix et donne à manger un brin d'herbe à un agneau; un tableau d'un rare recueillement et d'une grande émotion, presque sans couleur, certainement l'un des derniers de l'artiste. Jacques Thuillier lui consacre un admirable petit livre (1995).

Plusieurs ouvrages sur La Tour, d'objectifs très différents, sont encore édités : en 1995, deux textes du philosophe Jean-Claude Le Floch, *Le Signe de contradiction. Essai sur Georges de La Tour et son œuvre*, et *Le Clair et l'Obscur*. L'année suivante, Paulette Choné, qui avait publié en 1992 *L'Atelier des nuits*, une étude sur les nocturnes dans la peinture, fait paraître une belle monographie sur l'artiste, qui résume et complète la dizaine de publications sur La Tour qu'on lui doit. Ci-contre, titre du *Figaro* du 11 novembre 1993.

AINSI SERA SON NOM.

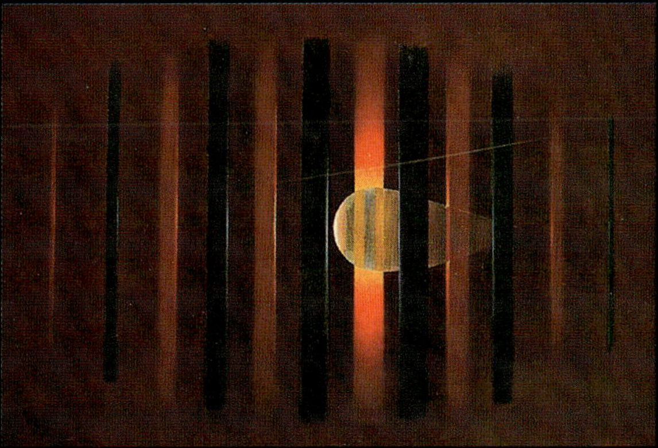

La Tour regardé, étudié, interprété, détourné parfois... Le XXe siècle s'est emparé «à sa manière» des œuvres du «premier surréaliste français» (André Lhote) : ainsi, Nélia Caixinha (page de gauche, en haut) et Herman Braun-Vega (en bas à droite) ont-ils transformé le *Tricheur Landry*, Cindy Shermann s'est-elle grimée en *Madeleine repentante* (au centre), Jean-Pierre Lihou et Christian Cavadia (au centre à gauche), Roman Cieslewicz (en dessous) et Salvador Dali (page de droite, en bas) ont-ils tenté de démystifier le *Nouveau-Né*, Georges Rohner a-t-il glissé le *Saint Jérôme* de Grenoble dans son *Musée imaginaire* (détail, ci-contre en haut), Jean-Yves Michalik a-t-il «surfait» le *Reniement de Saint Pierre* (ci-contre, en bas) et Albert Le Normand a-t-il rendu «Hommage à La Tour» (ci-contre, au centre).

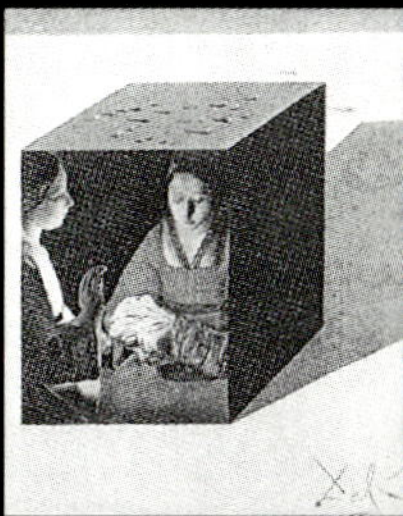

7 JOURS DE JEUX
Les secrets du chef-d'œuvre
Georges de La Tour
12: c'est le nombre d'erreurs commises par le faussaire en copiant l'œuvre de Georges de La Tour (1593-1652). Jouez à l'expert, retrouvez-les toutes dans la copie ci-dessous.

481-70
SCRIBAN
1 860 F
2 300 F
481-83
CHAISE LYRE
420 F
481-71
BUREAU
1 250 F
1 420 F
481-84
TABLE BASSE
450 F
481-74
TABLE
DE "BATEAU"
L. 100 × H. 51 × l. 68
600 F
GRAND CHOIX de TAPIS
point noué main ou de fabrication
artisanale fabriqués en INDE,
CHINE, ROUMANIE, MAROC
30

Telefunken. La perfection
n'existe pas seulement dans l'oeuvre d'art.
TELEFUNKEN

Depuis la grande rétrospective de 1972, les manifestations de la popularité de La Tour se multiplient : en 1973, soigneusement encadrée, l'affiche de l'exposition vient cautionner le bon goût d'un catalogue de vente des Trois Quartiers (page de gauche, en bas). En 1976 Telefunken utilise l'*Adoration des bergers* pour se positionner face à la concurrence. En 1984, Télé-7-Jours travestit le *Tricheur Landry* dans son jeu des douze erreurs. Dans un autre registre, la *Madeleine à la veilleuse* du Louvre inspire en 1974 Michel Detré, qui la représente sur un casque de moto (ci-contre, en bas), en 1983 Claire Brétecher (page de gauche, en haut) et trois ans plus tard, l'illustrateur Jean Claverie (page de gauche, au centre). En 1990, sa sœur de Los Angeles, la *Madeleine à la flamme filante*, a, elle, l'honneur d'apparaître dans *La Petite Sirène* de Walt Disney (en haut). Ci-contre, le *Saint Joseph charpentier*, habilement reproduit à la craie place du Palais-Royal.

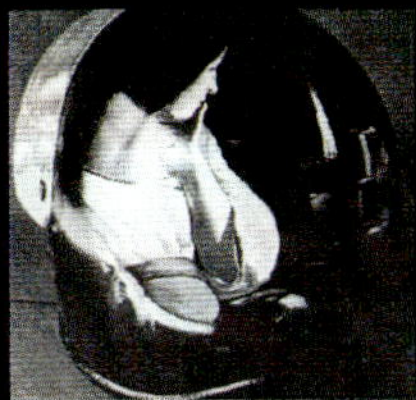

L'acquisition du *Saint Sébastien* (détail) par le Kimbell Art Museum est à l'origine de l'exposition de Washington et de Fort Worth. Ce tableau, entrevu comme l'original perdu, offre la seule évocation de plein air – un ciel nocturne – de tout l'œuvre de La Tour.

«L'exposition que la France ne verra pas» (V. Prat)

Entreprise considérable et menée de main de maître par Philip Conisbee, conservateur des peintures françaises de la National Gallery de Washington, l'exposition «Georges de La Tour and his World» (1996-1997) est montrée d'abord à Washington puis à Fort Worth, au Kimbell Art Museum. Il s'agit, depuis la présentation itinérante de 1936-1937, de la première exposition consacrée au peintre aux Etats-Unis où l'artiste, malgré la passion avec laquelle grands collectionneurs et grands musées ont réuni ses toiles, reste peu connu d'un large public. Vingt-cinq originaux sont réunis, auxquels s'ajoutent six tableaux discutables, et discutés. Dix tableaux de Caravage ou de peintres caravagesques sont aussi présentés pour expliciter des analogies thématiques ou stylistiques. Le *Saint Sébastien* acheté par Fort Worth en 1993 est présenté comme «attribué à La Tour»; dans le catalogue, un dossier de laboratoire souligne clairement la

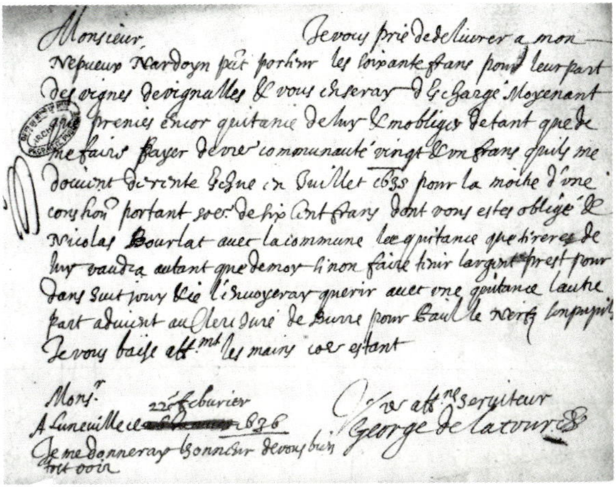
Monsieur Je vous prie de deliurer a mon
Nepueur Nardoyn p(rese)nt porteur les soixante frans pour leur part
des orges de vignalles & vous en seray descharge Moyenant
que prenies encor quitance de luy & m'obligez d'estant que de
me faire payer de vre communauté vingt & un frans qu'ils me
doiuent de rente escheue en Juillet 1633 pour la moitie d'une
constitu(ti)on portant ... de six Cent frans dont vous estes obligé &
Nicolas Bourlat auec la commune les quitances que tirerez de
luy vaudra autant que de moy sinon faite tenir largent prest pour
dans huit jours lieu ... l'enuoyeray querir auec une quitance lautre
part aduient au Clerc d'iure de Burre pour Paul le Nerf ...
Je vous baise att(entivemen)t les mains ... estant
Mons(ieu)r Vre att(entio)né seruiteur
A Luneville ce 22e feburier 1636 George de la tour
Je me donneray l'honneur de vous bien tost voir

présence dans la composition de « repentirs », c'est-à-dire des modifications en cours d'exécution, notamment dans le visage d'Irène. L'original tant recherché serait-il enfin retrouvé ?

Le succès de l'exposition est considérable. Le *Saint Sébastien* de Fort Worth est accueilli avec une réserve polie, la *Madeleine au livre* publiée par J. Thuillier en 1992 et exposée pour la première fois est jugée, malgré son état, plutôt favorablement, et le *Saint François* du Mans, dont l'attribution à La Tour lui-même était à nouveau suggérée, regardé sans grande conviction.

1997 : La Tour à Paris

A l'automne 1997, peu de mois après l'hommage américain, est inaugurée au Grand Palais une nouvelle exposition « La Tour ». Son commissariat est confié à Pierre Rosenberg et Jean-Pierre Cuzin, assistés de Dimitri Salmon ; Jacques Thuillier écrit à cette occasion une belle introduction au catalogue.

En janvier 1997 Paulette Choné publie dans la *Gazette des beaux-arts* deux documents d'archives inédits : une quittance du 9 juin 1624 pour le paiement d'un *Saint Pierre* donné par le duc Henri II de Lorraine aux Minimes de Lunéville et, d'autre part et surtout, magnifique document, une lettre autographe du peintre, datée du 22 février 1636, réglant certaines affaires de succession de son beau-frère avec le maire de Tonnoy (ci-contre). La graphie élégante et arrondie, le style plein de noblesse désignent bien « une personnalité fière et équilibrée », celle d'un homme dont nous ne connaîtrons peut-être jamais le visage. Ci-contre, la une du *Figaro Magazine* du 2 novembre 1996.

Philip Conisbee, instigateur de l'exposition « La Tour and his World », avait déjà organisé à Washington en 1993 une exposition-dossier consacrée à la *Madeleine au miroir*.

L'ensemble, ou peu s'en faut, des originaux de La Tour se trouve réuni, et chaque composition connue dont l'original n'a pas été jusqu'alors retrouvé est représenté dans les salles par au moins une copie ancienne de la meilleure qualité possible. Huit sur les dix copies connues du *Saint Sébastien* en largeur – saluées tout au long de cette chronique – sont présentes à l'appel. L'accrochage, selon un essai de chronologie, est aussi clair et pédagogique que possible, les copies étant séparées des originaux sûrs, des répliques, des tableaux originaux avec participation de l'atelier, de ceux du seul atelier, afin que le difficile problème de l'autographie des derniers La Tour, et celui de la part prise par son fils Etienne, puisse trouver un début de solution.

Le fils de Georges de La Tour est clairement mentionné comme peintre à partir de 1646. Il signera désormais des documents aux côtés de son père (à gauche, les armes d'Etienne de La Tour, anobli en 1670). Sa part prise dans les peintures de «l'atelier La Tour» reste très discutée. L'exposition de 1997 devrait permettre de faire avancer l'étude de cette question, une des plus complexes et énigmatiques.

C'est certainement le magnifique *stimulus* que constituait la manifestation américaine qui a décidé l'organisation de l'exposition. Mais c'est aussi simplement parce que l'exposition de l'Orangerie datait de 1972. Un quart de siècle.

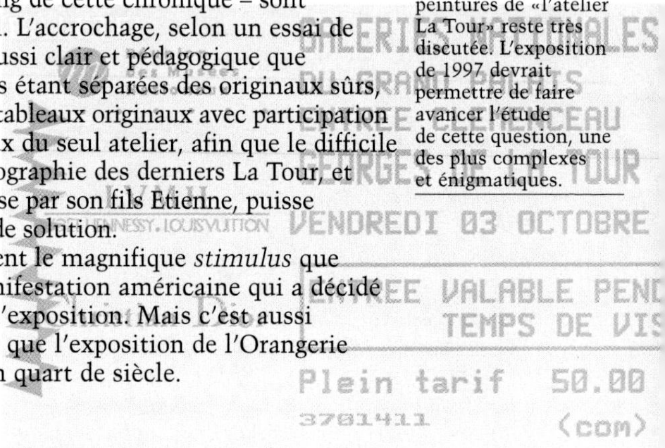

Epilogue

La Tour redécouvert? Certes, mais en partie seulement. Nous n'avons que des fragments, des aperçus, les restes d'une production qui peut-être fut de cinq fois, dix fois? supérieure à celle qui nous est parvenue. Son œuvre demeure incomplet, mais toujours en devenir.

On attend le nouveau tableau, celui qui remettra en question l'hypothétique et fragile édifice : un portrait – comment peut-il ne pas en avoir peint? –, un grand tableau d'autel? Ou l'une des compositions perdues que signalent les documents? Le *Saint Sébastien* de Louis XIII, bien sûr, mais aussi un *Christ frappé par un bourreau*, un *Denier de César* avec

la Repubblica ■ LUNEDI **14** LUGLIO **1997**

In occasione della preparazione della mostra

Georges de la Tour

che si terrà presso la Galleria Nazionale del Grand Palais
dal 1 ottobre 1997 al 26 gennaio 1998
la Réunion des musées nationaux
ricerca due copie del

Saint Sébastien à la lanterne

opera originale andata dispersa di Georges de la Tour

* la prima tela (a. 1,02m x l. 1,36 m) messa all'asta a Londra (Christie's) il 16 gennaio 1970, acquistata poco dopo da Ottavio Poggi e messa nuovamente all'asta a New York (Parke Bernet) il 30 maggio 1979, e rimasta invenduta

* la seconda tela (a. 0,46m x l. 0,55 m) che faceva parte della collezione Salavin, è stata in seguito messa all'asta con la collezione stessa a Parigi (Hotel Drouot) il 7 dicembre 1973

Si prega contattare
M. Jean Pierre Cuzin - tel. 0033 1 40205087

«le Christ à l'entrée du Temple entouré d'une foule de prêtres et de disciples», des *Concerts nocturnes*, une *Tabagie avec deux joueurs de cartes*, une «Dame en habit de satin blanc, devant un miroir. [...] Derrière elle une négresse tient une cassette de bijoux», et même un *Paysage au crépuscule*! De telles mentions font rêver. Comme fait toujours rêver la découverte d'un dessin dont on serait sûr qu'il fût de La Tour, ce virtuose des graphismes posés du bout du pinceau.

Il a fallu des prodiges de talent et des merveilles de hasard, il a fallu la pieuse chaîne des générations, la patience des chercheurs d'archives, l'enthousiasme des amateurs, la finesse de l'œil des spécialistes, l'audace des lanceurs d'hypothèses pour que La Tour revive. On peut discuter de son génie, gloser sur son modernisme ou son archaïsme, trouver les sources de son art chez les peintres d'Italie ou chez ceux du Nord. Du moins son nom pourra-t-il toujours servir, et de façon plus spectaculaire que celui de tout autre peintre, à faire valoir l'honneur d'une discipline, l'histoire de l'art, lui qui aujourd'hui, sans elle, ne serait plus.

La principale difficulté d'une exposition est de réunir les œuvres : les retrouver, et persuader leurs propriétaires de les prêter. Deux des *Saint Sébastien* en largeur ont résisté à toutes les «traques», d'où les annonces (page de gauche, en bas) parues dans la presse l'été 97 pour tenter de les localiser...

Les chercheurs seront-ils, du fait de l'exposition, pris d'une fièvre nouvelle, et le document d'archive attestant un voyage de La Tour à Rome – à Utrecht, à Nuremberg? – sera-t-il enfin découvert?

Seule leur confrontation permet une véritable appréciation des peintures : les discussions sur la chronologie, sur la part prise par le maître lui-même dans l'exécution des toiles des dernières années, devraient progresser grâce à la présentation des originaux et des copies réapparus depuis vingt-cinq ans. La réunion de la quasi-totalité des copies du *Saint Sébastien* en largeur pourrait d'autre part permettre de se faire une meilleure idée du chef-d'œuvre non encore retrouvé. A moins qu'il ne «resurgisse» enfin!

TÉMOIGNAGES ET DOCUMENTS

Ceux que je vais nommer honorent la Lorraine,
Henri Hubert, Merlin, Nicolas de la Fleur,
Et Nicolas de Bar, Courtois, plein de chaleur,
Des Ruez de Nanci; La Tour s'y joint sans peine.

Michel de Marolles,
Livre des peintres et graveurs, 1673

Les mentions d'illustrations indiquées entre crochets renvoient aux pages de cet ouvrage.

La Tour en son temps

Les documents d'archives concernant La Tour sont assez nombreux, et permettent de reconstituer les grandes lignes de sa vie. Ils donnent des aperçus souvent savoureux sur ses conditions de vie, sur son caractère – mauvais –, sur le travail dans son atelier. Ils doivent parfois être considérés avec prudence, les appréciations péjoratives pouvant refléter des rivalités des «partis» – celui du duc de Lorraine et celui du roi de France – en ces temps de guerre. La Tour a opté pour le roi de France, dont il est «peintre ordinaire».

1593 : acte de baptême de La Tour

George, filz de Jean De la tour boullengier et Sybille sa femme fut baptizé le 14 de mars. Parrin Jean desbœufs mercier. Marinne Pentecoste femme a Nicolas Le meusnier, tous de Vic.

Vic-sur-Seille, Archives municipales

1626 : affaire du blé pour les pauvres

Peut-être a-t-on ici la preuve de l'égoïsme de La Tour; mais peut-être son grenier était-il loué à la ville.

Payé a ung serurier de Luneville ung gros huict deniers pour avoir arraché la serrure du grenier La Tour, peintre pour faire livrer les grains estant audit grenier aux pauvres, et pour avoir fourny ung cadenet.

Lunéville, Archives municipales

9 IV 1642 : rapport de Pierre Manvisse, sergent au baillage

Il s'agit d'une taxe à payer, proportionnelle aux têtes de bétail, dont La Tour prétend être exempté.

Où estant dans l'allée de sa maison et parlant à luy, je l'ay à l'amiable et par plusieurs fois interpellé au payement de la somme de seize frans six gros à quoy il est cottisé pour sondit bestail; lequel a faict response qu'il n'en vouloit rien paier. Et après l'avoir prié de ce faire, ou que je serois contrainct de le gager, a faict response que je le gage. Et m'estant mis en debvoir pour ce faire d'entrer plus en avant dans sa maison, m'a donné un grand coup de pied et fermé sa porte, disant avec colère que le premier qui entreroit plus avant, il luy donneroit un coup de pistolet.

Nancy,
Archives de Meurthe-et-Moselle

1646 : requête des habitants de Lunéville au duc (Luxembourg)

Le document est adressé par les Lunévillois restés fidèles au duc de Lorraine, exilé; il charge évidemment les ralliés au roi, Louis XIII.

Ce qui faict paroistre la Ville en quelque estat de subsistance, et par consequent a accreu les contributions tant ordinaires, qu'extraordinaires en hyver ; ladite dame de Chargey, et ledict la Tour, (qui se rend odieus au peuple par la quantité de chiens quil nourrit tant levriers, qu'espagneus, comme s'il estoit Seigneur du lieu, pousse les lievres dans les grains, les gaste, et foule) ont obtenu exemptions de logements de gens de guerre, elle de Mons. le Gouverneur de Nancy, et lui aussy, et de toutes contributions.

Lunéville, Archives municipales

10 IX 1648 : contrat d'apprentissage de Jean-Nicolas Didelot

Le curé dont il est ici question est l'oncle de J.-N. Didelot.

Ledit sieur de La Tour prendra et recevra ledit Jean Nicolas en apprentissage de l'art de peintre pour le terme et espace de quattre années à commencer des ce jourd'huy et l'instuira bonnement et fidelement en ce qui est de ladite proffession, moyennant la somme de vingt cinq escus barrois que ledit Sr curé baillera pour une fois et pour une bague à la damoiselle femme audit sieur de La Tour, lequel au surplus pour la consideration particulière dudit Sr Curé a voulu gratiffier ledit Jean Nicolas de ce qu'il auroit peu legitimement demander pour la recognoissance de son apprentissage ainsy qu'il se praticque, à charge pourtant qu'iceluy sera obligé de bien penser un cheval soir et matin, d'avoir soing de sa nourriture et enharnachement, de suyvre son Maitre la part où il poura avoir affaire, tant pour avoir soing de sa personne que de son cheval et luy rendre autres services, qu'il ira en campagne porter quelques lettres ou autres affaires sy l'occasion s'en presente, servir a table par le mesnage et autres choses qu'un aprentif est obligé, qu'il sera aussy attenu de broyer les coulleurs, imprimer les toilles, faire et d'avoir soing de tout ce qui depend de la peinture, de servir de Model a peindre ou designer sur sa personne aux occurences qui se présenteront.

Metz, Archives de la Moselle

23 VII 1650 : transaction entre Etienne de La Tour et Fleuratte Louys

Le fils de La Tour se porte garant pour son père.

Il promect de paier a la descharge de Fleurant Flouys laboureur demeurant audit Luneville les peines et medicaments de Me Jacquin de la Chambre chirurgien demeurant audit lieu qui a traicté et médicamenté ledit Louys et traictera jusque a entier guerison des coups a luy donnéz par ledit sieur Georges de La Tour.

Nancy, Archives de Meurthe-et-Moselle

15 I 1652 : actes de décès de Diane et de Georges de La Tour

Le 15e mourut Dam[ois]elle Diane Le Nerf, femme de Sr Georges de La Tour, de fiebvre accompagné d'un battement de cœur.

Le 30 Le sieur Georges de La Tour mourut d'une pleurésie.

Lunéville, Archives communales

Ceux qui tirèrent La Tour de l'oubli

*Pourquoi et comment La Tour, glorieux de son temps, fut-il oublié? Les explications sont nombreuses et ont pu s'additionner : le caravagisme, et en particulier les «nocturnes» hors de mode et méprisés après 1650, la quasi-absence de gravures pouvant diffuser l'image de ses œuvres, le désir d'ascension sociale d'Etienne de La Tour qui a pu vouloir faire oublier le métier de son père, et bien sûr les multiples destructions dues aux guerres qui ont ravagé la Lorraine du temps jusqu'au XX*e *siècle. Après dom Calmet (voir p. 16), trois hommes vont travailler à la résurrection du peintre : Joly en 1863, Voss en 1915 et Demonts en 1922.*

Joly, l'instigateur

Dom Calmet, dans sa *Bibliothèque lorraine*, a consacré un article à du Ménil-la-Tour, peintre, en lui attribuant, par erreur, le prénom de Claude, né à Lunéville, vers la fin du XVIe siècle.

C'est Georges qu'il fallait dire, avec tous les actes religieux, civils ou privés qui le concernent. Quant à son lieu natal, les lacunes regrettables qui existent dans la série des registres de paroisse ne permettent pas d'appuyer ni de combattre l'assertion extrêmement probable de Dom Calmet, qui pouvait tenir ce renseignement des descendants mêmes de notre artiste.

Du Ménil-la-Tour, disons-nous, doit être né vers la fin du XVIe siècle, car, dès l'an 1621, les registres de baptême de la paroisse Saint-Jacques inscrivent la naissance de son premier né : «Estienne, fils maistre Georges de la Tour et de Diane le Nerf ou – le Neef – sa femme...» Il lui naquit successivement dix enfants : cinq garçons et cinq filles; c'est la partie la mieux connue de son œuvre. Avait-il, à des degrés plus éloignés, de la parenté à Lunéville? On serait autorisé à le croire en relevant l'acte de mariage, en 1618, de Claude Houillon, orfèvre, avec Nicole de la Tour.

«Dumesnil de la Tour excellait à peindre les nuits», dit Durival, d'après Dom Calmet; et Dom Calmet ajoute : «qu'il présenta au roi Louis XIII un tableau de sa façon, qui représentait un saint Sébastien dans une nuit; cette pièce était d'un goût si parfait que le roi fit ôter de sa chambre tous les autres tableaux pour n'y laisser que celui-là. La Tour en avait déjà présenté un pareil à Charles IV».

Une distinction aussi flatteuse de la part d'un roi maladif et morose valait bien la peine que nous consacrions quelques heures de recherches dans le but de mieux connaître l'artiste qui en fut l'objet; nous transcrirons donc, dans leur simplicité native, les documents tirés, en partie, d'actes authentiques ou de nos archives communales, appelés à jeter quelque lumière sur l'œuvre d'un homme qualifié, de son vivant, dans un autre acte public, de «peintre fameux».

Le répertoire du tabellionnage général de Lunéville indique un acte, du 28 février 1634, qui est un accord entre le sieur Georges de la Tour, peintre, et le sieur Claude Nardoyen, pour enseigner son art au fils de ce dernier.

En 1636, le registre des cotisations au sujet de la peste, porte : «Le sieur de la Tour, peintre, à cause d'un sien nepveu mort de peste en son logis, visité par maistre François, fust trouvé chargé de pourpre, mené hors sur la charrette et enterré par les Gafpsaie (?)».

Pour obtenir un peu d'adoucissement à leurs misères pendant les guerres déplorables du XVIIe siècle et l'occupation française, nos pauvres aïeux en étaient réduits à acheter toutes sortes de protections et à aller frapper, chargés de présents, aux portes des grands. «Faict despence au comptable de 40 fr., payez au sieur recepveur Joly, pour despens faicts, en son logis, lorsqu'il fut traicté avec le sieur de la Tour, peintre en ce lieu, pour le tableau représentant la *Nativité Nostre Seigneur*, donné par don et présent à M. le gouverneur de Nancy, appert d'ordre du 28 janvier et quittance du 13 mars suivant.»

Le tableau fut exécuté et livré, puisqu'on fait état, quelques rôles plus bas, d'une somme de 700 fr. «payée au sieur de la Tour pour le prix dudit tableau, suivant la convention en faicte avec luy».

Nos pères, pour des gens de toutes petites villes, n'étaient pas aussi grossiers qu'on serait disposé à le croire; combien de grosses municipalités d'aujourd'hui n'auraient pas même la pensée délicate de faire à quelqu'illustre personnage le don intelligent d'un tableau de mérite?

Il paraît que le gouverneur de Nancy goûtait fort la peinture de Du Ménil, car, en 1648, le comptable, de nouveau «faict despence de la somme de 500 fr., délivrée au sieur Georges de la Tour, peintre, pour le prix convenu d'un tableau représentant l'image *saint Alexis*, achepté de luy, pour faire présent à M. le marquis de la Ferté, gouverneur de Nancy, pour protection au bien et soulagement de la communauté de ce lieu».

En 1649, les mêmes comptes, enregistrent : « 4 fr. payés au sieur Joly, pour trois pots de vin qu'il fournist pour boire chez le sieur de la Tour, peintre, lorsque l'on fist marché avec luy pour le tableau de *saint Sébastien*, pour un présent à M. le gouverneur de Nancy».

Ce tableau a été exécuté et livré, puisque les mêmes comptes enregistrent plus loin les 700 fr. «prix du tableau convenu avec le sieur Georges de la Tour, peintre, résidant en ce lieu, qui l'a ouvragé… et pour un cadre, 45 fr., plus 6 fr. donnez à la fille du sieur Je la Tour, pour reconnaissance à elle promise au subject dudict tableau».

C'est le sieur Mayart, un notable, jadis député par la ville à l'Assemblée des Etats, qui fut chargé de présenter le tableau à M. de la Ferté.

Ce n'est pas tout; il paraît que ces sortes de marchés étaient le prétexte ou l'occasion de menues réjouissances, et se passaient, volontiers, entre poire et fromage, ostensiblement aux frais de la ville, car au *finito* du compte de 1649, on lit en toutes lettres : «Plus le comptable rapporte en despens 34 fr. 5 gros pour despens de *bouche* faicte et supportée au logis de luy comptable, tant desdits sieurs du Conseil de Ville que des sieurs de la Tour, père et fils, au subject du prix dudit tableau».

Est-ce par emportement d'humeur ou simplement en qualité de propriétaire d'un certain domaine qu'il possédait à Ménil-lès-Luneville, où il y avait «un berger», que notre artiste, qui jouissait d'une certaine fortune, abrité par son titre de gentilhomme, se laissa aller à des voies de fait regrettables envers un agent de la commune? Les pauvres gens protestèrent à leur manière en volant au secours en argent au battu : «Payé à Drouin Bastien 10 fr. pour l'indemniser de la cure des blessures par lui reçues, des coups de baston à lui donnés par Me Georges de la Tour estant au droict et debvoir de banward du canton des sables.»

«Le sieur Georges de la Tour mourut d'une pleurésie» disent laconiquement nos anciens registres de paroisse à la date du 30 janvier 1652. Il suivit de près sa femme dans la tombe; car, en remontant de quelques lignes dans les mêmes registres, à la date du 15 janvier précédent, on lit : «Dlle Diane le Nerf, fe du sieur Georges de la Tour, mourut de fiebvre accompagnée d'un battement de cœur».

Ils ont été enterrés, tous deux, dans l'église Saint-Jacques, bien que les registres, contre l'habitude, n'en fassent aucune mention. Il y avait une chapelle, affectée à la sépulture de leur famille, que l'on retrouve, en l'an 1678, sous le nom de «Chapelle de M. de la Tour à la paroisse».

Notre artiste travailla jusqu'au dernier moment, car dans les comptes de l'année 1651, il est fait mention d'une somme de 650 fr. «dus à défunct le sieur Georges de la Tour, pour le prix accordé avec luy d'un tableau, par luy ouvragé, représentant le *Reniement de St Pierre* qui fust présenté et donné à M. le maréchal de la Ferté au nom de cette ville». Enfin, en 1652, un solde de 245 fr. «payés au sieur de la Tour, à présent résident à Vie, pour le parachever des 500 fr, convenus avec défunct le sieur son père, pour le dernier tableau qu'il a fourny à la ville en 1651, pour être présenté à M. de la Ferté».

P.-S. Ménil-la-Tour, village situé à 11 kilomètres au nord de Toul, avait donné son nom à une ancienne famille, connue depuis plusieurs siècles, aujourd'hui éteinte.

La descendance directe de notre artiste continua d'habiter Lunéville jusqu'à une époque avancée du règne de Léopold. Son fils aîné, Etienne, revint en qualité de lieutenant de bailli, vers 1661, anobli par Charles IV, dit Durival, ou plutôt investi d'un nouveau fief, le 19 mars 1670; on le retrouve sur les actes mortuaires de la paroisse, qualifié de «seigneur du Ménil-la-Tour et *de Flein*», mort le 10 avril 1692, âgé d'environ 70 ans, enterré à Saint-Jacques, dans la chapelle Lucas.

Il ne reste, à ma connaissance, dans le pays, rien de l'œuvre de Du Ménil-la-Tour. Il est impossible, à cause du malheur des temps, de se faire une idée du talent que ses contemporains lui attribuent, autrement que par ouï-dire, ainsi que des maîtres qui l'ont formé, et de l'école à laquelle il appartenait.

Nous avons posé simplement les bases d'une biographie; un jour ou l'autre peut-être, sur les parois de quelque église de campagne, une toile délabrée de cet artiste, qui suffira, je l'espère, pour combler cette lacune.

C'est un des avantages de l'association, en matières d'étude, de rencontrer des collaborateurs inconnus qui veulent bien s'intéresser à l'œuvre commune; attendons.

Alexandre Joly,
Du Ménil-la-Tour, peintre,
Nancy, 1863

Voss, l'inventeur

Les deux scènes de nuit [ill. p. 14 et 15], qui proviennent de la collection Cacault de Nantes (1810), portent, l'une en haut, l'autre au bas du côté droit, la signature G. de La Tour, le tableau 122 possédant également la mention *in.* et *fec.* ainsi qu'une date, 1650. [Pourtant,] le catalogue de 1854 les attribue à Maurice Quentin de La Tour (né en 1704!) et celui de 1913 considère que l'existence d'un artiste du nom de G. de La Tour reste à démontrer. Des documents de Lunéville fournissent, à propos de G. de La Tour (appelé parfois, à tort, Claude), les renseignements suivants : mariage avant l'année 1621, laissant supposer que la naissance eut lieu dans les dernières années du XVIIe siècle, mort en 1652. Une *Naissance du Christ* est datée de 1644, un *Saint Alexis*, commandé par le gouverneur de Nancy, de 1648, et l'une des représentations de saint Sébastien [par l'artiste], de 1649. Dans toutes ces œuvres, comme dans le *Reniement de Pierre*, on relève la mise en évidence de l'éclairage nocturne comme caractère stylistique majeur («Dans une nuit» ou «dans un clair obscur»). La maîtrise par l'artiste de ce type de représentation lui aurait valu des commandes de la part du duc Charles de Lorraine aussi bien que de Louis XIII.

La concordance entre ces indications et la signature, la date et le genre artistique des œuvres de Nantes nous autorise à attribuer ces dernières au «La Tour de Lunéville». Nous reconnaissons chez lui un artiste perpétuant la tradition du clair-obscur des caravagistes, en particulier de l'école de Gérard Honthorst, certes d'une façon plus provinciale mais aussi plus originale et plus personnelle. La rigidité dans le tracé des lignes et la rudesse dans le dessin des membres de ses personnages sont compensés par le merveilleux des couleurs, quoique pareillement austères et singulières, où dominent le vermillon et le violet. On retrouve en tous points les caractéristiques des toiles de Nantes dans *La Naissance du Christ* de Rennes [ill. p. 13]. En 1793, ce tableau passait pour être l'œuvre de Schalken mais, depuis 1854, c'est le nom de Le Nain qu'on évoque à son sujet. Le tableau de Rennes présente, certes, quelques ressemblances avec certaines réalisations des trois frères Le Nain, mais il s'en distingue nettement sur le plan des principaux caractères stylistiques; c'est ce que L. Gonse, bien que partisan de l'hypothèse Le Nain, pourrait expliquer selon sa conception de phases successives dans la création de cet artiste. La parenté en tous points avec les travaux de La Tour est d'autant plus frappante que c'est lui qui a représenté le plus souvent le thème de la Nativité au moyen du clair-obscur. Tout aussi certainement inspirée d'un tableau de La Tour, une composition semblable, que j'ai découverte sous la forme d'une gravure, portait, à tort du reste, le nom de Jacques Callot, mais devait, selon la facture, provenir de son entourage [ill. p. 12]. Le graveur, attaché à la cour du Duc, à Nancy, et notre peintre de Lunéville étaient tous deux lorrains et, qui plus est, contemporains. Callot a lui aussi tenté de représenter l'atmosphère nocturne avec, comme je l'ai démontré dans le *Répertoire des Arts* (chapitre XXIII, page 217), une certaine influence italienne. Il est possible et même probable que La Tour ait également été inspiré par l'Italie, voire qu'il ait établi des échanges avec ce pays.

Hermann Voss,
«Georges du Mesnil de La Tour»,
Archiv für Kunstgeschichte,
2e année, fascicule 3-4, 1915,
Traduit par Serge Gras

Demonts, le médiateur

Nous croyons devoir signaler au public français un court article [voir texte précédent] de M. Hermann Voss, paru pendant la guerre et ayant trait au peintre lorrain des premières années du XVIIe siècle, Georges du Ménil de La Tour. Cet article intéresse la France plus que tout autre pays, et nous remercions M. Roberto Longhi de nous l'avoir indiqué. M. Roberto Longhi est, avec M. Hermann Voss, l'historien d'art le mieux instruit du Seicento. Il a mené, ces dernières années, une immense enquête sur l'influence qu'exerça, dans tous les pays de l'Europe, l'art de Michel-Ange de Caravage, et c'est au cours de ses investigations que, comme M. Hermann Voss, il a rencontré le mystérieux du Ménil de La Tour. Jusqu'à ce jour, cet artiste n'était connu que par son nom et presque uniquement des érudits lorrains. Voici la note que lui consacrait M. Albert Jacquot dans son *Essai de répertoire des artistes lorrains*.

«Georges du Ménil de La Tour, ou Latour du Ménil, XVIIe siècle; peintre né vers la fin du XVIe siècle à Lunéville. Dom Calmet, Dom Pelletier et Durival le nomment à tort Ménil la Tour et Claude, c'est Georges de La Tour qu'il se nomme. *Il excellait à peindre les nuits.* Mourut à Lunéville d'une pleurésie le 30 janvier 1652… On connaît [M. Jacquot veut dire : on sait par les archives que G. de L. T. peignit, etc.] de Georges de La Tour une *Nativité* datée de 1644, un *Saint Alexis* commandé en 1648 par le gouverneur de Nancy, le maréchal de La Ferté, ainsi qu'un *Saint Sébastien*, l'année suivante, et un *Reniement de Saint Pierre*. Un *Saint Sébastien*, dans un clair-obscur, qu'il offrit au roi Louis XIII. Un *Saint Sébastien*, dans un clair-obscur, qu'il offrit au duc Charles IV, qui l'avait fait placer au château de Houdemont près de Nancy.»

D'autre part, le musée de Nantes conservait deux tableaux signés G. de La Tour, sans savoir qui était cet artiste. Le catalogue de ce musée, rédigé en 1913 par MM. Marcel Nicolle et Emile Dacier, les décrits ainsi :

«642. *Un vieillard endormi est réveillé par une jeune fille.* Une jeune fille, debout à gauche de profil, touche de la main droite un vieillard assis, endormi en face d'elle et tenant de la main sur ses genoux un livre entr'ouvert; *une chandelle allumée est placée sur la table, mais la lumière en est cachée par le bras de la jeune fille.* Effet de clair-obscur dans le goût du Caravage et de Honthorst. Fond neutre. Signé dans l'angle supérieur droit : G. de La Tour. T. H. 0m,93. L. 0m,81. Fig. gr. nat. Coll. Cacault, 1810.

«Clément de Ris remarque cette toile qui offre «un mélange de Honthorst et de Valentin». On pourrait l'attribuer, dit-il, à Rembrandt. Il se demande si ce n'est pas une œuvre d'Antoine Leblond de Latour… fondateur de l'Académie des Beaux-Arts de Bordeaux…

[M. Hermann Voss nous donne le sujet exact de ce tableau et l'intitule : *L'Ange apparaissant à Saint Joseph*.]

«643. *Le Reniement de Saint Pierre.*

«A gauche au second plan, une servante que l'on voit de profil, *tenant une chandelle*, interroge Saint Pierre, pendant que cinq soldats assis autour d'une table jouent au dés. *La lumière que tient la servante est masquée* au spectateur par un des soldats vus de dos, assis au premier plan. Effet vigoureux de clair-obscur. Signe en bas à droite : G. de La Tour in. et fec. et au-dessous : mdcl (c'est-à-dire 1650). T. H. 1^m,20. L. 1^m,60. Fig. pet. nat. Coll. Cacault, 1810.»

Le premier, M. Hermann Voss a su rapprocher le texte de M. Jacquot des deux tableaux du musée de Nantes, et sa curiosité étant, dès lors, éveillée sur la personnalité de G. de La Tour, il put lui attribuer la délicieuse *Nativité* du musée de Rennes, que M. Louis Gonse donnait aux Le Nain. «Cette Nativité noyée d'ombre, où d'humbles, tendres et douces silhouettes s'éclairent de reflets d'une si mystérieuse lumière.» En voici la description, d'après Clément de Ris : «Deux femmes soignent un enfant. Les figures sont de grandeur naturelle vues à mi-corps. Celle qui tient l'enfant emmailloté dans ses bras se présente de face, la tête penchée en avant. Elle est vêtue d'une espèce de justaucorps d'un rouge cinabre vif. A gauche, *une autre femme lui envoie de la main droite le reflet d'une chandelle* qu'elle tient de la main gauche, en sorte que toute la lumière tombe d'aplomb sur le rouge étonnant du corsage.» Ce tableau a figuré sous le nom de Schalcken sur l'Inventaire de 1793, et provient, selon toute vraisemblance, du fonds révolutionnaire, formé de toiles confisquées aux églises. Il est indéniablement de la même main que les tableaux du musée de Nantes; mais en l'absence de reproductions, nous ne pouvons nous étendre sur leur identité de facture. Nous espérons qu'un jour, dans une exposition des œuvres des Le Nain et de toutes celles qu'on a confondues avec les leurs, toutes ces toiles énigmatiques seront rapprochées les unes des autres, et nous sommes persuadés qu'alors d'autres découvertes viendront s'ajouter à celle de M. Hermann Voss. M. Roberto Longhi croit notamment qu'un Honthorst de Rouen serait encore de G. de La Tour [ill. p. 21]. Il pense qu'il y en a également un au musée de Tours. Déjà, M. Gonse avait rapproché de la *Nativité* de Rennes, *Une femme visitant un prisonnier* au musée d'Epinal [ill. p. 21]. Pour ma part, je n'hésite pas à donner à Georges du Ménil de La Tour le *Reniement de Saint Pierre* [ill. p. 20], que M. Vallé légua en 1870 au musée du Louvre, et qui jusqu'ici était attribué aux Le Nain. Nous y trouvons des personnages semblables à ceux de Nantes, et aussi la chandelle et l'effet de clair-obscur que nous avons soulignés dans la description des trois tableaux publiés par M. Hermann Voss.

On voit l'intérêt que présente la mise en relief de G. de La Tour, dont l'œuvre se place entre celui des peintres français influencés par l'art du Caravage et notamment par Valentin, Honthorst ou Manfredi, et celui des frères Le Nain. Ceux-ci apparaîtront toujours plus originaux, plus grands et plus purs, à mesure qu'on écartera de leur œuvre toutes les peintures hollandaises, flamandes ou caravagesques et tous les tableaux médiocres, qu'on s'est plu à faire figurer sous leurs noms. Déjà en 1910, nous avions pu rendre à Théodore Van Loen une *Nativité de la Vierge*, qui leur était étrangement attribuée au musée de Rouen. D'autres tableaux, qu'on leur donnait autrefois, sont en réalité de G. Van Herp, de M. Sweerts, etc. Mais la découverte de M. Hermann Voss nous a paru d'une importance encore plus grande pour ce reclassement nécessaire et qui intéresse si hautement l'histoire de l'art français.

Louis Demonts,
in *Chronique des arts et de la curiosité*,
30 avril 1922

La formation de La Tour et la question du voyage en Italie

L'art de Georges de La Tour reste largement mystérieux, comme demeurent énigmatiques ses sources. La question de sa formation est d'autant plus complexe que l'inspiration du peintre paraît double, selon qu'on envisage ses œuvres diurnes ou nocturnes, différentes de lumière, de gamme colorée, d'écriture et d'inspiration.

Bruno Caruso imagine La Tour – peintre sans visage – à Rome, devant *La Vocation de saint Mathieu* de Caravage, à Saint-Louis-des-Français.

Aucun document n'atteste la présence de La Tour en Lorraine avant 1616. A partir de cette date – l'artiste a vingt-trois ans et doit par conséquent être formé –, les mentions de son nom se multiplient. On peut supposer qu'il a voyagé pour apprendre son art. Mais où?

Schématiquement, deux points de vue opposent les historiens d'art. D'après les Français et les Italiens, l'artiste n'a pas pu ne pas se rendre à Rome, où la colonie lorraine était importante et où sont allés la plupart des artistes du duché : ils insistent sur l'analogie de ses tableaux à la chandelle avec ceux laissés dans la Ville éternelle par Gérard Honthorst et sur la force réaliste de l'ensemble de ses œuvres, qui témoigne pour eux d'un contact direct avec les tableaux de Caravage lui-même. Les Anglo-Saxons, au contraire, mettent l'accent sur les liens de La Tour avec les peintres du Nord, «caravagesques» formés à Rome et revenus à Utrecht comme Ter Brugghen, ou peintres des générations précédentes.

L'hypothèse du voyage outre-monts est ancienne : Hermann Voss la formule dès 1931, François-Georges Pariset la reprend en 1949 et Charles Sterling, en 1951, l'étaie en soulignant les analogies de style entre les Honthorst peints à Rome à la fin de la deuxième décennie du XVIIe siècle et certaines toiles de La Tour. En effet, *Le Christ devant Pilate* (1617) de la National Gallery de Londres ou le *Saint Joseph* du couvent de Montecompatori (ill. p. 73) présentent avec la plupart des nocturnes de La Tour des rapports flagrants dans le parti d'éclairage et les effets plastiques obtenus. On ajoutera à ces exemples des rapports certains avec la manière de Gérard Seghers, Flamand présent à Rome entre 1611 et 1620, et peut-être auteur à ce moment d'une *Madeleine* très analogue à celles de La Tour.

Jacques Thuillier est lui aussi persuadé du voyage en Italie : le supposer est «presque indispensable», écrit-il en 1972; «une quasi-certitude», répète-t-il en 1992.

Tout autre est la vision des historiens d'art anglo-saxons – et de Vitale Bloch, d'origine russe –, qui envisagent des voyages du peintre, plutôt qu'en Italie, vers le Nord ou l'Est.

Pour Benedict Nicolson (1974), «il n'y a rien dans l'œuvre de jeunesse de La Tour qui donne de la consistance à un tel séjour». Il cherche (et trouve) des analogies visuelles frappantes aux tableaux du premier La Tour, celui des *Apôtres* ou de la *Rixe*, chez les caravagesques revenus à Utrecht, en particulier chez Ter Brugghen dont il est grand spécialiste, et avec des peintres du XVIe siècle de l'école de Leyde ou d'Anvers, dont il note le goût des éclairages à la chandelle chaotiques et des figures groupées autour d'une table avec des amoncellements de livres et de papiers, paraissant préfigurer l'*Argent versé* de Lviv. Anthony Blunt, de la même façon, en 1972, trouvait inutile l'hypothèse du voyage italien de La Tour, affirmant que «son style est beaucoup plus profondément lié à l'art du Nord, à celui de la France, de sa Lorraine natale et des Pays-Bas».

Sterling pense, comme beaucoup d'auteurs, à une première formation lorraine. Il conclut : «C'est par la leçon du caravagisme, bien apprise mais assimilée selon les besoins de sa forte personnalité, que La Tour se libéra de sa première formation maniériste».

Il est vrai qu'en Lorraine même La Tour pouvait voir des tableaux de Jean Le Clerc – élève en Italie du Vénitien Saraceni – de retour à Nancy en 1622 où il meurt en 1633. Mais il paraît difficile d'établir un lien direct entre les toiles «à la chandelle» de Le Clerc et celles de La Tour. Il est, quoi qu'il en soit, possible qu'après un premier apprentissage à Vic (ou exerçait le peintre Jean Dogoz) La Tour ait été formé à Nancy, peut-être chez Jacques Bellange, qui meurt en 1616.

Que conclure? Les œuvres les plus précoces de La Tour ne paraissent pas nécessiter un voyage en Italie : leur naturalisme à la fois outrancier et délicat semble procéder d'exemples nordiques, lorrains, voire parisiens ou allemands. Mais nos connaissances de ce qui se peignait dans la capitale et outre-Rhin vers 1610-1620 sont minces. On a récemment souligné à nouveau, après Blunt, les liens stylistiques qu'entretiennent les tableaux diurnes de La Tour avec certaines figurations de *Scènes de théâtre* françaises de la fin du XVIe siècle et avec certains dessins de «Lagneau», ces figures en buste réalistes, à la limite de la caricature, souvent représentées, comme chez le peintre lorrain, strictement de face : assez pour donner crédit à l'hypothèse d'une formation en France, à Paris peut-être? Si le document récemment retrouvé attestant la présence en 1613 d'un La Tour à Paris concerne bien notre peintre, la suggestion prendrait consistance.

Rien de bien caravagesque dans tout cela. C'est ensuite, plus tard dans sa carrière, que La Tour va devenir un magnifique peintre caravagesque, un « honthorstien » plus ému et plus grand que Honthorst.

Jean-Pierre Cuzin
et Dimitri Salmon

La Tour a-t-il dessiné?

Probablement. On a peine à imaginer que ce virtuose du dessin au pinceau, que celui qui semble prendre tant de plaisir à apposer sa signature à la plume sur les documents, n'ait pas été tenté par une expression purement graphique. Quelques propositions ont été faites, dont aucune n'emporte complètement l'adhésion faute d'éléments de comparaison certains : «Comment prétendre à la certitude, dans le cas d'un artiste dont on ignore totalement la manière de dessiner?» (Sterling, 1951).

Un dessin recto verso à la pierre noire montrant un *Saint Pierre repentant* (ou un *Héraclite*?) et *Deux Figures* a été rapproché par l'historien d'art Christopher Comer du *Saint Pierre* de Léopold-Guillaume (p. 79).

Christopher Comer et Paulette Choné ont publié en 1996 un autre dessin recto verso (pierre noire et sanguine) représentant deux têtes, une *Jeune Femme* et un *Vieillard barbu* (page de gauche).

Un *Moine lisant*, à la plume, publié à titre d'hypothèse par Sterling en 1951, évoque irrésistiblement la gravure des *Deux Moines* (p. 47).

A chacun son La Tour

Depuis 1915, une poignée d'historiens d'art assemble patiemment les pièces du «puzzle La Tour». Des documents apparaissent – pièces d'archives, peintures – et le profil général du peintre tend à se préciser, mais des contradictions demeurent, inextricables : c'est que chacun défend l'image qu'il se fait de La Tour, espagnol ou romain, calligraphe ou sculpteur, classique ou extravagant, caravagesque ou maniériste, plasticien ou mystique...

Croquis des *Veilleuses* par Charles Sterling.

Voss : «cette harmonie âpre...»

La conception linéaire de La Tour se manifeste par une prédilection pour le détail, pour la forme détourée, à arêtes tranchantes. Il tâte les surfaces et les contours des choses avec précision et acuité, sans éprouver de répugnance pour leur crudité; au contraire il semble jouir de l'irrégularité de leur structure. La Tour est un styliste septentrional qui s'attaque, à ses risques et périls, aux thèmes favoris des réalistes méridionaux, thèmes dont il n'est pas aisé d'avoir raison en leur appliquant une semblable mesure. La Tour est pour cela un esprit qui «expérimente» trop et qui choisit ses moyens, par moments, avec trop de calcul. Malgré cela, il réussit toujours à étonner et à captiver le spectateur par le paradoxe audacieux de son coloris et par une harmonie qui maîtrise, sans la moindre trace de convention, des éléments disparates, rébarbatifs et contradictoires. Cette harmonie âpre témoigne de rares qualités picturales.

Hermann Voss,
«Tableaux à éclairage diurne de G. de La Tour»,
in *Formes*, juin 1931

Longhi : «l'œuf d'autruche»

Mais quel tableau, que celui des *Tricheurs*; quelle bizarre «précieuse», que cette courtisane lorraine à la mode de 1630! Son visage en forme d'œuf d'autruche rendrait certainement jaloux notre Casorati, mais ce ne sera pas une raison pour chanter victoire, parce qu'ici l'archaïsme est providentiellement contourné par une exceptionnelle vérité de lumière.

Ce jour-là, à Lunéville, l'air entre rose et jaunâtre était, certainement, celui d'une veille de grêle… Et dans les cheveux d'un rouge de cuivre du tricheur de gauche – magnifique Aramis – quelques étincelles révélatrices crépitent; odeur de poudre; une gentille ironie serpente dans les éclats capricieux des pièces de monnaies, qui vont rapidement changer de mains.

Roberto Longhi,
«I Pittori della realtà in Francia…»,
in *L'Italia letteraria*,
19 janvier 1935

Sterling : «la sérénité classique»

Il a le goût de l'étrange, et par sa description lucide de ce que lui montre le jour, par l'intense simplification de ce que lui livre la nuit, il s'arrête avant d'arriver au vérisme, à l'effet pittoresque ou au monstrueux. Il penche vers le mystère, et par sa retenue, par sa calme et classique ordonnance, sa magie n'a rien de théâtral, son pathos reste humain. Voici pourquoi, malgré un léger parfum rhénan qui circule dans ses ténèbres, il est profondément français, pourquoi il se rencontre avec les Le Nain (*Adoration des bergers* au Louvre), pourquoi certaines de ses femmes (celle qui écarte les bras, dans le tableau de Berlin) ont les gestes des femmes de Le Sueur. Voici pourquoi, disciple indirect du Caravage, au milieu de grandioses problèmes picturaux que posait le style baroque, il a retrouvé la simple tendresse et la sérénité classique.

Charles Sterling,
«Les Peintres de la réalité en France
au XVIIe siècle.
Les Enseignements d'une exposition.
I. Le Mouvement caravagesque
et Georges de La Tour»,
in *Revue de l'Art ancien
et moderne*, 1935

Jamot : les anges sans ailes de Georges de La Tour

L'ange [...] est une jeune fille vêtue comme les autres jeunes filles du temps [ill. p. 21]. Elle tient une chandelle et l'on ne lui voit pas la moindre amorce d'ailes. Mais, on ne sait par quels moyens subtils, cette scène plongée dans l'ombre, sauf pour la part de lumière qui filtre à travers des doigts repliés, dégage une atmosphère surnaturelle [ill. p. 15]. Le doute n'est pas permis : ce sont des anges – quelle rare merveille où se mêlent l'idéal et la réalité! – ce sont des anges, des anges sans ailes ni autre attribut traditionnel, ces figures de femmes qui se penchent sur un dormeur ou sur un captif, assistantes muettes chargées de secrets dont leur solennelle attitude nous assure l'importance.

Paul Jamot,
«Le Réalisme dans la peinture française
du XVIIe siècle. De Louis Le Nain
à Georges de La Tour»,
in *Revue de l'Art ancien et moderne,* 1935

Chastel : du «ténébrisme» au «luminisme»

Le «ténébrisme» est ici une sorte de clef musicale, donnant d'emblée une tonalité émotive au tableau. Les couleurs affaiblies, assourdies, se subordonnent à des nappes d'ombre, aux projections blafardes de la torche. Ce procédé de découpage, manié ici avec une autorité tranquille, donnait au peintre la possibilité de faire jouer librement les détails rares : une collerette, un bijou, la transparence d'une main, la courbe d'un plat métallique. La Tour a admirablement compris que le «luminisme» demandait une simplification de motifs, une espèce de raréfaction des gestes, une limitation stricte des accents. Son opposition aux autres «caravagistes», et d'abord ceux d'Utrecht (Honthorst, Terbrugghen) dont il est parfois nécessaire de le rapprocher, est beaucoup plus sévère dans le recours à ce parti, et c'est là ce qui fait passer du procédé pictural à une poétique. Ce qui nous apparaît comme un effort de dépouillement, d'une haute valeur spirituelle, n'est peut-être d'abord que la conséquence d'une certaine logique artistique.

André Chastel,
«La Tour perdu et retrouvé»,
in *Médecine de France*, n° 233, juin 1972

Thuillier : du réalisme chez La Tour

Le réalisme ne fut sans doute au départ qu'un héritage de la tradition caravagesque : mais La Tour le conduit jusqu'à ce point extrême où il délivre une leçon morale rejoignant – si différentes soient-elles à l'origine – celles d'un Corneille ou d'un Poussin.

Or du même coup ce réalisme se détruit lui-même. Il n'en demeurera bientôt que l'écorce : visages qui refusent de se modeler sur un type abstrait, habits contemporains donnés aux saints, conformément à la vieille leçon du Caravage. Des paysans lorrains apporteront leur tribut à Jésus emmailloté et à la Vierge vêtue d'une grosse robe de bure, Irène en corsage à busc veillera Sébastien dont le casque d'acier brille à terre. Mais devant la simplification des plans, devant la stylisation monumentale des figures, oserons-nous encore prononcer ce mot de réalisme?

Jacques Thuillier,
Tout l'œuvre peint de Georges de La Tour,
Flammarion, 1973

Pariset : l'«univers doux et triste» du Lorrain

Derrière la beauté ensoleillée, il retrouve le mal, et son pessimisme fondamental est presque janséniste, mais il sait que le salaire du péché est le châtiment et la mort, que les épreuves doivent être acceptées comme des présents de Dieu, sans révolte, que pour accéder à Dieu, il faut les ascèses et les extases. Il est aussi le maître d'un univers doux et triste, résigné et confiant, qui a besoin de lumière dans la nuit, comme une assurance et une protection.

François-Georges Pariset,
«L'Exposition de Georges de La Tour»,
in *Le Pays lorrain*, n° 2, 1973

Nicolson : La Tour et Vermeer

A deux reprises nous avons risqué le nom de Vermeer : en parlant de la chaise de la *Puce* et de la pluie d'étincelles d'or du *Songe de saint Joseph*. Est-il possible que certains La Tour aient circulé dans les Pays-Bas dans les années 1650, quand Vermeer était jeune? Peut-il avoir fait le voyage de Delft à Lunéville? Ou tenons-nous compte simplement d'une ressemblance en évoquant les noms de Gentileschi et de Terbrugghen comme ancêtres communs? On ne peut savoir. Les deux grands artistes les plus mystérieux de l'époque demeurent aussi secrets sur leurs voyages que sur les sources de leur art, pour la déconfiture de leurs biographes trois cents ans plus tard.

Benedict Nicolson,
in Benedict Nicolson
et Christopher Wright,
Georges de La Tour, Londres, 1974

Rosenberg : le «génie du peintre»

Tant d'écrivains, de Mérimée à Stendhal, à Taine et à Malraux, tant de critiques, tant d'éminents historiens d'art ont voulu définir le génie du peintre que toute nouvelle tentative a quelque chose de gratuit et de superflu. Les diurnes ont connu la popularité puis les nocturnes. Mais sont-ils toujours bien compris? Réalistes, ils décrivent (ou sont censés décrire) la vie de tous les jours avec violence, cynisme et hauteur. La Tour ne compatit pas à la misère du peuple. Aucune tendresse, aucune solidarité, pas de chaleur humaine, seule la brutale et cruelle vérité, décrite de sang-froid avec morgue et dédain. Ce qui n'exclut pas, bien au contraire, les raffinements du coloris, la sobriété de la mise en page, la maîtrise de la composition aux formes géométriques et dépouillées, solides et sculpturales.

Pierre Rosenberg,
L'Art au temps de Jacques Callot,
Musée des Beaux-Arts,
Nancy, juin-sept. 1992

Arasse : le «détail du tableau»

Le *Saint Sébastien soigné par Irène* de Georges de La Tour (ill. p. 57) offre un bel exemple de ce comble que peut atteindre le détail du tableau. [...] Il ne reste, de la scène du martyre, qu'une flèche, une goutte de sang, un reflet d'armure, une feuille à l'arbre. Extrême économie narrative et descriptive, donc, et, conjointement, précision et importance considérables des détails choisis. Or, et c'est ici que s'accomplit le comble de la peinture, si certains de ces détails sont liés au thème du tableau (goutte de sang, reflet d'armure, larmes), d'autres sont comme gratuits : le reflet de la lumière sur les ongles d'une femme, l'étonnante précision de l'arabesque de la flamme et des mèches de la torche et, comble du comble (car les précédents sont bien éclairés, ils font la lumière même du tableau), les légères moustaches au coin des lèvres du saint, à peine visibles dans la pénombre du premier plan. Combles de peinture, inutiles à la *storia* du tableau, ces détails correspondent à un intérêt spécifique du peintre : dans l'extraordinaire virtuosité de son dessin, la flamme de la torche évoque la subtilité avec laquelle, dans la *Madeleine Wrightsman* de New York (voir dépliant), La Tour avait différencié la forme de la flamme et celle de son reflet, et l'attention picturale portée aux quelques poils de la moustache évoque la variété étonnante de traitement que La Tour, dans sa période diurne, pouvait accorder aux chevelures.

Ces détails inutiles peuvent apparaître ainsi comme une manifestation de «peinture pure», au même titre que, par exemple, ceux du vêtement du jeune homme dans le *Tricheur à l'as de carreau*, ou la verrue sur la tempe d'un des personnages de la *Rixe des musiciens* (ill. p. 93). Le dépouillement progressif propre à sa période nocturne est d'autant plus marquant en effet que La Tour a été un virtuose du détail, qu'il fût brillamment jeté et non décrit, comme les cheveux du *Saint Jérôme pénitent* de Grenoble (ill. p. 25), ou qu'il fût à l'opposé l'emblème même du détail descriptif, comme cette mouche déjà évoquée du *Vielleur* de Nantes (ill. p. 29), peinte de telle sorte qu'on ne puisse décider si elle est fictivement posée sur la toile ou, dans l'espace de la toile, sur l'instrument du musicien. La pratique de La Tour atteint un comble de la représentation dans la mesure même où le passage de l'abondance diurne à la sobriété nocturne correspond certainement à deux manières de peindre et de voir; mais, dans les deux cas, le peintre confie aux détails de sa peinture la fonction emblématique de représenter le mode de sa représentation.

Daniel Arasse,
Le Détail, pour une histoire rapprochée de la peinture,
Flammarion, 1992

Trois peintres regardent La Tour

Ce sont bien sûr les peintres les plus attachés aux recherches formelles qui se passionnent pour Georges de La Tour : le nabi Maurice Denis qui aime les «teintes plates» et les «couleurs sonores», le rigoureux et parfois dogmatique André Lhote, l'inattendu Jean Hélion.

Maurice Denis

Dans le Journal *que Maurice Denis tint de 1884 jusqu'à sa mort, en 1943, on trouve à plusieurs reprises mentionné le nom de l'artiste lorrain.*

Nantes [...] Le *Joueur de vielle* est-il de Mesnil de La Tour, dont il y a deux effets de lampe? l'un est le *Reniement de saint Pierre.*

Deux choses m'ont frappé depuis mon retour de Reims, au moment où s'annoncent de nouveaux travaux. Les grands Puvis, *l'Eté, l'Hiver*, entrevus au cours d'une visite rapide à l'Hôtel de Ville, avec Darras. Les de La Tour de l'Exposition de l'Orangerie, teintes plates, matière égale et riche, sans accidents, couleur sonore, originalité d'invention, beau sentiment naïf.

Maurice Denis,
Journal I (1884-1904) et *III (1921-1943)*,
Editions du Vieux Colombier, 1959

André Lhote

Cet étrange et admirable Georges de La Tour, ce premier surréaliste français, ne se permit jamais, comme les Italiens, l'emploi simultané de ces deux moyens [le dessin et le clair-obscur]. Si les membres de ses personnages décrivent, comme son *Saint Jérôme*, des arabesques expressives, le clair-obscur s'efface et se réduit à un simple modelé appuyé sur les contours; si au contraire la scène est simple et ramassée, comme dans *Saint Pierre délivré*, ce sont les nappes d'ombre et de lumière qui décrivent les arabesques que refusent les membres réduits au silence.

André Lhote,
Parlons peinture,
Denoël et Steele, 1936

Tels sont les héros de la peinture, qu'ils s'appellent Raphaël, Titien, Rubens, Tintoret, le Gréco ou Georges de La Tour. Ces êtres surhumains ne sont pas des hommes ravagés de passions ordinaires, mais des monstres merveilleux, des horlogers sublimes, de profonds calculateurs. [...] Il faut pardonner aux génies de l'art d'être des mégalomanes sourcilleux, intransigeants au sujet de la seule méthode à suivre pour créer un univers digne de survivre à son auteur.

[...] On pourrait, passant par-dessus l'impressionnisme, faire l'histoire du modelé en partant d'Ingres et de Delacroix pour aboutir à Georges de La Tour et à Rembrandt. On pourrait faire de subtiles discriminations entre le modelé cubique, si j'ose dire, de Georges de La Tour et le modelé rond et cabossé de Rembrandt. Mais cela ne nous servirait à rien puisque, encore une fois, le procédé ne correspond plus à notre sensibilité. Un moderne peut se hasarder à faire tourner par jeu une figure au crayon ou au pastel, mais je n'en connais pas un, d'un peu talentueux, qui soit capable de pousser ce mensonge inactuel jusqu'à peindre sérieusement un tableau *qui tourne en profondeur.*

[…] C'est en ces trois peintures exemplaires que peut se résumer toute la théorie picturale. D'autres manifestations héroïques doivent solliciter le chercheur; celui-ci ne tardera pas à voir qu'elles ne sont qu'une amplification de ces trois modèles, amplification dominée par un souci plus exclusif de l'abstraction. Ainsi Georges de La Tour est un Rembrandt qui sacrifie mieux que ce dernier aux exigences de la monumentalité architecturale.

André Lhote,
Traité de la figure,
Grasset, 1958

Jean Hélion

Revenant à une peinture de la réalité, à un moment où les artistes se tournent plutôt vers l'abstraction, Jean Hélion regarde l'œuvre de Latour.

11 août [1948]

Ayant achevé le livre de Malraux, *Psychologie de l'art – Le Musée imaginaire*, je n'arrive pas du tout à voir ce à quoi il mène. Il contient des expressions qui me conviennent parfaitement; des jugements qui me paraissent faux (La Tour, Georges, un plus grand peintre que Poussin; Manet, le plus grand peintre récent, etc.).

D'ailleurs toute cette manipulation du passé me paraît vaine. Il ne faut chercher dans les œuvres et les techniques du passé que ce qui peut aider à accomplir, à parfaire, à approfondir ce que l'on fait présentement. En art au moins – et peut-être pour tout le reste – il ne faut pas faire de la culture du passé un objet en soi. Le passé est plus alourdissant qu'utile.

3 septembre [1956]

Aéroport de Nantes, en attendant qu'un petit avion veuille bien affronter la pluie et me ramener à Belle-Ile, ce 3 septembre 1956.

Vu longuement le *Joueur de Vielle* de La Tour, le portrait de *Madame de Senonnes* d'Ingres, *Les Cribleuses* de Courbet, trois admirables tableaux qui suffiraient à animer ce musée qui, à part une douzaine ou deux d'autres bons tableaux, est encombré de choses décourageantes.

Le nombre, en art, amène la médiocrité, presque certainement.

Jean Hélion,
Journal d'un peintre.
Carnets 1929-1962, vol. I,
Maeght Editeur, 1992

Ecrivains et poètes

Au XIXe siècle déjà, Mérimée, Taine et Gonse avaient su voir dans quelques tableaux, encore non attribués à Georges de La Tour, un peintre rare... Plus récemment et au fil des redécouvertes, André Malraux, Marcel Arland, Pascal Quignard et Jean d'Ormesson se sont interrogés sur le sens des toiles de La Tour, «construites comme de vastes énigmes», dans lesquelles tous s'essaient à lire, au-delà de la simple grandeur, «la part sereine des ténèbres». Et René Char le premier, qui voyait dans l'œuvre de La Tour «quelle Maison entre toutes devait habiter l'homme : à la fois demeure pour le souffle et la méditation».

Notes de voyages...

En 1835, l'écrivain Prosper Mérimée, alors inspecteur des Monuments historiques, s'arrête au musée de Nantes devant le Vielleur *– aujourd'hui donné à Georges de La Tour.*

Le livret attribue à Murillo un *Aveugle chantant et jouant de la vielle*, d'une ignoble et effroyable vérité. Sans contredit cette figure est d'un artiste espagnol et de l'école de Séville; mais Murillo, dans sa première manière, a un coloris plus sombre, et ses derniers ouvrages sont exempts de la sécheresse qu'on remarque dans ce tableau.
Il conviendrait mieux, ce me semble, à Velasquez, qui, à son début, s'essaya dans les sujets vulgaires, et qui alors était loin d'annoncer ce pinceau gracieux et suave qu'il acquit à la fin de sa carrière.

Prosper Mérimée,
Notes d'un voyage dans l'ouest de la France..., 1836

Hippolyte Taine, philosophe et historien, sait à son tour reconnaître, en 1896, une main exceptionnelle dans un tableau conservé cette fois au musée de Rennes.

Ce qui est absolument sublime c'est un tableau hollandais, *le Nouveau-Né*, attribué à Lenain : deux femmes regardant un petit enfant de huit jours, endormi. Tout ce que la physiologie peut dire sur les commencements de l'homme est là! Rien ne peut exprimer ce profond sommeil absorbant, comme celui dont il dormait, le pauvret, huit jours auparavant dans le ventre de sa mère; le front sans cheveux, les yeux sans cils, la lèvre inférieure rabaissée, le nez et la bouche ouverts, simples trous pour respirer l'air, la peau unie, luisante, que l'air a touchée encore à peine, tout l'engloutissement primitif dans la vie végétative. La lèvre supérieure est retroussée; il est tout entier à respirer. Le petit corps est collé et serré dans ses langes blancs raides comme dans une gaine de momie. Impossible de rendre mieux la profonde torpeur primitive, l'âme encore ensevelie. Le tout est relevé par l'air borné de la mère, par la simplicité et la rudesse du rouge intense de son vêtement qui jette un chaud reflet sur ce petit bloc de chair ronde.

Hippolyte Taine,
Carnets de voyage,
Notes sur la Province, 1896

Le critique d'art Louis Gonse se souvient, quant à lui, de tableaux vus à Epinal, à Rennes et à Nantes, dans lesquels il perçoit des analogies.

J'ai gardé aussi la mémoire d'un tableau de facture fruste, mais de style original; il représente une femme tenant une lumière et visitant un prisonnier dans son cachot. Le mouvement incliné, l'expression compatissante de la femme en robe rouge, sont du plus naïf et du plus beau sentiment. Je n'ose risquer un nom. C'est autour des énigmatiques et troublants Le Nain que ma pensée se porte; je rapproche malgré moi le tableau d'Epinal de l'admirable *Nativité* de Rennes. Je signale l'analogie, sans aller plus loin.

[...] Comme le bon La Fontaine qui demandait à tous venant : Avez-vous lu Baruch?, je redirais volontiers aux échos d'alentour : Connaissez-vous Le Nain? Connaissez-vous surtout l'étrange et délicieux tableau du Musée de Rennes, cette *Nativité* noyée d'ombre, où d'humbles, tendres et douces silhouettes s'éclairent de reflets d'une si mystérieuse lumière? Cette œuvre me hante. Chaque fois que je suis revenu à Rennes, elle m'a charmé davantage. C'est une merveille de sentiment, de candeur et d'originalité. A la même époque, en dehors de l'Espagne, il n'y a que Rembrandt et Van der Meer de Delft qui avaient autant de hardiesse dans la conception et de sensibilité dans le rendu intime de l'être humain. [...]

Nous voici devant une des réalisations exceptionnelles de l'art de peindre : le *Joueur de Vielle*, de la collection Cacault. Une gamme fauve, monocorde, d'une délicatesse extaordinaire, à peine rompue par l'orange de la culotte et le rose grenade des rubans, enveloppe une ambiance tranquille toute baignée d'air et de lumière [...]. Tableau saisissant, ferme, expressif, naturel en toutes ses intentions. La nouvelle installation [du musée] devra réserver une place à part et isolée au *Joueur de Vielle*; il en devra une aussi à *Mme de Senonnes*. A de telles œuvres il faut une véritable chapelle.

Louis Gonse,
Les Chefs-d'œuvre des musées de France.
La Peinture, 1900

La part sereine des ténèbres

En 1937, dans L'Espoir, *André Malraux fait proclamer, non sans une certaine fierté, au vieux professeur d'histoire de l'art, Alvéar : «J'ai dirigé pendant des années une galerie de tableaux. J'ai introduit ici le baroque mexicain, Georges de La Tour, les Français modernes, la sculpture de Lopez, les primitifs…»; puis en 1951, il se penche longuement sur l'œuvre du peintre lorrain, où «le monde devient semblable à la vaste nuit».*

Latour ne gesticule jamais. En un temps de frénésie, il ignore le mouvement. Qu'il soit capable de le représenter bien ou mal ne vient pas même à l'esprit; il l'écarte. Son théâtre n'est pas le drame de Ribera, c'est une représentation rituelle, un spectacle de lenteur. Connut-il Piero della Francesca? Non, sans doute. Le même souci de style fige ses personnages dans la même immobilité plus intemporelle que primitive, celle d'Uccello, de la *Pietà* de Nouans, de Giotto parfois. Celle, aussi, d'Olympie. [...]

Les pâles flammes de Latour servent à unir les siens; sa bougie est la source d'une lumière *diffuse* malgré la netteté de ses plans, et cette lumière n'est nullement réaliste, elle est intemporelle comme celle de Rembrandt. Aussi différent que le génie de ce dernier soit de celui de Latour, leurs poésies sont de même nature. Il ne s'agit pas pour eux de copier des accents de lumière, mais de les susciter avec assez de justesse pour ne pas perdre la «crédibilité» dont se passe mal leur poésie.

[...] Les petites sources de lumière de Latour sont-elles seulement destinées à établir un éclairage? La lumière des caravagesques tend d'abord à séparer leurs personnages de l'obscurité; mais ce n'est pas l'obscurité que peint Latour : c'est la nuit. La nuit étendue sur la terre, la forme séculaire du mystère pacifié. Ses personnages n'en sont pas séparés, ils en sont l'émanation. Elle prend forme en une petite fille qu'il appelle un ange, en des apparitions de femmes, en cette flamme droite de torche ou de veilleuse, qui ne la troublent pas. Le monde devient semblable à la vaste nuit sur les armées endormies de jadis où, sous la lanterne des rondes, surgissaient, pas après pas, des formes immobiles. Dans cette obscurité peuplée, lentement une veilleuse s'allume : et elle fait apparaître des bergers serrés autour d'un enfant, la *Nativité* dont la flamme tremblante va s'épandre jusqu'aux limites de la terre… Aucun peintre, pas même Rembrandt, ne suggère ce vaste et mystérieux silence : Latour est le seul interprète de la part sereine des ténèbres.

André Malraux,
Les Voix du silence, 1951

«Tout ce petit monde»...

De là, le caractère religieux que l'on se plaît à reconnaître en ces toiles. De là seulement. Point d'auréoles autour des têtes, point d'ailes au dos des anges. Marie, devant sa mère, est une petite fille de Lorraine, l'une parmi cent, l'une des filles du peintre, peut-être. Jésus devant son père, n'est qu'un bon petit garçon, appliqué et naïf; et, dans les langes, le plus simple, le plus impersonnel des nouveau-nés. Ainsi de tous les autres personnages : sont-ils des saints? ils l'ignorent; ils sont Joseph, Elisabeth ou Pierre, c'est-à-dire un charpentier, une voisine, un mendiant, tout ce petit monde que Georges de La Tour a découvert dès son enfance, mais qui, peut-être, aux feux de la boulangerie paternelle, commençait à prendre, dans sa simplicité, une grandeur fabuleuse.

Marcel Arland,
Georges de La Tour,
Editions du Dimanche, 1953

De la «Découverte de saint Alexis»

Pascal Quignard achève son essai sur Georges de La Tour, publié en 1991 et réédité en 1995 sous le titre La Nuit et le Silence *– «suite baroque d'«images» aux sujets incertains» –, «par la seule peinture dont le sens soit assuré : "Image de saint Alexis peint en 1648 pour M. de La Ferté".»*

Euphémien était le plus riche citoyen de Rome et il était préfet. Il était marié à Aglaé. Ils eurent un fils, qu'ils appelèrent Alexis. Le soir de ses noces, tandis que sa jeune épouse ôtait l'agrafe de sa tunique, Alexis recouvrit le sein de sa femme, lui conseilla de conserver sa pudeur et lui remit un anneau d'or et la ceinture qu'il portait en la priant de les garder.

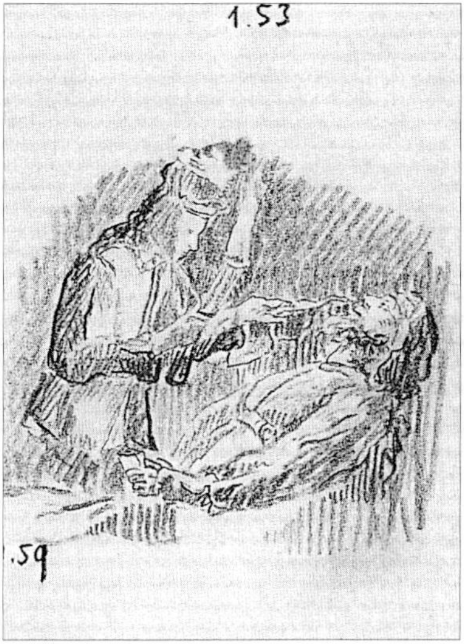

Croquis par Charles Sterling de la *Découverte de saint Alexis.*

Il s'embarqua pour Laodicée. De là il gagna Edesse, ville de Syrie dans laquelle les habitants conservaient précieusement un portrait de Notre-Seigneur empreint sur un linge. Alexis distribua tout son linge et ses habits et, nu, se mit à mendier sous le porche de l'église Sainte-Marie d'Edesse.

Au bout de dix-sept années, il quitta Edesse, aborda à Ostie et gagna le palais de son père dans Rome. Nul ne le reconnut. Son père lui fit l'aumône. Pendant dix-sept ans il demeura de la sorte inconnu dans la maison de son père et de sa mère.

Il mangeait les miettes des repas. Il vivait sous l'escalier. Sentant sa mort venir, il demanda un stylet et il nota le récit de sa vie.

Les empereurs Arcadius et Honorius et le pape Innocent furent avertis en songe qu'un homme de Dieu se trouvait chez Euphémien. Ils envoyèrent leurs gens pour interroger les domestiques du palais. Par élimination, la recherche aboutit vite : ce ne pouvait être que le mendiant qui gîtait sous l'escalier. Un page, une torche à la main, se penche vers le saint déjà raidi par la mort, tenant entre ses mains la lettre du pape Innocent.

Pascal Quignard,
La Nuit et le Silence,
Flohic, 1995

En 1972, Jean d'Ormesson a lui aussi consacré un essai aux Saint Alexis *de La Tour, exposés alors à l'Orangerie.*

En même temps qu'à l'imagerie chrétienne, *La Découverte du corps de saint Alexis* renvoie irrésistiblement à un autre grand mythe, de l'univers païen cette fois. Avec ces deux corps penchés l'un sur l'autre, l'un plein d'émotion et l'autre privé de vie, avec cette reconnaissance d'une identité à la lueur d'un flambeau, à quelle autre scène pensons-nous, tirée du fonds commun de notre culture occidentale? A Psyché naturellement, personnification de l'esprit et de l'âme en train de découvrir l'amour. Avec une sûreté incroyable, La Tour se situe ainsi au confluent de l'amour chrétien, qui devait valoir au saint son plus glorieux destin, et de l'amour platonicien et néo-platonicien lié à ce monde des essences et des idées où, pendant toute sa longue carrière, avait évolué l'empereur. [...]

L'enfant-Psyché penché sur le cadavre chrétien ne peut avoir qu'un sens : mieux vaut aimer Alexis que chercher à trop le connaître. La main le découvre pourtant? N'importe! Que le mystère subsiste à l'intérieur même de la révélation! Car le savoir détruit, mais la foi nous enchante!

Jean d'Ormesson,
«Un interprète privilégié du mythe d'Alexis : Georges de La Tour»,
in *La Nouvelle Revue française*,
n° 238, octobre 1972

René Char et le peintre lorrain

Nommés pour la première fois dans «Partage formel», Héraclite et Georges de La Tour accompagneront Char dans les temps d'épreuves. En 1934, René Char visitera l'exposition «Les Peintres de la réalité en France au XVII*e siècle» au musée de l'Orangerie. Dans «Feuillets d'Hypnos», il dira de quel secours lui fut ce peintre – il avait piqué au mur de son P.C. à Céreste la reproduction en couleurs du* Job *: «La femme explique, l'emmuré écoute. Les mots qui tombent de cette terrestre silhouette d'ange rouge sont des mots essentiels, des mots qui portent immédiatement secours. […] Reconnaissance à Georges de La Tour qui maîtrisa les ténèbres hitlériennes avec un dialogue d'êtres humains.»*

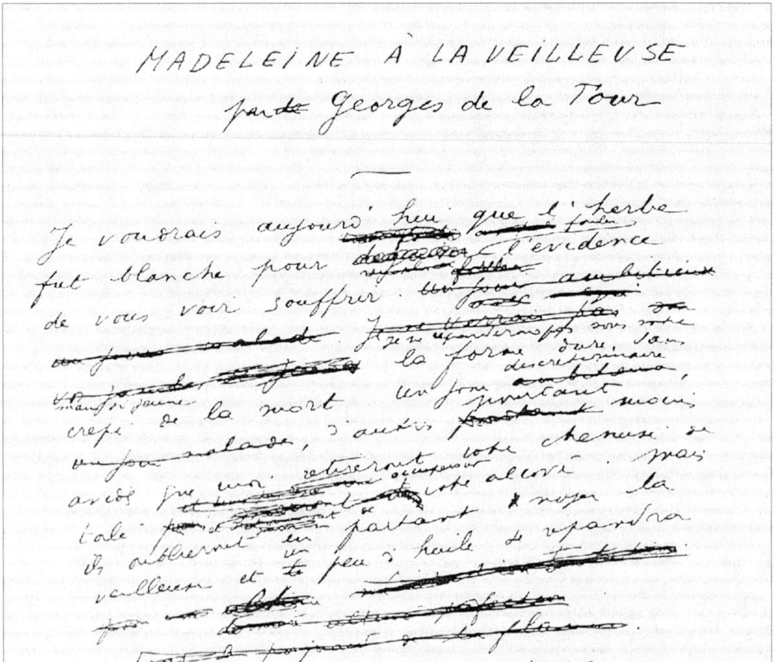

A DEUX MÉRITES. – Héraclite, Georges de La Tour, je vous sais gré d'avoir de longs moments poussé dehors de chaque pli de mon corps singulier ce leurre : la condition humaine incohérente, d'avoir tourné l'anneau dévêtu de la femme d'après le regard du visage de l'homme, d'avoir rendu agile et recevable ma dislocation, d'avoir dépensé vos forces à la couronne de cette conséquence sans mesure de la lumière absolument impérative : l'action contre le réel, par tradition signifiée, simulacre et miniature.

Fureur et mystère,
«Seuls demeurent»

JUSTESSE DE GEORGES DE LA TOUR
26 janvier 1966.

L'unique condition pour ne pas battre en interminable retraite était d'entrer dans le cercle de la bougie, de s'y tenir, en ne cédant pas à la tentation de remplacer les ténèbres par le jour et leur éclair nourri par un terme inconstant.

Il ouvre les yeux. C'est le jour, dit-on. Georges de La Tour sait que la brouette des maudits est partout en chemin avec son rusé contenu. Le véhicule s'est renversé. Le peintre en établit l'inventaire. Rien de ce qui infiniment appartient à la nuit et au suif brillant qui en exalte le lignage ne s'y trouve mélangé. Le tricheur, entre l'astuce et la candeur, la main au dos, tire un as de carreau de sa ceinture; des mendiants musiciens luttent, l'enjeu ne vaut guère plus que le couteau qui va frapper; la bonne aventure n'est pas le premier larcin d'une jeune bohémienne détournée; le joueur de vielle, syphilitique, aveugle, le cou flaqué d'écrouelles, chante un purgatoire inaudible. C'est le jour, l'exemplaire fontainier de nos maux. Georges de La Tour ne s'y est pas trompé.

Le Nu perdu,
«Dans la pluie giboyeuse»

La Tour est à nouveau présent dans «Contre une maison sèche», lorsque Char nomme les «laines» de son «nid rocheux».

N'émonde pas la flamme, n'écourte
pas la braise en son printemps.
Les migrations, par les nuits froides,
ne s'arrêteraient pas à ta vue.

Nous éprouvons les insomnies du Niagara et cherchons des terres émues, des terres propres à émouvoir une nature à nouveau enragée.

Le peintre de Lascaux, Giotto, Van Eyck, Ucello, Fouquet, Mantegna, Cranach, Carpaccio, Giorgione, Le Tintoret, Georges de La Tour, Poussin, Rembrandt, laines de mon nid rocheux.

Le Nu perdu,
«Contre une maison sèche»

Avec Rimbaud la poésie a cessé d'être un genre littéraire, une compétition. Avant lui, Héraclite et un peintre, Georges de La Tour, avaient construit et montré quelle Maison entre toutes devait habiter l'homme : à la fois demeure pour le souffle et la méditation

Recherche de la base et du sommet,
«Grands Astreignants»

A propos du «Nouveau-Né» de Rennes

Dans «Andromède ou La Fille du concierge», nouvelle écrite en 1941, Jean de La Varende prend pour cadre le musée de Rennes et décrit ainsi le Nouveau-Né *:*

Sèche, austère, dans le goût de Le Nain, cette toile n'avait pas la place qu'elle eût méritée; la collection s'était surtout attachée aux grâces flaves du pinceau, à sa virtuosité. Mais Delphe s'enchanta du poupard rubescent, du poupard suceur, lacté, juteux.

Jean de La Varende,
Amours,
Editions du Rocher, Monaco, 1949

«Et lux in tenebris lucet»...

Je ne sais si La Tour a cherché Dieu, dans les rues misérables de Lunéville, de Rome et de Paris; je ne sais s'il fut un mystique, bien que son travail ou ce qu'il en reste fasse un progrès qui en témoigne. Mais je suis sûr, au moins, qu'il a cherché la paix. La paix inaccessible, improbable, impossible, dans sa province en guerre parmi l'Europe en feu. La paix, la solitude et le silence. La paix dont tous, au même instant, sont assoiffés. [...] La Tour cherche la paix, Irène. Il entre en solitude aussitôt. Avant et dès la rixe, où le couteau est tenu par l'aveugle, parmi le bruit des rires imbéciles et des pleurs impuissants. La rixe de la musique assassinée. Il entre dans le silence et dans sa propre nuit. Dès la fureur de Jérôme apaisée, livres fermés, ascèse dépassée. Sa virtuosité, elle-même, s'apaise, elle entre dans la simplicité. S'apaisent les trois libidos, décrites par une tradition à peu près aussi fine que nos grilles. La *libido sentiendi* : Madeleine assise, seule, en silence. La *libido sciendi* : Jérôme accroupi fustigeant l'homme-livre, la chair triste et savante, et la pourpre cardinalice. La *libido dominandi* : casque tombé aux pieds du mort, chapeau laissé dans le dos du prélat. Malheureuse la terre de malédiction que ces trois fleuves de feu embrasent plutôt qu'ils n'arrosent. La flamme partout. Assis, accroupi, allongé, entraînés jadis par ces fleuves. La paix au-delà des pleurs. La paix recherchée dans la nuit et sous le feu tremblant des torches. La tour de quiétude et de sérénité. Du sérieux nécessaire à la sérénité. On ne se met pas nu, chez La Tour, pour la frime : il s'agit de dépouillement. Les habits eux-mêmes perdent leur éclat : le vêtement, peu à peu, se dénude. Le vêtement, les visages, les corps. Statues de cire. […]

Il a cherché la paix, la solitude et le silence. La mort et le désespoir ne l'ont pas quitté. Alors la beauté même est venue le chercher. Elle advenue, tout se dénoue. La beauté continue, la beauté souveraine. L'incompréhensible beauté. Nouvelle née d'une mère naïve et de l'accoucheuse respect. La beauté qui dort dans ses langes et qui ne dit plus rien et qui ne dira jamais rien. Sauf dans les songes et au cours du travail. Cette lumière luit dans les ténèbres. *Et lux in tenebris lucet, et tenebrae eam non comprehenderunt.*

Michel Serres,
«Les Pensées d'un provincial : Georges de La Tour»,
in *Critique*, 1972

Aragon : de La Tour à Picasso

Deux livres à quelques jours de distance comme un prélude à la saison des peintres, ce portefeuille de douze reproductions en couleurs, fait en Italie, et le catalogue de l'exposition de Milan, m'avaient ramené à Picasso, à certaines rêveries pour un portrait (*Paul, fils de l'artiste, à deux ans sur un âne*, 1923), et le paysage des *Fumées de Vallauris*, 1951. Là-dessus, j'avais reçu le *Georges de La Tour*, des Editions du dimanche où cette réalité que Picasso prend quand il veut, règne maîtresse : comme appuie sur la carte le pouce du jeune homme à droite dans le tableau du *Tricheur*, comme il tient son jeu… ou la veilleuse à l'huile dans son grand verre devant la *Sainte Madeleine*… ou ce profil de jeune paysan du *Saint Sébastien soigné par sainte Irène*…
ou ce ruban qu'approche le serviteur d'Euphémien de la bouche de l'étranger au visage de lumière pour savoir à son souffle s'il sommeille ou s'il est mort déjà dans le *Saint Alexis*… Je sais bien ce qui me rend une peinture inestimable. C'est cela que je demande à ceux qui peignent aujourd'hui et je ne crois pas comme le dit Marcel Arland de ce fils de boulanger qui vécut à Lunéville, et près de trois siècles fut oublié des hommes, qu'il s'agisse, avec Georges de La Tour (ou Picasso, ou tout autre) de la *lumière mentale* : c'est qu'il me semble que je touche ici les choses, qu'elles sont là, qui vont se déplacer si la fenêtre s'ouvre ou se lève le vent, que j'y crois, de tous mes yeux, par où la poésie commence, et le peintre m'apprend du monde quelque chose que j'ignorais, étant comme tous, devant le spectacle réel, avec des yeux pour n'y point voir…

Aragon,
«Picasso et Georges de La Tour»,
Ecrits sur l'art moderne,
Flammarion, 1981

«Job» au cœur d'une enquête

Dans L'Unique Problème *de la romancière anglaise Muriel Spark, un jeune Canadien s'installe à Epinal pour écrire une monographie sur le* Livre de Job*; il se retrouve malgré lui au cœur d'une enquête policière qui le mène au musée de la ville.*

Selon Harvey, cette toile [le *Job visité par sa femme*] éclairait beaucoup mieux le thème de Job qu'un grand nombre des commentaires prolixes qu'il connaissait si bien. Elle exprimait avec éloquence une idée neuve; et pourtant, où le peintre avait-il trouvé la justification de son traitement du sujet?

[...] Job lève vers son épouse un visage sensible, implorant quelque faveur, plaidant une cause quelconque. Qu'est-ce que sa femme essaie de lui dire en penchant vers lui son doux visage? Que mendie-t-il, cet homme blessé, si serein dans sa foi, si accompli dans le raisonnement?

La scène ici représentée semblait à Harvey si totalement différente de celle que suggérait le texte de *Job*, et pourtant si délibérément, si intelligemment conçue, qu'il était impossible de ne pas se demander ce que l'artiste en réalité voulait dire.

Muriel Spark,
L'Unique Problème,
Fayard, 1985

La médecine au secours de l'histoire de l'art

Quel commentateur de La Tour n'a pas un jour attiré l'attention de son auditoire sur les étranges regards que se jettent et s'échangent ses personnages ? Inattendues et passionnantes sont à cet égard les remarques formulées depuis une vingtaine d'années par quelques éminents ophtalmologistes qui étudient «cliniquement» les merveilles du réalisme latourien.

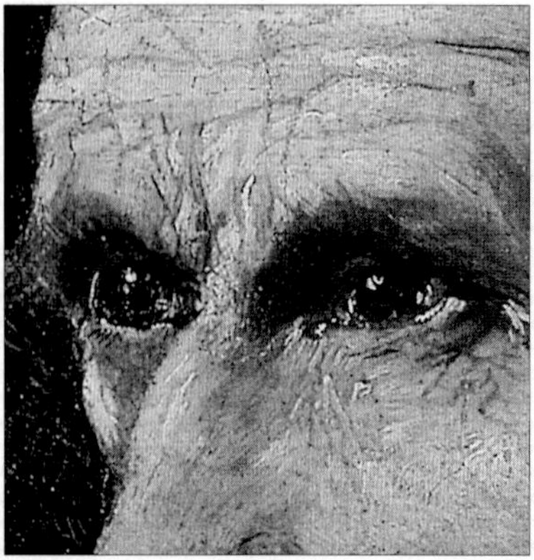

L'entropion sénile spasmodique de la pleureuse californienne

On peut signaler l'aspect assez particulier donné souvent par La Tour aux paupières de certaines femmes. Leurs fentes palpébrales sont relativement étroites, allongées et bridées, non pas comme dans l'œil asiatique, par un épicanthus interne, mais à l'inverse par un léger symblépharon externe. On peut aussi remarquer que le regard de ces femmes est exagérément latéral et qu'il est physiologiquement presque impossible à réaliser sans être accompagné d'une déviation conjuguée de la tête [ill. p. 46].

Au point de vue des lésions pathologiques, il faut citer en premier lieu les aveugles âgés, motif cher à Georges de La Tour. [Les *Vielleur* de Bergues et de Nantes – ill. p. 36 et p. 40] sont probablement faits d'après un même modèle. La Tour a parfaitement figuré la viduité des orbites avec le rideau des paupières tombantes. Il est peu probable qu'il s'agisse, à cette époque, d'une double énucléation, mais beaucoup plus probablement d'une double atrophie des globes oculaires, survenue peut-être au cours du premier âge et due à une double perforation des cornées après conjonctivite gonococcique. La chose est probable car, sur un autre aveugle âgé, celui qui est figuré dans la *Rixe*, l'œil droit est complètement atrophique, alors que l'œil gauche diminué de volume est un peu visible entre les paupières et montre une cornée blanche et opaque [ill. p. 92].

Ce tableau de la *Rixe* est riche au point de vue pathologique oculaire; le vieillard du centre, sur la droite, présente un papillome de l'angle externe

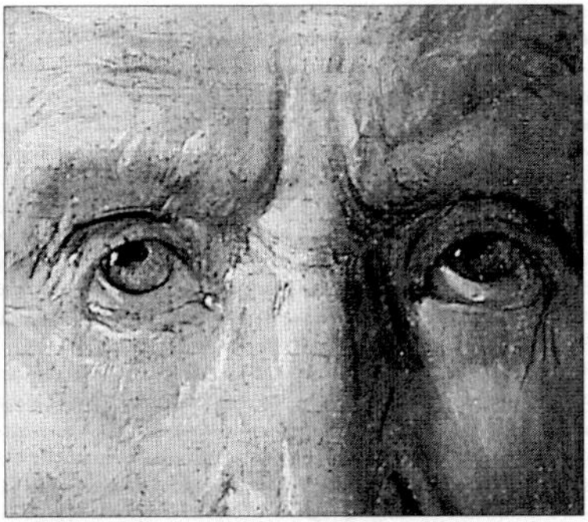

des paupières, peut-être en voie de dégénérescence [ill. p. 93]; l'homme situé derrière lui, à droite, présente une légère conjonctivite, enfin la vieille femme, à gauche, montre avec une admirable exactitude l'enroulement en dedans de la paupière inférieure, symptôme d'un entropion sénile spasmodique avec légère irritation conjonctivale et larmoiement.

[…] Une œuvre très intéressante au point de vue pathologique est le *Jeune souffleur à la lampe* récemment donné au musée de Dijon. Cet enfant présente une oxycéphalie, ou maladie de Crouzon, avec son crâne en tour, le haut front plat et vertical, le nez déformé ainsi qu'une main «épaisse» [ill. p. 87].

L'irrégularité de la paupière inférieure du S*aint Jude Thaddée* d'Albi pourrait faire penser à une blépharite chronique, mais aussi à un épithélioma palpébral plan cicatriciel, avec l'absence des cils.

[…] Le *Saint Jérôme lisant* de Georges de La Tour [Hampton Court, ill. p. 60] présente quelques particularités; en effet, le modèle devait avoir un œil gauche déficient, car il utilise son œil droit, mais en se servant du verre gauche de ses bésicles; en outre, ses verres devaient être insuffisants, car, en les tenant à la main éloignés de la face, il recherche un effet de loupe pour lire des caractères fins. En outre, il semble bien que les poils de la barbe, vus à travers le verre des bésicles, sont figurés plus gros que ceux vus directement. Le peintre a voulu ainsi montrer le pouvoir grossissant de ces verres convexes.

Marc-Adrien Dollfus,
ophtalmologiste honoraire
des Hôpitaux de Paris en 1973,
«L'Ophtalmologie et l'Optique
dans l'œuvre de Georges de La Tour»,
in *Le Pays lorrain*, 1973

L'avitaminose C du vieux Berlinois

Si on examine le *Saint Jude Thaddée* du musée Toulouse-Lautrec (Albi) dont la vue semble particulièrement perçante, on remarque que l'éclairage frontal, par un ensemble de bougies provoque ces petites flammèches blanches qui augmentent l'impression de fixité du regard. Dans ce tableau, le peintre à privilégié le regard : il n'a pas cependant, comme beaucoup d'autres (Dürer), permis la réflexion sur l'œil de l'ombre d'une fenêtre avec ses multiples vitres. C'est donc là aussi une scène nocturne éclairée à la bougie.

[…] Les paupières gonflées de sang chez l'homme [ill. p. 105] sont la traduction d'une maladie heureusement disparue aujourd'hui, l'avitaminose C., très fréquente au XVIIe siècle chez les pauvres gens nourris uniquement de fruits secs ou de racines. Elle est une des manifestations les plus fréquentes du scorbut ou peut-être d'une fragilité vasculaire pathologique car ce ne sont pas des traumatismes qui auraient donné un tableau comparable.

Pierre Amalric,
membre de l'Académie nationale
de Médecine,
«Rencontre avec Georges de La Tour»,
in *Péristyles*, n° 2, mai 1993

Le prix à payer

Les quelques prix réunis ici d'œuvres de La Tour ayant changé de mains illustrent parfaitement les étapes de la redécouverte tardive du très grand peintre qu'il est : dérisoires, sous-estimés ou justes, surévalués, faussés, tenus secrets ou proclamés... Combien vaudrait aujourd'hui, mis en vente sur le marché international, la Madeleine Wrightsman, *le* Tricheur Landry *ou, rêvons, le* Nouveau-Né *de Rennes? A cent millions de francs près, nul ne sait!*

CHEZ CHRISTIE : Bataille d'enchères pour une «Rixe»

Titre du *Figaro* du 9 décembre 1972, au lendemain de la vente aux enchères de la *Rixe de musiciens* adjugé au représentant du milliardaire Jean-Paul Getty.

Caricature parue dans *Valeurs de l'art* en février 1995 suite à l'achat (le 2 déc. 1994) par l'Etat français du *Saint Jean-Baptiste dans le désert* au profit du département de la Moselle.

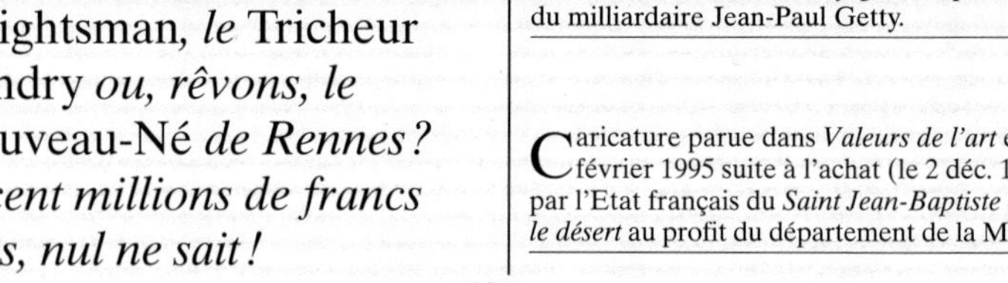

Année	**Titre de l'œuvre**	**Prix de vente**	**En francs actuels (1996)**
1810 (p. 14)	*Le Reniement de saint Pierre* (Nantes)	1 000 FF	± 25 100
1810 (p. 28)	*Le Vielleur* (Nantes)	6 000 FF	± 150 600
1810 (p. 14)	*Le Songe de saint Joseph* (Nantes)	800 FF	± 20 080
1879 (p. 80)	*La Diseuse de bonne aventure* (New York)	250 FF	4 500
1926 (p. 22)	*L'Adoration des bergers* (Paris)	60 000 FF	190 800
1935 (p. 49)	*Saint Jérôme lisant* (Paris)	20 000 FF	77 400
1938 (p. 52)	*La Découverte de saint Alexis* (Nancy)	20 000 FF	50 200
1939 (p. 49)	*Le Souffleur à la pipe* (Nancy)	84 000 FF	197 400
1940 (p. 54)	*Saint François* (Hartford)	4 800 $	460 900
1955 (p. 76)	*La Femme à la puce* (Nancy)	3 000 000 FF	321 000
1968 (p. 77)	*La Découverte de saint Alexis* (Dublin)	95 000 £	6 630 670
1968 (p. 100)	*Fillette au brasero* (coll. part.)	25 000 £	1 745 000
1970 (p. 103)	*Saint Sébastien* (coll. O. Poggi ?)	1 100 guinées	15 270
1972 (p. 101)	*La Rixe de musiciens* (Los Angeles)	380 000 guinées	5 187 000
1972 (p. 95)	*Le Tricheur à l'as de carreau* (Paris)	10 000 000 FF	46 800 000
1988 (p. 111)	*Saint Thomas à la pique* (Paris)	32 000 000 FF	39 040 000
1991 (p. 113)	*Saint Thomas* (Tokyo)	4 995 000 FF	5 495 000
1991 (p. 113)	*Saint André* (coll. part., Suisse)	2 997 000 FF	3 296 700
1991 (p. 113)	*Le Vielleur* (Madrid)	18 870 000 FF	20 757 000
1992 (p. 115)	*Saint Jérôme lisant* (Nancy)	245 650 FF	265 300
1993 (p. 117)	*Saint Sébastien* (Fort Worth)	333 180 FF	349 840
1994 (p. 119)	*Saint Jean-Baptiste* (départ. de la Moselle)	11 100 000 FF	11 544 000
1914 (p. 70)	*Madeleine à la veilleuse* (Paris)	350 FF	5 870
1941 (p. 70)	*Madeleine à la veilleuse* (Paris)	1 500 000 FF	2 550 000
1949 (p. 69)	*Madeleine à la veilleuse* (Paris)	30 000 FF	4 590
1937 (p. 54)	*L'Education de la Vierge* (fragment; Detroit)	15 000 FF	42 900
1938 (p. 54)	*L'Education de la Vierge* (fragment; Detroit)	3 800 $	310 320

Les mentions de pages entre parenthèses renvoient au présent ouvrage.

CHRONOLOGIE

1593 : Georges de La Tour est baptisé à Vic-sur-Seille le 14 mars. Son père, Jean de La Tour, et le père de sa mère, Sibylle Molian (ou Melian), sont boulangers.
1616 : Première mention de La Tour dans un document : il est parrain à Vic. Il a vingt-trois ans et doit être déjà «formé».
1617 : La Tour épouse Diane Le Nerf, originaire de Lunéville, fille de Jean Le Nerf, argentier du duc de Lorraine : c'est un «beau mariage». Le ménage s'installe à Vic.
1619 : Naissance de Philippe, le premier fils du peintre. La Tour aura dix autres enfants dont Etienne (né en 1621), qui deviendra peintre.
1620 : La Tour, âgé de vingt sept ans, s'établit à Lunéville. Il rédige une requête auprès du duc Henri II de Lorraine pour y obtenir l'exemption de tous impôts avec un statut social privilégié.
La Tour prend en apprentissage Claude Baccarat; après lui viendront Charles Roynet (1626), François Nardoyen (1636), Chrétien George (1643), Nicolas Daniel (1644), Jean Nicolas Didelot (1648).
1623 : Le duc de Lorraine achète à La Tour un tableau dont le sujet nous est inconnu. Georges et Diane achètent une maison à Lunéville.
1624 : Le duc de Lorraine achète à La Tour «un tableau à l'image saint Pierre».
1634 : Le peintre prête serment de fidélité à Louis XIII avec les citoyens de Lunéville.
1635 : Un remboursement fait à La Tour pour une livraison d'avoine à la ville atteste qu'il exploite des terres.
1636 : La peste se déclare à Lunéville en avril. Il semble que la maison de La Tour soit frappée.
1637 : Aucun document ne signale La Tour en Lorraine. Voyage-t-il? Se trouve-t-il à Paris?
1638 : Le gouverneur français Pédamond met le feu à Lunéville : événement irréparable pour la ville et pour l'œuvre de La Tour. A la fin d'octobre, les Français reprennent Lunéville et la mettent à sac. Sans doute l'atelier du peintre est-il alors détruit.
La Tour et sa famille semblent s'installer à Nancy.
1639 : Un ordre de paiement du roi atteste la présence de La Tour à Paris : «A Georges de La Tour, la somme de mil livres à lui ordonnées pour le voïage qu'il est venu faire de Nancy à Paris pour affaires concernans le service de Sa Maiesté, y compris son séjour de six semaines et son retour.»
1639 : La Tour est parrain à Nancy. L'acte indique : «George de La Tour Peintre ordinaire du Roy.»
1640 : Un contrat mentionne un «Baptiste Quarin, facteur de Monsieur de La Tour peintre ord[inai]re du Roy résident aux galleries du Louvre» : il semble que le peintre ait un logement au Louvre.
1642-1643 : La Tour cherche à maintenir les privilèges que lui a conférés le duc de Lorraine et en même temps à faire valoir ses droits de Peintre ordinaire du roi.
1645 : Henri de La Ferté-Senneterre est choisi à la fin de 1643 par Mazarin comme gouverneur de Lorraine. Amateur d'art, il va préférer aux sommes d'argent réclamées généralement comme étrennes par les gouverneurs des provinces un tableau de La Tour.
La Tour signe et date les *Larmes de saint Pierre* (aujourd'hui à Cleveland).
Dans un acte de baptême où Etienne est parrain, La Tour est qualifié de «peintre fameux».
Un acte mentionne comme témoins « les sieurs de La Tour père et fils, peintres demeurant audit Lunéville».
1646 : Requête au duc de Lorraine de certains habitants de Lunéville s'indignant de privilèges dont jouirait, parmi d'autres Lunévillois, La Tour.
1647 : Etienne de La Tour, fils du peintre, épouse Anne Catherine Friot, de Vic.
1648 : Le contrat d'apprentissage de Jean Nicolas Didelot précise qu'Etienne peint dans l'atelier de son père et peut le reprendre en cas de décès de celui-ci.
1649 : Le cadeau d'étrennes de Lunéville au gouverneur de La Ferté est une «image Saint Alexis».
1650 : Le tableau que la ville de Lunéville offre cette année là à La Ferté est un *Saint Sébastien*.
1651 : Un *Reniement de saint Pierre* est offert au gouverneur La Ferté pour ses étrennes.
1652 : Les comptes municipaux de Lunéville mentionnent un dernier tableau remis en cadeau à La Ferté. Estimée 500 francs, l'œuvre – de sujet inconnu – ne sera livrée qu'en mars, après la mort du peintre.
Mort de Diane, femme de La Tour. L'acte de décès indique : «Janvier. Le 15e mourut Dam[ois]elle Diane Le Nerf, femme de Sr Georges de La Tour, de fiebvre accompagné d'un battement de cœur.»
Mort de La Tour : «Janvier. Le 30 Le sieur Georges de La Tour mourut d'une pleurésie.»

MUSÉOGRAPHIE

Les symboles qui figurent après chaque titre d'œuvre signifient : ❍ pour Original
✻ pour Copie
❢ pour Problématique
✧ pour Gravure.

France

- **Albi**, Musée Toulouse-Lautrec : *Christ bénissant* ✻; *Saint Jacques le Majeur* ✻; *Saint Jacques le Mineur* ❍; *Saint Jude Thaddée* ❍; *Saint Matthias* ✻; *Saint Paul* ✻; *Saint Pierre* ✻; *Saint Simon* ✻; *Saint Thomas* ✻.
- **Bergues**, Musée municipal : *Le Vielleur au chien* ❍.
- **Collection particulière** : *Les Larmes de saint Pierre* ✻; *Soldats jouant aux cartes* ✻; *Tête de femme de profil* ❍.
- **Dijon**, musée des Beaux-Arts : *Le Souffleur à la lampe* ❍.
- **Epinal**, Musée départemental des Vosges : *Job raillé par sa femme* ❍.
- **Grenoble**, musée des Beaux-Arts : *Saint Jérôme pénitent (à l'auréole)* ❍.
- **Le Mans**, musée de Tessé : *L'Extase de saint François* ✻.
- **Nancy**, Musée historique lorrain : *La Découverte du corps de saint Alexis* ✻; *La Femme à la puce* ❍; *Saint Jérôme lisant* ❢; *Le Souffleur à la pipe* ✻.
- **Nantes**, musée des Beaux-Arts : *L'Apparition de l'ange à saint Joseph* ❍; *Le Reniement de saint Pierre* ❍; *Le Vielleur (au chapeau)* ❍.
- **Orléans**, musée des Beaux-Arts : *Saint Sébastien soigné par Irène (à la lanterne)* ✻.
- **Paris**, Bibliothèque nationale, cabinet des Estampes : *Les Larmes de saint Pierre* ✧; *Madeleine au miroir* ✧; *Saint François méditant* ✧; *Les Veilleuses* ✧.
- **Paris**, musée du Louvre : *L'Adoration des bergers* ❍; *La Madeleine pénitente (Madeleine Terff)* ❍; *Saint Jérôme lisant* ✻; *Saint Joseph charpentier* ❍; *Saint Sébastien soigné par Irène (à la torche)* ❍; *Saint Thomas (Saint à la pique)* ❍; *Le Tricheur (à l'as de carreau)* ❍.
- **Remiremont**, musée Charles-Friry : Le *Vielleur à la sacoche (Le Vielleur Waidmann)* ❍.
- **Rennes**, musée des Beaux-Arts : *Le Nouveau-Né* ❍.

Allemagne

- **Berlin**, Staatliche Museen, Gemäldegalerie : *Les Mangeurs de pois* ❍; *Saint Sébastien soigné par Irène (à la torche)* ✻.
- **Collection particulière** : *La Fillette au brasero* ❍.

Belgique

- **Anvers**, Collection particulière : *La Joueuse de triangle* ✻.
- **Bruxelles**, Musées royaux des Beaux-Arts de Belgique : *Vielleur à mi-corps* (fragment d'un *Groupe de musiciens*) ❍.

Canada

- **Toronto**, Art Gallery of Ontario : *Le Nouveau-Né* ❍.

Espagne

- **Madrid**, musée du Prado : *Le Vielleur aveugle* ❍.

Etats-Unis

- **Cleveland**, Museum of Art : *Les Larmes de saint Pierre* ❍.
- **Detroit**, Institute of Arts : *L'Education de la vierge* («à la broderie», fragment) ❍; *Saint Sébastien soigné par Irène (à la lanterne)* ✻.
- **Fort Worth**, Kimbell Art Museum : *Saint Sébastien soigné par Irène (à la lanterne)* ✻; *Le Tricheur (à l'as de trèfle)* ❍.
- **Los Angeles**, L. A. County Museum : *La Madeleine à la flamme filante* ❍.
- **Malibu**, J. Paul Getty Museum : *Rixe de musiciens* ❍.
- **New York**, collection Frick : *L'Education de la Vierge (au livre)* ❢.
- **New York**, Metropolitan Museum of Art : *La Diseuse de bonne aventure* ❍; *La Madeleine aux deux flammes (Madeleine Wrightsman)* ❍.
- **Norfolk**, Chrysler Museum : *Saint Philippe* ❍.
- **San Francisco**, The Fine Arts Museum : *Vieillard* ❍; *Vieille Femme* ❍.
- **Washington**, National Gallery of Art : *La Madeleine au miroir (Madeleine Fabius)* ❍.

Japon

- **Tokyo**, Fuji Art Museum : *Le Souffleur à la pipe* ❍.
- **Tokyo**, Ishizuka Collection : *Saint Thomas* ❍.

Royaume-Uni

- **Hampton Court Palace** : *Saint Jérôme lisant* ❍.
- **Leicester**, The Leicester Museum and Art Gallery : *Le Jeune Chanteur* ❢.
- **Stockton-on-Tees**, The Preston Hall Museum : *Les Joueurs de dés* ❍.

Suède

- **Stockholm**, Nationalmuseum : *Saint Jérôme pénitent (au chapeau cardinalice)* ❍.

Suisse

- **Collection particulière** : *Saint André* ❍.

Ukraine

- **Lviv** : *L'Argent versé* ❍.

BIBLIOGRAPHIE

- Dom Calmet, *Bibliothèque lorraine ou histoire des hommes illustres qui ont fleuri en Lorraine…*, Nancy, 1751.
- Alexandre Joly, «Du Ménil-La-Tour, peintre», in *Journal de la Société d'archéologie lorraine*, t. XII, 1863.
- Hermann Voss, «Georges du Mesnil de La Tour», in *Archiv für Kunstgeschichte*, 2e année, fasc. 3-4, 1915.
- Louis Demonts, «Georges du Ménil de La Tour, peintre lorrain au début du XVIIe siècle», in *Chronique des arts et de la curiosité*, n° 8, 1922.
- Hermann Voss, «Georges du Mesnil de La Tour. A Forgotten French Master of the Seventeenth Century», in *Art in America*, t. XVII, déc. 1928.
- Hermann Voss, «Tableaux à éclairage diurne de G. de La Tour», traduit par Edouard Ciprut, in *Formes*, n° XVI, juin 1931.
-Werner Weisbach, *Französische Malerei des XVIIten Jahrhunderts im Rahmen von Kultur und Gesellschaft*, Berlin, Heinrich Keller, 1932.
- Charles Sterling, Notices «La Tour» dans le catalogue de l'exposition «Les Peintres de la réalité en France au XVIIe siècle...», Paris, 1935.
- Paul Jamot, «Le Réalisme dans la peinture française du XVIIe siècle. De Louis Le Nain à Georges de La Tour. Les Enseignements de deux expositions», in *Revue de l'Art ancien et moderne*, t. LXVIII, 1935.
- Charles Sterling, «Les Peintres de la réalité en France au XVIIe siècle. Les Enseignements d'une exposition. I : Le Mouvement caravagesque et Georges de La Tour», in *Revue de l'Art ancien et moderne*, janv. 1935.
- François-Georges Pariset, «Textes sur Georges de La Tour à Lunéville», in *Bulletin de la Société de l'Histoire de l'art français*, 1935 (1936).
- Paul Jamot, «Georges de La Tour. A propos de quelques tableaux nouvellement découverts», in *La Gazette des Beaux-Arts*, t. 1, 1939.
- Paul Jamot, *Georges de La Tour*. Avec un avant-propos et des notes par Thérèse Bertin-Mourot, Librairie Floury, 1942.
- François-Georges Pariset, *Georges de La Tour*, Henri Laurens (achevé d'imprimer 15 avril 1949).
- Charles Sterling, «Observations sur Georges de La Tour à propos d'un livre récent», in *Revue des arts,* sept. 1951.
- Marcel Arland et Anna Marsan, *Georges de La Tour*, coll. «Les Demi-Dieux», Editions du Dimanche, 1953.
- Anthony Blunt, «Georges de La Tour at the Orangerie», *The Burlington Magazine*, n° 833, vol. CXIV, août 1972.
- Pierre Rosenberg et Jacques Thuillier, Notices des tableaux dans le catalogue de l'exposition de l'Orangerie à Paris en 1972.
- Jacques Thuillier, «La Tour, Catalogue et chronologie», catalogue de l'exposition à Paris, 1972.
- Pierre Rosenberg et François Macé de Lépinay, *Georges de La Tour. Vie et œuvre*, Fribourg, Office du livre, 1973.
- François Solesmes, *Georges de La Tour*, Lausanne, La Guilde du Livre, préface de Marcel Arland (seconde édition, 1982), 1973.
- Jacques Thuillier, *Tout l'œuvre peint de Georges de La Tour*, Flammarion, 1973.
- Jacques Thuillier, «Georges de La Tour : un an après», in *Revue de l'Art*, n° 20, 1973.
- Henri Tribout de Morembert, «La Famille de Georges de La Tour à Vic, Moyenvic et Marsal», in *Le Pays lorrain*, vol. 54, n° 2, 1973.
- Benedict Nicolson et Christopher Wright, *Georges de La Tour*, Londres, Phaidon (édition en langue française, Bruxelles, Arcades, 1975), 1974.
- Henri Tribout de Morembert, «Georges de La Tour, son milieu, sa famille, ses œuvres», in *La Gazette des Beaux-Arts*, vol. 83, n° 1263, 1974.
- Marie-Thérèse Aubry et l'abbé Jacques Choux, «Documents nouveaux sur la vie et l'œuvre de Georges de La Tour», in *Le Pays lorrain*, vol. 57, n° 3, 1976.
- Michel Antoine, «Un séjour en France de Georges de La Tour en 1639», in *Annales de l'Est*, vol. 31, n° 1, 1979.
- Youri Zolotov, (*Georges de La Tour*), Moscou, (en russe; résumé en français), 1979.
- Pierre Rosenberg, «The Fortune Teller by Georges de La Tour», in *The Burlington Magazine*, vol. 123, n° 942, 1981.
- Anne Reinbold, «Un document inédit : la prestation du serment à Louis XIII par Georges de La Tour à Lunéville en 1634», in *Le Pays lorrain*, vol. 65, n° 2, 1984.
- Michel Sylvestre, «Georges de La Tour. Nouveaux Documents», in *Bulletin de la Société de l'Histoire de l'art français*, 1983.
- Anne Reinbold, *Georges de La Tour*, Fayard, 1991.
- Pierre Rosenberg, Notices «La Tour» dans le catalogue de l'exposition à Nancy, 1992.

- Jacques Thuillier, *Saint Jean-Baptiste dans le désert* (avec dossier scientifique par Elisabeth Martin et Christiane Naffah), Metz, Editions Serpenoise, 1995.

Catalogues d'exposition

- *Les Peintres de la réalité en France au XVIIe siècle,* Paris, musée de l'Orangerie, nov. 1934-février 1935, Editions des Musées nationaux. Préface de Paul Jamot. Introduction de Charles Sterling. Notices par Charles Sterling. (consulter aussi la 3e édition corrigée), 1934.
- *Le XVIIe siècle français. Chefs-d'œuvres des musées de province*, Paris, Petit Palais, mars. Préface d'André Chamson. Introduction de Jean Vergnet-Ruiz. Catalogue par Michel Laclotte, 1958.
- *Georges de La Tour*, Paris, Orangerie des Tuileries, 10 mai-25 sept. 1972. Catalogue par Pierre Rosenberg et Jacques Thuillier.
- *La Peinture française du XVIIe siècle dans les collections américaines*, Paris, Grand Palais, janv.-avril 1982; New York, The Metropolitan Museum of Art, mai-août 1982; Chicago, The Art Institute, sept.-nov. 1982. Catalogue par Pierre Rosenberg. Introduction par Marc Fumaroli, 1982.
- *L'Art en Lorraine au temps de Jacques Callot*, Nancy, musée des Beaux-Arts, juin-sept. 1992. Notices «La Tour» par Pierre Rosenberg.
- *Grand Siècle. Peintures françaises du XVIIe siècle dans les collections publiques françaises*, Montréal, musée des Beaux-Arts, 21 janv.-28 mars 1993; Rennes, musée des Beaux-Arts, 14 avril-20 juin 1993; Montpellier, musée Fabre, 1er juillet-5 sept. 1993. Notices «La Tour» par Patrick Ramade.
- *Georges de La Tour and his World*, Washington, National Gallery of Art, 6 oct. 1996-5 janv. 1997; Fort Worth, Kimbell Art Museum, 2 février-11 mai 1997. Catalogue par Philip Conisbee.
- *Georges de La Tour*, Paris, Grand Palais, 3 oct. 1997-26 janv. 1998. Catalogue par la Réunion des Musées Nationaux, 1997.

TABLE DES CITATIONS

Les références bibliographiques des ouvrages ou articles cités ne sont données complètes qu'à leur première occurrence. Par exemple, la citation de Clément de Ris de la page 14 est extraite de l'ouvrage référencé page 12.

- P. 11 : **Merson**, Olivier, **1883**, «Catalogue du musée de Nantes», *Inventaire général des Richesses d'Art de la France, Province, Monuments civils*, p. 61.
- P. 12 : **de Ris**, L. Clément, **1859**, *Les Musées de province. Histoire et description*, Paris, Vve Jules Renouard, p. 367 (éd. 1872).
- P. 13 : **Taine**, Hippolyte, **1863**, *Carnets de voyage. Notes sur la province, 1863-1865*, p. 51 (éd. 1913); **Gonse**, Louis, **1900**, *Les Chefs-d'œuvre des Musées de France. La Peinture*, Paris, Société française d'édition d'art, p. 272. – Lég. : **Thuillier**, Jacques, **1992**, *Georges de La Tour*, Flammarion, p. 210.
- P. 14 : **de Ris**, **1859**, p. 323 (éd. 1872).
- P. 15 : **Jamot**, Paul, **1939**, «Georges de La Tour. A propos de quelques tableaux nouvellement découverts», *Gazette des Beaux-Arts*, t. I, p. 243.
- P. 16 : **Voss**, Hermann, **1915**, «Georges du Mesnil de La Tour», *Archiv für Kunstgeschichte*, 2e année, fasc. 3-4.
- P. 17 : **Calmet** (dom), **1751**, *Bibliothèque Lorraine, ou histoire des hommes illustres qui ont fleuri en Lorraine*, Nancy; **Joly**, Alexandre, **1863**, «Du Ménil-La-Tour, peintre», *Journal de la Société d'archéologie lorraine*, t. XII, p. 3.
- P. 18 : **Joly**, **1863**, p. 4; Alexandre Joly *in* **Thuillier**, **1992**, p. 259; **Thuillier**, **1992**, pp. 273 et 267.
- P. 19 : **Thuillier**, **1992**, p. 277; **Joly**, **1863**, p. 8. – Lég. : **Thuillier**, **1992**, p. 261.
- P. 20 : **Gonse**, **1900**, p. 129.
- P. 21 : **Demonts**, Louis, **1922**, «Georges du Ménil de La Tour, peintre lorrain au début du XVIIe siècle», *Chronique des arts et de la curiosité*, no 8 (30 avril), p. 60; **Jacquot**, Albert, **1899**, «Essai de répertoire des artistes lorrains, peintres», *Réunion des Sociétés des Beaux-Arts des Départements*, 23e session, in **Demonts, 1922**, p. 60. – Lég. : **Isarlo**, George, **1972**, «A l'exposition de l'Orangerie, Georges de La Tour, peintre de mœurs et de clandestinités», *Combat-Art*, no 141 (11 sept.), p. 10.
- P. 22 : **Crespelle**, Jean-Paul, **1979**, *Journal du Dimanche* (23 déc.).
- P. 23 : **Isarlo**, **1972**, p. 7.
- P. 25 : **Bloch**, Vitale, **1930**, «G. Dumesnil de La Tour. 1600-1652», *Formes*, no X, p. 19; **Voss**, Hermann, **1931**, «Tableaux à éclairage diurne de G. de La Tour», trad. par Edouard Ciprut, *Formes*, no XVI (juin), p. 100.
- P. 26 : **Voss**, **1931**, p. 100.
- P. 27 : **Rosenberg**, Pierre, et **Thuillier**, Jacques, **1972**, catalogue de l'exposition «Paris, 1972», p. 156.
- P. 28 : **Mérimée**, Prosper, **1836**, *Notes d'un voyage dans l'Ouest de la France… Extrait d'un rapport adressé à Monsieur le Ministre de l'Intérieur*, Paris, Librairie de Fournier, p. 305;

Stendhal, **1837**, *Mémoires d'un touriste (1re partie; musée de Nantes)*, p. 327 (éd. 1879); **de Ris**, L. Cl., **1859**, pp. 318-319 (éd. 1872).
• P. 29 : **Gonse**, L., **1900**, pp. 238-239. – Lég. : **Chastel**, André, **1972**, «A l'Orangerie, le mystérieux Georges de La Tour», *Le Monde* (10 mai), p. 17.
• P. 32 : **Dezarrois**, André, **1932**, «L'Art français à Londres», *Revue de l'art ancien et moderne* (février), p. 84.
• P. 33 : **George**, Waldemar, **1937**, *L'Art français et l'esprit de suite*, nº spécial de *La Renaissance* (mars-avril); **Isarlo**, George, **1932**, *La Peinture française à l'exposition de Londres, 1932*, José Corti, n. p.
• P. 41 : **Sterling**, Charles, **1951**, «Observations sur Georges de La Tour à propos d'un livre récent», *La Revue des arts* (sept.), p. 158. – Lég. : **Sterling**, Charles, **1934**, notices «La Tour» dans le catalogue de l'exposition «Les Peintres de la réalité», p. 76.
• P. 43 : **1992**, «Hommage à Charles Sterling. Des primitifs à Matisse», *Dossiers du département des peintures*, nº 40 (avril-juin), Paris, musée du Louvre, p. 65. – Lég. : **Pariset**, François-Georges, **1949**, *Georges de La Tour*, Henri Laurens, p. 198.
• P. 44 : **Sterling**, Charles, **1935**, «Les Peintres de la réalité en France au XVIIe siècle. Les Enseignements d'une exposition. I : Le Mouvement caravagesque et Georges de La Tour; II : Le Portrait, la Scène de genre, la Nature morte», *Revue de l'art ancien et moderne* (janv.), p. 25; **Jamot**, Paul, **1935**, «Le Réalisme dans la peinture française du XVIIe siècle. De Louis Le Nain à Georges de La Tour. Les Enseignements de deux expositions», *Revue de l'art ancien et moderne*, t. LXVIII, p. 71; **Bloch**, Vitale, **1935**, «Peintres de la réalité», *Beaux-Arts*, nº 110 (8 février), p. 2; **Longhi**, Roberto, **1935**, «I Pittori della réaltà in Francia ovvero i caravaggeschi francesi del Seicento», *L'Italia letteraria* (19 janv.), n. p.
• P. 45 : **Sterling**, Ch., **1935**, p. 38. – Lég. : **Faure**, Elie, **1931**, «L'Agonie de la peinture», *L'Amour de l'Art*, nº 5, p. 238.
• P. 46 : Henri Baderou *in* **Thuillier**, Jacques, **1972**, «[La Tour], biographie et fortune critique», catalogue de l'exposition «Paris, 1972», p. 89. – Lég. : **Longhi**, R., **1935**, n. p.
• P. 47 : **Sterling**, Ch., **1951**, p. 147.
• P. 48 : François-Georges Pariset *in* **Thuillier**, **1992**, p. 269.
• P. 53 : François-Georges Pariset *in* **Thuillier**, **1992**, p. 273; Percy Moore Turner *in* **Thuillier**, **1972**, p. 101.
• P. 60 : Charles II in **Nicolson**, Benedict, et **Wright**, Christopher, **1974**, *Georges de La Tour*, Londres, Phaidon, p. 169.
• P. 61 : **Thuillier**, J., **1972**, p. 101.
• P. 63 : **Rosenberg**, Pierre, **1992**, notices «La Tour» dans le catalogue de l'exposition «Nancy, 1992», p. 282.
• P. 65 : **Char**, René, **1948**, *Recherche de la base et du sommet*, «La Pléiade», Gallimard, p. 664; **Char**, René, **1948**, *Fureur et mystère*, «La Pléiade», Gallimard, p. 276.
• P. 66 : **Pariset**, **1949**, p. 115. – Lég. : François-Georges Pariset *in* **Thuillier**, **1992**, p. 244.
• P. 67 : François-Georges Pariset *in* **Thuillier**, **1992**, p. 251; **Sterling**, **1951**, p. 147; **Isarlo**, **1972**, p. 7.
• P. 70 : **Bloch**, Vitale, **1950**, *Georges de La Tour*, Amsterdam, J. H. de Bussy, p. 72.
• P. 72 : **Sterling**, **1951**, p. 147.
• P. 73 : **Sterling**, **1951**, p. 150.
• P. 74 : **Sterling**, **1951**, p. 152.
• P. 76 : **Thuillier**, **1992**, p. 221.
• P. 79 : **G. V.**, **1960**, titre du *Figaro littéraire* (3 sept.), p. 1.
• P. 81 : **Célier**, Jacques, **1982**, «La Diseuse de bonne aventure», *Revue historique et archéologique du Maine*, série 3, t. 2, p. 168.
• P. 84 : **Pariset**, François-Georges, **1961**, «La Madeleine aux deux flammes : un nouveau Georges de La Tour?», *Bulletin de la Société de l'histoire de l'art français*, Henri Laurens, p. 39.
• P. 85 : **Pariset**, **1961**, p. 40.
• P. 86 : **Thuillier**, **1972**, p. 103.
• P. 91 : **Fermigier**, André, **1972**, «Un dieu de la peinture pure», *Le Nouvel Observateur* (15-21 mai), p. 61.
• P. 95 : **Zolotov**, Youri, **1974**, «Georges de La Tour et le caravagisme néerlandais», *Revue de l'Art*, nº 26, p. 63; **Vsevolozhskaya**, S., et **Linnik**, L., **1975**, *Carravagio and His Followers*, coll. «Paintings in Soviet Museums», Leningrad, éd. Aurora, p. 56; **Bologna**, Ferdinando, **1975**, «A New Work from the Youth of La Tour», *The Burlington Magazine*, vol. 117, nº 868, p. 438.
• P. 97 : **Thuillier**, Jacques, **1995**, *Saint Jean-Baptiste dans le désert*, Metz, éd. Serpenoise, p. 11.
• P. 99 : **Thuillier**, Jacques, **1973**, «Georges de La Tour : un an après», *Revue de l'Art*, nº 20, p. 95; **Tribout de Morambert**, Henri, **1973**, «Georges de La Tour, homosexuel et hérétique?», *Le Pays lorrain*, vol. 54, nº 2, p. 115; **Isarlo**, George, **1972**, «Exposition Georges de La Tour», *Combat-Art* (22 mai), n. p. – Lég. : **Isarlo**, George, **1972**, «A l'exposition de l'Orangerie, Georges de La Tour, peintre de mœurs et de clandestinités», *Combat-Art*, nº 141 (11 sept.), pp. 9-10.

• P. 100 : **Joly**, **1863**, p. 96. – Lég. : **Choné**, Paulette, **1996**, *Georges de La Tour. Un peintre lorrain au XVIIe siècle*, Tournai, Casterman, p. 144.
• P. 104 : **Crespelle**, Jean-Paul, **1974**, «Adieu Madeleine !», *Journal du Dimanche* (29 sept.).
• P. 105 : Marie-Thérèse Aubry et Jacques Choux (abbé) *in* **Thuillier**, **1992**, pp. 264-265.
• P. 106 : **Thuillier**, **1992**, pp. 260 et 261-262.
• P. 107 : **Cena**, Olivier, **1990**, *Télérama*, n° 2098 (28 mars), p. 58.
• P. 108 : Anne Reinhold *in* **Thuillier**, **1992**, p. 257. – Lég. : **Rosenberg**, Pierre, et **Macé de Lépinay**, François, **1973**, *Georges de La Tour. Vie et œuvre*, Fribourg, Office du livre, pp. 174-175; ***Paris-Match***, 6 déc. **1985**, «La Tour prend garde», pp. 92-93.
• P. 109 : Michel Sylvestre *in* **Thuillier**, **1992**, p 269.
• P. 115 : **Thuillier**, **1992**, pp. 28 et 32.
• P. 118 : **Bellet**, Harry, **1994**, «La Traversée du désert du *Saint Jean-Baptiste*», *Le Monde* (4-5 déc.), p. 13.
• P. 124 : **Prat**, Véronique, **1996**, «L'Exposition que la France ne verra pas», *Le Figaro magazine*, 2 nov. 1996.
• P. 125 : **Choné**, Paulette, **1997**, «Deux Autographes de Georges de La Tour», *La Gazette des Beaux-Arts* (janv.), p. 41.

TABLE DES ILLUSTRATIONS

COUVERTURE

1er plat et dos *La Madeleine aux deux flammes* (détail), huile sur toile (h/t), 134 x 92. New York, The Metropolitan Museum of Art, Gift of M[r.] and Mrs Charles Wrightsman, 1978.
2e plat *Le Tricheur à l'as de carreau*, h/t, 106 x 146. Paris, musée du Louvre.

OUVERTURE

1 *Saint Sébastien soigné par Irène* (détail), h/t, 167 x 130. Paris, musée du Louvre.
2 *La Rixe de musiciens* (détail), h/t, 85,7 x 141. Los Angeles, The J. Paul Getty Museum.
3 *Saint Sébastien soigné par Irène* (détail), h/t, 167 x 130. Paris, musée du Louvre.
4 *La Diseuse de bonne aventure* (détail), h/t, 102 x 123. New York, The Metropolitan Museum, Rogers Fund, 1960.
5 *Le Reniement de saint Pierre* (détail), 1650, h/t, 120 x 160. Nantes, musée des Beaux-Arts.
6 *Le Tricheur à l'as de carreau* (détail), h/t, 106 x 146. Paris, musée du Louvre.
7 *Le Songe de saint Joseph* (détail), h/t, 93 x 81. Nantes, musée des Beaux-Arts.
9 *La Diseuse de bonne aventure* (détail), h/t, 102 x 123. New York, The Metropolitan Museum, Rogers Fund, 1960.

CHAPITRE I

10 *Le Songe de saint Joseph* (détail), h/t, 93 x 81. Nantes, musée des Beaux-Arts.
11 *Le Reniement de saint Pierre* (détail), 1650, h/t, 120 x 160, détail. Nantes, musée des Beaux-Arts.
12h Article d'Hermann Voss, «Georges du Mesnil de La Tour» in *Archiv für Kunstgeschichte*, 1915.
12b Maurice Denis, *Le Nouveau-Né* d'après Georges de La Tour, 1897-1898, huile sur bois, 20 x 28. Coll. part.
13h *Le Nouveau-Né*, h/t, 76 x 91. Rennes, musée des Beaux-Arts.
13b Edouard Hulton, *Le Musée de Rennes vers 1900*. Rennes, musée des Beaux-Arts.
14h *Le Reniement de saint Pierre* (détail), 1650, h/t, 120 x 160. Nantes, musée des Beaux-Arts.
14m Signature du *Reniement de saint Pierre*.
15h Hermann Voss, photographie. Paris, Service d'étude et de documentation du département des Peintures du musée du Louvre (SED).
15bg Signature du *Songe de saint Joseph*.
15bd *Le Songe de saint Joseph*, h/t, 93 x 81. Nantes, musée des Beaux-Arts.
16h Portrait de dom Calmet, frontispice de *Histoire de Lorraine*, 1745. Versailles, Bibliothèque municipale.
16m Notice sur Claude (du Ménil) de La Tour, in *Histoire de Lorraine*, 1745, tome IV. *Idem*.
16-17 Plan de la ville de Lunéville par Beaulieu. Nancy, Bibliothèque municipale.
17h Alexandre Joly, «Du Ménil-La-Tour, peintre», *Journal de la Société d'archéologie lorraine*, 1863.
17b Caricature d'Alexandre Joly. Nancy, documentation de la Société d'archéologie lorraine.
18 *Le Reniement de saint Pierre* (détail), 1650, h/t, 120 x 160. Nantes, musée des Beaux-Arts.
18-19 Acte de baptême de Claude César, à Lunéville, le 19 déc. 1644. Lunéville, Archives municipales.
19b Carte de Lorraine, Blaeu, Amsterdam, 1648.
20h Roberto Longhi, photographie. Paris, SED.
20mg Notice de Louis Demonts in *Chronique des arts et de la curiosité*, 30 avril 1922. Paris, SED.
20md Louis Demonts,

photographie. Paris, SED.
20b Ecole du Nord, XVIIe s., *Le Reniement de saint Pierre*, h/t, 94 x 152. Paris, musée du Louvre.
21h *Saint Sébastien soigné par Irène*, h/t, 109 x 131. Rouen, musée des beaux-Arts.
21b *Job et sa femme*, h/t, 145 x 97. Epinal, musée départemental d'Art ancien et contemporain.
22h *L'Adoration des bergers*, h/t, 107 x 137. Paris, musée du Louvre.
22m *L'Adoration des bergers*, h/t. Albi, musée Toulouse-Lautrec.
22b Mention de l'achat de *L'Adoration des bergers* à Vitale Bloch, inventaire du Louvre, 1926. Paris, musée du Louvre.
23h *Saint Sébastien soigné par Irène*, h/t, 105 x 139. Orléans, musée des Beaux-Arts.
23b Catalogue de la vente Stillwell, Anderson Galleries, 1er-3 déc. 1927. Paris, Bibliothèque centrale des Musées nationaux (BCMN).
24h Portrait de Vitale Bloch par Chris de Moor, h/t, 70 x 60, 1944.
24b *Tête de femme de profil*, h/t, 38 x 30. Coll. part.
24-25 Hermann Voss, «The Daylight Pictures of G. de La Tour», in *Formes*, juin 1931. Paris, SED.
25g *Saint Jérôme* (détail), h/t, 157 x 100. Grenoble, musée des Beaux-Arts.
25d *Le Songe de saint Joseph* (détail), h/t, 93 x 81. Nantes, musée des Beaux-Arts.
26-27 *Le Tricheur à l'as de carreau*, h/t, 106 x 146. Paris, musée du Louvre.
27b Signature du *Tricheur (à l'as de carreau)*.
28h Pages de catalogues du musée de Nantes reproduisant son *Vielleur* avec des attributions à Rizzi (à gauche), à Zurbaran (au centre) et à Murillo (à droite). Paris, BCMN.
28b Anonyme (P.S.G.), *Vielleur*, gravure sur bois, in *Le Magasin pittoresque*, 1842. Paris, SED.
29 *Le Vielleur (au chapeau)*, détail, h/t, 162 x 105. Nantes, musée des Beaux-Arts.
30 *Saint Jérôme,* h/t, 157 x 100. Grenoble, musée des Beaux-Arts.
31 *Saint Jérôme (au chapeau cardinalice)*, h/t, 153 x 106. Stockholm, Nationalmuseum.
32hg Pierre Landry, photographie. Paris, SED.
32hd Copie d'après un original perdu de La Tour, *Soldats jouant aux cartes*, h/t, 93 x 123. Coll. part.
32b Bartolomeo Manfredi, *La Diseuse de bonne aventure*, h/t, 121 x 152,5. The Detroit Institute of Arts, Founders Society Purchase, Acquisition Fund.
33h Michel-Ange Merisi, dit Caravaggio, *L'Annonciation,* h/t, 285 x 205. Nancy, musée des Beaux-Arts.
33b Valentin, *Les Tricheurs*, h/t, 94 x 137. Dresde, Gemäldegalerie Alte Meister.
34h Charles Sterling, photographie. Paris, SED.
34b Couverture du catalogue *Les Peintres de la réalité en France au XVIIe siècle*, musée de l'Orangerie, 1934, Paris, BCMN.
35h Portrait de Paul Jamot, photographie. Paris, SED.
35b Planches du catalogue *Les Peintres de la réalité en France au XVIIe siècle*, musée de l'Orangerie, 1934. Paris, BCMN.
36 *Le Vielleur au chien*, h/t, 186 x 120. Bergues, Musée municipal.
37hg Jacques Callot, *Le Vielleur debout*, eau-forte. Paris, Bibliothèque nationale de France.
37hd Jacques de Bellange, *Le Vielleur aveugle*, eau-forte. *Idem.*
37bg Pieter Brueghel le Jeune, *Un vielleur aveugle entouré d'enfants dans un village* (détail), 1610, huile sur panneau, 46 x 66,7. Coll. part.
37bd Jean Hélion, *L'Allumeur*, 1944, h/t, 158 x 106. Colmar, musée d'Unterlinden.
38 *Le Vielleur à la sacoche*, h/t, 157 x 94. Remiremont, musée municipal Charles-Friry.
39h *Le Vielleur Waidman* chez Mme Dussaux, photographie. Remiremont, archives du musée municipal Charles-Friry.
39bg Charles Friry, eau-forte d'après *Le Vielleur à la sacoche* de Georges de La Tour, vers 1850. Remiremont, archives du musée municipal Charles-Friry.
39bd Charles Friry, photographie. *Idem.*
40 *Le Vielleur au chapeau*, h/t, 162 x 105. Nantes, musée des Beaux-Arts.
41h *Rixe de musiciens*, h/t, 83 x 136. Chambéry, musée des Beaux-Arts.
41b Maurice Quentin de La Tour (1704-1788), *Tête de musicien ambulant d'après La Tour*, pastel, 40 x 29. Saint-Quentin, musée Antoine-Lécuyer.

CHAPITRE II

42 *Job et sa femme* (détail), h/t, 145 x 97. Epinal, musée d'Art ancien et contemporain.
43 *Saint Joseph charpentier* (détail), h/t, 137 x 101. Paris, musée du Louvre.
44 André Lhote, *Hommage à Georges de La Tour*, 1950, h/t, 115,5 x 89. Coll. part.
45h Gabriel Robin, «Hommage à Georges de La Tour», in *L'Amour de l'Art*, n° 6, 1936.
45b Robert Humblot, 1935, *Joueurs de cartes*, h/t, 97 x 130. Coll. part.
46h *Le Tricheur (à l'as de carreau)* (détail), h/t, 106 x 146. Paris, musée du Louvre.
46m Felice Casorati, *Portrait de la femme*

CHAPITRE III

67b S. M. M. Furness, *Georges de La Tour of Lorraine, 1593-1652*, 1949. Paris, musée du Louvre, bibliothèque Charles-Sterling.
68hg Signature du *Vielleur (à mi-corps)*, h/t, 85 x 58. Bruxelles, Musées royaux des Beaux-Arts de Belgique.
68mg Radiographie du *Vielleur (à mi-corps)*. *Idem.*
68d *Le Vielleur (à mi-corps)*, h/t, 85 x 58. *Idem.*
69h Signature *des Larmes de saint Pierre.*
69b *Les Larmes de saint Pierre*, h/t, 114 x 95. The Cleveland Museum of Art, Gift of Hanna Fund.
70h *Le Petit Parisien*, 15 mai 1943. Paris, SED.
70bg Vitale Bloch, *Georges de La Tour*, 1953 (édition française). Paris, SED.
70bd Vitale Bloch, *Georges de La Tour*, 1950 (édition hollandaise). Paris, SED.
71h *Saint Sébastien soigné par Irène* (en largeur), h/t, 97,8 x 156,2. Fort Worth (Texas), Kimbell Art Museum.
71mg Madeleine Pré, «Un nouveau Georges de La Tour», in *Arts*, 14 juillet 1947. Paris, SED.
71md Le château de Gallarande, photographie. Paris, SED.
71b Signature du *Saint Thomas à la pique.*
72 *Saint Thomas à la pique* (détail), h/t, 71 x 56. Paris, musée du Louvre.
73h Charles Sterling, «Observations sur Georges de La Tour...», in *La Revue des Arts*, n° 3, 1951. Paris, BCMN.
73b Planche, *idem.*
74h Signature de la *Fillette au brasero*, h/t, 67 x 55,5. Coll. part.
74m Marcel Arland et Anna Marsan, *Georges de La Tour*, coll. «Les Demi-Dieux», Editions du Dimanche, 1953.
74b Jacques Callot, *La Jeune Femme*, pierre noire. Chatsworth, Album Silvestre. Chatsworth, The Trustees of the Chatsworth Settlement.
75hg *Vieillard*, h/t, 91 x 60,5. The Fine Arts Museum of San Francisco, Roscoe and Margaret Oakes Collection.
75hd *Vieille femme*, h/t, 91 x 60,5. *Idem.*
75b Jean de Gouremont le Jeune, *Figures de théâtre*, gravure.
76g *La Femme à la puce*, h/t, 120 x 90. Nancy, Musée historique lorrain.
76d Gerrit van Honthorst, *La Femme à la puce.* Coll. part.
77h *La Découverte du corps de saint Alexis*, h/t, 158 x 115. Nancy, Musée historique lorrain.
77b *La Découverte du corps de saint Alexis*, h/t, 143 x 117. Dublin, National Gallery of Ireland.
78h Michel Laclotte, photographie.
78m «XVIIth Century French Pictures», exposition de la Royal Academy of Art, Londres, 1958, couverture du catalogue. Paris, BCMN.
78b *Le Vielleur au chien* (détail), h/t, 186 x 120. Bergues, Musée municipal.
79 *Les Larmes de saint Pierre*, mezzotinte, *in* Anton Joseph Prenner, *Theatrum Artis Pictoriae*, 1731. Paris, Bibliothèque nationale de France.
80-81 Signature de *La Diseuse de bonne aventure*. New York, The Metropolitan Museum of Art.
80m Mention de *La Diseuse de bonne aventure* sur un inventaire de 1879.
80b André Malraux, photographie, 1958.
81m Première reproduction de *La Diseuse de bonne aventure*, *Bulletin of the Metropolitan Museum of Art*, 1960. Paris, BCMN.
81b Détail de *La Diseuse de bonne aventure* avec mention sur col de la bohémienne.
82h Simon Vouet, *La Diseuse de bonne aventure*, v. 1618-1620, h/t, 120 x 170,2. Ottawa, National Gallery of Art.
82m Valentin de Boulogne, *La Diseuse de bonne aventure*, h/t, 1,25 x 1,75. Paris, musée du Louvre.
82b Caravage, *La Diseuse de bonne aventure*, h/t, 99 x 131. *Idem.*
82-83h *La Diseuse de bonne aventure*, h/t, 102 x 123. New York, The Metropolitan Museum of Art, Rogers Fund, 1960.
82-83b Détail. *Idem.*
84h *La Madeleine aux deux flammes* (détail), h/t, 134 x 92. New York, The Metropolitan Museum of Art, Gift of Mr. and Mrs Charles Wrightsman, 1978.
84bg Couverture de *La Tour, Maestri del colore*, n° 140, Fratelli Fabbri Editore. Paris, BCMN.
84bd Anna Ottani Cavina, photographie. Paris, SED.
85h Timbre-poste d'après *Le Nouveau-Né*, France.
85b *Les Larmes de saint Pierre*, h/t, 107 x 85. France, coll. part.
86hg *L'Education de la Vierge (au livre)*, h/t, 126 x 88. Kreuzlingen, coll. part.
86hd Signature du *Souffleur à la lampe*, h/t, 61 x 51. Dijon, musée des Beaux-Arts (donation Granville).
86m Hidemichi Tanaka, photographie. Paris, SED.
86bg Agnès Szigheti, *Georges de La Tour*, Budapest, 1971.
86bd Hidemichi Tanaka, «Les Œuvres d'Etienne de La Tour. Vrais et Faux de La Tour», *Geijutsu-shinchô*, oct. 1971. Paris, BCMN.
87h *Le Souffleur à la lampe*, h/t, 61 x 51. Dijon, musée des Beaux-Arts (donation Granville).
87b Horst Janssen,

CHAPITRE IV

1980. Paris, BCMN.
106hm Couverture de *Georges de La Tour* (Y. Zolotov), Moscou, 1979. Paris, BCMN.
106hd Couverture de *Georges de La Tour* (J. Vleva), 1980. Paris, BCMN.
106hdd Couverture de *Georges de La Tour* (Ch. Wright), Oxford-New York, 1977. Paris, BCMN.
106m Couverture de la revue *Grands Peintres* consacrée à Georges de La Tour, 1988. Paris, BCMN.
107h Couverture de *De La Tour* (R. Bajou, P. Rosenberg), 1985. Paris, BCMN.
107b *Saint Sébastien soigné par Irène* (détail), h/t, 167 x 130. Paris, musée du Louvre.
108h Mise en vente par Me de Nicolay à Drouot du *Souffleur à la pipe*, Paris, 14 nov. 1985.
108b Titre du *Figaro*, 4 décembre 1985.
109g Adam de Coster, *Le Jeune Chanteur*, Madrid, musée du Prado. Paris, SED.
109d *Le Jeune Chanteur*, h/t, 66,9 x 50,2. Leicester, Leicester City Museum.
110h Lettre manuscrite de Mlle de Ruillé, 19 juin 1972. Paris, SED.
110m Pierre Rosenberg au musée du Jeu de Paume devant le *Saint Thomas à la pique*, 21 mars 1988.
110b Caricature de Plantu, *Le Monde*, 29 mars 1988.
111g *Saint Thomas à la pique*, h/t, 71 x 56. Paris, musée du Louvre.
111d *Le Petit Journal de Télérama*, 6 avril 1988.
112h *La Joueuse de triangle*, h/t, 88,5 x 66. Anvers, Coll. part.
112b *Le Vielleur aveugle* dit aussi *Le Vieilleur au ruban*, h/t, 84 x 61. Madrid, musée du Prado.
113hg *Saint Jude Thaddée*, h/t, 62 x 51. Albi, musée Toulouse-Lautrec.
113hm *Saint Thomas*, h/t, 65 x 54. Tokyo, Ishizuka Tokyo Collection.
113hd *Saint Jacques le Mineur*, h/t, 65 x 54. Albi, musée Toulouse-Lautrec.
113mg *Saint André,* h/t, 60,5 x 47,5. Suisse, coll. part.
113md *Saint Philippe*, h/t, 63 x 52. Norfolk, The Chrysler Museum of Art, Gift of Walter P. Chrysler Jr.
113b Couverture du catalogue «*Los musicos de Georges de La Tour*», Madrid, musée du Prado, 8 juin-7 août 1994, Paris, BCMN.
114g de haut en bas, couvertures de : *La Nuit et le Silence* de Pascal Quignard, 1995; *La Tour, une lumière dans la nuit* d'Agnès Lacau Saint-Guilly, 1992; *Georges de La Tour* d'Anne Reinbold, 1991; *Georges de La Tour* de Pierre Rosenberg et Marina Mojana, 1992. Paris, BCMN.
114d Couverture de *Georges de La Tour* (J. Thuillier), Flammarion, 1997.
115 *La Madeleine pénitente (au livre)*, h/t, 78 x 101. Coll. part.
115b Le «Maître de Serrone», L'Atelier de saint Joseph, Serrone, église Santa Maria Assunta.
116h *Saint Jérôme lisant*, h/t, 95 x 72,5. Nancy, Musée historique lorrain.
116b Signature du *Saint Jérôme lisant.*
117hg Timbre, République française, 1993.
117hd Timbre, principauté de Monaco, 1993.
117m Carte téléphonique France Télécom, 1993.
117bg *Georges de La Tour ou la nuit traversée*, Actes du colloque, Vic-sur-Seille, 1993. Paris, BCMN.
117bm Couverture de *De La Tour* (C. et O. Okuyama), Hazan, 1992. Paris, BCMN.
117bd *Georges de La Tour ou les chefs-d'œuvre révélés, les dossiers du LRMF*, Metz, Editions Serpenoise, 1993. Paris, BCMN.
118h *Saint Jean-Baptiste dans le désert*, h/t, 81 x 101. Conseil général de la Moselle.
118b Sotheby's Monaco, 3 décembre 1994, vente du *Saint Jean-Baptiste*.
118-119 Titre du *Figaro*, 11 novembre 1993. Paris, BCMN.
119m Couverture de *Georges de La Tour, un peintre lorrain au XVIIe siècle* (P. Choné), Casterman, 1996. Paris, BCMN.
119b Couverture de *Le Signe de contradiction...* (J.-C. Le Floch), Rennes, 1995. Paris, BCMN.
120hg et 120hd Nélia Caixinha, *Variations sur Georges de La Tour*. Coll. part.
120mg Jean-Pierre Lihou et Christian Cavadia, *Nativité*, dessin sur ordinateur d'après *Le Nouveau-Né* de Rennes.
120md Cindy Sherman, *Sans titre*, 1989.
120bg Roman Cieslewicz, *Rosemary's Baby*, 1982, 24 x 20. Coll. part.
120bd Herman Braun Vega, *Sans titre*. Coll. part.
121h Georges Rohner, *Le Musée imaginaire* (détail), 1977, h/t. Coll. part.
121m Albert Le Normand, *Hommage à G. de La Tour*, 80 x 130. Coll. part.
121b Jean-Yves Michalik, *On Le Reniement de saint Pierre (1650) in Georges de La Tour par Pascal Quignard (1991)*, surfacture. Coll. part.
121bd Salvador Dali, lithographie in *Memories of Surrealism*. Coll. part.
122hg *Télé 7-Jours*, jeu des 12 erreurs autour du *Tricheur à l'as de carreau*, 19-25 mai 1984.
122hd Claire Brétecher, in *Le Destin de Monique*, Paris, 1983.

122md Jean Claverie, illustration in *Musée Blues*, Gallimard, «Folio Cadet», 1986.
122bg Publicité des Trois Quartiers, 1973.
122bd Publicité pour les téléviseurs Telefunken, avril 1976.
123h La petite sirène chantant devant *La Madeleine à la flamme filante* de Los Angeles, *La Petite Sirène*, Walt Disney, 1990.
123bg Dessin à la craie sur la place du Palais-Royal, à Paris.
123bd Casque peint par Michel Detré, 1974.
124h *Saint Sébastien soigné par Irène* (détail), h/t, 105 x 139. Fort Worth, Kimbell Art Museum.
124b Couverture du catalogue «Georges de La Tour and his World», National Gallery of Art, Washington/Fort Worth, 1996-1997.
125h Lettre missive de Georges de La Tour adressée à Claude Aubry, le 22 février 1636. Nancy, Archives départementales de Meurthe-et-Moselle.
125b Une du *Figaro Magazine*, 2 novembre 1996.
126h Armoiries d'Etienne de La Tour.
126b Annonce parue dans *La Repubblica*, 14 juillet 1997.
126-127 Ticket de réservation pour l'exposition «Georges de La Tour», Paris, Grand Palais, 1997.
127h Couverture du catalogue «Georges de La Tour», Paris, Grand-Palais, oct. 1997-janv. 1998.
127b Couverture de *Georges de La Tour, histoire d'une redécouverte*, Découvertes Gallimard, 1997.

TÉMOIGNAGES ET DOCUMENTS

129 «La bibliothèque des auteurs !»
138 Bruno Caruso, *Portrait de la Tour à Saint-Louis-des-Français*. Coll. part.
140-141 Dessins proposés comme étant des œuvres de Georges de la Tour. Collections particulières.
142 Croquis des *Veilleuses* par Charles Sterling. Paris, musée du Louvre, fonds Sterling.
146 Maurice denis, croquis d'après *Le Nouveau-Né* de Rennes de La Tour. Coll. par.
151 Croquis par Charles Sterling de *La Découverte de saint Alexis*. Paris, musée du Louvre, fonds Sterling.
152 Manuscrit du poème de René Char, «La Madeleine à la veilleuse», 12 janv. 1948. Coll. part.
154 Publicité de la Ville de Rennes.
156 Détail des yeux de *Saint Jude Thaddée*. Albi, musée Toulouse-Lautrec.
157 Détail des yeux de la vieille femme des *Mangeurs de pois*. Berlin, Dahlem Staatliche Museen Gemäldegalerie.
158h Titre du *Figaro*, 9 décembre 1972.
158b Gégé, caricature parue dans *Valeurs de l'art*, février 1995.

INDEX DES ŒUVRES

Les titres repris ici sont ceux le plus communément utilisés. Les collections particulières sont mentionnées à leur plus récente localisation.

A

C - D

E

F

J

INDEX GÉNÉRAL

A - B

C

D

E - F

G - H

I - J

K - L

CRÉDITS PHOTOGRAPHIQUES

Adagp 12b, 44, 46m, 121bd, 146. Brigitte Humblot/Adagp 45b. AFP/Joël Robine 110m. AFP/Patrick Hertzog 118b. Albi, musée Toulouse-Lautrec 22m, 113hg, 113hd, 156. Artephot/Held 60g. Atelier d'Antan, Montlouis 104h. Bergues, Musée municipal 36, 78b. Berlin, Staatliche Museen 56. Berlin Staatliche Museen/Jörg P. Anders 105, 157. Besançon, musée des Beaux-Arts 60d. Bibliothèque Nationale de France 37hg, 37hd, 47m, 47b, 79. Catalogue raisonné Maurice Denis/Christoph Walter/ © Adagp 1997 12b. Claire Brétecher 122hd. Chatsworth, Trustees of the Chatsworth Settlement 74b. Christie's Images, Londres 37bg, 101bg. Cleveland Museum of Art 63, 69h, 69b. Jean-Loup Charmet 19b. Courtesy of the Artist and Metro Pictures 120 md. D. Salmon 129. Detroit Institut of Arts 32b, 51h, 54h, 91h. Dijon, musée des Beaux-Arts 60b, 86hd, 87h. DR/Patrick Jacob 23b. DR 12h, 14m, 15h, 15bg, 16-17, 17h, 17b, 18-19, 20h, 20mg, 20md, 22b, 24h, 24-25, 27b, 28h, 28b, 32hg, 32hd, 34h, 34b, 35h, 35b, 45h, 47h, 49bg, 50b, 50-51, 51bd, 52md, 52-53, 55b, 59h, 59b, 61hg, 64-65, 66h, 66b, 67, 67b, 70h, 70bg, 70bd, 71mg, 71md, 73h, 73b, 74h, 74m, 75b, 76d, 78h, 78m, 80m, 81m, 81b, 84bg, 84bd, 85h, 85b, 86hg, 86m, 86bg, 86bd, 87b, 88h, 88m, 88b, 89g, 89m, 90, 94h, 94m, 95hg, 95hd, 95b, 98h, 98m, 99, 100b, 101bd, 102h, 102mg, 102md, 102bg, 102bm, 102bd, 103h, 103m, 103b, 104m, 104b, 106hgg, 106hm, 106hd, 106hdd, 106m, 107h, 108b, 109g, 110h, 111d, 112b, 113mg, 113b, 114g, 114d, 115, 115b, 116b, 117hg, 117hd, 117m, 117bg, 117bm, 117bd, 118-119, 119m, 119b, 120hg, 120hd, 120mg, 120bg, 121m, 121b, 122hg, 122md, 122bg, 122bd, 124b, 125b, 126h, 126b, 126-127, 127h, 127b, 138, 140-141, 142, 151, 152, 154, 158h, 158b. Dublin, National Gallery of Ireland 77b. Epinal, musée départemental d'Art ancien et contemporain 21b, 42. Evreux, Musée municipal, ancien évêché 49h. Le Figaro/Pierre Colacicco 89b. Fine Arts Museum of San Francisco 75hg, 75hd. Fort Worth (Texas), Kimbell Art Museum 71h, 124h. J. Paul Getty Museum, Los Angeles 2, 58b, 92-93, 101h. Giraudon 24b, 33b, 46b, 65b. Giraudon/ADAGP 121h. Gregoriscolor MP Foto 91b. Grenoble, musée des Beaux-Arts 25g, 30. Hartford, Wadsworth Atheneum 55h. Honfleur, musée Eugène Boudin 61hd. Kimbell Art, Fort Worth dépl. 3/4. André Lambrechts 112h. LRMF/ J.-P. Rioux 64d. Leicestershire Museum 109d. Los Angeles County Museum of Art Dépl. int. 2, 100h. Lviv, musée des Beaux-Arts 62. Lwow, galerie de Peinture Dépl. 1h. Mairie de Chancelade, Bernard Reviriego 58h. Le Mans, musée de Tessé 53h. Patrice Maurin-Berthier 120bd. Morel 123bd. Musée Antoine-Lécuyer/Jean-Legrain 41b. Musée d'Unterlinden, Colmar/Octave Zimmermann 37bd. Musée des Beaux-Arts, Rennes/Louis Deschamps 13b. Musée des Beaux-Arts, Chambéry/J. Bouchayer 41h. Musées royaux des Beaux-Arts de Belgique/Speltdoorn 68hg, 68mg, 68d. Nancy, Archives départementales de Meurthe-et-Moselle 97, 125h. Nancy, Musée historique lorrain 48b, 52b, 76g, 77h, 116h. Nantes, musée des Beaux-Arts 5, 7, 10, 11, 14h, 15bd, 18, 25d, 29, 40, National Gallery, Washington, dépl. int. 4. New York, Frick Collection 61bg. New York, Metropolitan Museum of Art Dépl. int. 1, 4, 9, 80-81, 82-83h, 82-83b, 84h. New York, Metropolitan Museum, Rogers Fund, 1er plat et dos. Norfolk, Chrysler Museum of Art 113md. Orléans, musée des Beaux-Arts 23h. Ottawa, National Gallery of Art 82h. Plantu 110b. Rapho/Belzeaux-Zodiaque 80b. Remiremont, archives du musée municipal Charles-Friry 38, 39h, 39bg, 39bd, 54b, 94b. Rennes, musée des Beaux-Arts 13h, 98b. Réunion des Musées Nationaux 2e plat, Dépl. 2, Dépl. int. 3, 1, 3, 6, 20b, 22h, 26-27, 43, 46h, 48h, 50h, 52md, 53b, 57, 61bd, 64g, 71b, 72, 82m, 82b, 90-91, 96 , 107b, 111g, 118h. Rouen, musée des Beaux-Arts 21h. Scala, Florence 33h. Stockholm, Nationalmuseum 31. Stockton-on-Tees (Grande-Bretagne) Dépl. 1b. Sygma/Eric Preau 108h. Tokyo, Ishizuka Tokyo Collection 113hm. Toronto, Art Gallery of Ontario 58d. Vic, Archives municipales 66m. Jean Vigne 16h, 16m. Walt Disney 123h. Washington, National Gallery of Art 51bg.

REMERCIEMENTS

Les auteurs tiennent à remercier tout particulièrement Isabelle Aimone, Cécile Bernard, Philippe Casset, Philip Conisbee, Natalie Coural, Pierre Davoust, Christine Debrie, Claire Denis, Thierry Di Sotto, Sylvie Dubois, Luis Duran, Jacques Foucart, Sophie Garrigou-Torchy, Marie-Thérése Genin, Françoise Haudidier, Michel Laclotte, Sylvie Lecoq-Ramond, Béatrice, Stéphanie et Jean-Daniel Malan, Karine Malone, Marc Nolibé, Anna Ottani Cavina, Louis-Antoine Prat, Pierre Rosenberg de l'Académie française, Francine Roze, Paul Sadoul, Robert Salmon, Liza Szlezynger, Jacques Thuillier, Luisa Vertova-Nicolson, Nathalie Volle, Christopher Wright.

Les Editions Gallimard remercient Gilbert Bornat, Pauline Bourgois, Bernadette Caille à la Réunion des Musées Nationaux, Marianne Ganeau, la société GEGM et Michel Petit, Jean-Yves Michalik, Frank Van Wilder et Isabelle de La Tour.

ÉDITION ET FABRICATION

DÉCOUVERTES GALLIMARD
DIRECTION Pierre Marchand et Elisabeth de Farcy.
DIRECTION DE LA RÉDACTION Paule du Bouchet. GRAPHISME Alain Gouessant.
FABRICATION Claude Cinquin. PROMOTION & PRESSE Valérie Tolstoï.
GEORGES DE LA TOUR. HISTOIRE D'UNE REDÉCOUVERTE
EDITION Caroline Larroche. MAQUETTE Valentina Lepore. ICONOGRAPHIE Caterina d'Agostino.
LECTURE-CORRECTION Catherine Lévine. PHOTOGRAVURE Mirascan (Corpus), Arc-en-Ciel (Témoignages et Documents).